LES PÈRES BLANCS ET LA GRANDE GUERRE

Aylward Shorter

Les Pères Blancs
et
la Grande Guerre

Histoire
des Missionnaires d'Afrique
(1914-1922)

traduit de l'anglais
par
Nathalie Coutelle

Cette publication a été rendue possible par l'aide généreuse du Conseil Général des Missionnaires d'Afrique et de la fondation charitable de Mme L. D. Rope.

ISBN

978-0-9555235-2-6

Missionaries of Africa History Project
London W5 4XF
2010
où a paru l'édition originale
sous le titre *African Recruits and Missionary Conscripts*
The White Fathers and the Great War (1914-1922)
ISBN 978-09555235-0-2

à la mémoire des
Missionnaires d'Afrique qui
-avec soldats et porteurs africains-
sont morts en raison de la guerre
aussi des anciens combattants
marqués par le conflit

AVANT-PROPOS

Nombre de personnes seraient surprises d'apprendre que plus de deux millions d'Africains servirent en tant que soldats ou travailleurs au cours de la Première Guerre mondiale et que des centaines de milliers d'entre eux trouvèrent la mort ou furent tués au combat. Il leur serait tout aussi surprenant d'apprendre que d'importants nombres de missionnaires catholiques d'Afrique furent appelés au service actif sur les fronts de l'Ouest et de l'Est. Non seulement ils servirent aux côtés des Africains, en tant que compagnons d'armes dans les régiments coloniaux, mais ils contribuèrent également au bien-être de ces soldats souvent laissés pour compte. Par ailleurs, en tant qu'aumôniers et officiers chargés du transport, ils jouèrent un rôle dans la guerre que les troupes noires menaient au nom des puissances européennes sur le sol africain même.

Comment ce vécu s'intégra-t-il à la vie ultérieure de l'Église en Afrique et de quelle manière modifia-t-il les relations entre les missionnaires blancs et les chrétiens africains ? En outre, de quelle manière influença-t-il les relations d'après-guerre entre ces deux derniers et les puissances coloniales ? Fait étonnant, les années de la guerre furent marquées par l'ordination et l'initiation pastorale des premiers prêtres catholiques africains. Elles virent également les débuts de la percée catholique en Afrique, un continent qui compte désormais une très forte population chrétienne, où l'Église catholique constitue la confession prédominante.

Cet ouvrage tente d'offrir des réponses à ces questions. Il s'agit d'une histoire qui n'a encore jamais été contée et qui est ici narrée du point de vue de la Société des Missionnaires d'Afrique, communément connue sous le surnom des « Pères Blancs ». Les sources publiées ou non-publiées consacrées à la Première Guerre mondiale sont véritablement illimitées. L'Internet témoigne également du grand intérêt suscité par la guerre. Les questions que ce livre tente d'aborder commencent même à recevoir l'attention des historiens. Toutefois, concurrencer tous ces volumes d'histoire n'est pas ici le propos de cet ouvrage. De même, l'intention n'est nullement de raconter à nouveau l'histoire de la guerre en détail telle qu'elle s'est déroulée en Europe et en Afrique, au delà des éléments nécessaires pour remettre dans leur contexte le vécu de la guerre des missionnaires tout comme des Africains. Il ne s'agit pas tant d'un ouvrage consacré à l'histoire de la guerre que d'une contribution à l'histoire de l'Église africaine.

Les trois premiers chapitres exposent la participation des missionnaires à la guerre : mobilisation, guerre de tranchées ainsi qu'estimation du nombre de morts, de blessés, de prisonniers et de décorés. Le quatrième chapitre examine la sublimation spirituelle de ce vécu et le rôle de leader joué par Léon Livinhac, Supérieur général des Pères Blancs. Le cinquième chapitre traite du recrutement africain, de l'opposition qu'il souleva et de la contribution des troupes africaines en Europe et en Afrique. Les Pères Blancs eurent un rôle à jouer dans tous ces domaines. Le sixième chapitre est consacré aux campagnes qui eurent lieu sur le continent africain et aux conséquences physiques et morales qu'elles exercèrent sur les missionnaires et leur travail d'évangélisation. Pour une société internationale comptant une majorité de membres français, telle que celle des Missionnaires d'Afrique, la présence d'allemands au sein de leurs rangs s'avéra très problématique après la guerre. L'Église en Afrique s'est également trouvée confrontée au rapatriement massif des missionnaires allemands. Le septième chapitre traite de ces questions.

Les deux derniers chapitres ont trait aux conséquences de la guerre en Afrique et à la reconstruction de la Société et de l'Église entreprise après-guerre avec l'appui de Livinhac et de Giacomo Della Chiesa (pape Benoît XV), ami et partisan de longue date des Pères Blancs. Ils furent tous deux déterminés à remédier aux dommages infligés par la guerre et à tirer des leçons pour l'avenir missionnaire de l'Église. Pour ces deux personnages, le paroxysme fut atteint lors de la béatification des martyrs d'Ouganda en 1920. Ces chapitres offrent une évaluation finale de Livinhac ainsi que le récit de sa mort. Livinhac et Benoît XV s'éteignirent tous deux en 1922.

Cet ouvrage constitue l'un des fruits d'un projet lancé en 2001 et consacré à l'histoire des Missionnaires d'Afrique. Couvrant la période de 1914 à 1922, il complémente un volume précédent consacré aux années 1892-1914. Ces deux tomes forment à eux deux un récit des trente années du supériorat de Léon Livinhac. Il est toutefois espéré qu'une biographie complète sera éventuellement écrite. Les archives générales des Missionnaires d'Afrique constituent la principale source d'information pour cet ouvrage. Elles contiennent les correspondances de Livinhac et d'autres supérieurs, les journaux de bord des missions de l'époque, les registres de la participation des Pères Blancs dans la guerre de 1914-1918, les comptes-rendus des réunions du Conseil général, le rapport du Chapitre général tenu en 1920, les notices nécrologiques des missionnaires, leurs dossiers personnels et les rapports statistiques généraux.

Par ailleurs, une catégorie de documents, pouvant être désignée sous le terme d'archives intermédiaires, a également été consultée. Il s'agit notamment des publications internes de la Société, des rapports annuels et des bulletins. Le plus important d'entre eux est le *Petit Echo*, un bulletin mensuel dans lequel furent publiés, pendant toute la durée de la guerre, des extraits de lettres rédigées depuis les divers fronts par des conscrits missionnaires. De tels écrits restent inégalés pour dépeindre la réalité de la guerre des tranchées. Un bulletin spécial, intitulé le *Petit Communiqué,* fut également imprimé pour les confrères mobilisés. L'*Echos Binsonnais* était un bulletin d'information non officiel destiné aux soldats qui avaient été auparavant des étudiants-aspirants de la Société au prieuré de Binson. Le magazine français des missions des Pères Blancs, *Missions d'Afrique des Pères Blancs*, constitue une autre publication importante qui diffusa de nombreuses lettres du front. Les lettres circulaires de Livinhac ainsi que les documents juridiques, les constitutions et le directoire de la Société furent également des sources d'informations inestimables. En outre, de nombreux mémoires et monographies, publiés ou non, furent examinés.

D'autres archives furent consultées, dont les registres du Bureau colonial britannique conservés dans les Archives nationales de Kew (Londres) et les bases de données de la Première Guerre mondiale tenues par le ministère français de la Défense à Paris. La majorité des documents publiés fut consultée à la *British Library*, la maison généralice des Pères Blancs à Rome, la bibliothèque du *St Edward's College* (Londres) ainsi que la *Day Mission Library* de l'École de la Divinité de Yale. C'est avec reconnaissance que le personnel de toutes ces bibliothèques est ici remercié. Une bibliographie choisie est fournie dans l'appendice VI

Malheureusement, aucune source orale ne fut disponible, ce projet ayant été initié à une époque où aucun Missionnaire d'Afrique, qui avait pris part à la Première Guerre mondiale, n'était encore en vie. Toutefois, entre 1958-1961, l'auteur de cet ouvrage fut l'élève de Martin Jaureguy (1886-1965), un héros de Verdun blessé à deux reprises et décoré de la Croix de guerre. Il partagea de nombreuses expériences personnelles de la guerre avec ceux à qui il enseignait. L'auteur, alors qu'il était novice aux Pays-Bas en 1957-1958, rencontra également Antoon Stootman, « frère Boniface » (1869-1968), qui lui fit part de ses souvenirs personnels de Livinhac à Alger. Au début de l'année 2004, l'auteur se rendit en Afrique occidentale française pour effectuer des recherches dans les archives, mener des entretiens et faire des visites locales. Ayant déjà consacré trente ans de sa vie à l'enseignement, la recherche et l'écriture en Afrique de l'Est, les ressources locales lui étaient familières.

De plus vifs remerciements doivent être adressés à de nombreuses personnes pour leur aide reçue au cours de l'élaboration de ce livre. En premier lieu, il convient de mentionner le regretté Professeur Richard Gray, professeur émérite de l'École des études orientales et africaines de l'Université de Londres, qui a lu et commenté les brouillons de la majorité des chapitres. Tragiquement, il s'est éteint le 7 août 2005. La perte d'un tel mentor et d'un tel ami est inestimable. Edward Paice de l'Université de Cambridge a également aimablement mis à la disposition de l'auteur ses dernières conclusions concernant la Grande Guerre en Afrique. L'archiviste général de la Société, Ivan Page, a constamment apporté une aide précieuse, tout comme Herman Konings, gardien des archives photographiques. Une grande reconnaissance doit également être exprimée envers des historiens de la Société et d'autres Missionnaires d'Afrique, tout particulièrement Jean-Claude Ceillier (en charge du service historique de la Société), et envers Francis Nolan, Hugo Hinfelaar, Wilhelm Grosskortenhaus, Rudi Hufschmid, Diego Sarrio, Michel Genelot ainsi que M. Marinus Rooijackers de Lyon et Mlle. Gabriel Murphy de Londres.

En juin 2005, l'auteur s'est rendu sur les champs de bataille du front occidental. En lien avec ces visites, des remerciements doivent être octroyés à Roland de Cat et à Damian Hutt, neveu de l'auteur. Des expositions consacrées à la Grande Guerre dans des musées de Grande-Bretagne, de France et de Belgique ont également été visitées. Enfin, les derniers remerciements sont adressés à Adelphi Translations et à la communauté d'Oak Lodge (désormais Little Ealing Lane), pour son soutien au cours de la rédaction de ce livre.

L'orthographe des noms de pays respecte l'usage familier des lecteurs francophones. Les noms propres de personnes, de lieux et de groupes ethniques respectent l'usage des langues française et anglaise, en fonction du fait où ils référèrent à des pays francophones ou anglophones. Quelques rares exceptions à ces règles générales sont justifiées par l'orthographie utilisée sur les cartes contemporaines reproduites dans ce volume. Un glossaire est fourni dans l'appendice IV. Les dates de naissance et de décès sont normalement indiquées après les noms des membres de la Société. Un astérisque apposé à une seconde date désigne la date de départ de la Société.

Il me convient seul désormais d'ajouter que, pour moi personnellement, le processus de recherche et d'écriture de ce livre s'est avéré être une entreprise émouvante. L'héroïsme et la souffrance de ceux qui ont pris part à la Grande Guerre, à la fois en Europe et en Afrique, sont poignants à l'extrême et la bonté de tant d'entre eux reste indéniable. La tragédie dont eux-mêmes, leurs familles et leurs confrères missionnaires furent victimes s'est adoucie avec le passage du temps, mais il est important de se souvenir des événements survenus et de s'assurer que leurs mémoires survivent.

Aylward Shorter
Missionnaires d'Afrique
64 Little Ealing Lane
London W5 4XF
Royaume-Uni.

CARTES

A. 1: Carte de l'Afrique coloniale en 1914

B. 2-13: Cartes des Vicariats des Pères Blancs

Note: Ces cartes ont été dessinées à l'occasion du jubilé sacerdotal de Paul Voillard (alors supérieur général) en 1932.[1] Elles sont parmi les meilleures cartes produites par les Missionnaires d'Afrique. Malgré leur date ultérieure (dix ans après la fin de notre période 1914-1922) les changements et les additions ne sont pas très considérables. Les cartes 2-5 et 10-13 pourront aider le lecteur du chapitre premier. Les cartes 4-13 pour les chapitres cinq et six, sept et huit.

Soudan français
2. Vicariat de Bamako
3. Vicariat de Ouagadougou

Afrique orientale allemande
 4. Vicariat de Ruanda (Rwanda)
 5. Vicariat d'Urundi (Burundi)
 6. Vicariat de Bukoba
 7. Vicariat de Mwanza
 8. Vicariat de Tabora
 9. Vicariat du Tanganyika

Afrique orientale anglaise
10. Vicariat d'Ouganda

Afrique centrale anglaise
11. Vicariat du Bangweolo
12. Vicariat du Nyassa

Afrique belge
13. Vicariat du Haut Congo

---

[1] AGMAfr : *La Société des Pères Blancs et leur œuvre africaine : Jubilé sacerdotal du T.R.P. Voillard Supérieur Général, 1882-1932.*

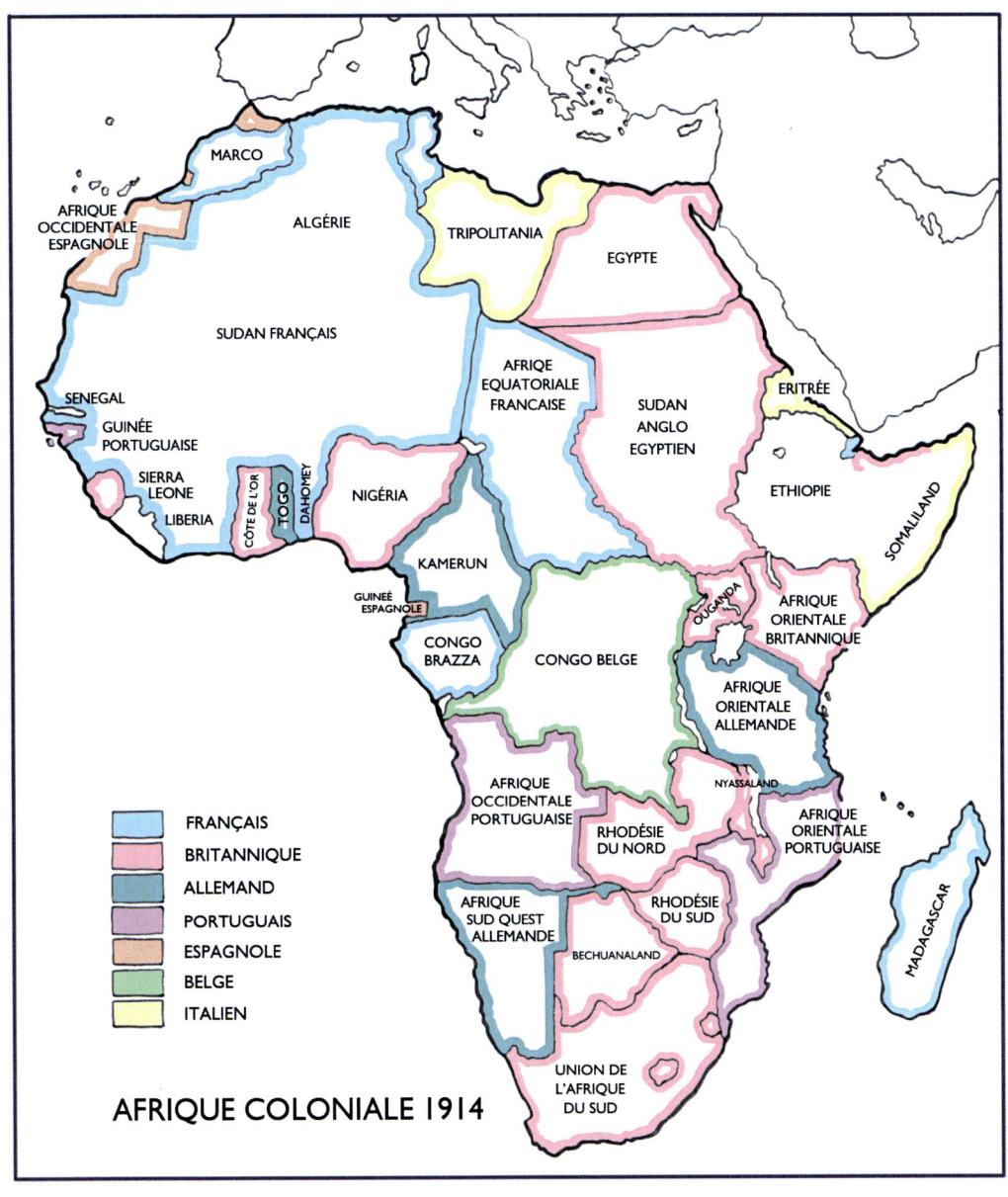

AFRIQUE COLONIALE 1914

MARCO

AFRIQUE
OCCIDENTALE
ESPAGNOLE

ALGÉRIE

TRIPOLITANIA

EGYPTE

SUDAN FRANÇAIS

AFRIQE
EQUATORIALE
FRANCAISE

SUDAN
ANGLO
EGYPTIEN

ERITRÉE

SENEGAL

GUINÉE
PORTUGUAISE

SIERRA
LEONE

LIBERIA

CÔTE DE L'OR

TOGO

DAHOMEY

NIGÉRIA

ETHIOPIE

SOMALILAND

KAMERUN

GUINEÉ
ESPAGNOLE

CONGO
BRAZZA

CONGO BELGE

OUGANDA

AFRIQUE
ORIENTALE
BRITANNIQUE

AFRIQUE
ORIENTALE
ALLEMANDE

AFRIQUE
OCCIDENTALE
PORTUGUAISE

NYASSALAND

RHODÉSIE
DU NORD

AFRIQUE
ORIENTALE
PORTUGUAISE

AFRIQUE
SUD QUEST
ALLEMANDE

RHODÉSIE
DU SUD

BECHUANALAND

UNION DE
L'AFRIQUE
DU SUD

MADAGASCAR

Légende :

- FRANÇAIS
- BRITANNIQUE
- ALLEMAND
- PORTUGUAIS
- ESPAGNOLE
- BELGE
- ITALIEN

1

BAMAKO

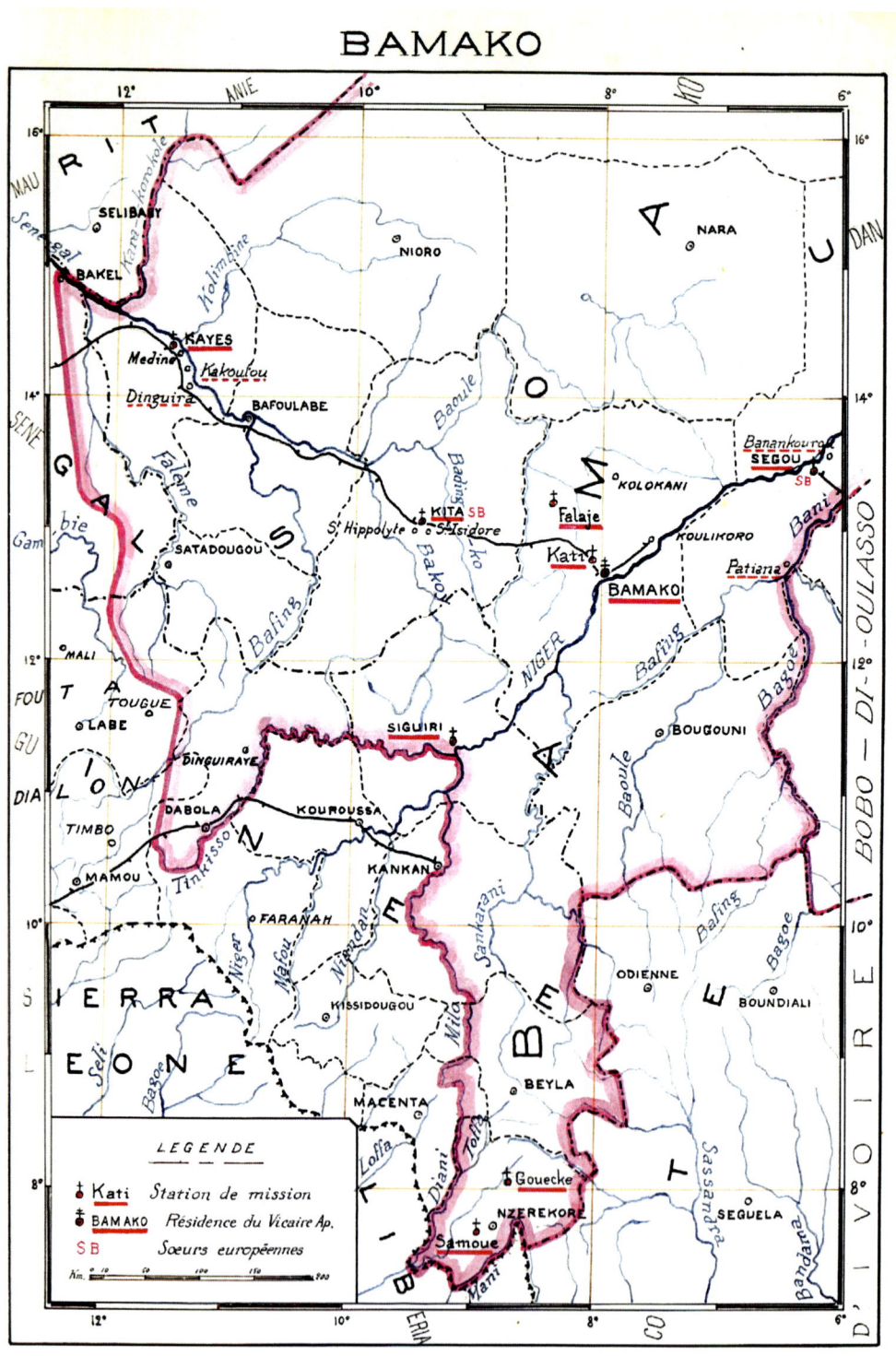

OUAGADOUGOU

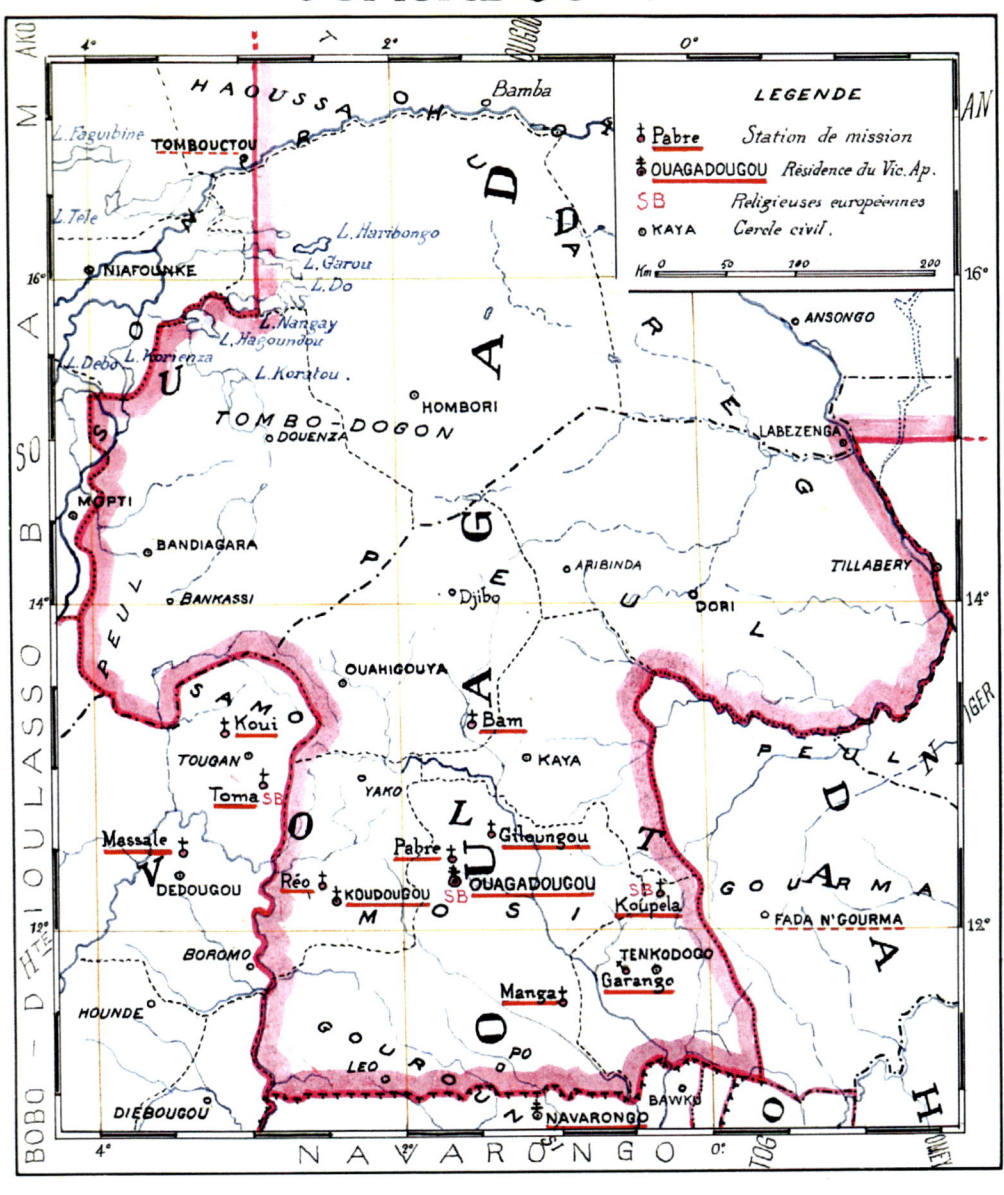

RUANDA

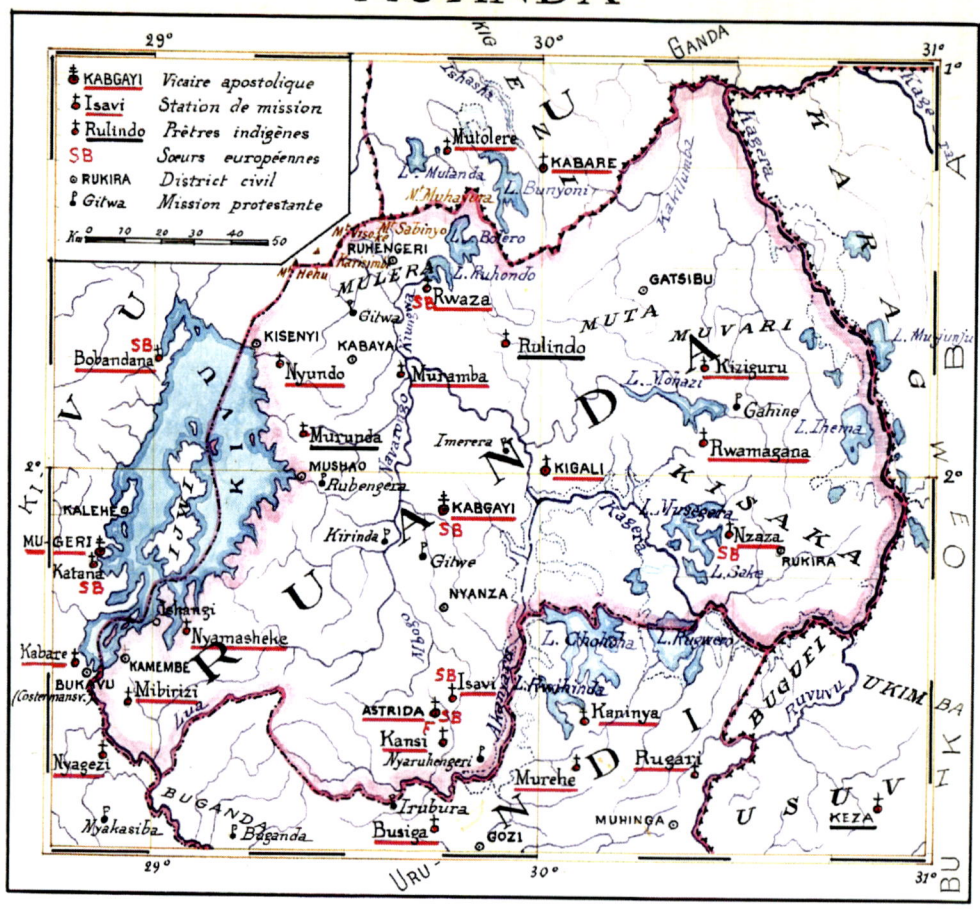

URUNDI

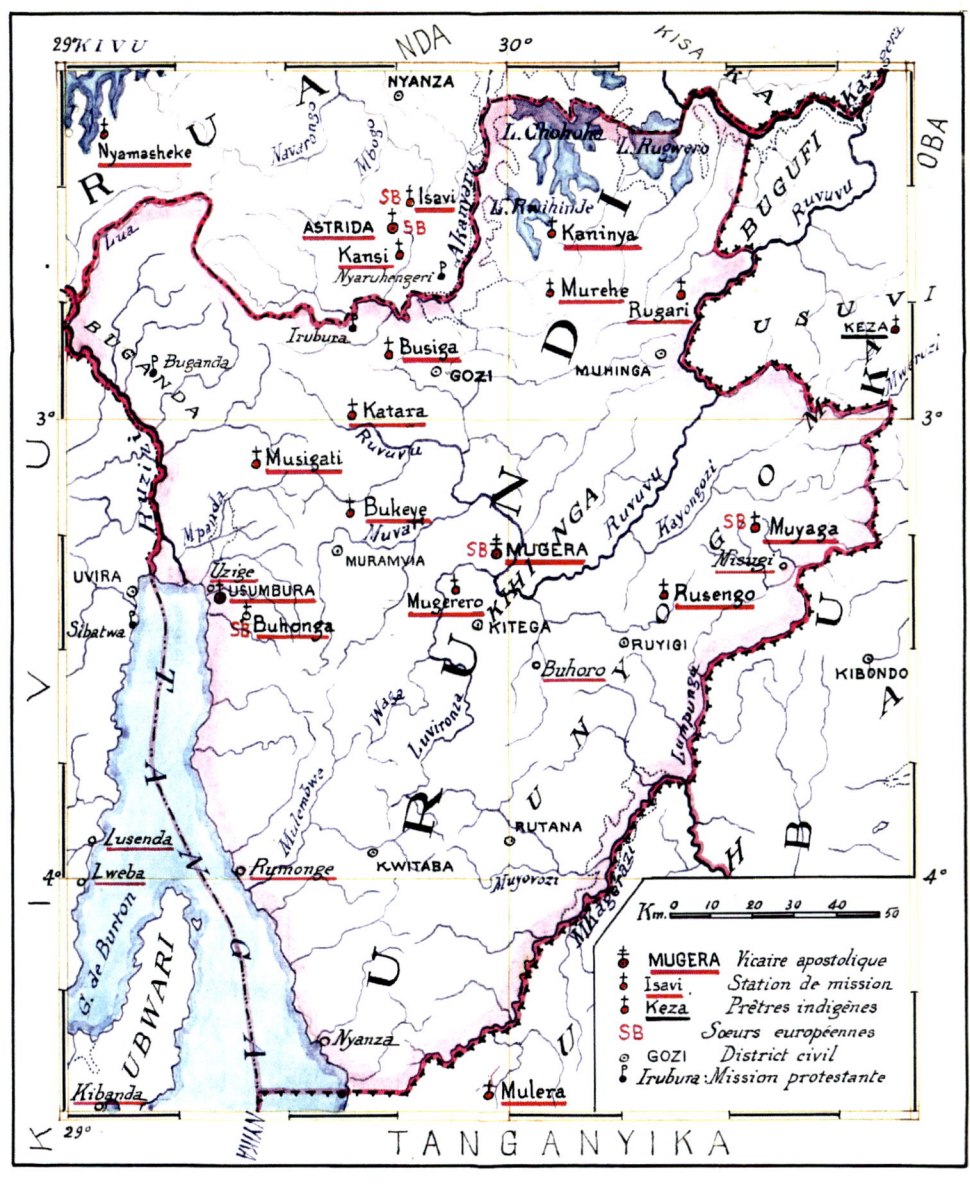

Km. 0 10 20 30 40 50

‡ MUGERA   *Vicaire apostolique*
† Isavi   *Station de mission*
† Keza   *Prêtres indigènes*
SB   *Sœurs européennes*
⊙ GOZI   *District civil*
• Irubura *Mission protestante*

BUKOBA

MWANZA

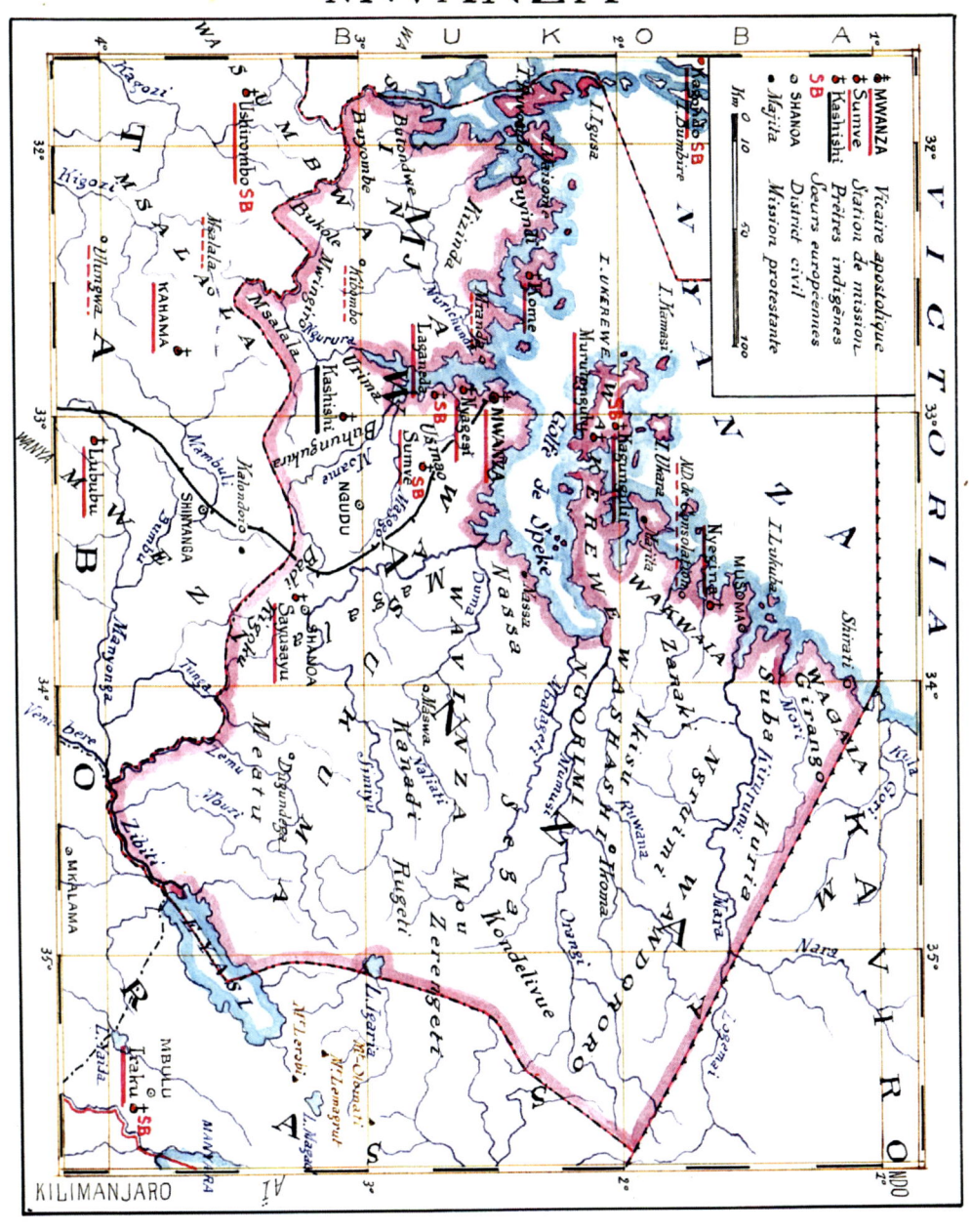

TABORA

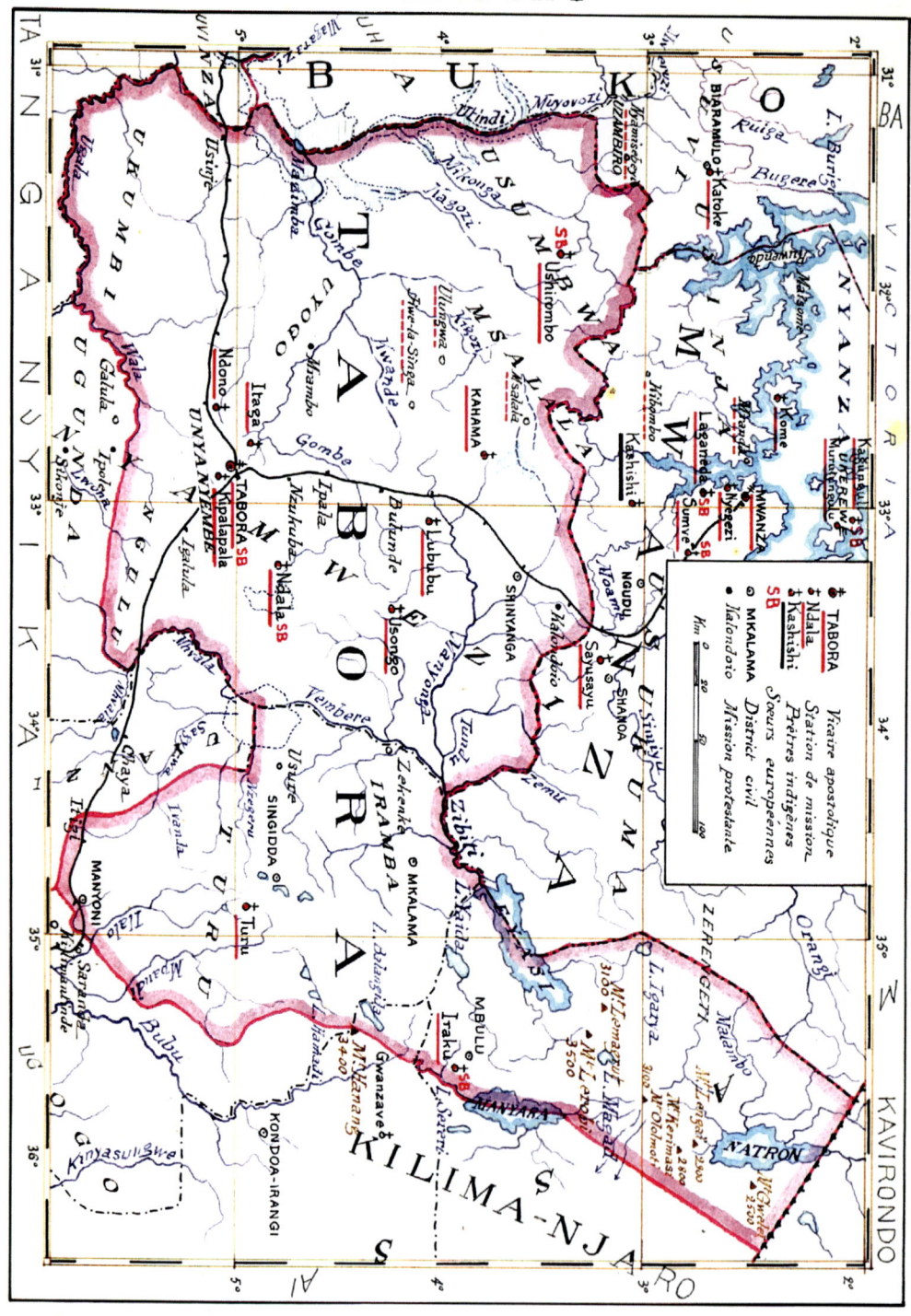

TANGANYIKA

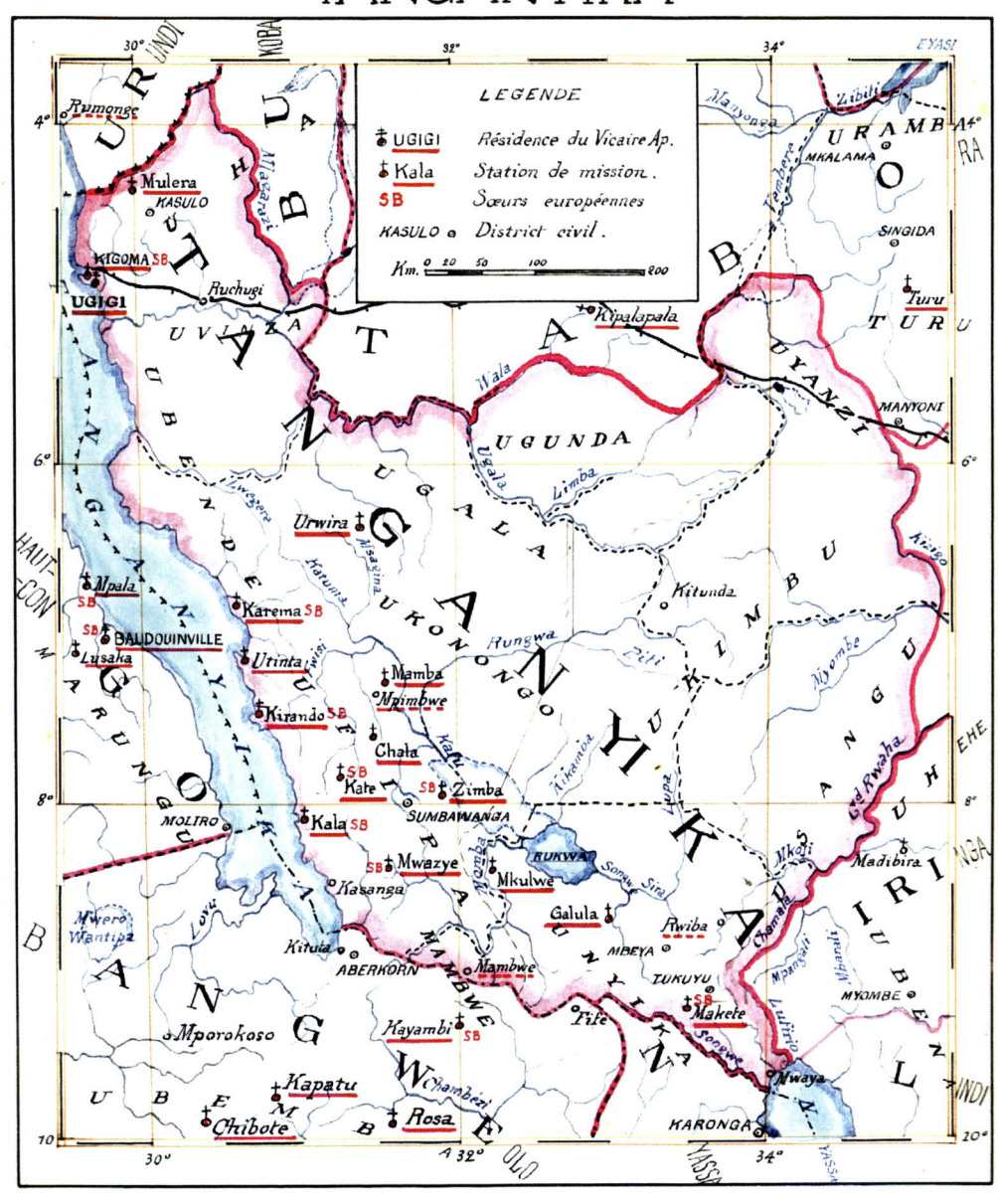

UGANDA

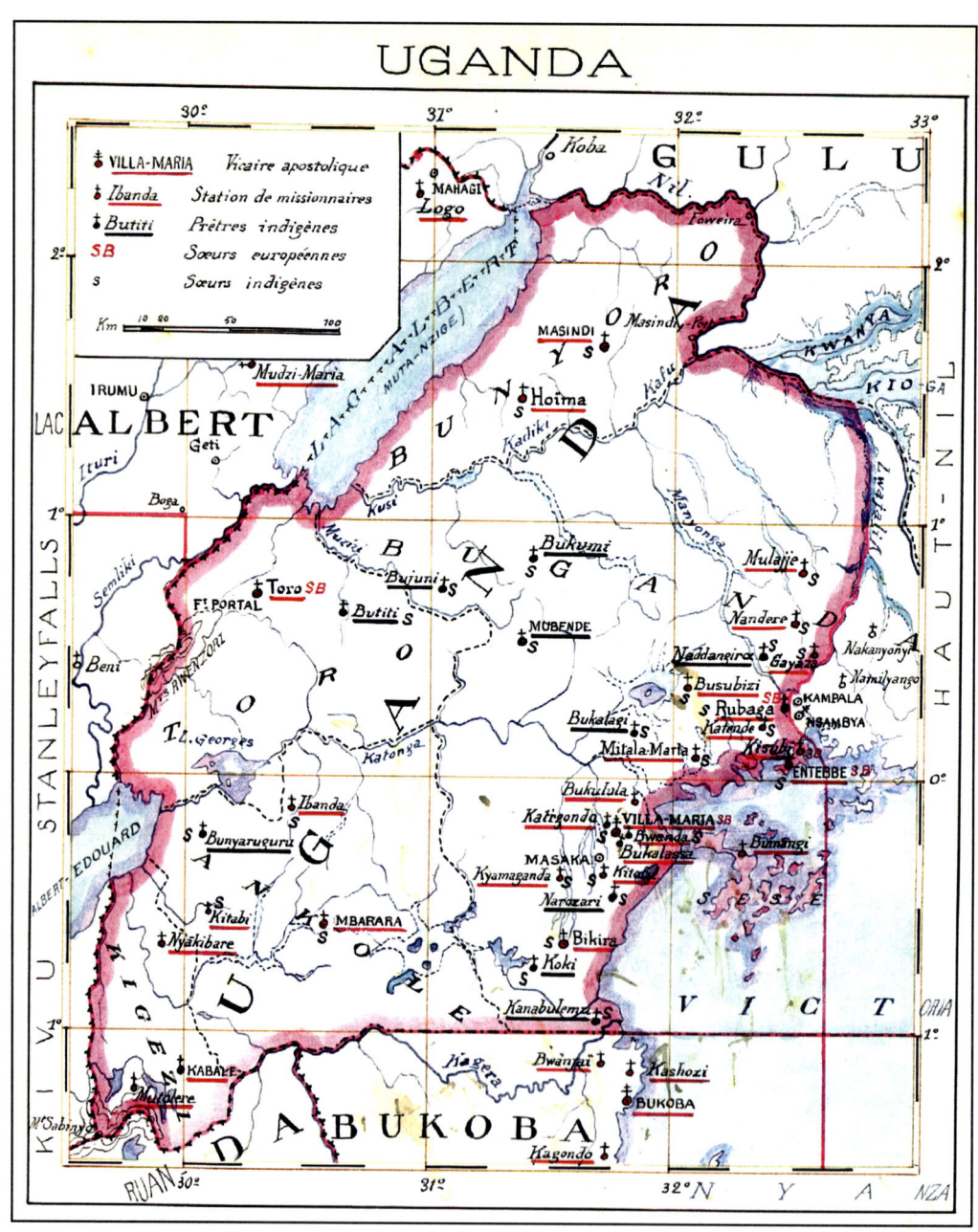

BANGWEOLO

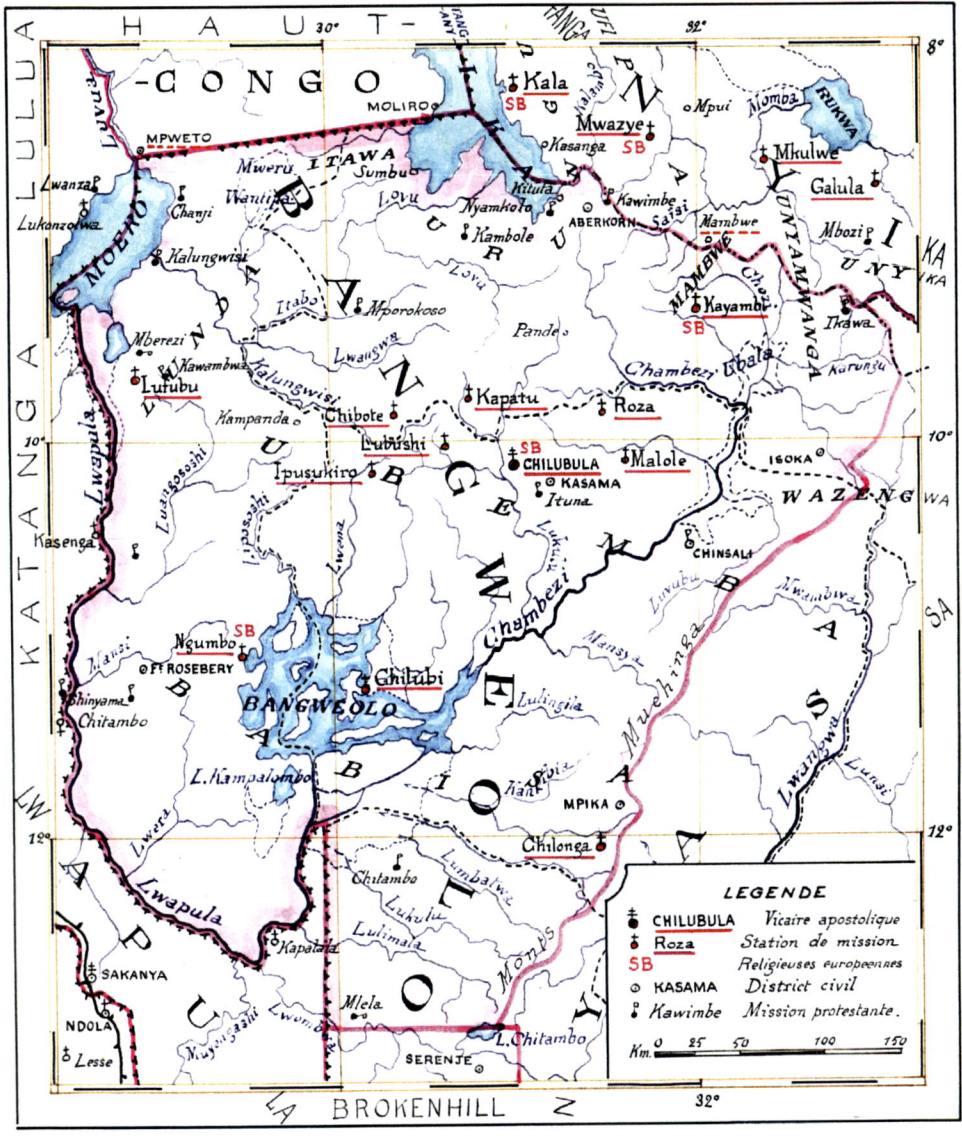

NYASSA

HAUT-CONGO

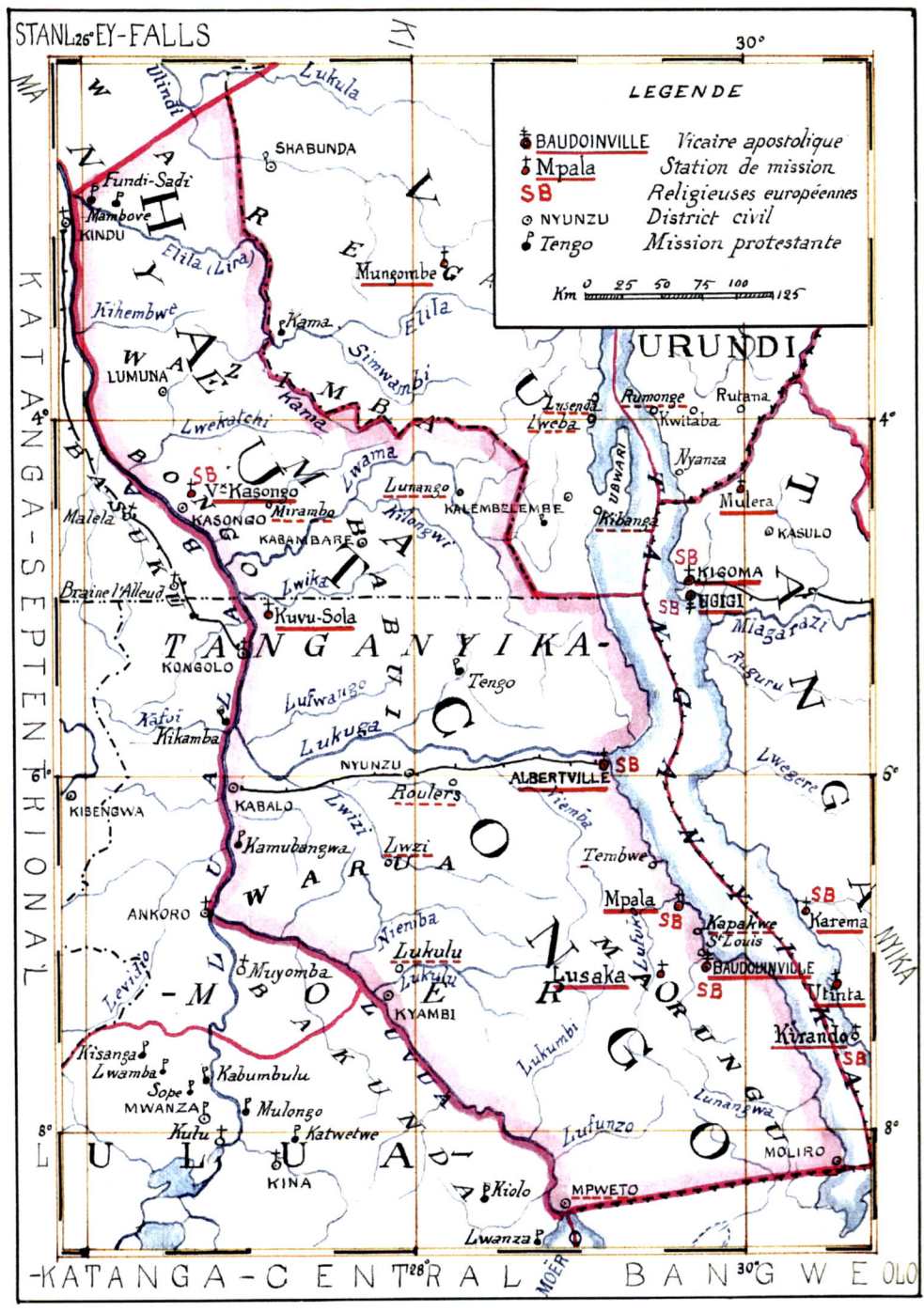

CHAPITRE I

LA MOBILISATION

Nous savons que ce don fut vain. Le monde ne fut pas renouvelé.
L'espoir habitait les foyers, la colère était dans les rues
mais le monde ancien fut restauré et nous avons repris
le morne chemin du champ et de l'usine, et le combat immémorial
des riches et des pauvres. Notre victoire fut notre défaite.
Le pouvoir est resté chez ceux qui en avaient abusé
et la jeunesse n'eut plus qu'à balayer
les cendres que le feu avait éparpillées sous nos pieds.

Sir Herbert Read : *À un conscrit de 1940.*

Un monde changé, à défaut d'un monde renouvelé

Dans un sens, le poète de guerre a raison : *le monde ne fut pas renouvelé.* La Première Guerre mondiale n'apporta pas de solutions aux problèmes sociopolitiques et économiques de l'humanité. En fait, elle apporta davantage de problèmes qu'elle n'aurait pu en résoudre. L'injustice sociale s'intensifia, tout particulièrement au vu de la montée en puissance des dictatures fascistes et communistes. Les dispositions insatisfaisantes de l'armistice signé en 1918, et des traités de paix qui suivirent, ne parvinrent pas à éviter la survenue d'une autre guerre mondiale. Les sentiments de rancune et le racisme, hérités de la guerre 1914-1918, rendirent celle de 1939-1945 inévitable. « La Seconde Guerre mondiale…fut la conséquence directe de la Première ».[1] Cependant, d'un autre côté, le monde *fut* changé. La guerre créa un monde nouveau, un monde moderne. La guerre démantela ou transforma radicalement des empires : celui de Russie, celui des Habsbourg, celui des Ottomans, et même l'empire colonial allemand. Mais cette guerre ne fut pas menée en vue d'une expansion coloniale. Ce butin de guerre n'était autre qu'une compensation opportuniste destinée aux Alliés lors de la conférence de paix tenue à Versailles. La ruée coloniale avait fondamentalement pris fin avant 1914. C'était une guerre qui familiarisa le monde à la destruction militaire et à la mort en masse. Au cours des années qui suivirent, elle amorça l'arrivée d'avancées inimaginables dans le domaine des technologies de guerre terrestre, maritime et aérienne.

L'Afrique fut changée par la guerre. Sous mandat de la Société des Nations, la Grande-Bretagne et la Belgique se partagèrent le territoire de l'ancienne Afrique orientale allemande (la Tanzanie, le Rwanda et le Burundi actuels), l'ancien Kamerun (Cameroun) fut divisé entre la Grande-Bretagne et la France, laquelle se tailla la part du lion. D'autres dispositions furent prises pour le Togo et l'Afrique du Sud-ouest

---

[1] Keegan, Johm, The First World War, Londres, Hutchinson (Pimlico), 1998 (1999) p. 3.

1

(Namibie). La Grande-Bretagne contrôlait désormais une chaîne de territoires reliant le Cap au Caire. L'Église en bénéficia immédiatement car une plus grande coopération entre les missionnaires catholiques des territoires britanniques de l'Afrique orientale et centrale fut rendue possible, notamment en matière d'éducation et d'organisation des séminaires.

Avec la disparition de l'Afrique allemande et les antécédents des missionnaires en termes de soutien porté aux Alliés, les relations entre l'Église catholique en Afrique et les pouvoirs coloniaux entrèrent dans une ère nouvelle. Comme le nota en 1921 l'évêque Joseph Birraux, Vicaire apostolique du Tanganyika et futur Supérieur général des Missionnaires d'Afrique : « La mission (était) une paille légère qui, humainement parlant, devait disparaître dans la grande tourmente. Or elle demeure, malgré tout, debout respectée aujourd'hui comme hier, bien plus la seule institution encore debout de tout ce qui a existé dans le précédent ordre des choses »[2] La Première Guerre mondiale concéda prestige et reconnaissance nouvelle à l'Église catholique. Selon les dires de Birraux, il ne s'agissait plus d'un « oasis » en Afrique.

L'expérience de la guerre accéléra également la maturation sociopolitique du continent africain et favorisa l'émergence de relations plus égalitaires entre les missionnaires et les néophytes. Suite à la mobilisation des missionnaires, les nouveaux dirigeants africains de l'Église obtinrent de plus grandes responsabilités et les conscrits africains devinrent eux-mêmes des protagonistes de l'Évangile.

Les terribles souffrances humaines endurées lors de la Première Guerre mondiale sont gravées dans la conscience de l'humanité. Le nombre de soldats qui tombèrent si rapidement au champ d'honneur reste imprécis. Au total, le bilan humain pourrait s'élever à huit millions de morts et cinq millions de blessés. Sur l'ensemble des hommes britanniques et français âgés de dix-neuf à vingt-deux ans, la « génération perdue » en représentait un sur trois.[3] Sur les 140 000 soldats africains originaires de l'Afrique de l'Ouest française qui combattirent en Europe, quelque 6000 furent tués, soit une perte plus importante de vingt-cinq pour cent par rapport à celle déplorée par l'armée française.[4] Le nombre de porteurs qui trouvèrent la mort au cours de la campagne d'Afrique de l'Est reste inconnu, mais il pourrait s'élever à un demi million.[5] Entre 1918 et 1920, le virus mortel de la « grippe espagnole » ainsi que d'autres épidémies répandues par le déplacement des troupes et la guerre des tranchées firent plus de quarante millions de victimes dans le monde.[6] Des villages isolés de pratiquement tous les pays africains furent touchés.

De nos jours, les imposants monuments aux morts et les vastes cimetières de Flandres et d'Alsace, ainsi que les monuments commémoratifs érigés dans presque toutes les villes et villages de Grande-Bretagne et de France, sont le témoignage éternel de ces événements. Le monument *Askari* de Dar es Salam et les élégantes statues d'un soldat et d'un porteur de Nairobi, sans oublier les quartiers urbains de ces deux mêmes villes portant le nom des Carrier Corps, *Kariakoo* et *Kariokor*, constituent également des souvenirs perpétuels. À Dakar, l'imposant *Monument aux Morts* commémore les Sénégalais morts en France. Il n'existe pas un seul monument commémoratif dédié aux soixante missionnaires d'Afrique qui firent don de leur vie au cours de la Première Guerre mondiale, mais leurs actes héroïques habitent nos

[2] *Rapports Annuels*, n° 16, 1920-1921, p. 103.
[3] Keegan *op.cit.*, pp. 452-453.
[4] Lunn, Joe, *Memoirs of the Maelstrom. A Senegalese Oral History of the First World War*, Oxford, James Currey, 1999, p.146.
[5] Parsons, Timothy, The African Rank and File, Oxford, James Currey, 1999, p.19.
[6] Fox, Douglas, "The 1918 Spanish Influenza Pandemic", *Science*, vol. 293, septembre 2001, p.1842.

mémoires.[7] Ce livre leur rend hommage ainsi qu'aux troupes africaines qui servirent à leurs côtés pendant la Première Guerre mondiale. Cet ouvrage tente également d'évaluer l'impact de cette guerre sur la mission de l'Église catholique en Afrique dans la mesure où celle-ci fut confiée à la Société des Pères Blancs.

La mobilisation française

Avant l'arrivée du mois d'août 1914, les grandes puissances européennes avaient constitué de gigantesques armées de conscrits, prêtes à être mobilisées en cas de survenue probable ou inévitable de la guerre. La mobilisation représentait une dangereuse stratégie de la corde raide, même s'il s'agissait simplement d'une menace diplomatique. Elle était dotée d'une logique et d'une dynamique intrinsèques, non seulement parce que les autorités militaires de l'époque étaient convaincues que l'attaque constituait le seul moyen efficace dans une guerre moderne, mais aussi parce que le déplacement des troupes dépendait du transport ferroviaire et la rapidité de ce dernier occasionna un rassemblement inexorable sur les divers fronts prédéfinis. Pour l'Allemagne, la mobilisation était, sans l'ombre d'un doute, synonyme de guerre si elle souhaitait sortir victorieuse de la course effrénée à la suprématie militaire. Adoptant une stratégie basée sur le Plan Schlieffen, l'Allemagne respecta un calendrier bien précis pour envahir la France par la Belgique. Au cours des premières phases de la guerre, les puissances du continent mobilisèrent quelque six millions de professionnels et de réservistes. L'Allemagne disposait d'une plus grande réserve humaine que la France, laquelle s'efforça d'appeler ses réservistes où qu'ils se trouvèrent, même s'il s'agissait de missionnaires français travaillant dans des contrées lointaines d'Afrique.

Suite à la révolution de 1789, les Français inventèrent l'enrôlement militaire. Après leur défaite essuyée en 1871 contre les Prussiens, le service militaire universel fut réintroduit encore plus vigoureusement qu'auparavant. Au début du XXe siècle, une loi anticléricale abolit le rôle des aumôniers militaires ainsi que tout privilège donnant lieu à l'exemption du service militaire dont le clergé bénéficiait jusqu'alors. Les prêtres, les religieux et les séminaristes étaient soumis au service militaire complet tout comme les jeunes adultes et ils restaient ensuite réservistes jusqu'à l'âge de quarante ans. De nombreux Pères Blancs avaient effectué leur service militaire en France, en Allemagne ou en Belgique métropolitaines, alors qu'ils n'étaient encore qu'aspirants de la Société. D'autres avaient été appelés alors qu'ils étaient novices ou après le noviciat, au cours de leurs études théologiques. Ces « scolastiques », comme ils étaient appelés, suivaient pour la plupart leur formation au sein du scolasticat de la Société situé à Carthage en Tunisie. Depuis là, l'ensemble des conscrits français fut appelé à servir au sein des régiments coloniaux des Zouaves en Afrique du Nord. Une fois membres du clergé ou temporairement frères profès, et tout particulièrement après avoir reçu un ordre mineur ou majeur, ils furent souvent affectés à des postes non combattants au sein du corps médical, en tant qu'aides-soignants, infirmiers ou brancardiers. Les aspirants furent plus souvent considérés comme des combattants potentiels. Au cours de la mobilisation générale de 1914, cette situation engendra des anomalies car des aspirants et des étudiants obtinrent souvent un rang militaire plus élevé que des prêtres ou des frères plus âgés et forts d'une expérience de missionnaire plus longue. En 1913, un petit nombre insuffisant d'aumôniers militaires avait été

---

[7] Le chiffre 60 représente les noms de prêtres, frères, scolastiques, novices et aspirants des Pères Blancs qui firent don de leur vie en raison de la guerre. Le chiffre exact d'aspirants et postulants (élèves) morts au champ de bataille est inconnu, car les noms n'étaient pas enregistrés. Il peut être entre 10 ou 15. Il y avait aussi des missionnaires qui sont morts des effets à long terme de la guerre.

réincorporé au sein de l'armée française. Au cours de l'année suivante, des prêtres civils furent également admis en tant qu'aumôniers volontaires. Dans ces circonstances, des prêtres de la Société, appelés en 1914, vinrent à exercer officiellement ou officieusement les fonctions d'aumônier.

En 1914, Paul Voillard (1860-1946), Premier assistant du Conseil général, établit, pour le compte de l'éditeur de l'*Echo d'Alger*, la liste des Pères Blancs en fonction de leur nationalité en vue de prouver que la Société ne comptait que peu d'Allemands et que les Français constituaient la majorité, à 75 pour cent, de ses membres.[8] Voillard dénombra 662 prêtres et 180 frères, soit un total de 842 missionnaires.[9] Seuls vingt-trois d'entre eux étaient des prêtres missionnaires « véritablement allemands » et trente-six venaient de l'Alsace-Lorraine.[10] Parmi les 180 frères, trente-trois étaient allemands et dix-huit étaient alsaciens. Voillard expliqua ensuite au Commandant de la police algérienne que les Alsaciens étaient « des Français de cœur ».[11] Mais cette affirmation ne fut pas entièrement convaincante. En réalité, la population d'Alsace-Lorraine était mixte. Ceux qui étaient nés dans cette région entre 1871 et 1914 étaient théoriquement tous des citoyens de l'Empire allemand, quelle que soit leur attitude envers la France.[12]

En 1914, les Pères Blancs comptaient seize nationalités différentes.[13] Les membres belges représentaient dix-huit pour cent d'entre eux et les Néerlandais un peu plus. Les Allemands représentaient moins de cinq pour cent. Il était indéniable qu'une société de missionnaires composée essentiellement de membres français serait fortement touchée par les lois draconiennes relatives à l'enrôlement militaire du pays. En l'occurrence, 367 missionnaires d'Afrique d'origine française furent appelés, ce qui place la Société des Missionnaires d'Afrique en quatrième position pour leur nombre de conscrits parmi quinze congrégations religieuses ou sociétés de missionnaires en France.[14] Seuls les Frères de la Salle, les Jésuites et les Pères Spiritains comptèrent davantage de conscrits. Ce chiffre inclut vraisemblablement un nombre inconnu d'aspirants qui n'étaient pas encore membres officiels de la Société. Ces derniers furent peut-être autant que les missionnaires profès d'origine belge et allemande qui furent également mobilisés. Par conséquent, environ quarante pour cent des membres officiels de la Société furent appelés à rejoindre les armées d'Europe pour la durée de la guerre, sans compter un nombre indéterminé de personnes qui n'étaient pas encore entrées au noviciat.

En France métropolitaine, les Missionnaires d'Afrique n'étaient que peu nombreux. Ils géraient des procures à Paris, à Lille et à Marseille, un séminaire de philosophie au prieuré de Binson (Châtillon-sur-Marne), une école apostolique à St Laurent d'Olt (Aveyron) ainsi qu'un sanatorium à Pau (Pyrénées). Outre-manche, le prieuré de Bishop's Waltham, qui appartenait toujours à la province française, renfermait une autre école apostolique et un séminaire pour les vocations tardives. En raison de la

---

[8] AGMAfr. 119029-054.

[9] Casier, Jacques, Développement de la Société, AGMAfr. MS 1961, estime qu'en 1914 il y avait 899 membres de la Société, c'est-à-dire 658 prêtres et 241 frères. Ces chiffres diffèrent de ceux de Voillard. Il n'y a pas d'explication.

[10] AGMAfr. 122011.

[11] AGMAfr. 119042. Voillard au commandant le 19 août 1914.

[12] Cf. Ousby, Ian, *The Road to Verdun*, Londres, Jonathan Cape (Pimlico), 2002 (2003), pp. 148-149, 183-184. Un Père Blanc de Lorraine, de nationalité allemande mais français de cœur, était Henri Léonard, Vicaire Apostolique d'Ounyanyembe en Afrique Orientale Allemande.

[13] Casier loc.cit.

[14] AGMAfr, 119003, statistique de mobilisation ; Livre d'Or, AGMAfr, 121 donne le chiffre un peu plus bas de 363 conscrits français.

mobilisation, le personnel de ces institutions fut brassé. À titre d'exemple, à Bishop's Waltham, trois professeurs furent mobilisés. L'un d'entre eux, Pierre-Marie Travers (1874-1927) fut réformé et reprit immédiatement ses fonctions de Supérieur. Un autre, Joseph Bouniol (1884-1950), fut prisonnier de guerre durant toute la période des hostilités et le troisième, Eloi Falguières (1887-1924), connut à la fois le service actif et la captivité. À la fin de la guerre, ce dernier rentra gravement malade aux côtés des siens.[15] Dès les premiers mois de la guerre, Lille fut occupé par les troupes allemandes. Binson fut occupé par les Allemands au cours des deux batailles de la Marne et fut quasiment entièrement détruit par les bombardements de l'armée française en 1918. En France, un grand nombre d'aspirants, anciens élèves de Binson et de Bishop's Waltham, furent appelés. Au cours des premiers mois de l'année 1919, Bishop's Waltham accueillit divers étudiants qui avaient servi à la fois au sein des troupes françaises et britanniques. Parmi eux, on comptait un commandant de char, un sous-lieutenant de la marine, un sergent et des soldats qui avaient combattu à Heligoland, Jutland et Gaza.[16] Des aspirants français, comme Joseph Watier (1891-1971), qui effectuaient déjà leur service militaire lorsque la guerre éclata, virent leur service prolongé jusqu'à la signature de l'armistice.

La majorité des missionnaires français mobilisables se trouvait en Afrique. Le noviciat principal de la Société se situait à Maison Carrée, la maison mère d'Alger, alors que le scolasticat principal était à Carthage en Tunisie. Lorsque la mobilisation fut décrétée en 1914, seize novices français, dont trois étaient déjà ordonnés prêtres, furent immédiatement appelés. Un plus petit nombre de frères novices français fut également mobilisé. Deux d'entre eux trouvèrent la mort au combat avant que l'année ne s'achève. Le noviciat clérical disparut et ses bâtisses furent réquisitionnées par l'armée française. À Carthage, dix-neuf scolastiques furent appelés en 1914 ainsi que huit jeunes prêtres qui y terminaient leurs études de théologie. L'année suivante, un groupe supplémentaire de scolastiques reçut des ordres majeurs en vue de la mobilisation. Au total, quarante-huit scolastiques et jeunes prêtres furent appelés, principalement pour servir en tant que sous-officiers au sein des régiments des Zouaves ou des unités d'infanterie et de ravitaillement. Parmi les morts de guerre, onze scolastiques français, quinze novices et au moins dix aspirants furent dénombrés.[17]

La majorité des novices et des scolastiques rallia les unités militaires d'Afrique du Nord et certains servirent par la suite en Tunisie, en Algérie et même au Maroc. Toutefois, la majorité combattit sur les fronts méditerranéens et occidentaux. Relativement peu de missionnaires travaillant en Algérie étaient mobilisables. Au total, seuls neuf le furent. Henri Bardou (1877-1916*), Préfet apostolique de Ghardaïa, (Sahara), fut l'un d'entre eux. Ce dernier ainsi que son successeur, Gustave Nouet (1878-1959), durent superviser des prisonniers de guerre allemands chargés de la construction d'une route reliant Laghouat à Ghardaïa. À l'origine, Nouet avait été appelé à servir comme aide-soignant. À Thibar, en Tunisie, six missionnaires furent mobilisés.

De toutes les missions d'Afrique subsaharienne, le vicariat apostolique d'Ouganda comptait le plus grand nombre de chrétiens et de catéchumènes ainsi que de missionnaires. Ces derniers étaient cent seize à servir pas moins de trente et un postes de mission. En septembre 1914, des papiers militaires furent émis pour plus d'une

---

[15] Finn, Peter, *History of the Priory Bishop's Waltham*, Winchester, Hedera Books, 2002, pp.49-52.

[16] Rapports Annuels, n° 14, 1918-1919, p.59.

[17] Il n'y a pas de liste officielle des aspirants qui sont morts avant d'entrer le noviciat. Il y en avait au moins dix.

trentaine de prêtres. D'autres, dont l'état de santé était incertain, furent également appelés sur le littoral. Cinq furent exemptés suite à un examen médical à Mombasa et sept autres reçurent la permission d'être examiné par un médecin en Ouganda. Au total, trente-quatre furent mobilisés. Cinq firent don de leur vie pendant la guerre.

Naturellement, le fait de devoir sacrifier un tiers du personnel missionnaire souleva une grande réticence au sein du vicariat. La mobilisation s'accompagna d'une grande confusion, de récriminations et d'incompréhension. L'absence du vicaire apostolique Henri Streicher (1863-1952), resté en France pour raison médicale, contribua partiellement à la survenue de tels difficultés. Ses remplaçants, l'administrateur Simon Moullec (1861-1924) et le supérieur régional Antoine Grange (1864-1922), s'efforcèrent de faire face aux événements. La confusion fut également occasionnée par les problèmes de communication. Même si les services postaux assuraient toujours la distribution du courrier, les lettres parvenaient à destination avec beaucoup de retard ou parfois même jamais. En 1914, entre la fin du mois de juillet et le début d'octobre, aucune lettre envoyée depuis Alger ne parvint dans la région ougandaise. Dans ces circonstances, le recours aux services télégraphiques s'avéra nécessaire, même si à cette époque il était bien connu que les télégrammes en Afrique de l'Est faisaient souvent l'objet d'erreurs et d'interprétations erronées.[18] Au début du mois de septembre, le Supérieur général, Mgr Léon Livinhac (1846-1922), décida d'envoyer un télégramme depuis Alger à l'intention de tous les supérieurs de mission afin d'interdire l'embarquement sans discernement des missionnaires en direction de la France. En Ouganda, ce message fut interprété comme une interdiction totale applicable à tous les membres mobilisables alors qu'en réalité elle était destinée aux missionnaires malades ou faisant retraite à ce moment là.[19] Aucune lettre explicative n'arrivant, Grange envoya un télégramme à Livinhac afin d'éclaircir la situation. Le second télégramme de Livinhac fut encore plus confus mais il parvint à convaincre Grange et Moullec qu'une interdiction totale devait être observée. En outre, l'obscurité de langage du télégramme transmit une certaine réticence et suggéra qu'un répit non officiel aurait été obtenu auprès des autorités françaises.

Nombre des missionnaires mobilisables restèrent toutefois septiques et craignirent d'être accusés de désertion. Grange leur envoya des circulaires, leur conseillant de faire confiance à leurs supérieurs et d'éviter de répandre cette nouvelle de répit apparent.[20] Avant la fin du mois de septembre, un entretien privé tenu à Entebbe avec des administrateurs britanniques se conclut par l'envoi d'un télégramme de la part du Gouvernement du protectorat de l'Ouganda à l'intention du consul français de Zanzibar demandant à ce que les missionnaires français reçoivent le droit de rester dans le pays. Le consul refusa non seulement de transmettre cette requête mais il répondit également au télégramme affirmant que l'exemption des missionnaires était illégale et ne pourrait recevoir l'approbation du ministère français de la Guerre.[21] Il conseilla vivement aux missionnaires de respecter les ordres de mobilisation,

---

18 Cet exposé se fonde sur la correspondance: Moullec à Livinhac AGMAfr. 087603, 23 octobre 1914 et 087604, 8 novembre 1914 ; Grange à Livinhac AGMAfr. 84265-184271, 14 septembre à 14 décembre 1914 ; archives de la province d'Ouganda, lettres circulaires de Grange 13 et 28 septembre 1914 ; Streicher à Livinhac AGMAfr. 082393-08395, 5 août à 30 novembre/1 décembre 1914.
19 AGMAfr. 84268, Grange à Livinhac, 9 novembre 1914.
20 Archives de la province d'Ouganda, Grange aux confrères, 13 et 28 septembre 1914.
21 AGMAfr. 84266, Grange à Livinhac 5 octobre 1914; Rapports Annuels, n° 10, 1914, pp.199-200, rapport d'Amédée Goulet (1879-1957), Entebbe.

n'accordant pour toute exception que les cas des missionnaires qui avaient effectué leur service militaire initial entre 1887 et 1892.[22]

Le consul français de Zanzibar et l'agent consulaire de Mombasa furent intransigeants et le ton de leurs missives se fit de plus en plus menaçant. Ils avaient affaire en personne aux conscrits, qui étaient dans l'incapacité de justifier leur refus d'obéir à l'ordre de mobilisation, et non aux supérieurs religieux qui, à l'insu des autorités françaises, avaient apparemment annulé cet ordre. Grange commença à s'inquiéter et demanda à Livinhac de rendre ses télégrammes publics, bien que privés et confidentiels, en vue de défendre les missionnaires en cas d'accusation de désertion.[23] Livinhac envoya donc un troisième télégramme ordonnant, sans équivoque, de se conformer à l'ordre de mobilisation. En novembre, les conscrits furent embarqués.[24] Toute cette affaire dura deux mois et demi, une durée terriblement proche de la limite de trois mois applicable pour la mobilisation militaire dans les colonies.

Dans ses correspondances avec Streicher, au cours du mois d'août et de septembre, Livinhac ne fit aucune allusion à la crise concernant la mobilisation en Ouganda.[25] À son arrivée à Mombasa depuis l'Europe, à la fin du mois de novembre, Streicher fut un « peu surpris » de constater que le « lamentable exode » avait déjà eu lieu et il « manifesta son mécontentement ». Vingt-cinq missionnaires étaient déjà en route pour la guerre en Europe et dix autres venaient d'arriver après avoir été menacés de désertion. Plus tard, quatre d'entre eux furent exemptés. Streicher s'entretint avec l'agent consulaire de Mombasa qui n'insista pas davantage sur les accusations de désertion.[26]

L'agent consulaire français ne disposait d'aucun fonds pour couvrir les frais de transport des conscrits. Sur les trente-quatre missionnaires mobilisés, l'administration coloniale britannique d'Entebbe se chargea des frais de transport de trente d'entre eux. Pour rejoindre Mombasa, elle leur paya les tickets de bateau à vapeur et de train en deuxième classe ainsi que les repas, ce qui constituait une somme non négligeable. Sur le bateau au départ de Mombasa, ils furent contraints de voyager en quatrième classe et de dormir sur le pont. Grange constata qu'ils prirent des couvertures pour le voyage et que chacun reçut vingt francs pour l'achat de repas à bord.[27] Une année plus tard, Jean-Marie Le Tohic (1873-1939), missionnaire ougandais trop âgé pour servir au sein des rangs de l'armée, se porta volontaire pour rejoindre le corps médical.[28]

Dans quelle mesure cette histoire d'intervention britannique dans la mobilisation française est-elle vraie ? Au cours de 1914, aucune mention n'est faite d'une telle intervention dans la correspondance du Gouvernement du protectorat d'Ouganda avec

---

[22] AGMAfr. 084267, Grange à Livinhac 5 novembre 1914; 087604 Moullec à Livinhac 8 novembre 1914.

[23] AGMAfr. 84266, Grange à Livinhac 5 octobre 1914.

[24] AGMAfr. 087603, Moullec à Livinhac 23 octobre 1914; 087604, 8 novembre 1914 ; 84267, Grange à Livinhac 5 novembre 1914 ; 84268, 9 novembre et pièce jointe.

[25] AGMAfr. Streicher/Livinhac 082393, 5 août 1914; 082394, 8 septembre 1914.

[26] AGMAfr. 082395 Streicher à Livinhac 30 novembre/1 décembre 1914 ; 084271, Grange à Livinhac 14 décembre 1914.

[27] AGMAfr. 84267, Grange à Livinhac 5 novembre 1914; 084268, Grange à Livinhac 9 novembre 1914. *Rapports Annuels*, n° 10, 1914, pp. 182-3 (Rapport de Mgr. Streicher), pp.199-200 (Rapport de Amédée Goulet) ; *Lettres Circulaires*, Mgr. Livinhac, Maison Carrée, Alger, 1912-1922, n° 109 1915, p.14 dit que le gouvernement britannique avait déboursé fr. 6,000 pour le voyage et repas des missionnaires mobilisés en Ouganda. Louis Hamon raconta les émotions et souffrances du voyage en train et vapeur en *Missions d'Afrique*, n° 229, 1915, pp.2-7.

[28] *Rapports Annuels*, n° 33, 1938-1939, pp. 55*-61*.

le Bureau colonial de Londres.[29] Cependant, le 5 octobre, Grange envoya à Livinhac des copies du télégramme britannique et de la réponse du consul français. Ces documents ne semblent pas avoir survécu dans les Archives des Missionnaires d'Afrique ni dans les registres coloniaux d'Ouganda.[30]

Dans quelle mesure est-il vrai que le Protectorat d'Ouganda paya les billets de train des conscrits français ? Encore une fois, aucune mention n'est faite de ces dépenses dans les listes de frais soumises à Londres. Il se peut toutefois que le budget consacré au transport, à la discrétion du protectorat, ait couvert ces frais.[31] En tout cas, les correspondances et les rapports des Missionnaires d'Afrique font souvent référence à cette occurrence. Dans une note publiée par le journal catholique *Munno*, Julien Gorju (1868-1942) remercia le gouvernement pour avoir fait en sorte de bénéficier gratuitement du transport des conscrits vers Mombasa.[32]

Lorsque la guerre fut déclarée en 1914, les quatre vicariats d'Afrique orientale allemande (la Tanzanie, le Rwanda et le Burundi actuels) comptaient quatre-vingt-un Missionnaires d'Afrique d'origine française. Cependant, il était impossible pour ceux qui étaient mobilisables d'observer l'appel à la mobilisation. La Royal Navy britannique maintenait un blocus sur le littoral et les autorités allemandes entravaient toutes formes de communication avec les puissances alliées. De plus, les missionnaires français furent transportés à l'intérieur des terres coloniales, loin de leurs frontières. Nombre d'entre eux furent également internés à Tabora après que les forces alliées parvinrent à pénétrer le pays en 1916. Lors de la chute de Tabora en septembre de cette même année et de la prise de cette colonie par les forces britanniques et belges, une tentative timide fut entreprise pour mobiliser les missionnaires français. Le commissaire politique de Tabora fit transmettre un ordre exigeant l'enrôlement de tous les missionnaires français âgés de moins de trente et un ans. Cependant, le transport ferroviaire était hors service et il n'existait aucun médecin qualifié pour effectuer les examens médicaux.[33] Les missionnaires français du vicariat de Kivu (Rwanda-Burundi), le premier à être libéré par les forces alliées, reçurent un ordre de mobilisation mais celui-ci fut annulé. Au sein du vicariat du Nyanza, un père et six frères furent appelés et, dans celui du Tanganyika, quatre missionnaires furent mobilisés. Faisant preuve d'un patriotisme louable, Antonin Nogaret (1883-1945), missionnaire dans le Nyanza, fit des efforts héroïques pour se présenter au service militaire. Il rejoignit tout d'abord Mombasa par le chemin de fer ougandais puis, après plusieurs mois d'attente, il embarqua à bord d'un navire japonais à destination de Madagascar, avec l'intention d'y prendre un bateau pour Marseille. Mais le destin en avait décidé autrement car le navire japonais prit feu à Zanzibar et, en l'absence de moyen de transport vers Madagascar, le consul français le renvoya à Bukoba. Les autorités britanniques lui donnèrent généreusement un billet de train en première classe pour le voyage retour.[34]

En Afrique centrale, les missionnaires français des vicariats de Pères Blancs de Bangweolo (Zambie actuelle) et du Nyassa (Malawi actuel) étaient bien moins

---

[29] National Archives, Kew, Colonial Office/Uganda, CO 536 70, 71, 74.

[30] AGMAfr. 084266, Grange à Livinhac 5 octobre 1914.

[31] Les seules références aux pères blancs en 1914 s'agissent d'une demande de Mgr Streicher d'un crédit de 400 livres sterling par ce qu'il ne pouvait pas les tirer sur Bruxelles en raison de la guerre. Le secrétaire colonial, le Vicomte Lewis Harcourt, a suggéré tirer sur Londres plutôt qu'Entebbe. CO 536/71/42923/176 ; 536/74/42532/325-328. Les archives britanniques témoignent que l'office colonial a tenus les pères blancs dans une estime élevée.

[32] *Munno*, décembre 1914, p.200. Je suis reconnaissant à Ivan Page pour cette référence.

[33] *Petit Echo*, 1917, n° 43, p.91.

[34] *Rapports Annuels*, n° 13, (1917-1918), p.56.

nombreux. L'évêque Mathurin Guillemé du Nyassa estima que dix-sept d'entre eux étaient mobilisables. Si tous allaient à la guerre, seuls cinq Canadiens et cinq Néerlandais resteraient, soit un nombre insuffisant pour pouvoir poster au moins deux missionnaires dans chacune des six stations. Le Bangweolo (Zambie du nord) se trouvait confronté à une situation similaire. Avec le soutien des Britanniques, des démarches furent effectuées auprès du consul général français de Pretoria. Une exception fut accordée au moment même où le gouvernement français fut contacté. Le soulagement de Mgr Guillemé fut, toutefois, prématuré car l'exemption fut révoquée en août 1916 et douze missionnaires furent mobilisés.[35] Le journal de la mission jésuite de Katondwe signale l'arrivée de ces douze missionnaires lors de leur voyage vers l'ouest pour rejoindre le réseau ferroviaire.[36]

En Afrique de l'Ouest, la superficie du vicariat du Soudan français, pas encore divisé à cette époque là, correspondait à quatre fois celle de la France. Seuls quarante-trois Pères Blancs, principalement d'origine française, couvraient cette vaste circonscription qui correspondait aux pays actuels du Mali et du Burkina Faso ainsi qu'à certaines parties de la Guinée, de la Côte d'Ivoire, du Ghana et du Niger. Un total de douze missionnaires fut progressivement mobilisé, mais deux d'entre eux furent exemptés presque immédiatement et retournèrent poursuivre leur mission tout en restant réservistes. Trois ou quatre autres missionnaires furent déployés localement dans le cadre de la campagne du Cameroun ou pour servir en tant qu'interprète médical au sein des troupes africaines en transit à Dakar. Eugène Mangin (1877-1922), frère du redoutable général Charles Mangin, fut l'un de ceux qui servit en France. Suite aux agitations sociales occasionnées par le recrutement des troupes africaines devant servir en Europe, le gouvernement colonial décida d'autoriser les missionnaires à rester à leur poste afin de garantir une plus grande stabilité régionale.[37]

Certains Pères Blancs de Ste Anne, à Jérusalem, furent également appelés mais, lorsque les Turcs expulsèrent tous les missionnaires français et fermèrent leur séminaire melkite, cette entreprise fut abandonnée. Le 4 décembre 1914, le pape Benoît XV, nouvellement élu, demanda au P. Louis Burtin (1853-1942), procureur de la Société à Rome, le nombre de Pères Blancs mobilisés et le nombre d'entre eux qui était mort. On lui répondit que plus de deux cent cinquante membres de la Société avaient pris les armes et que vingt d'entre eux avaient déjà perdu la vie. « Pauvres enfants ! Pauvres enfants ! », s'exclama le pape.[38]

La mobilisation belge

En 1912, l'enrôlement militaire fut introduit en Belgique mais, à l'époque de l'invasion allemande en 1914, il avait à peine pris effet. Après la prise des forts dans l'est de la Belgique et le passage de la frontière française par les troupes allemandes, le roi Albert, commandant en chef de la Belgique, planifia une série d'opérations depuis Anvers en vue d'attaquer l'armée allemande à revers. Anvers fut rapidement assiégé et pris par l'ennemi. L'armée dévastée du roi Albert se reconstitua et combattit aux côtés des troupes britanniques et françaises dans la « course à la mer » ainsi que les batailles de la Flandres qui s'ensuivirent, faisant ainsi l'admiration de leurs amis tout comme de leurs ennemis. À la fin de 1915, les Belges mobilisèrent des hommes

---

[35] *Rapports Annuels*, n° 10, 1914, p.6; *Petit Echo*, n° 25, 1915, pp.122-123 ; n° 37, 1916, p.297.
[36] Information fournie par Hugo Hinfelaar M.Afr.
[37] *Rapports Annuels*, n° 13, 1917-1918, p.480.
[38] *Rapports Annuels*, n° 11, 1915, pp.25-27.

nés entre 1890 et 1895. Trois prêtres Pères Blancs, deux frères et trois novices d'origine belge répondirent à l'appel. Onze scolastiques belges, dont quatre prêtres récemment ordonnés, furent mobilisés depuis Carthage. Deux novices d'Alger et deux frères de Thibar les rejoignirent. Au total, trente membres belges de la Société furent mobilisés et stationnés aux camps de Calais et d'Auvours. Ce dernier rassemblait pas moins de trois cents séminaristes et religieux qui furent autorisés à poursuivre leurs études de théologie et, dans le cas des Missionnaires d'Afrique, leur apprentissage du swahili. Un jésuite belge fut désigné responsable. Certains affirmaient que les lieux paraissaient davantage à un séminaire qu'à un camp militaire.[39]

D'ici à l'année suivante, une quarantaine de prêtres, de frères, de novices et de scolastiques Pères Blancs d'origine belge furent mobilisés depuis l'Afrique équatoriale et l'Afrique du Nord en vue de rejoindre les rangs de l'armée belge en Europe. En 1916, Joseph de Maeght (1894-1963), autre scolastique belge, fut appelé. Ce dernier fut ensuite missionnaire dans le vicariat du Lac Albert au Congo.[40] Charles Raes, l'un des novices belges appelé en 1914, ne poursuivit pas sa mission au sein de la Société. Les autorités militaires belges furent indulgentes en le postant au sein de l'armée congolaise en Afrique, où il participa à l'invasion de l'Afrique orientale allemande en 1916. Après la prise du Rwanda et du Burundi, il suivit la retraite des Allemands vers Tabora.[41]

La mobilisation allemande

Après 1870, l'enrôlement militaire fut introduit sur l'ensemble du territoire allemand et une armée comptant de très nombreux soldats en service ou réservistes fut ainsi constituée. Avant 1914, l'armée de métier du pays recruta 170 000 hommes supplémentaires. Les jeunes hommes étaient contraints d'effectuer un service militaire obligatoire de deux ans, suivi de formations annuelles pendant cinq ans. Ensuite, jusqu'à l'âge de trente-neuf ans, ils étaient réservistes au sein de la *Landwehr* (ou deuxième réserve). Après cela et jusqu'à l'âge de quarante-cinq ans, ils appartenaient à une réserve de troisième ligne, la *Landsturm*.[42] Les autorités allemandes n'avaient pas pour habitude d'enrôler des prêtres dans l'armée, sauf en tant qu'aumôniers, mais elles ne faisaient preuve d'aucun scrupule envers les frères religieux en pleine formation. Ces derniers restaient réservistes après avoir prononcé leurs vœux. Les aspirants cléricaux pouvaient également être appelés, mais ceux-ci perdaient leur statut de réserviste après avoir reçu un ordre majeur.

En Allemagne, les travailleurs, désireux d'apprendre un métier, semblaient intéressés par la vocation missionnaire et devenaient des frères auxiliaires. Avec trente-huit frères allemands contre vingt-trois prêtres allemands, la Société des Missionnaires d'Afrique comptait en 1914 davantage de frères que de prêtres d'origine allemande. Les frères allemands les plus jeunes furent appelés à effectuer leur service militaire de base au cours de leur formation et furent ensuite enrôlés comme réservistes. La majorité d'entre eux se trouvait sur le sol allemand et seuls quelques-uns effectuaient leur formation et leur apprentissage professionnel à Thibar, en Tunisie. Deux d'entre eux travaillaient en tant que missionnaires en Algérie. Lorsque la guerre éclata, trente novices allemands se trouvaient également à Alger. Ces derniers ne purent évidemment pas rejoindre les rangs de l'armée allemande. Ils

---

[39] *Petit Echo*, n° 29, 1916, pp. 33, 40.
[40] *Petit Echo*, n° 547, avril 1964, pp.270-272.
[41] *Petit Echo*, n° 37, 1916, pp. 293-294.
[42] Keegan, *op.cit.*, pp. 20-21.

furent tous, ainsi que les deux frères profès et ceux de Thibar, internés par les Français. L'un d'entre eux mourut de tuberculose au cours de son internement.

En Afrique orientale allemande, seuls dix Pères Blancs étaient de « vrais » Allemands, aux côtés de vingt-trois Alsaciens. Les ennemis alliés exerçaient un blocus sur le littoral et encerclaient la colonie au niveau des trois autres frontières. Il n'était par conséquent pas envisageable de les mobiliser pour rejoindre l'armée en Allemagne. Pendant la guerre, cinq des dix missionnaires allemands firent toutefois un service miliaire au sein de l'armée coloniale allemande basée en Afrique de l'Est. L'un d'entre eux, Jean-Pierre Blass (Frère John Berchmans 1885-1916*) de Ndala (Unyanyembe), n'attendit pas de recevoir des papiers militaires et abandonna sa mission en vue de rejoindre volontairement l'armée coloniale allemande en septembre 1914. Questionnant déjà sa vocation de missionnaire, le chauvinisme de ses confrères français, une fois la guerre éclatée, fut la goutte d'eau qui fit déborder le vase. Il ne fut pas autorisé à retourner et fut libéré de son serment perpétuel trois ans plus tard.[43]

Paul Chylewski (frère Josaphat, 1875-1948), Allemand d'origine polonaise, fut appelé en 1915 et apparut, à la fin du mois de mai, au sein de la mission Mwazye (vicariat de Tanganyika) vêtu de l'uniforme d'un *Landsturmann*. Il portait 3000 roupies à l'intention du lieutenant Markgraf, un officier allemand posté à la frontière avec la Rhodésie du Nord (la Zambie actuelle).[44] Plus tard au cours de la même année, Chylewski et Alois Hamberger, un prêtre Père Blanc d'origine allemande, remplacèrent leurs confrères non-allemands qui effectuaient une mission sensible au niveau de la frontière menacée par une invasion britannique. Au cours du mois de novembre, Léon Schneider (frère Germain, 1883-1959) se présenta également à Mwazye vêtu de l'uniforme d'un *Landsturmann*.[45] Jean Borste, (frère Gaspard, 1873-1948), fut un autre frère allemand appelé à servir en Afrique de l'Est. Il rallia une unité de ravitaillement et fut établi prisonnier des Belges en 1917.[46] Enfin, Conrad Blass (frère Balthasar, 1877-1959) fut appelé en tant que réserviste en 1915 pour participer à la campagne d'Afrique de l'Est. Plus tard, il fut interné comme prisonnier de guerre en Inde.[47] En Europe, davantage de frères allemands et quelques aspirants cléricaux furent mobilisés. Huit d'entre eux trouvèrent la mort au combat sur le sol français.

Les aumôniers et les officiers chargés du transport

Les prêtres Pères Blancs ne rejoignirent pas l'armée française en tant qu'aumôniers, mais certains furent officiellement nommés en tant que tel au cours de leur service actif. Ce fut le cas de Léon Darot (1890-1958), posté sur le front serbe à la fin de 1916, ainsi que de Léon Brossier (1882-1918) à Verdun en mai 1917.[48] Au cours de l'année suivante, ce dernier fut tué par l'explosion d'un obus dans les Vosges. Un ancien novice de la Société, le prêtre Charles Umbricht (1873-1941), qui dut partir avant de prêter le serment missionnaire pour des raisons de santé en 1912, fut autorisé à exercer volontairement les fonctions d'aumônier en 1914, bien qu'il ait été exempté de service. Umbricht devint l'un des héros les plus commémorés et décorés de la

---

[43] Blass, Jean-Pierre, AGMAfr., dossier personnel, n° 489 ; Conseil général, procès-verbal, p. 1179, 12 février 1917.

[44] AGMAfr. *Diaire de Mwazye* 1910-1928, 25 mai 1915.

[45] *Ibid.* 20 novembre 1915.

[46] *Rapports Annuels*, 1949-1951, *Notices Nécrologiques* 1951, p. 86.

[47] *Rapports Annuels*, 1958-1959, *Notices Nécrologiques* 1958-1959, pp. 43-44.

[48] *Petit Echo*, n° 41, février 1917, p. 51; n° 46, juillet 1917, p. 200.

Première Guerre mondiale. De son vivant, il fut une véritable figure légendaire.[49] Pendant toute la durée de la guerre, Rome confia aux prêtres-soldats les mêmes pouvoirs et facultés qu'aux aumôniers. C'était à eux de décider quand exercer leur saint ministère dans la mesure où leurs autres devoirs le leur permettaient. En réalité, la présence de prêtres-soldats dans les tranchées était unanimement bien reçue. Leur ministère faisait rarement l'objet d'un refus et leurs officiers supérieurs valorisaient leur intervention en vue de remonter le moral des troupes.

Le changement d'attitude des autorités françaises envers le clergé constitua une facette importante de l'*union sacrée,* nom donné au mouvement de ralliement de toutes les sections de la population pour défendre la cause nationale. L'anticléricalisme fit désormais partie du passé et il ne resta pas la moindre trace d'animosité. Sainte Jeanne d'Arc, figure emblématique de la droite catholique, devint un symbole patriotique, voire républicain, qui parvient à son paroxysme lors de sa canonisation deux ans après la guerre. Le maréchal Pétain, surnommé le « vainqueur de Verdun » alla même jusqu'à citer, au cours de son célèbre ordre du jour du 9 avril 1916, les mots triomphants que Jeanne prononça lors du siège d'Orléans : « Courage, on les aura ! ».[50]

Les Belges ne firent preuve d'aucune réticence quant à la nomination d'aumôniers qui étaient tout particulièrement les bienvenus au sein de leur armée coloniale. Les prêtres missionnaires étaient considérés comme des éléments stabilisateurs, bénéfiques pour la discipline et le moral au sein des troupes de la Force publique congolaise. Les évêques durent envoyer certains de leurs prêtres en tant qu'aumôniers militaires. En août 1915, Mgr. Victor Roelens, évêque du vicariat du Haut-Congo, nomma en premier lieu Augustin Dumortier (1878-1951) en tant qu'aumônier auprès des troupes qui se rassemblaient au nord de son vicariat et se préparaient à l'assaut du Rwanda allemand. L'année suivante, il envoya Joseph Weghsteen (1873-1962) au sein de l'armée postée au sud, au niveau de la frontière avec la Rhodésie du Nord (la Zambie actuelle). D'ici la fin de l'année 1916, Mgr. Roelens avait déjà nommé huit aumôniers, chiffre qui fut maintenu jusqu'à la fin de la guerre. Cinq de ces aumôniers accompagnèrent le général Charles Tombeur et ses troupes congolaises jusqu'au siège de Tabora en septembre 1916. D'autres restèrent aux côtés des troupes à Kigoma ainsi que dans la zone est africaine sous occupation belge jusqu'à ce qu'ils furent autorisés à reprendre leur mission. Au total, onze Pères Blancs servirent en tant qu'aumôniers militaires dans les troupes belges et congolaises qui participèrent à la campagne d'Afrique de l'Est.[51]

Dix autres Missionnaires d'Afrique servirent en tant qu'aumôniers au sein des forces britanniques en Afrique de l'Est. D'autres exercèrent leurs fonctions d'aumôniers dans des hôpitaux militaires autochtones de la région. Des milliers de soldats et de porteurs recrutés pour la campagne étaient de confession catholique et des milliers, quel que soit leur rang ou leur religion, succombèrent à la dysenterie, la pneumonie, le paludisme et la méningite. Au début de 1916, les autorités britanniques rassemblèrent leurs forces au niveau des frontières avec l'Ouganda, l'Afrique orientale britannique (Kenya), la Rhodésie du Nord (Zambie) et le Nyassaland (Malawi) en vue d'envahir le territoire allemand sur plusieurs fronts. Les services d'aumôniers furent

---

[49] AGMAfr. Charles Umbricht, dossier personnel.

[50] Cf. Ousby, *op. cit.*, p. 203.

[51] Boudewyn, Alphonse (1885-1955); Claerhout, René (1888-1964); Debbaudt, Antoine (1886-1963); Dumortier, Augustin (1878-1951); Feys, Egide (1886-1960); Hérenthals, Jules (1884-1961); Roy, Raphaël (1879-1943); Tielmans, Alphonse (1884-1938); Van der Tillaert, Joseph (1880-1948); Verbeke, Cyrille (1883-1928); Weghsteen, Joseph (1873-1962).

requis afin d'accompagner les *askari* (soldats) et les *tenga-tenga* (porteurs) d'origine africaine. Du personnel était également requis dans les hôpitaux autochtones établis à Dar es Salam, Kilwa, Morogoro, Dodoma, Fife (Nkawa) ainsi que dans d'autres lieux à mesure que la campagne progressait. Les SMNDA (également appelées Sœurs Blanches) travaillèrent dans nombre de ces hôpitaux tout comme des sœurs d'autres congrégations. Des prêtres appartenant aux sociétés missionnaires des Spiritains, de Mill Hill et de la Consolata y officièrent également en tant qu'aumôniers. Au début de 1916, Mgr Henri Streicher, évêque du vicariat de l'Ouganda, fut également sollicité pour y envoyer des missionnaires.

Jan Christian Smuts et Jacob Louis Van Deventer, commandants sud-africains, formèrent deux colonnes et avancèrent vers le sud depuis l'Afrique orientale britannique (le Kenya actuel). Les Pères Blancs canadiens, Edouard Lafleur (1876-1921) et Joseph Fillion (1881-1930), les accompagnèrent jusqu'à la ligne de chemin de fer centrale et vers le sud-est. Le futur évêque Edouard Michaud (1884-1945) et Adrien Laberge (1886-1973), deux autres Canadiens, furent rejoints par le Français Célestin Dupupet (1876-1949) alors qu'ils accompagnaient la colonne du brigadier général Sir Charles Crewe venant de l'Ouganda. Ce dernier occupa Bukoba, l'île d'Ukerewe et Mwanza avant de suivre le sillage des troupes congolaises dirigées par le général Tombeur lors de leur marche sur Tabora. Tous ces Pères Blancs reçurent le grade de capitaine.

À la même époque, des Pères Blancs du Nyassaland incitèrent l'évêque Guillemé à satisfaire les demandes en aumôniers du gouvernement. La satisfaction de ces requêtes était perçue comme une preuve de loyauté nécessaire de la part d'une société missionnaire qui comptait des membres au sein du « territoire ennemi », situé de l'autre côté de la frontière avec l'Afrique orientale allemande.[52] Guillemé offrit les services de deux Canadiens, Ernest Paradis (1881-1945) et Wilfred Sarrazin (1885-1928), ainsi que de deux Français, Claude Boucansaud (1881-1958) et Joseph Mazé (1883-1959). Ces quatre missionnaires reçurent le grade de lieutenant et accompagnèrent les forces armées du brigadier général Edward Northey à mesure qu'ils avançaient vers le nord et pénétraient l'Afrique orientale allemande.

En juillet 1916, ces aumôniers ajoutèrent une nouvelle corde à leur arc lorsqu'ils furent rattachés au service de transport. En tant qu'officiers chargés du transport, il était de leur devoir de gérer les porteurs travaillant au sein des caravanes de ravitaillement. D'ici la dernière année de la guerre, alors que des milliers de porteurs et d'*askari* étaient portés blessés ou malades, les officiers chargés du transport furent de plus en plus appelés à travailler en lien avec les hôpitaux. D'autres Pères Blancs furent également recrutés pour travailler à leurs côtés dans les hôpitaux autochtones. Le Français Francis Legendre (1886-1920) fut envoyé dans un hôpital de Fife (Nkawa), en Rhodésie du Nord (Zambie), alors que le futur évêque canadien, Oscar Julien (1886-1961), dut s'occuper de mille deux cents soldats et porteurs, dont dix mouraient quotidiennement.

En 1917, après que les moines allemands aient été internés puis rapatriés par les forces britanniques, la création d'aumôneries militaires apporta une solution au soutien pastoral des missions bénédictines de Bavière opérant en Afrique orientale allemande. L'évêque Streicher d'Ouganda offrit les services d'un autre de ses missionnaires, le néerlandais Joseph Laane (1869-1941), dans le cadre de son apostolat. Doté du rang de capitaine, Laane fut chargé de la visite de camps et

[52] Page, Melvin E., *The Chiwaya War – Malawians and the First World War*, Boulder, Colorado, Westview Press, 2000, p.112.

d'hôpitaux militaires. L'évêque allemand sortant, Franz-Xavier Spreiter, lui demanda plus tard d'accepter la nomination d'administrateur apostolique au sein du vicariat de Dar es Salam. En tant qu'évêque, Streicher fit remarquer d'une manière très expressive : « Le vicaire apostolique bénédictin le reçut tout comme Jésus accueillit l'ange consolateur à Gethsémani. »[53] Laane demanda à recevoir davantage de personnel auprès des autres vicariats et finit par diriger une équipe comptant une quinzaine de missionnaires au total. Il fut rejoint, à différentes périodes, par douze Missionnaires d'Afrique qui travaillèrent jusqu'en 1920 à Mahenge, Lindi, Peramiho et Iringa.[54]

Par conséquent, entre vingt et trente Pères Blancs furent nommés « aumôniers » militaires en Afrique de l'Est au cours de la Première Guerre mondiale. Comme nous le constaterons ultérieurement, ce fut un sacrifice qui porta toutefois ses fruits de différentes manières pour les vicariats d'origine.

Les effets de la mobilisation sur les missions africaines

En 1914, les Missionnaires d'Afrique étaient en charge d'onze circonscriptions ecclésiastiques. L'Afrique équatoriale comptait les vicariats apostoliques d'Ouganda, de Nyanza, de Kivu, d'Unyanyembe, du Tanganyika et du Haut-Congo. L'Afrique centrale se composait des vicariats apostoliques du Nyassa et du Bangweolo. En Afrique de l'Ouest, il existait le vicariat apostolique du Soudan français et, dans le Sahara algérien, la préfecture apostolique de Ghardaïa. Finalement, il convient d'ajouter la Mission de Kabylia également établie en Algérie. Les évêques missionnaires comptaient sur l'arrivée régulière de nouveaux membres pour pourvoir en personnel les postes existants et pour en établir de nouveaux. Le retrait soudain de quelque deux cents prêtres missionnaires appelés à servir en tant que conscrits militaires ou aumôniers ébranla la Société. Cette situation fut aggravée par l'absence relative de nouveaux arrivants et, en Afrique orientale allemande, par le rapatriement des missionnaires allemands après la guerre. Toutefois, le nombre total de postes missionnaires ne diminua que de deux ou trois pendant les années de guerre et seuls quelques-uns durent fermer leurs portes. D'un autre côté, l'expansion régulière des vicariats missionnaires, connue au cours des années précédant la guerre, fut temporairement interrompue. Durant les hostilités, aucune nouvelle station n'ouvrit ses portes.

L'expansion en nombre dépendait désormais du maintien des catéchuménats. Heureusement, dans certains des vicariats, les Pères Blancs avaient formés des catéchistes qui étaient en mesure de poursuivre le travail de préparation au baptême des adultes. Toutefois, certains centres de formation des catéchistes, comme ceux d'Ouganda, furent contraints de fermer durant la guerre. Les séminaires quant à eux ne souffrirent aucune fermeture et leur nombre de séminaristes continua d'augmenter.[55] Un petit nombre croissant de prêtres africains commença également à exercer une certaine influence religieuse. Les avantages et inconvénients apportés par la guerre, d'un point de vue spirituel, social et pastoral, seront traités dans un prochain chapitre.

---

[53] *Rapports Annuels*, n° 12, 1916-1917, p. 307.

[54]   Des Capucins suisses sont allés finalement à Dar es Salaam et Mahenge, et des missionnaires italiens Consolata ont pris Iringa. Les Bénédictins sont finalement revenus à Lindi et Peramiho en 1922, quand les britanniques ont reconnus la province suisse de St. Ottilien comme une congrégation distincte.

[55]   Gray, Richard, "Christianity", en A. D. Roberts *The Cambridge History of Africa 1907-1940*, vol. 7, 1986, ch. 3, p. 175.

Pour le moment, il ne reste qu'à présenter une analyse statistique des missions confiées aux Pères Blancs.

À cette époque là, les financements étaient étroitement liés aux résultats statistiques des missions. Par conséquent, il est bien connu que les chiffres envoyés à Rome constituent une base peu fiable pour évaluer la réussite ou les déboires de l'entreprise missionnaire. Ces données peuvent toutefois montrer à quel point la guerre affecta les vicariats des Pères Blancs. Ces derniers comptaient un nombre relativement important de catéchumènes et l'élan de croissance ne pouvait être conservé qu'en maintenant ces chiffres. Presque tous les vicariats enregistrèrent une diminution du nombre de catéchumènes. Malgré le recrutement en masse des *askaris* et des porteurs ainsi que les autres agitations sociales occasionnées par la guerre, les vicariats de moindre importance parvinrent à maintenir relativement bien leurs nombres de catéchumènes. Les vicariats comptant d'importants catéchuménats, tels qu'en Ouganda et dans le Kivu, connurent une chute importante de leurs effectifs. À titre d'exemple, l'Ouganda comptait environ soixante-dix mille catéchumènes au début de la guerre contre cinquante mille à la fin. Dans le Kivu, les chiffres passèrent de huit mille à quatre mille en 1918.[56] Sans conteste, le maintien de ces grands catéchuménats nécessitait des compétences de gestionnaire et de pédagogue dont seuls les prêtres missionnaires faisaient preuve. Dans le cas de l'Ouganda, le retrait soudain des missionnaires coïncida avec la fin du phénomène de conversions en masse au Buganda, mais pas dans les autres régions du vicariat.[57] Il convient toutefois d'ajouter que ces diminutions furent souvent temporaires. Au cours de la décennie qui suivit la Première Guerre mondiale, le nombre de missionnaires catholiques et de chrétiens doubla.[58]

Les effets de la mobilisation sur le recrutement missionnaire

Jusqu'en 1914, les candidats de la Société des Missionnaires d'Afrique effectuèrent leur formation en Afrique du Nord. Après le noviciat à Alger, les ecclésiastiques se rendaient au scolasticat de théologie de Carthage, en Tunisie, et les frères à l'école professionnelle de Thibar, également située au sein du même pays. La seule province européenne, centralisée en France, disposait d'un grand séminaire au prieuré de Binson, près de Châtillon-sur-Marne, où les aspirants étudiaient la philosophie et effectuaient leur première année de théologie avant d'entrer au noviciat. À Bouchout en Belgique et à Boxtel aux Pays-Bas, il existait également de grands séminaires, encore à l'état embryonnaire, offrant un cursus similaire aux ecclésiastiques ainsi qu'un postulat destiné aux frères aspirants. En 1905, une vice-province allemande avait été fondée dans l'espoir d'inciter les vocations allemandes et afin d'apporter un soutien aux activités missionnaires entreprises en Afrique orientale allemande. Cette vice-province comptait notamment un postulat rassemblant des frères à Marienthal, au Luxembourg, un postulat et un grand séminaire fondé sur le modèle de celui de Binson à Trèves, ancienne cité romaine sur la Moselle, ainsi qu'un petit séminaire à Haigerloch dans le Bade-Wurtemberg (anciennement Hohenzollern). Il existait d'autres petits séminaires, ou écoles apostoliques, en France, en Belgique, aux Pays-Bas et en Suisse mais aussi, suite à la législation anticléricale, une école fondée en 1912 dans le sud de l'Angleterre. Cette école de Bishop's Waltham offrait un modeste

---

[56] Cette interprétation est basée sur les chiffres donnés par les *Rapports Annuels*.
[57] Communication de M. Rooijackers, le 6 janvier 2006.
[58] Gray, *op. cit.*, pp. 174-175.

programme pour les vocations tardives, préparant les aspirants aux études philosophiques.

Les aspirants à la prêtrise missionnaire recevaient généralement une formation de deux ans en philosophie, puis effectuaient un an de noviciat et quatre ans de théologie, dont trois à Carthage. Afin de pourvoir les missions africaines de la Société d'une trentaine de prêtres par an, Carthage devait procéder à l'inscription de cent vingt à cent trente étudiants à la fois.[59] Même avant la guerre, il était souvent difficile d'atteindre ces chiffres. Ensuite, en raison de la mobilisation, le nombre d'étudiants en théologie chuta substantiellement. En août 1914, vingt-sept étudiants français furent mobilisés. L'année suivante, davantage d'étudiants français qui venaient d'entrer dans les ordres, ainsi qu'un groupe de Belges, furent appelés. En outre, tous les novices français qui se seraient normalement rendus à Carthage furent également mobilisés. Les novices allemands furent internés en Algérie, puis transférés à Garaison dans les Hautes-Pyrénées, aux côtés du père allemand Leo Pfeffermann (1867-1956). Ils restèrent dans ce lieu d'internement durant toute la guerre. Le noviciat clérical d'Alger dut fermer ses portes. Carthage se trouva donc privée de son réseau d'admission habituel ainsi que d'un grand nombre d'étudiants qui auraient dû déjà y suivre leur formation. À la fin de l'année, seuls vingt-quatre étudiants y faisaient leurs études. Hormis quelques Français exemptés, ces derniers étaient originaires de pays neutres ou non-belligérants. En 1916, ils n'étaient plus que vingt, le plus petit effectif jamais enregistré.[60]

Même après la fin de la guerre, il fallut quelques années pour que le scolasticat revienne à la normale. Bien que relativement peu de novices et de scolastiques démobilisés et survivants abandonnèrent leur formation, pas moins de vingt-trois d'entre eux firent don de leur vie pour leur pays. En 1919, le noviciat clérical d'Alger rouvrit ses portes avec un effectif de soixante-treize, dont de nombreux anciens combattants. Deux ans plus tard, cette institution comptait cinquante et un novices clercs. En 1919, vingt-neuf nouveaux arrivants, dont seuls quatre n'étaient pas des vétérans, s'inscrivirent pour suivre des études de théologie à Carthage. En 1920, les effectifs en théologie s'élevaient à quatre-vingt-trois et, en 1921, à quatre-vingt-treize.

Entre 1915 et 1916, les ordinations de prêtres atteignirent leur niveau le plus bas avec seuls trois ordinations (deux Canadiens et un Néerlandais). L'année 1919 connut également « des ordinations de temps de guerre » avec seulement cinq.[61] D'ici au mois de juillet 1921, le nombre des ordinations était remonté avec un total de vingt et une.[62] La reprise fut lente. Par conséquent, après la signature de l'armistice, relativement peu de nouveaux missionnaires furent disponibles pour travailler au sein des vicariats africains.

Le prieuré de Binson, qui ne comptait que dix étudiants lors de sa fermeture en 1914, joua un rôle primordial durant la guerre, faisant le lien avec les aspirants Pères Blancs du front. En effet, le prieuré se trouvait lui-même sur le front et fut occupé à deux reprises par les troupes ennemies au cours des deux batailles de la Marne. En 1918, il fut totalement détruit. Son histoire sera davantage détaillée dans un chapitre ultérieur. Après la guerre, le séminaire rouvrit temporairement ses portes au Colombier, près d'Angers, puis fut ensuite transféré à Kerlois, en Bretagne, où

---

[59] *Rapports Annuels* n° 17, 1921-1922, p.28.

[60] Les chiffres cités ici sont pris des numéros des *Rapports Annuels* et *Petit Echo*.

[61] *Petit Echo*, n° 69, juillet 1919, p.136.

[62] *Petit Echo*, n° 93, juillet 1921, p.114.

quarante-trois étudiants y suivirent leur formation en novembre 1920.[63] Ces derniers étaient pratiquement tous des anciens combattants.

L'établissement de Bouchout, situé en Belgique occupée, fut également contraint de fermer. En 1917, il rouvrit prématurément ses portes avec trente étudiants. Mais le manque de denrées alimentaires obligea leur renvoi au cours du mois de juillet. À la fin de 1922, il comptait dix-neuf grands séminaristes.[64] Pendant ce temps, à Boxtel, en Hollande neutre, le séminaire de philosophie resta ouvert. En septembre 1914, un noviciat clérical et de frères y fut également fondé en vue de recevoir des candidats d'origine néerlandaise et belge.[65] En 1918, Boxtel était fier de compter un personnel quasiment aussi nombreux que celui de la maison mère d'Alger.[66] En janvier, le séminaire dénombrait dix-neuf scolastiques et, au mois de décembre, jusqu'à vingt et un novices cléricaux. Après la réouverture du noviciat d'Alger, le séminaire de philosophie resta ouvert et comptait quinze scolastiques à la fin de l'année 1920. Le scolasticat de Trève, en Allemagne, resta également ouvert pendant la durée des hostilités. Il débuta la guerre avec huit scholastiques en 1915. En 1919, les effectifs étaient de trente-deux, dont huit théologiens.

En 1915, la Société atteignit le chiffre référence de neuf cents membres. Mais en raison du déclin du recrutement par la suite, du grand nombre de décès et de départs, la Société enregistra une baisse de ses effectifs, passant à huit cent cinquante-six au cours de l'année qui suivit la fin de la guerre. En 1920, cette tendance commença à se renverser.[67] À la même époque, la vocation missionnaire s'intensifia fortement aux Pays-Bas. Les Missionnaires de Mill Hill, la Société des Missions Africaines et les Missionnaires de Scheut commencèrent à éveiller l'intérêt de nombreux candidats.[68] Cette même tendance se vérifia également dans l'Allemagne d'après guerre. Georg Steinhage (1876-1962) l'observa dans une note personnelle et ce thème fit également l'objet de discussions lors du Chapitre général des Pères Blancs de 1920.[69] En fait, la Société vint à bénéficier très rapidement de cet engouement pour la vie religieuse connu dans les années d'entre-deux-guerres.

« Le sang des prêtres et des séminaristes versé pendant la guerre est le germe des vocations religieuses » écrivit un correspondant Père Blanc depuis l'Afrique de l'Est en 1916.[70] Ce raisonnement semble reprendre celui de la maxime : « Le sang des martyrs est semence de chrétiens ». Il est incontestable que les exemples de sacrifices héroïques inspirent les autres mais cette vérité doit être replacée dans le contexte de la Première Guerre mondiale. Avant 1914, un petit nombre de Pères Blancs, travaillant au sein de procures et de maisons de formation, était chargé de l'animation missionnaire en Europe et en Amérique du Nord. La Grande Guerre mobilisa quelque quatre cents Missionnaires d'Afrique sur le front, où ils se trouvèrent mêlés aux jeunesses venues d'Europe, d'Amérique et d'Afrique. Nombre d'entre eux, animés par l'idéal missionnaire, avaient déjà servi sur le continent africain. La présence d'aspirants, de novices et de scolastiques missionnaires en uniforme était peut-être encore plus persuasive. Les liens d'amitié nés dans l'adversité sont des plus solides

[63] *Petit Echo*, n° 85, novembre 1920, p.260.

[64] *Petit Echo*, n° 46, juillet 1917, p.185; *Rapports Annuels* n° 13, 1917-1918, p.47; n° 17, 1921-1922, p.90.

[65] AGMAfr. Procès-verbal du conseil général, 18 septembre 1914, p.1076.

[66] *Petit Echo*, n° 52, janvier 1918, p.3.

[67] Casier, *op.cit.*, p.1.

[68] *Rapports Annuels*, n° 16, 1920-1921, p.42; *Petit Echo*, n° 85, novembr 1920, p.261.

[69] AGMAfr. 41027, "Post-War Problems", Steinhage, Memo; 15ième chapitre général de 1920, *Chapitres Généraux*, casier 358, p.330.

[70] *Petit Echo*, n° 32, 1916, p.160.

qu'il soit. Il n'est donc pas surprenant de constater que le travail des Pères Blancs fut davantage connu et valorisé et que de jeunes soldats, alors dans les tranchées, eurent l'occasion de discuter avec eux d'une éventuelle vocation missionnaire. Les chiffres semblent appuyer cette hypothèse. En 1925, la Société compta plus d'un millier de membres. Dix ans plus tard, elle dénombrait mille cinq cents membres et, à la veille de la Seconde Guerre mondiale, les chiffres atteignaient déjà les deux mille.[71]

Le vécu de la guerre des tranchées, à la fois sur les fronts de l'Ouest et de l'Est, fait l'objet du prochain chapitre. Ce vécu constitue la toile de fond principale de l'histoire des Missionnaires d'Afrique au cours de la Première Guerre mondiale.

---

[71] Casier, *op.cit.* En 1925: 1,010; en 1934: 1,540; en 1939: 2,045.

CHAPITRE II

LA GUERRE DES TRANCHÉES

Le front occidental

En janvier 1917, François Viel (Frère Camille 1885-1955) décrivit les tranchées dans lesquelles il vécut sur le front de l'Ouest. Elles faisaient douze mètres de profondeur et étaient aménagées de couchettes superposées comme dans les navires. Des armements et du ravitaillement les remplissaient et certaines étaient éclairées à l'électricité.[1] Au mois de juin de l'année précédente, le père Joseph Delmer (1891-1969) décrivit sa tranchée sur le front méditerranéen : « Je suis dans un joli trou, écrivit-il, en terre recouvert de toiles de tente…Une excavation creusée en terre me permet de me tenir debout. Une niche faite dans la paroi reçoit le matin ma pierre d'autel; j'ai le grand bonheur de dire ainsi, à l'abri, ma messe, tous les jours. J'ai suspendu le drapeau du Sacré-Cœur et placé un bouquet de fleurs, durant le jour, devant le Crucifix et (une image de) Notre-Dame du Retour. »[2] La guerre en Europe était une guerre de tranchées et ces descriptions montrent à quel point les tranchées étaient une caractéristique constante de tous les principaux champs de bataille.

Les Missionnaires d'Afrique furent présents sur tous les fronts de la Première Guerre mondiale.[3] Toutefois, la majorité d'entre eux combattit sur le front occidental. L'invasion de la Belgique par les troupes allemandes déclencha la bataille des Frontières en août 1914, au cours de laquelle les offensives de l'armée française et du Corps expéditionnaire britannique ne parvinrent pas à endiguer la poussée de l'ennemi vers le territoire français. Les Alliés de l'Entente battirent en retraite jusqu'à la périphérie de Paris, attirant les Allemands dans des positions intenables à l'est de la capitale. La première bataille de la Marne eut lieu au cours de la première quinzaine de septembre. Face à une perspective de contournement de la part de l'ennemi ou même d'une stratégie visant à creuser un fossé entre les ailes de leur armée, les troupes allemandes se replièrent sur des positions défensives situées sur les hauteurs du nord-ouest. S'ensuivirent la « course à la mer » et la première bataille d'Ypres dans les Flandres belges. Le 15 septembre, les premières tranchées furent creusées, alors que les deux camps s'enfonçaient dans des positions de défense, parallèles l'une à l'autre, formant une ligne qui s'étendait de la côte belge à la frontière franco-suisse.

Ces positions retranchées restèrent pratiquement inchangées jusqu'à la dernière année de la guerre et s'avérèrent, en fait, imprenables. Les tranchées étaient protégées par des enchevêtrements de fils barbelés et tenues par des mitrailleurs. Un labyrinthe de sapes et de tranchées de communication reliait le front aux lignes de ravitaillement,

---

[1] *Petit Echo*, n° 42, mars 1917, p.78.
[2] *Petit Echo*, n° 35, 1916, p.249.
[3] Auguste Clavel (1895-1979) servit dans la guerre de 1919 contre les Bolcheviks en Ukraine. Sebastien Zehetmaier (1894-1969) a combattu pour l'armée turque dans le Caucase. En dehors de ces deux, il n'y a pas évidence d'autres pères blancs qui ont servi au front d'orient ou le front russe.

aux postes de premiers secours et aux quartiers généraux situés à l'arrière.[4] L'artillerie était également postée sur les lignes arrière en vue de renforcer l'offensive. Il incombait aux Alliés d'assaillir l'envahisseur allemand retranché. C'est ce qu'ils firent par le biais d'offensives d'envergure menées en plein jour ou lors d'incursions nocturnes. Les Alliés effectuaient des tirs de barrage afin de bombarder les systèmes de tranchées et de défense adverses avant l'assaut ou en vue de balayer les troupes ennemies à mesure qu'elles avançaient à découvert. Ces tirs d'artillerie lourde donnaient non seulement l'alerte d'une attaque imminente mais en plus elles ne parvenaient jamais à détruire réellement les positions ennemies. Les Allemands avaient principalement recours à leur artillerie pour disperser les attaquants et à leurs mitrailleuses pour éliminer ceux qui parvenaient à franchir le barrage.

La bataille de Loos en septembre 1915 illustra profondément à quel point l'horreur de ces assauts fut vaine. Les troupes britanniques qui avançaient dans une prairie à découvert y furent fauchées par les tirs des mitrailleuses allemandes. Au sein des unités d'infanterie britanniques et de la « nouvelle armée » de volontaires de Kitchener, quelque seize mille soldats perdirent la vie et vingt-cinq mille furent blessés. Ceux qui survécurent furent stoppés par les fils barbelés restés intacts et furent contraints de battre retraite alors que les Allemands, écœurés par le massacre, suspendirent leurs tirs.[5]

Les messagers assuraient principalement les communications car la radiotéléphonie n'avait pas encore été introduite et les lignes téléphoniques étaient régulièrement coupées sous l'effet des bombardements. Il était également extrêmement difficile de cibler avec précision les tirs d'artillerie. Hormis les observateurs en ballons captifs, l'observation aérienne était quasiment inexistante. Ainsi, les stratégies défensives s'avéraient souvent efficaces mais, à l'inverse, l'attaque ne l'était pas. Par conséquent, la guerre aboutit à une impasse, les armées adverses étant paralysées dans leurs tranchées pendant des mois et des mois sous le feu régulier des bombardements ennemis. Le frère Joseph Rollin (Maxime, 1881-1961), par exemple, passa pas moins de vingt mois dans les tranchées d'Ypres entre 1914 et 1916.[6]

Sur ses quelque sept kilomètres de large, le front de l'Ouest, qui s'étendait sur sept cent kilomètres reliant Nieuport en Belgique à la frontière suisse près de Fribourg, n'offrait plus qu'un paysage dévasté avec ses terrains défoncés, ses arbres fendus et ses villages anéantis. La campagne de part et d'autre de cette ligne de destruction était étrangement normale. Mais au cœur de cette ligne, le terrain n'était que « fournaise » avec des éclats d'obus et le feu des mitrailleuses qui franchissaient un « *no man's land* » de trois à quatre kilomètres de large et qui infligèrent autant de pertes humaines d'un côté comme de l'autre.

En 1915, des offensives alliées eurent lieu à Ypres ainsi qu'en Artois et en Champagne. L'année 1916 fut toutefois celle des grandes batailles. En février, l'offensive allemande sur Verdun débuta et fut enrayée par les troupes françaises au prix de nombreuses victimes des deux côtés. D'ici juin, vingt millions d'obus avaient été lancés dans la zone de combat, modifiant à jamais le paysage devenu synonyme de

---

[4] Les expositions permanentes du Musée Impérial de Guerre à Londres (en particulier «L'expérience de la tranchée ») donnent une idée vraisemblable de la guerre des tranchées. Le Musée des Abris à Albert, sur la Somme, expose la collection la plus importante d'objets fabriqués et souvenirs. Le Musée « In Flanders Fields » aux Lakenhallen, Ypres, offre une expérience multimédia remarquable. Il y a plusieurs exemples de tranchées existantes. Un bon exemple est « La Tranchée de la Mort » sur la digue de l'Yser près de Dixmude, Belgique.

[5] Cf. Keegan *op.cit.*, pp.217-219.

[6] *Petit Echo*, n° 32, 1916, p.131.

terreur et de mort. Les deux camps combattirent en vain. À la clé, aucune récompense, seule la vie de nombreux hommes. Pour les Français, Verdun était un lieu très symbolique. Situé sur la route des provinces perdues d'Alsace-Lorraine, Verdun devait être tenu à tout prix. Plus de sept cent mille soldats y firent don de leur vie avant la fin des combats en décembre et l'abandon de la stratégie d'attrition de l'Allemagne.[7] À bien des égards, Verdun fut une « guerre dans la guerre ».

L'autre grande bataille terrestre de 1916 eut lieu dans la région de la Somme. Cette zone, alors surnommée le « front calme », avait été tenue par les Français jusqu'en août 1915. Les Allemands avaient eu le temps d'assurer leurs positions et, lorsque les troupes britanniques arrivèrent pour prendre le contrôle du secteur, leur commandant, Douglas Haig, planifia une offensive afin d'ouvrir une brèche dans la ligne ennemie. Toutefois, celle-ci s'avéra être bien plus impénétrable qu'anticipé car les Allemands avaient creusé des tranchées de neuf mètres de profondeur résistantes aux obus britanniques. Au début du mois de juillet, les attaquants sans défense approchèrent les troupes défensives, retranchées dans leurs ouvrages de terre et enchevêtrements de barbelés imprenables, seulement pour être fauchés par milliers. Le premier jour de la bataille, vingt mille soldats britanniques trouvèrent la mort et quarante mille furent blessés. Ce bilan humain est le plus lourd de toute l'histoire militaire de la Grande-Bretagne. D'autres tentatives, menées avec l'aide des troupes australiennes et sud-africaines ainsi que l'armée française postée dans le secteur de la rivière, se soldèrent par de modestes gains territoriaux. Cette bataille se transforma très rapidement en une « guerre d'attrition ». À la fin du mois de juillet, alors que la ligne de front s'était à peine déplacée de quelque cinq kilomètres, les pertes humaines s'élevaient à cent soixante mille morts du côté allemand et à plus de deux cent mille au sein des troupes britanniques et françaises.[8]

L'arrivée en septembre d'une nouvelle invention, à savoir le char, prolongea la campagne. Après un succès initial, la quasi-totalité des chars fut mise hors de combat. Les mois d'octobre et de novembre n'apportèrent aucun changement supplémentaire. Les offensives répétées furent repoussées par les troupes allemandes. Au cours du carnage de la Somme, les Alliés perdirent six cent mille hommes et les Allemands dénombrèrent autant de morts et de blessés. La Somme fut, en Europe, « la plus grande tragédie militaire du XXᵉ siècle ».[9]

Des soldats Pères Blancs servirent et firent don de leur vie au cours des batailles de Verdun et de la Somme. En 1916, Adrien Sylvestre (frère Alexis 1887-1918), originaire de Nantes, fut blessé au bras et à la cuisse gauches sur le champ de bataille de la Somme. Il fut sauvé de la tranchée dans laquelle il reposait, incapable du moindre mouvement. Il attribua sa survie à l'intercession de sœur Thérèse de Lisieux, pas encore canonisée à l'époque, dont il visita le sanctuaire lors de sa convalescence après une opération douloureuse. Au cours de la dernière année de la guerre, il fut porté disparu près de Lassigny. Après sa disparition, un confrère résuma le vécu de la guerre de nombreux Pères Blancs : « Quelles scènes de carnage et de mort ! Et quelle effrayante responsabilité ont encourue ceux qui ont déchaîné un tel cataclysme ! »[10]

Dans les lettres des Pères Blancs envoyées à leurs supérieurs, l'expérience de Verdun suscita les descriptions les plus crues des combats. En janvier 1916, tout était

---

[7] Cf. Keegan, *op.cit.*, pp.300-308 ; Ousby, *op.cit., passim*; Taylor, A.J.P., *The First World War*, Londres, Hamish Hamilton, 1963, pp.119-126.

[8] Cf. Keegan, *op.cit.*, pp.308-321; Keegan, John, *The Face of Battle*, Londres, Jonathan Cape 1976 (Pimlico 1991), pp.204-284.

[9] Keegan, *op.cit.* (1998), p.321.

[10] *Petit Echo*, n° 56, 1918, p.113.

encore calme alors que Raphaël Ordonneau (1893-1973) commençait à enseigner le latin à un jeune soldat qui souhaitait devenir prêtre et aux côtés duquel il se promena un soir pendant deux heures dans la forêt.[11] Ensuite, après quelques premiers « engagements violents », la situation se détériora en février. « Ils n'auront jamais Verdun ! » s'exclama Joseph Portier (1878-1955), reflétant l'état d'esprit de l'infanterie française. Il décrivit ensuite le moment où, célébrant la messe en lisière de forêt malgré les obus qui éclataient non loin, des soldats qui passèrent par là se recueillirent en disant : « Arrêtons-nous donc et prions pour nos camarades ».[12] En mars, Louis Châles (1891-1961) décrivit les assauts répétés des troupes allemandes et leur détermination pour prendre le contrôle de Verdun. Quelques jours plus tard, il fut gravement blessé. Le 18 mai, le scolastique Ernest Delarse (1881-1916) décrivit « les huit jours les plus angoissants que j'ai jamais vécu ». Les obus avaient labouré la terre à maintes reprises. Il ne resta plus de tranchées, mais seuls des cratères et des gourbis. Alors qu'il mangeait à la hâte durant la nuit et qu'il prit quelques instants pour écrire une lettre, qui fut sa dernière, il décrivit « une mitraille infernale (qui) fait tout sauter». Le jour suivant, il disparut sans laisser de trace. [13]

Le 5 juin, Gaston Duiquet (1888-1930*) écrivit « depuis les tranchées, ou plutôt un petit fossé boueux » qu'il était impossible de trouver le sommeil en raison du vent, de la pluie et des tirs d'artillerie. Un jour plus tard, il prit part à une contre-attaque. Son unité rejoignit une tranchée de communication peu profonde sous « un déluge de fer vraiment insensé » éclairé par un immense brasier à l'horizon. Au front « il y a moyen d'y laisser mille fois sa vie», écrivit-il. Ils se mirent à l'abri et mangèrent quelques biscuits ainsi que de la viande en boîte. Ensuite, on l'appela pour enterrer deux Zouaves.[14] Trois semaines plus tard, il fut lui-même blessé. [15]

Le père Jean-Baptiste Robert (1887-1916), autre victime de Verdun, écrivit cinq mois avant sa mort : « Pas de tranchées, pas de boyaux : des trous continus de marmites (obus) ; d'ici de là des bras, des jambes déchiquetés qui émergent ; une forte odeur de cadavres en putréfaction partout ».[16] Le frère Joseph Loiseau (Pierre 1881-1918), accablé par la fièvre, décrivit également en mai la manière dont il survécut en ne buvant que de l'eau cinq jours de suite. Il s'attarda également sur la description de ses pieds gonflés et couverts d'abcès. Il arriva dans cet état à Verdun où il dut porter secours aux blessés qui jonchaient la « vallée de la mort ». « Le bombardement était tel et les tirs de barrages à l'arrière si serrés et si violents que j'en suis toujours à me demander comment j'ai pu sortir sain et sauf de cet enfer. »[17] Les obus tombaient « dru comme grêle ». L'année suivante, il mourut dans son lit d'hôpital des suites d'un abcès mal soigné. « Il me semble que l'on appréciera la vie à sa juste valeur, » écrivit le père Charles Joyeux (1885-1936*), « si jamais l'on sort de cette guerre. »[18]

En décembre, le père Jules Pagès (1887-1984) évoqua dans ses écrits la marche silencieuse des troupes, chargées de lourds sacs, le long de tranchées de communication boueuses. Ils avaient de la boue jusqu'aux genoux et pas un seul centimètre carré de terre n'avait été épargné par les obus. Ils passèrent aux côtés de cadavres de soldats reposant dans les tranchées. Sur leur chemin du retour, les routes

---

[11] *Petit Echo*, n° 29, 1916, p.51.

[12] *Petit Echo*, n° 31, 1916, pp.112-113.

[13] *Petit Echo*, n° 34, 1916, p.203; n° 64, 1919, p.38.

[14] Zouaves : un régiment de l'armée coloniale française, composé de colons et d'indigènes algériens.

[15] *Petit Echo*, n° 34, 1916, pp.205-206.

[16] *Petit Echo*, n°34, 1916, p.208.

[17] *Petit Echo*, n° 34, 1916, p.215.

[18] *Petit Echo*, n° 37, 1916, p.305.

étaient également jonchées de corps. Le prêtre avait des gelures aux pieds et ses orteils avaient pris une couleur noirâtre.[19] Le scolastique Ernest Potier (1888-1918), qui devait trouver la mort au début de l'offensive de Nivelle, mentionna un « bombardement effroyable et inimaginable » ainsi que des « instants qui ne sont ni la vie, ni la mort ». Quelques minutes plus tard, il fut blessé à l'épaule.[20]

En mars 1917, les Alliés remarquèrent que les troupes allemandes se retiraient sur l'ensemble du front, entre Arras et la rivière Aisne. Un réseau de positions considérablement plus fortifiées, connu sous le nom de Ligne Hindenburg, avait été établi à l'arrière. Cette ligne s'arrêtait toutefois juste avant la crête de Vimy, dans le secteur d'Arras, et le Chemin des Dames, qui était une route de crête surplombant la vallée de l'Aisne. En avril, les troupes canadiennes furent victorieuses sur la crête de Vimy. Elles parvinrent à pénétrer en territoire allemand sur une distance de quelque cinq kilomètres. Toutefois, les Allemands reprirent rapidement leurs positions. Face à l'impasse de Verdun et au risque d'agitation au sein de l'armée française, le général Robert Nivelle décida d'adopter une stratégie d'attaque brusquée au niveau du Chemin des Dames. Cependant, les défenses allemandes dans ce secteur étaient des plus fortes de tout le front et l'offensive Nivelle menée en avril se solda par un autre échec.

Au cours du restant de l'année 1917, les efforts des Alliés se concentrèrent dans la région d'Ypres, et tout particulièrement sur le village de Passchendaele. Les deux armées adoptèrent des tactiques similaires sur ce champ de bataille désolé, détrempé et boueux. Aucune victoire décisive ne fut donc possible d'un côté comme de l'autre. Malgré tout, la bataille fut vainement prolongée par le commandant Haig jusqu'à ce que près de soixante-dix mille de ses hommes furent tués et cent soixante-dix mille blessés.[21] La majorité des Pères Blancs conscrits, particulièrement parmi ceux d'origine belge, prit part aux combats dans la région d'Ypres, soit en 1915 ou en 1917. Deux d'entre eux trouvèrent la mort à Passchendaele.[22]

En avril 1917, les États-Unis déclarèrent la guerre à l'Allemagne. En juin, les premières troupes américaines arrivèrent sur le sol français. L'intervention américaine fut l'un des facteurs décisifs qui mit fin à la guerre. En effet, l'Allemagne ne disposait pas des ressources nécessaires pour s'opposer aux millions de soldats que les États-Unis étaient en mesure d'envoyer outre-Atlantique. Avant de se rendre à l'évidence, l'Allemagne décida de lancer les offensives du printemps en 1918. Aux mois de mars et d'avril, les deux premières ciblèrent le secteur britannique. En mai et en juin, les Allemands assaillirent le secteur sous contrôle français. La dernière grande poussée eut lieu en juillet, précipitant la seconde bataille de la Marne et engouffrant à nouveau le séminaire de Binson tenu par les Pères Blancs. Les contre-attaques des Alliés furent menées pendant tout le restant de l'année, ouvrant plusieurs brèches dans la ligne Hindenburg. Au cours de la deuxième semaine du mois de novembre, les Allemands négocièrent un armistice avec les Alliés et, le 11 novembre, la guerre prit officiellement fin. Au cours de ces derniers mois d'hostilités, le bilan humain parmi les Missionnaires d'Afrique fut le plus lourd de toute la guerre.

---

[19] *Petit Echo*, n° 41, février 1917, pp.41-44.
[20] *Ibid.*, pp.46-47.
[21] Keegan, *op.cit.* (1998), pp.393-395.
[22] Pierre Lhomme (1886-1917) et Auguste De Langhe (1890-1917).

Les Dardanelles

Les Dardanelles forment un détroit qui relie la Méditerranée à la mer enclavée de Marmara. Cette dernière communique également avec la mer Noire par un détroit encore plus étroit, celui du Bosphore, dont l'entrée est gardée par la ville d'Istanbul. La rive européenne des Dardanelles formait une étroite péninsule appartenant à la Turquie. En début de 1915, Kitchener et Churchill planifièrent une attaque de diversion sur la Turquie au niveau de cette région. En février, la Royal Navy et les Royal Marines lancèrent une offensive amphibie sur Gallipoli qui se solda par un échec. Les Turcs, sous les ordres de leur commandant allemand, furent pris par surprise mais parvinrent tout de même à tenir les envahisseurs à distance. Des commandos de débarquement plus puissants étaient de toute évidence requis.

Après des retards excessifs, un corps expéditionnaire allié, rassemblant des troupes britanniques, australiennes et néozélandaises, fut constitué. Ces soldats, mal préparés et dotés de renseignements militaires insuffisants, tentèrent, en avril, de débarquer sur la rive méditerranéenne de la péninsule alors que le corps expéditionnaire d'Orient français créait une diversion sur la rive asiatique du détroit avant de prendre également part aux combats à l'extrémité de la presqu'île.[23] Le littoral était principalement formé de falaises abruptes qui se révélèrent infranchissables. Les Alliés se retrouvèrent bloqués sur les plages ou furent massacrés dans leurs embarcations. Les troupes australiennes et néozélandaises enregistrèrent les plus grandes pertes dans « l'ANZAC Cove » (la crique des ANZAC). Par la suite, il fut dit que l'Australie s'y fit nation car les Australiens développèrent alors un fort sentiment d'appartenance à leur patrie. La 19e division turque, parfaitement postée, était sous le commandement de Mustapha Kemal, un personnage charismatique qui sera connu plus tard sous le nom de Kemal Attaturk et comme fondateur de la Turquie moderne. Les survivants alliés se cramponnèrent aux pentes raides et aux promontoires sablonneux du littoral alors que les Turcs dominaient les flancs de collines depuis leurs tranchées situées sur les crêtes. De violents combats eurent également lieu à l'extrémité de la péninsule où les Alliés luttèrent en vain pour avancer dans les terres. Le 28 décembre, le retrait des troupes de Gallipoli commença. Le bilan humain parmi les troupes alliées s'élevait à deux cent soixante cinq mille morts. De leur côté, les Turcs dénombrèrent trois cent mille morts, blessés et disparus.

Le 11 novembre 1914, le sultan Mehmed V de Turquie avait déclaré le *jihad*, ou guerre sainte, contre les Alliés. Lancé aux musulmans des territoires britannique, français et russe, cet appel à la révolte contre leurs dirigeants fut à peine entendu. Les Missionnaires d'Afrique étaient considérés comme des spécialistes de l'Islam. De nombreux missionnaires mobilisés, voire la majorité, servirent dans les régiments d'Afrique du Nord. Quelle qu'en soit la raison, un nombre relativement important d'entre eux durent prendre part aux combats contre les Turcs dans les Dardanelles. Sur la majorité des fronts, les quelques conscrits Pères Blancs savaient où leurs confrères se trouvaient et essayaient, dans la mesure du possible, de les retrouver. Dans les Dardanelles, pas moins de trente Missionnaires d'Afrique servirent dans les rangs du corps expéditionnaire français. Cette force armée, dotée de petits effectifs, opérait dans un espace réduit ce qui permit aux Pères Blancs d'entretenir des contacts étroits. Une vingtaine de Pères Blancs, principalement des scolastiques et des novices, entraient régulièrement en contact dans le cadre de leurs fonctions d'aides-soignants et de brancardiers. Gaston Duiquet (1888-1930*) enviait cette camaraderie missionnaire.

---

[23] Keegan, *op.cit.*, pp.253-269; Taylor, *op.cit.*, pp.79-84; Strachan, Hew, *The First World War*, Londres, Simon et Schuster, 2003, pp.291-301; Simkins, Peter; Jukes, Geoffrey et Hickey, Michael, *The First World War*, Oxford, Osprey, 2003, pp.291-301.

Avec un zèle déraisonnable (il convient de noter qu'il n'était encore qu'étudiant), il estimait qu'il était tout à fait à propos de les voir se battre contre des musulmans. Écrivant depuis « les rudes tranchées du Nord », il s'exclama : « Quelle belle petite armée ! Trente Pères Blancs s'élançant du même cœur et du même élan à l'assaut de l'Islam !... Faire flotter notre drapeau sur le palais du Grand Turc sera encore l'œuvre glorieuse à laquelle participera la petite phalange des Pères Blancs soldats. Donc, en avant, Dieu le veut ! »[24]

Le général allemand Otto Liman von Sanders fut le commandant général des armées turques dans les Dardanelles. D'autres officiers allemands servirent également aux côtés des Turcs. Ce fut le cas de Sebastian Zehetmaier (1894-1969), aspirant Père Blanc appelé depuis Trier où il suivait des études de philosophie. Il fut lieutenant dans le service des renseignements et combattit pour le compte des Turcs contre les Russes dans les batailles du Caucase de 1916. Il fut décoré à la fois par l'Allemagne et la Turquie. Il ne sembla pas faire simple acte de présence dans les Dardanelles.[25] Si tel avait été le cas, cela aurait certainement permis de démentir le point de vue religieux simpliste de Duiquet à l'égard de la campagne.

Des lettres envoyées depuis Gallipoli aux mois d'avril et de mai dépeignent une atmosphère mêlée d'effervescence, de confusion et de danger (bombardement, débarquement et rembarquement). Certains scolastiques attendant à bord effectuent leur lecture spirituelle alors que d'autres plongent parmi les soldats qui luttent sur le rivage. Plusieurs Pères Blancs sont blessés. Ensuite, les Turcs viennent la nuit pour jeter des grenades dans les tranchées alliées creusées à la hâte ou pour passer l'ennemi à la baïonnette. Depuis leur poste de secours, les Pères Blancs font leur ronde des tranchées. Un soldat britannique tue un Zouave par erreur, le prenant pour un Turc. Des éclats d'obus, des grenades, des bombes et des balles traçantes nous entourent. C'est un « spectacle... inénarrable. C'est horrible la guerre ! »[26]

En juin, le père Arsène Sabau (1887-1874) décrit un « bombardement infernal ». Les troupes britanniques avancent de trois cents mètres mais doivent battre retraite sous le feu des tirs d'artillerie. Un nouvel assaut est lancé et les Français prennent deux tranchées mais des milliers de Turcs émergent et les repoussent. Un bataillon de huit cents hommes se trouve réduit à cent quinze. Les pères Blancs enterrent les morts à longueur de journée. Trois Missionnaires d'Afrique sont tués. Jean-Baptiste Béraud (1891-1915) reçoit une balle dans l'œil droit lors d'un assaut mené sur des tranchées récemment occupées. Jean Declerck (aspirant) et Adrien Boyer (1895-1915) sont blessés. L'un est évacué vers Bizerte mais il meurt à bord du bateau. L'autre meurt dans un hôpital de Nice.[27] Ensuite vient le retrait des troupes à la hâte. Ayant prédit une « victoire sur l'Islam » en mai, le père Jean-Baptiste Blin (1887-1977) ne consacre que quelques mots au retrait ignominieux du mois de novembre.[28]

Salonique et la Serbie

L'objectif de guerre initial de l'Autriche était de punir la Serbie pour sa participation dans les assassinats perpétrés à Sarajevo. Toutefois, sa première invasion échoua et, à la fin du mois d'août 1914, les troupes autrichiennes avaient été chassées du territoire serbe. Le mois suivant, les Serbes avancèrent déraisonnablement sur le sol autrichien et furent contraints de battre retraite. Une offensive de courte durée en

[24] *Petit Echo*, n° 22, 1915/3, p.37.
[25] *Petit Echo*, n° 609, 1970/6, pp.257-260.
[26] *Petit Echo*, n° 21, 1915, pp.12-20.
[27] *Petit Echo*, n° 23, 1915, pp.60-69.
[28] *Petit Echo*, n° 23, 1915, p.69; n° 27, 1915, p.196.

Bosnie amena davantage de représailles autrichiennes, mais les Serbes parvinrent à nouveau à chasser l'ennemi hors de ses frontières. L'Autriche et l'Allemagne ne reprirent pas les hostilités avant l'automne de 1915. En septembre, impressionnée par les victoires austro-allemandes face à la Russie et à l'Italie, la Bulgarie se rallia aux Empires centraux dans l'espoir de reprendre le contrôle de sa province macédonienne. Cette portion de territoire fut cédée à la Grèce en 1913, suite à la seconde guerre des Balkans. La Serbie se retrouvait désormais en position de faiblesse, avec pour seul espoir celui d'attirer les troupes alliées dans les Balkans via le port grec de Salonique.

Le 3 octobre 1915, une force armée anglo-française, composée notamment d'hommes provenant des troupes repliées de Gallipoli, débarqua à Salonique dans l'espoir que la Grèce entrât dans la guerre du côté des Alliés. Salonique devint une grande base pour les Alliés et les troupes avancèrent immédiatement en Macédoine serbe. Mais elles arrivèrent trop tard pour sauver les Serbes. En octobre et novembre, les forces armées austro-germano-bulgares envahirent la Serbie, chassant de leur pays l'armée serbe ainsi que le roi de Serbie. Simultanément, les troupes bulgares assaillirent les soldats britanniques et français postés en Macédoine. Le reliquat de l'armée serbe se rendit en Albanie où les soldats embarquèrent sur des navires italiens à destination de Corfou. Au 12 décembre, les troupes britanniques et françaises avaient été repoussées sur le sol grec. En 1916, les derniers soldats de l'armée serbe les y rejoignirent.

Par la suite et pour le restant de la guerre, Salonique devint une enclave alliée. Elle se transforma en un vaste campement comptant quelque cinq cent mille soldats et d'énormes stocks de matériel militaire. Cette base n'exerça toutefois aucune pression sur les Bulgares et les Allemands postés de l'autre côté de la frontière. Au contraire, ce camp militaire devint une vaste zone infectieuse et un handicap sur le plan sanitaire. On parlait de « camp d'internement » ou de « grand hôpital militaire ». Pour chaque soldat mort sous les feux de l'ennemi, le paludisme en tuait dix. Les pertes dues aux maladies excédèrent parfois du double les effectifs de certaines unités. Salonique présenta également une autre forme d'impasse.[29]

Presque tous les soldats Pères Blancs de Gallipoli furent transférés à Salonique. Deux autres les y rejoignirent depuis la France. Le père Arsène Sabau (1887-1974) décrivit le trajet en bateau à vapeur de quarante-huit heures qui amena, le 22 octobre 1915, les huit premiers Pères Blancs en Grèce. Lors d'une escale à Lemnos, ils découvrirent la baie de Moudros en pleine activité. Avant l'arrivée sur Salonique, le Mont Olympe apparut au loin. Un hôpital de campagne fut immédiatement établi dans les locaux de l'ancien séminaire lazariste. Le 17 octobre, ils prirent le train en direction du front serbe. Au cours du trajet de deux heures, ils passèrent devant des trains débordants de réfugiés serbes et de soldats serbes en retraite.[30] Le père Léon Darot rappela qu'il s'agissait des terres évangélisées par Saint Paul. Les aspirants et confrères soldats étaient donc les « Thessaloniciens » modernes.[31] Sur le front, les Missionnaires d'Afrique furent davantage éparpillés dans des gourbis et des « tranchées interminables » qu'ils ne l'avaient été sur la péninsule de Gallipoli. Ils parvinrent toutefois à rester en contact et à se réunir occasionnellement. En novembre 1915, le père Sabau et six de ses confrères se rassemblèrent pour effectuer une neuvaine en vue de la célébration de l'Immaculée Conception, fête patronale de la Société, et pour prier ensemble sur la tombe de Gabriel Berthoumieux. Au cours de la

---

[29] Cet exposé nécessairement bref se fonde sur Keegan *op.cit.*, pp.164-168, 269-276.
[30] *Petit Echo*, n° 27, 1915, pp.192-196.
[31] *Petit Echo*, n° 26, 1915, p.169.

messe suivante, le père Sabau prêcha auprès de trente soldats sur les paroles suivantes : « Venez à moi, vous tous qui êtes fatigués et chargés » (Matthieu 11:28).[32]

Le front serbe était vallonné et le climat hivernal extrêmement froid. La campagne contre les Bulgares connut des hauts et des bas mais, dans l'ensemble, il s'agissait d'un repli incessant. Même à l'arrière de leur ligne de front, les Alliés craignaient que les troupes austro-germano-bulgares n'envahissent l'enclave alliée de Salonique. Nous sommes « toujours en guerre, sans être en guerre, » écrivit l'un des missionnaires.[33] Gabriel Berthoumieux (1893-1915), un scolastique français de Cahors, fut le premier tué. Le 16 novembre 1915, il reçut une balle dans l'estomac au cours d'une patrouille de reconnaissance et mourut dans la nuit. Le 27 mai 1916, ce fut le tour de Régis Delabre (1889-1916), un autre scolastique d'origine française. S'abritant d'une pluie d'obus ennemis dans un gourbi situé sur le front serbe, il fut touché de plein fouet. Vers minuit, le père Joseph Delmer (1891-1969) identifia le corps méconnaissable et procéda à l'enterrement à l'aube. Quatre pères et quatre séminaristes attristés se regroupèrent autour de sa tombe. Avant de partir, ils y plantèrent une croix dotée de l'inscription « Mort pour le France ».[34] L'un d'entre eux, le scolastique Clovis Capelle (1888-1917), n'avait pas moins d'une année à vivre. Doté du grade de sous-lieutenant, il était en train de lancer des grenades à l'assaillant bulgare, afin de couvrir les soldats qui battaient retraite, lorsqu'il fut atteint d'une balle dans la tête. Les derniers mots qu'il prononça à ceux qui l'entouraient leur exigeaient de le laisser à l'endroit même où il était tombé et de se mettre à l'abri.

Trois autres Pères Blancs trouvèrent la mort au cours de la campagne de Salonique, mais ils furent tous victimes des maladies endémiques qui sévissaient dans la région. Louis Le Dévedec (1882-1916), un prêtre de la mission d'Ouganda, mourut de la fièvre typhoïde dans un hôpital de Salonique. François-Marie Renaudier (1890-1917), un père français de Rennes, fut évacué et arriva à l'hôpital de sa ville natale avant de mourir du paludisme. Le père Alfred Courant (1880-1918) mourut de bronchopneumonie dans un hôpital de Vélès en Macédoine.

Le 2 juillet 1917, la Grèce finit par se rallier aux forces de l'Entente. Au cours de la dernière année de la guerre, les troupes bulgares furent victimes de la famine et l'armée allemande se retira en vue de renforcer le front occidental. Les Serbes envahirent une fois de plus la Macédoine et, le 29 septembre 1918, la Bulgarie accepta de signer l'armistice. En concurrence avec les Italiens, la Grèce envahit en juin 1919 l'Anatolie, en Asie mineure turque, mais elle sera vaincue aux mains d'une Turquie redynamisée par Mustapha Kemal, le vainqueur de Gallipoli. Lors de la signature du traité de Lausanne en 1923, une Grèce vaincue et une Turquie victorieuse acceptèrent de procéder à un échange de population sur leurs territoires respectifs.[35] Parallèlement, tout au long de 1917 et de 1918 et jusqu'à la démobilisation, les Pères Blancs demeurèrent à Salonique, dans les tranchées boueuses, détrempées et propices aux moustiques. En 1916, ils avaient combattu aux côtés des Russes mais, après la révolution d'Octobre et le traité de Brest-Litovsk en novembre de l'année suivante, la Russie se retira de la guerre. August Clavel (1895-1979), Père Blanc et ancien combattant de Salonique, se verra entraîné dans la guerre civile russe de 1919, histoire qui sera retracée dans un prochain chapitre.

---

[32] *Petit Echo*, n° 28, 1916, p.23.
[33] *Petit Echo*, n° 30, 1916, p.88.
[34] *Petit Echo*, n° 34, 1916, pp.222-223.
[35] Keegan, *op.cit.*, pp.454-455; Taylor, *op.cit.*, p.100; Strachan, *op.cit.* 2003, p.296; Macmillan, Margaret, *The Peacemakers*, Londres, John Murray, 2001, pp.442-445.

Palestine

Après un assaut timide mené sur le canal de Suez en 1915, les Turcs battirent retraite à Gaza, en Palestine, et contrôlèrent une ligne de front qui traversait le désert du Sinaï. Au cours de l'année suivante, le dirigeant arabe Hussein, chérif de La Mecque, lança la Révolte arabe qui fut brillamment menée par son fils, Feiçal ibn Hussein, et le célèbre officier de liaison britannique T. E. Lawrence. Ce dernier entra dans la postérité sous le nom de « Lawrence d'Arabie ». Le 6 juillet 1917, Lawrence et les Arabes prirent le port d'Aqaba. En même temps, le général Edmund Allenby vint du front de l'Ouest pour diriger les opérations contre les Turcs au Proche-Orient. Alors que les forces armées des Alliés, sous le commandement d'Allenby, repoussaient les Turcs vers le nord depuis Gaza, Lawrence les harcelaient sur le flan est, sabotant le chemin de fer du Hejaz.[36] Jérusalem fut prise et, le 9 décembre, Allenby fit une entrée triomphale par la Porte de Jaffa de la cité. Un certain Toussaint Cocaud (1881-1928) défila derrière Allenby.

Cocaud, originaire de Nantes, entra au noviciat des Missionnaires d'Afrique après son ordination en tant que prêtre diocésain en 1906.[37] Après le noviciat, il fut envoyé faire un stage à Ste Anne, dans la ville de Jérusalem, où il fut finalement nommé. Le 4 août 1914, il fut mobilisé et servit au sein du corps médical. Il fut tout d'abord affecté dans un hôpital nantais puis à Paris afin d'aider à évacuer les blessés en train. À la fin de 1916, il fut envoyé en Palestine où il y rejoignit le contingent français, après une escale au Caire. Il remonta la ligne de chemin de fer pour rejoindre les troupes marchant sur Jérusalem.

L'entrée d'Allenby dans la ville de Jérusalem fut un grand événement. Lawrence le décrivit comme « le moment le plus remarquable de la guerre, celui qui, pour des raisons historiques, lança un appel plus puissant que rien au monde ».[38] Les sympathisants alliés, dont notamment le Supérieur néerlandais de Ste Anne, Nicholas Van der Vliet (1876-1966), se tinrent à la Porte de Jaffa pour accueillir les conquérants. Allenby, accompagné de son personnel général, de Lawrence et du Haut-commissaire français François Georges-Picot, entra à pied dans la ville sainte, suivi d'une escorte à cheval. Derrière, les soldats d'infanterie, dont Cocaud, défilèrent. À sa plus grande surprise, Van der Vliet reçut une accolade de la part de l'un des soldats qui n'était autre que son confrère et ancien collègue.[39]

En 1917, la Mésopotamie avait été conquise par les troupes britanniques. Au cours de 1918, Allenby réorganisa ses forces armées et avança dans le nord de la Palestine où il fut confronté aux Turcs dans la ville de Megiddo, célèbre lieu de bataille des temps bibliques. Du 19 au 21 septembre, la percée d'Allenby mit un terme à la résistance turque. Le 30 octobre, l'armistice fut signé à Moudros, sur l'île égéenne de Lemnos. En mai 1919, Cocaud put retourner à Jérusalem pour réintégrer le séminaire de Ste Anne.

Aller dans la fournaise

Pour les jeunes conscrits, dont la vie dans l'environnement protégé des maisons de formation missionnaire avait été à peine perturbée par un bref service militaire, leur parachutage sur un champ de bataille de la Première Guerre mondiale était

---

[36] Lawrence, T. E., *Seven Pillars of Wisdom*, "Oxford Text" de 1922, Fordingbridge, Hants, J. et H. Wilson 2004; cf. Keegan, *op.cit.*, (1998), pp.444-445.
[37] *Rapports Annuels*, n° 23, 1927-1928, pp.52*-56*.
[38] Lawrence, *op.cit.*, p.508.
[39] *Rapports Annuels*, n° 15, 1919-1920, p.83; *Petit Echo*, n° 53, février 1918, pp.100-101.

traumatisant et aliénant. Nombre d'entre eux décrivirent, dans leurs premières lettres écrites du front, le choc qu'ils subirent. C'était « quelque chose de terrible », écrivit le père Charles Joyeux (1885-1936*) après avoir tâté le combat au cours de huit jours de terreur à Ypres en mai 1915. L'horreur était indescriptible. Il était impossible d'échapper à l'enfer de feu et d'acier, aux fumées épaisses et au vacarme effroyable. La majorité des épaulements et des abris dans les tranchées s'effondraient sous le choc des tirs des mitrailleuses et plus de cinq mille obus éclatèrent en l'espace de sept heures.[40] « J'ai quitté le champ de bataille » écrivit Célestin Paulhe (1888-1919*) en mai 1916, « rempli de l'horreur qu'il dégageait. »[41] Souvent, il était comparé à une « fournaise » ou plus simplement à « l'enfer ». « Notre division se dirige droit vers la fournaise ». « Nous venons juste d'émerger de la fournaise. » Je me rends « à Verdun pour entrer à mon tour dans la terrible fournaise ».

Les bombardements constituaient un déluge « infernal » de métal, une « pluie meurtrière » d'éclats d'obus ou « un ouragan de métal ». Louis Châles (1891-1969) décrivit les effets produits par les obus de gros calibre. « On ne peut, sans les avoir vues, se faire une idée des plaies faites par les obus de gros calibres. Pour se rendre compte de leur force d'explosion, il faut venir sur les ruines de ces villages reconquis : rien n'est intact, tout est broyé, pulvérisé. Il faut mettre toute son attention pour retrouver l'emplacement des maisons, des rues, de l'église, du cimetière : c'est la dévastation parfaite.».[42] Sous les bombardements intensifs, les hommes étaient envahis d'un sentiment d'impuissance. Il n'y avait plus qu'à se tapir au fond d'une tranchée, recroquevillé tel le fœtus dans le ventre de sa mère, à attendre que la pluie d'obus s'arrête. Les bombardements engourdissaient, produisant une certaine insensibilité. Après un bombardement, les soldats titubaient tels des marins sur le pont houleux d'un navire. Aussi étrange que cela puisse paraître, cet engourdissement les aidait à supporter les scènes effroyables qui les entouraient. « La tranchée était à peu près complètement nivelée. Nous ensevelîmes d'abord, en les couvrant d'un peu de terre, dans les trous d'obus, les nombreux cadavres dont elle était encombrée », Paulhe écrivit en juillet 1916. « Nous opérâmes la relève des quelques braves qui restent d'une compagnie de première ligne…une quarantaine à peine.…pas une surface de terrain fût elle large comme la main qui n'eut été retournée plusieurs fois par les obus de gros calibre, et partout des morceaux d'uniforme maculés de sang, affreusement broyés, partout enfin des membres arrachés gisant épars et déchiquetés .»[43] Le père Pierre Gallerand (1887-1976) décrivit un assaut après des tirs de barrage à Verdun. Les troupes avancèrent sous les yeux de l'ennemi et sous le feu dévastateur de leurs mitrailleuses. À mesure qu'ils progressaient, le bouche-à-oreille se chargeait d'annoncer : « Un tel a reçu une balle dans la cuisse, un autre a la jambe fracassée par une balle, un autre a reçu un éclat d'obus en pleine poitrine. » De plus en plus de brèches se formaient parmi les troupes qui avançaient. Un Zouave tomba à ses côtés. À la hâte, le père pansa sa blessure à l'estomac et le prépara à mourir. Les soldats continuèrent à avancer, piétinant les victimes tombées sous les tirs des mitrailleuses. Ils trouvèrent un soldat allemand mort au fond d'une tranchée, puis un soldat français. Gallerand sauta dans un trou d'obus aux côtés d'un Français agonisant afin de lui donner les derniers sacrements.[44] Il y avait des « affreux tableaux » à perte de vue, écrivit Châles, « Ici des cranes, là

---

[40] *Petit Echo*, n° 21, juin 1915, p.4.
[41] *Petit Echo*, n° 34, juin 1916, p.209. Dans son cas l'horreur était augmenté par une blessure.
[42] *Petit Echo*, n° 38, 1916, p.330.
[43] *Petit Echo*, n° 36, 1916, pp.271-272.
[44] *Petit Echo*, n° 38, 1916, pp.325-327.

des jambes ou des bras, là encore un morceau de tronc, ou une moitié de corps humain. »[45]

En mars 1916, Jean-Louis d'Hervé (1890-1966) écrivit qu'il venait de vivre huit jours sous les bombardements, avec pour seule protection son « abandon à la Providence ».[46] Joseph Portier (1878-1955) écrivit depuis Verdun au cours du même mois. Il se trouvait sous de très violents bombardements mais il ressentait une grande joie et un calme intérieur lorsqu'il s'abandonnait dans les mains de Dieu. « Ô Seigneur, je remets mon âme entre vos mains. »[47] Face à cette expérience, cet abandon représentait la seule approche possible pour un homme de foi, une forme plus positive de résignation que la simple passivité.

Après plusieurs semaines dans la « fournaise », une calme retraite au prieuré de Binson s'apparentait à la vie au paradis. « Je suis sorti de l'horrible fournaise », écrivit Châles le 15 avril 1916. « (Je suis) au prieuré de Binson. C'est sortir de l'enfer pour entrer au paradis. »[48] « Quelques jours passés à Binson », remarqua également Jean-Louis Delmer, « …ont été comme un jour de paradis pour moi. Je croyais sortir d'un long cauchemar pour vivre une tout autre vie. Cette vie aussi n'était qu'un rêve. »[49] De nombreux soldats qui connurent les terribles bombardements de la Première Guerre mondiale souffraient, selon le jargon actuel, de troubles de stress post-traumatique. À l'époque, ces troubles étaient désignés sous les termes de « choc des tranchées » ou « neurasthénie ». Joseph Watier (1891-1971) souffrait d'une lésion cérébrale, probablement en raison d'une longue perte de connaissance suite à l'explosion d'un obus. Les crises dont il souffrait continuèrent jusque dans les années 1930.[50] Tout le restant de sa vie, Camille Cormerais (1894-1979) eut des maux de tête et des migraines.[51] Léon Pignide, un aspirant d'origine française, eut quant à lui une attaque alors qu'il nageait dans la rivière de La Truyère en 1917. Un trouble cérébral, imputable au stress post-traumatique, pourrait être à l'origine de cette attaque.[52] De nombreux anciens combattants Pères Blancs avaient un caractère excentrique mais peu d'entre eux semblaient avoir été véritablement victimes du choc des tranchées. D'un autre côté, les confrères affectés dans les corps médicaux étaient souvent chargés d'aider à évacuer de « pauvres soldats souffrant de troubles nerveux ».[53]

Lors d'un bombardement, le fait de s'abriter dans les tranchées présentait le risque de se retrouver enterré vivant. Ce fut particulièrement le cas dans les Dardanelles, où les tranchées durent être creusées à la hâte dans des endroits peu adaptés. Joseph Watier fut recouvert de terre lorsqu'un obus éclata sous terre à quelques centimètres de lui. Il échappa à la mort de peu.[54] Au début de la campagne, Sabau dut enterrer un Zouave étouffé par l'effondrement d'une tranchée.[55] De son côté, le père Paul Verdouck (1889-1932) décrivit la scène où quatre de ses hommes furent enterrés vivants après l'éclat de soixante-treize obus sur leur position. Alors qu'il leur portait secours, d'autres se retrouvaient ensevelis. Verdouck voulut les déterrer mais son lieutenant l'en interdit. Ils devaient battre retraite. Alors qu'ils se repliaient, Verdouck

---

[45] *Petit Echo*, n° 38, 1916, p.330.
[46] *Petit Echo*, n° 31, 1916, p.120.
[47] *Petit Echo*, n° 31, 1916, pp.111-112. *In manus tuas, Domine, commendo spiritum meum*
[48] *Petit Echo*, n° 32, 1916, p.152.
[49] *Petit Echo*, n° 32, 1916, p.149.
[50] *Petit Echo*, n° 631, 1972/7, pp.347-341.
[51] *Petit Echo*, n° 706, 1980/1, pp.32-37.
[52] *Petit Echo*, n° 48, 1917, p.250.
[53] *Petit Echo*, n° 36, 1916, p.275.
[54] *Petit Echo*, n° 22, 1915, p.46.
[55] *Petit Echo*, n° 21, 1915, p.15.

pouvait entendre les voix étouffées appelant pathétiquement au secours.[56] À cet égard, la pire expérience vécue par un Père Blanc fut celle de Joseph Lautour (1875-1943) qui fut enterré dans une tranchée de communication à Verdun. Il parvint à sortir de sa « tombe » mais sa vue s'en trouva si gravement troublée qu'il n'était plus en mesure d'aider dans le corps médical. Il dut être démobilisé du front. En 1917, il fut prématurément rendu à la vie civile mais il resta malvoyant et sourd. Des années plus tard, un spécialiste put lui rendre la vue. Mais en 1943 près de Toulouse, au cours de la Deuxième Guerre mondiale, Lautour ne parvint pas à voir ou à entendre un véhicule militaire allemand qui venait sur lui. Il trouva la mort dans l'accident qui s'ensuivit.[57]

Tuer ou être tué

La majorité des Pères Blancs conscrits furent affectés à des postes non combattants, mais nombre d'entre eux, combattant ou non, durent tirer pour abattre ou même participer à des charges à la baïonnette. Il va sans dire que le fait de tuer d'autres êtres humains était aussi détestable que nouveau pour les prêtres et les séminaristes. D'un autre côté, il s'agissait de tuer ou d'être tué. En 1915, Pierre Valléau (1892-1915), novice d'origine française, prit part à une charge à la baïonnette à Ypres. Il fut blessé et cité à l'ordre du jour du front. Quelques temps plus tard, il fut porté disparu et son corps fut trouvé par hasard un an après.[58] Depuis le début de la guerre, les mitrailleuses exerçaient une certaine fascination mystique. « Les Allemands débouchèrent en colonnes par quatre », écrivit un missionnaire à Ypres. « Nos deux mitrailleuses (les) fauchèrent. En deux minutes, l'ennemi était en débandade. Quelques minutes après, il débouchait en tirailleurs : il fut arrêté net…Une mitrailleuse masquée…sema la mort dans leurs rangs. » Les Allemands firent trois autres tentatives et « après cinq minutes de tir fauchant, on ne voyait plus quelques survivants ramper dans les herbes en s'efforçant de regagner ce qui restait de leurs tranchées. » La conclusion du correspondant vint comme une surprise. « Elles sont fortes et pures », écrit-il, « les amitiés forgées sous la mitraille. »[59]

C'était la même histoire dans les Dardanelles. Sabau décrivit une attaque nocturne à la baïonnette menée par les Turcs. « Les mitrailleuses les fauchent. »[60] Dans un autre compte-rendu saisissant venu du même front, Léon Lebouc, frère Euthyme, décrivit la manière dont les Français allèrent un peu trop loin le 12 juillet 1915. Ils avancèrent deux cents mètres sous une pluie de balles. Les Turcs s'enfuirent « comme des lapins » mais ils contrattaquèrent après s'être rendu compte que les Français étaient en petit nombre. Ils agitèrent des mouchoirs blancs et les Français ne furent pas en mesure de discerner s'il s'agissait de confrères britanniques ou d'assaillants turcs. Mais, très rapidement certains des Zouaves commencèrent à tomber et deux officiers furent tués. « On me signale trois Turcs qui visent très bien ; je tire un coup de fusil. « Touché ! » me disent les voisins ; je recommence, je tire ; au même moment je suis moi-même atteint au cou, et à la main, puis à l'œil… Je redescends au camp et de là à l'hôpital. »[61] Le frère faillit perdre son œil mais il se rétablit suffisamment pour être posté en Serbie. Joseph Loiseau, tenant une tranchée turque, fit inopinément face à l'ennemi dans une sape. « Je tire, il s'affaisse », écrit-il, avant

[56] *Petit Echo*, n° 25, 1915, p.136.
[57] *Rapports Annuels*, 1939-1945, Supplément, *Notices Nécrologiques*, pp.110-113.
[58] *Petit Echo*, n° 21, 1915, p.4 ; n° 38, 1916, p.322.
[59] *Petit Echo*, n° 21, 1915, pp.7-8.
[60] *Petit Echo*, n° 21,1915, p.14.
[61] *Petit Echo*, n° 23, 1915, p.70-71.

de découvrir qu'ils étaient une cinquantaine ou une soixantaine de plus à quelques mètres de là. Loiseau offrit sa vie en sacrifice mais les balles prirent une autre direction. Il put s'abriter et manger des sardines et du pain pour dîner.[62]

En mars 1916, Benjamin Durand, novice et sergent, se trouvait dans les bois de Verdun. Il faisait un froid intense et le sol était recouvert de neige. À trois heures du matin, lui et ses hommes prirent leur position dans un ravin derrière le fort de Douaumont, récemment pris par les Allemands. Soumis à des tirs d'enfilade des mitrailleuses allemandes, ils battirent en retraite sur une autre position. À l'aide de ses jumelles, Durand put apercevoir un groupe d'Allemands dans une clairière à quatre cents mètres de là. Il ordonna d'ouvrir le feu. L'ensemble du groupe tomba mais les chevaux et les hommes continuaient à bouger. « Une deuxième décharge amena l'immobilité complète ». Quelque peu après, Durand fut lui-même blessé. Les Zouaves sous son commandement le mirent à l'abri. « Vous allez vous faire tuer pour moi », protesta-t-il. « Tant pis si nous sommes tués, Sergent ; nous vous accompagnons » fut la réponse qu'il obtint. Le groupe revint à grand-peine sur des routes jonchées de véhicules renversés, de chevaux morts et de cadavres humains.[63]

La vie des tranchées : boue, rats et gaz

La boue était caractéristique de la guerre de tranchées. La pluie transformait les tranchées en des gouttières remplies de boue liquide qui s'infiltrait dans les bottes des soldats et putréfiait leurs pieds. Cette maladie était connue sous le nom de « pied des tranchées ». Les routes étaient recouvertes de « boue gluante ». Les bombardements intensifs, accompagnés de fortes pluies, formaient une immense mer de boue que les troupes devaient franchir pour atteindre la ligne de front. Si un soldat glissait sur un caillebotis et tombait dedans, il pouvait s'y noyer.[64] La boue fut un problème chronique sur les terrains détrempés des plaines flamandes, et tout particulièrement après l'ouverture en octobre 1914 des portes d'écluses situées sur la rivière Ijser. C'était précisément sur ce front que les Missionnaires d'Afrique connurent le pire concernant la boue. En décembre 1915, un aspirant Père Blanc signala que plusieurs soldats faillirent se noyer dans la boue de retour des tranchées. Deux soldats, avec de la boue jusqu'au torse, y passèrent la nuit entière. Il fallut réunir les forces de huit hommes pour les en extirper.[65] La boue dégageait une odeur pestilentielle car les flaques contenaient les corps en décomposition de soldats et de chevaux. La boue s'avéra moins problématique dans la Somme ou à Verdun, mais les Pères Blancs s'en plaignaient dans les deux endroits. À Verdun, un missionnaire se retrouva immergé dans la boue jusqu'aux genoux, sans aucune nourriture pendant trois jours, alors qu'il subissait un bombardement de précision. « Nos chemises même étaient imprégnées de boue sous le jersey, la vareuse et la capote. »[66]

L'association de la boue et du froid était tout particulièrement douloureuse lorsque les soldats étaient contraints d'avancer sur de la boue gelée.[67] Même si le climat était plus clément à Salonique, les missionnaires furent également confrontés aux mêmes problèmes de boue. Camille Cormerais (1894-1979), aspirant de Binson, décrivit la célébration de la messe, avec des soldats couverts de boue qui s'agenouillaient pour

---

[62] *Petit Echo*, n° 25, 1915, pp.138-139.
[63] *Petit Echo*, n° 31, 1916, pp.114-115.
[64] Cf. Arthur, Max, *Forgotten Voices of the Great War*, Londres, Ebury Press, 2002, p.243.
[65] *Petit Echo*, n° 28, 1916, p.18.
[66] *Petit Echo*, n° 41, 1917, p.50.
[67] *Petit Echo*, n° 40, 1917, p.20.

recevoir la communion.[68] « Le jour de la Pentecôte, nous apparûmes semblables à des blocs de boue », écrivit Célestin Paulhe.[69]

Les forces armées ennemies de la Première Guerre mondiale partagèrent leurs tranchées avec une autre armée : une armée de rats. Il ne s'agissait pas de petits rongeurs domestiques mais de rats géants que les corps des défunts empâtaient. Un soldat britannique attesta qu'ils pouvaient même atteindre la taille d'un chat.[70] La nuit, ils mangeaient les rations des soldats. Sous les bombardements, ils s'affolaient et tremblaient de peur aux côtés des troupes abritées dans leurs quartiers. Inutile de préciser que les rats n'étaient pas équipés de masques à gaz ! Les attaques au gaz les abrutissaient de sorte que les soldats trébuchaient sur leur corps léthargique.

Les rats sont des vecteurs de maladies. Au cours de la Première Guerre mondiale, les puces du rat transmettaient le typhus et d'autres fièvres, ainsi que la peste pneumonique qui était hautement contagieuse. Les rats étaient également responsables de la contamination bactérienne des denrées alimentaires. Tuer des rats dans les tranchées pouvait s'avérer contre-productif. La putréfaction de leurs corps ne faisait qu'intensifier la pestilence générale. En outre, d'un point de vue médical, un rat mort constituait souvent une source de danger plus importante qu'un rat en vie. Lorsque les tranchées devenaient détrempées, les hommes comme les rats étaient souvent contraints d'en sortir.[71] De toute façon, les rats se sentaient tout autant dans leur élément au sein des campements et des postes de premiers secours situés derrière la ligne de front.

Louis Châles(1891-1969), posté sur le front occidental en octobre 1916, dut diriger une escouade chargée de faire la chasse aux rats. Accompagné de huit hommes, il parvenait méthodiquement à exterminer la vermine dans un campement puis dans un autre. À l'aide de chiens, de poison et même d'explosifs, ils dénombraient quotidiennement des centaines de victimes. « Nous infligeons de lourdes pertes à cet ennemi là ! » écrivit-il triomphalement. Finalement, il semblerait que ce soient les rats qui aient bien ri les derniers.

L'apparition de poux de corps constituait un autre danger pour les troupes qui n'avaient pas l'occasion de prendre un bain régulier ou de changer de vêtements. Ce parasite vivait dans les coutures et les doublures des uniformes. Les poux irritaient constamment et poussaient les hommes à la frénésie.[72] Ils propageaient également des maladies telles que la fièvre des tranchées et le typhus.

Toutes les armées de la Première Guerre mondiale eurent recours aux gaz toxiques et déplorèrent, sous l'effet de ces gaz asphyxiants, la mort de milliers d'hommes, particulièrement parmi les Russes. En août 1914, les Français utilisèrent des grenades lacrymogènes contre les Allemands et ces derniers les utilisèrent sans grand succès contre les Russes en janvier 1915. Toutefois, les Allemands approfondirent sérieusement leurs études de développement et l'usage à grande échelle des armes chimiques. En avril 1915, ils lancèrent des bombonnes de gaz chlorés contre l'infanterie française et les régiments zouaves à Ypres. Elles formaient un nuage vert jaunâtre et dégageaient une odeur d'ananas et de poivre. Le gaz de chlore occasionnait une surproduction de fluide dans les poumons, provoquant une mort lente et extrêmement douloureuse par asphyxie. Au début, les soldats alliés n'eurent pour seule défense que leur mouchoir ou une chaussette trempée dans l'urine qu'ils

---

[68] *Petit Echo*, n° 29, 1916, p.52.
[69] *Petit Echo*, n° 36, 1916, p.272.
[70] Arthur, *op.cit.*, p.85
[71] *Petit Echo*, n° 28, 1916, p.12.
[72] Arthur, *op.cit.*, p.85.

plaçaient devant leur bouche et leur nez. D'ici le mois de juillet, des masques à gaz et des respirateurs furent développés. Le comportement du gaz lancé depuis des bombonnes était imprévisible. Le vent pouvait le renvoyer en pleine face de l'assaillant et le gaz pouvait stagner dans les tranchées ennemies ce qui les rendait imprenables. Le développement d'obus à gaz lancés par l'artillerie apporta une solution à ce problème.

À cette époque là, le phosgène, un gaz plus mortel, avait été développé. Il s'agissait d'un gaz hautement toxique et corrosif dont l'action sur le système respiratoire était différée mais souvent mortelle. Il ne provoquait pas autant de quinte de toux ce qui laissait les victimes en inhaler de plus grandes quantités. Toutefois, les respirateurs se sophistiquèrent. En septembre 1917, les Allemands introduisirent l'utilisation du gaz moutarde lancé dans des obus hautement explosifs. Le gaz moutarde provoquait des cloques sur la peau de ses victimes, causant des hémorragies internes et externes, et attaquait les bronches. Une personne sérieusement touchée par le gaz moutarde mourrait en trois à quatre semaines. Il s'avéra plus difficile de se protéger contre le gaz moutarde que contre le phosgène et le chlore. Le gaz lacrymogène était parfois utilisé comme irritant afin de pousser les troupes ennemies à retirer leurs masques à gaz, les rendant ainsi plus vulnérables à un gaz plus mortel. Pour l'attaquant, le gaz moutarde présentait toutefois le désavantage de rester actif dans le sol pendant de nombreuses semaines après avoir été répandu. Même si les armées ennemies copièrent rapidement les innovations chimiques de l'autre, le recours au gaz se fit de moins en moins efficace car l'effet de surprise, si crucial, avait disparu. À mesure que la guerre progressa, le nombre de victimes mortes sous l'effet du gaz diminua.[73]

En 1915, les soldats Pères Blancs et les Zouaves algériens furent de ceux qui sentirent les effets des gaz meurtriers à Ypres.[74] À la fin de la même année, quatre-vingt-sept réservistes gazés furent hospitalisés au prieuré de Binson.[75] Au mois de décembre, un scolastique écrivit que sa « peau ne vaut véritablement pas bien cher en ce moment » suite à une contre-attaque allemande, menée à l'aide de gaz et de lance-flammes.[76] En décembre 1915, Camille Cormerais signala l'apparition d'un « nouveau gaz plus puissant, et plusieurs soldats, qui n'avaient pas de tampon, ont succombé après huit jours d'atroces souffrances... ».[77] Il aurait pu s'agir de phosgène. Un aspirant de Binson écrivit au cours du même mois : « Comment se fait-il que je sois encore vivant ?...Je restai bien une minute et demie sans masque...Je toussais, j'expectorais, j'étouffais...on dut m'administrer du lait froid !...Le lendemain je crachais du sang. Ça n'a pas duré... »[78] Un autre étudiant de Binson raconta les précautions qu'ils prenaient tous contre le gaz. Les Allemands semblaient bien approvisionnés et envoyaient des « seaux en acier » contenant la poudre meurtrière.[79]

Au sein de la Société des Missionnaires d'Afrique, le port d'une barbe pendante était strictement obligatoire. Toutefois, une barbe rendait le port du masque à gaz moins efficace et celle-ci devait être sacrifiée en vue d'éviter l'asphyxie.[80] Louis Châles, posté sur le front occidental, estima avoir été gazé au moins vingt fois en octobre 1916. Il s'agissait principalement de gaz lacrymogène.[81] Même aussi

---

[73] Cf. Keegan, op.cit., 1998, pp.213-215; et articles à l'internet : *National Archives Learning Curve*.
[74] *Petit Echo*, n° 25, 1915, p.130.
[75] *Petit Echo*, n° 28, 1916, p.3.
[76] *Petit Echo*, n° 29, 1916, pp.44-45.
[77] *Petit Echo*, n° 29, 1916, p.52.
[78] *Petit Echo*, n° 29, 1916, p.53.
[79] *Petit Echo*, n° 29, 1916, pp.53-54.
[80] *Petit Echo*, n° 31, 1916, p.118.
[81] *Petit Echo*, n° 38, 1916, p.329.

tardivement qu'en mars 1918, un étudiant Père Blanc écrivit : « J'ai été fortement incommodé par le gaz. Depuis trois jours je ne peux presque plus parler. Il n'y a pourtant rien de grave, et un peu de repos à l'arrière fera disparaître ce malaise. »[82] Chauvet, un autre étudiant, ne fut pas aussi chanceux et se retrouva pendant six jours dans un hôpital de Cognac, aveugle et souffrant de lésions à la gorge et au poumon droit.[83] Des années après la fin de la guerre, plusieurs Pères Blancs souffraient toujours des séquelles provoquées par ces gaz meurtriers. Pendant le restant de sa vie, Auguste Clavel (1895-1979) fut fragile de la poitrine en raison du gaz moutarde. Six ans après la signature de l'armistice, Eloi Falguières (1887-1924) mourut des suites d'une exposition au phosgène.[84] Toussant du sang et étant incapable d'avaler même des produits liquides, il perdit des forces et la voix. Le 28 septembre 1924, il mourut asphyxié au sanatorium de Pau tenu par la Société.

La guerre aérienne

Avant la Première Guerre mondiale, la guerre aérienne existait à peine. Malgré la rapide évolution des dirigeables, des avions et des ballons au cours du conflit, leur rôle ne fut jamais décisif. Au début de la guerre, ils servaient principalement pour des missions d'observation et de reconnaissance mais ils furent rapidement utilisés comme bombardiers et chasseurs. L'Allemagne marqua le rythme, mais, à mesure des avancées technologiques, la supériorité aérienne fut tantôt le fleuron de l'une des armées, tantôt celui de l'autre.[85]

Les premiers dirigeables rigides apparurent au début du XXe siècle avec l'invention du zeppelin. Au début de la guerre, ces vaisseaux géants, longs de plus de cent cinquante mètres et lourdement chargés de mitrailleuses et de bombes meurtrières, commencèrent à s'imposer, dépassant la vitesse des avions de l'époque. Le 31 mai 1915, le premier raid aérien depuis des zeppelins eut lieu à Londres. L'école des Pères Blancs située à Bishop's Waltham, près de Southampton, se trouvait directement sur la trajectoire des dirigeables. Les Pères Blancs furent contraints de faire le black-out au niveau des fenêtres de l'école. Cette précaution fut opportune car deux zeppelins survolèrent l'école le soir même. Plus tard au cours de l'année, ils observèrent un zeppelin, « apparaissant tel un grand vautour », pris sous les feux des projecteurs ennemis. L'intérêt que les Pères Blancs portaient à ces engins sinistres semblait être interprété par la police locale comme des signaux lancés à l'ennemi. Ces accusations ne purent toutefois être maintenues.[86]

Comme bombardier, le zeppelin était loin d'être précis. De toute façon, les avions furent rapidement dotés de moteurs plus puissants pour les rattraper et l'artillerie commença à leur lancer des obus incendiaires. Ces derniers faisaient exploser l'hydrogène contenu dans les zeppelins et les faisaient s'écraser. Les Missionnaires d'Afrique découvrirent pour la première fois l'utilisation de zeppelins lors des combats de Salonique au début de 1916. À cette occasion, un dirigeable lança quinze bombes sans aucun signalement de dommages. Un mois plus tard, un zeppelin tenta, sans succès, de bombarder leurs quartiers généraux durant la nuit mais les bombes tombèrent loin de la cible.[87] Presque à la même période, Camille Cormerais fut

---

[82] *Petit Echo*, n° 56, 1918, p.113.

[83] *Petit Echo*, n° 58, 1918, p.159.

[84] *Petit Echo*, n° 704, 1979/9, pp.562-566; *Rapports Annuels*, n° 19, pp.25*-26*

[85] Cf. Keegan, *op.cit.*, 1998, pp.157, 240, 386, 240 et 435; Strachan, *op.cit.*, 2003, p.57, et des articles à l'internet, Bibliothèque Zeppelin, *WWIAviation.com* et *Air Power/WWI_Bombing*.

[86] *Rapports Annuels*, n° 11, 1915, p.51; Finn, *op.cit.*, pp.54-55.

[87] *Petit Echo*, n° 30, 1916, p.87; n° 31, 1916, p.122.

témoin à Verdun de l'explosion d'un zeppelin sous l'effet d'un obus incendiaire.[88] Toutefois, Henri Le Veux (1879-1965), expert en langue Luganda et futur maître des novices, fit part de la description la plus saisissante de la chute d'un zeppelin dans l'Oise en mars 1917.[89]

« Samedi, j'ai eu l'occasion enviée de voir la chute d'un Zeppelin. Nos batteries nous annoncèrent son apparition vers 5 heures 30. L'aéronef était à 3500 mètres de hauteur : on eût dit une noire chenille glissant sur les nuages qui le masquaient parfois à nos regards anxieux. Les fusées incendiaires lancées par nos canons semblaient manquer de souffle, les obus éclatèrent trop court. L'engin de mort et de dévastation avançait toujours, bravant nos efforts impuissants.

« Peu à peu les fusées prirent de l'essor, elles le dépassèrent en hauteur. Il eut conscience du danger, ralentit sa marche, se mit à louvoyer pour trouver un chemin vers les lignes amies si proches, et voulut prendre le haut...Soudain une vive lumière brilla à son sommet postérieur. « Mais, ça y est ! » s'exclamèrent les spectateurs, n'osant trop croire à pareille fortune. La flamme s'allongeait...elle lécha les flancs du long cigare, et tout à coup l'enveloppa entièrement. En quelques secondes le Zeppelin bascula, se brisa. Les premiers débris enflammés churent instantanément. La partie la plus importante, en fusion, coula plus lentement en laissant une trainée de bave fumeuse sur le ciel grisâtre. Tous les soldats battaient des mains. La carcasse du monstre disloquée, tordue, mi-fondue, gît dans un jardin de Compiègne. L'équipage a péri entièrement. »[90]

Bien que le zeppelin à usage militaire ait été remplacé par d'autres engins de guerre, il devint dans la période d'entre-deux-guerres un dirigeable destiné au transport des passagers, encourageant ainsi la concurrence entre la Grande-Bretagne et l'Amérique. Juste avant la Deuxième Guerre mondiale, le Graf Zeppelin II fut le dernier dirigeable gigantesque conçu pour le transport de passagers.[91]

À la fin de 1914, les bombardiers et les chasseurs connurent une évolution très rapide. Les Allemands équipèrent de mitrailleuses leurs monoplans. À sa sortie, leur triplan Fokker était légèrement plus avancé que ses concurrents britanniques et français. L'énorme bombardier lourd Gotha, auquel des améliorations furent apportées tout au long de la guerre, supplanta le zeppelin lors de raids aériens sur Londres et Paris. Ceci engendra la création en 1918 de la Royal Flying Corps, la première force aérienne indépendante au monde. Au cours de la dernière année des hostilités, la guerre aérienne n'était plus l'apanage des as de l'aviation qui faisaient preuve d'héroïsme en s'engageant dans des combats individuels. Il était désormais question de stratégies coordonnées en liaison avec les forces terrestres.

Déjà au début de la guerre, l'Allemagne disposait du Rumpler *Taube* (« colombe »), un avion multifonction à la fois bombardier, chasseur et engin de surveillance. Il s'agissait d'un avion étrange, en forme d'oiseau, qui ressemblait davantage aux croquis de Leonard de Vinci qu'à un véritable avion. Originellement de fabrication autrichienne, il était très léger. Même s'il ne pouvait être équipé d'une lourde mitrailleuse, il pouvait transporter une demi-douzaine de bombes. Le *Taube* fut l'avion le plus fréquemment rencontré par les soldats Pères Blancs sur les fronts occidentaux et méditerranéens. En janvier 1916, Arsène Sabau fut témoin d'un combat entre avions de chasse à Salonique. Au début de la bataille de Verdun, un

---

[88] *Petit Echo*, n° 31, 1916, p.119.

[89] Cette description est incluse ici en raison de son intérêt intrinsèque.

[90] *Petit Echo*, n° 43, 1917, p.105. Lettre de Henri Le Veux 21 mars 1917.

[91] En tant qu'enfant, l'auteur a observé le Graf Zeppelin voler au-dessus de Carshalton, Surrey, en 1938.

autre Père Blanc vit des avions allemands effectuer un raid aérien infructueux. Les avions alliés semblaient en plus grand nombre.[92]

Marius Gremeret (1873-1959), missionnaire en Ouganda, se trouvait également à Verdun lorsqu'un *Taube* bombarda son poste de premier secours, blessant un aide-soignant. Lorsque l'avion revint et lâcha quatre autres bombes à cent mètres de là, la victime se trouvait sur la table d'opération.[93] À Fleury, Hervé Quéinnec (1896-1946) parvint à échapper miraculeusement à un bombardement. Heureusement, au cours de la Première Guerre mondiale, les bombardements n'étaient pas précis.[94] Le *Taube*, engin omniprésent, servit à Salonique. En juin 1916, Julien Chabot (1892-1926) le vit en train de lâcher deux bombes. Il était dirigé par l'artillerie ennemie. Lorsqu'il revint, il lâcha ses quatre bombes restantes loin de la cible.[95] Un « oiseau de malheur » semblable fit trois sorties sur un hôpital allié de Verdun malgré le symbole sans équivoque de la Croix-Rouge sur le toit de l'établissement. Célestin Dupupet (1876-1949) indiqua qu'il mit le feu à l'hôpital, tuant quatre aides-soignants, dont deux prêtres, et en bombarda d'autres alors qu'ils fuyaient l'enceinte. L'une de ces bombes tomba entre les jambes d'un patient, traversa son lit d'hôpital et s'enfonça dans le sol sans exploser. Un autre patient se leva et courut vers la porte avant que son lit ne soit anéanti.[96] Selon Jules Pagès (1887-1984), les soldats se déplaçant dans les tranchées de communication à Verdun étaient également la cible des bombardements.[97] Les avions allemands allaient opérer loin. Louis Burtin (1853-1942), procureur des Pères Blancs à Rome, raconta la panique occasionnée par le passage d'avions allemands qui survolèrent la cité éternelle en décembre 1917 et janvier 1918. Ils avaient récemment bombardé la ville de Naples, faisant seize morts. Le maire de Rome commença immédiatement à prévoir des abris anti-aériens.[98]

Au cours de la Première Guerre mondiale, les deux camps eurent recours aux ballons pour l'observation et pour effectuer un barrage contre les avions ennemis. L'un des premiers modèles allemands fut appelé le *Drachen* (Dragon). Il était doté d'un seul empennage et d'une forme totalement cylindrique. Les Alliés le surnommèrent « saucisse ». Les Pères à Binson se réjouirent lorsque des avions de chasse français abattirent un *Drachen* dans le village voisin d'Oeuilly.[99]

Les conscrits Pères Blancs ne semblent pas avoir pris part aux activités des forces aériennes alliées. Seul Pierre Bringuier (1875-1957) fut posté dans une base aérienne française.[100] Dans la petite zone occupée par les Alliés à Gallipoli, Léon Darot (1890-1958) se retrouva à côté du camp des soldats de l'armée de l'air. L'un des pilotes fit un atterrissage forcé en mer car ses bombes mal fixées rendaient un atterrissage sur le sol trop dangereux. Il nagea pour rejoindre son engin en vue d'essayer de le sauver mais l'avion explosa lors de sa tentative de sauvetage. Le pilote était catholique et Darot procéda à ses funérailles au camp, devant un groupe de Britanniques curieux.[101] Après la prise de Lille par les Allemands en 1914, les Pères Blancs signalèrent qu'un pilote britannique survola la ville pour bombarder des installations télégraphiques. Son avion fut forcé à atterrir mais les citoyens l'aidèrent à échapper vers la frontière,

[92] *Petit Echo*, n° 30, 1916, p.85; n° 31, 1916, p.109; n° 32, 1916, p.144.
[93] *Petit Echo*, n° 34, 1916, p.204.
[94] *Petit Echo*, n° 35, 1916, p.247.
[95] *Ibid.* p.251.
[96] *Petit Echo*, n° 38, 1916, pp.328-329.
[97] *Petit Echo*, n° 41, 1917, p.41.
[98] *Rapports Annuels*, n° 13, 1917-1918, pp.27-31.
[99] *Petit Echo*, n° 44, 1917, p.120.
[100] *Rapports Annuels*, 1958-1959, *Notices Nécrologiques* 1957-1958, pp.18-32.
[101] *Petit Echo*, n° 23, 1915, pp.76-77.

d'où il revint pour distribuer des prospectus.[102] Les soldats à Verdun, dont un aspirant Père Blanc, admiraient la « remarquable liaison » entre les avions, l'artillerie et l'infanterie.[103]

Combattants et non-combattants

Les conscrits français de la Société des Missionnaires d'Afrique servirent dans une variété de régiments de l'infanterie mais la majorité combattit aux côtés des Zouaves. Il semblerait que ces derniers doivent leur nom à un groupe ethnique de Kabylie qui rejoignit l'armée coloniale française en 1830. En 1914, ce régiment rassemblait des colons algériens et des autochtones assimilés, avec des éléments venus du Maroc et de Tunisie. Leur réputation éclipsait celle de la Légion étrangère. Au cours des décennies précédentes, les Zouaves s'étaient distingués dans les combats tenus dans le désert, pendant la guerre de Crimée et la guerre franco-prussienne. Connus pour leur bravoure à toute épreuve, leur esprit téméraire et leur combativité sans égal, les Zouaves portaient un uniforme aux couleurs vives. Il se composait d'un pantalon ample rouge, d'une veste bleue sans col ainsi que d'un *chechia* (fez) rouge. De tels atours n'étaient pas de mise sur les champs de bataille du XXe siècle où le camouflage, et non la couleur, était prescrit. À la mi-1915, cet uniforme exotique avait été remplacé par une tenue de combat couleur moutarde et le *chechia* par le casque d'acier.

À maintes reprises, les bataillons zouaves reçurent les honneurs de bataille au cours de la Première Guerre mondiale. Ils participèrent à la reprise du fort de Douaumont à Verdun et à l'assaut sur le Chemin des Dames. En octobre 1917, le 4e Zouaves prit le fort de Malmaison. Au printemps de l'année 1918, ils furent perçus comme les « sauveurs de la France » lorsqu'ils bloquèrent l'avancée allemande sur Paris.[104]

Les étudiants Pères Blancs qui effectuèrent leur service militaire au cours de leur formation à Alger ou à Carthage le firent souvent aux côtés des Zouaves en Afrique du Nord. Par conséquent, ils furent appelés à rejoindre les bataillons zouaves en 1914. Ceux qui effectuèrent leur service militaire en France ou qui n'avaient pas été enrôlés, plus tôt au cours de leur formation missionnaire, furent davantage susceptibles de rejoindre d'autres régiments d'infanterie. Ceux d'Afrique du Nord bénéficiaient d'un net avantage car ils connaissaient déjà les Zouaves et leur terre natale et disposaient de nombreux contacts personnels au sein du régiment. À Tunis, Jules Pagès avait exercé les fonctions d'adjudant instructeur auprès de nombreux jeunes Zouaves.[105] Il se rendit en France avec eux et combattit à leurs côtés à Verdun. Les officiers zouaves connaissaient les Pères Blancs et plusieurs d'entre eux entretenaient personnellement des liens d'amitié avec des supérieurs Pères Blancs.

La grande majorité des conscrits Pères Blancs servit en tant que non-combattant au sein de la section médicale de l'unité où ils étaient affectés. Ce fut particulièrement le cas des prêtres ordonnés et de ceux dont la formation de prêtre était plus avancée. Toutefois, il ne semblait pas y avoir de règle absolue. Quelque peu après son ordination en 1915, Pagès fut appelé à servir en tant que combattant au rang de lieutenant.[106] La citation qu'il reçut en 1917 pour son engagement dans les combats de Verdun spécifiait : « Harassant l'ennemi sans relâche avec sa mitrailleuse et remontant le moral de ses hommes à tout instant, il contribua grandement au succès

---

[102] *Rapports Annuels*, n° 14, 1918-1919, p.42.
[103] *Petit Echo*, n° 37, 1916, p.310.
[104] *Petit Echo*, n° 56. 1918, p.115; informations aussi de l'internet, "Zouaves".
[105] *Petit Echo*, n° 41, 1917, p.40.
[106] *Petit Echo*, n° 52, 1984/7, pp.413-417.

de nos récentes opérations. »[107] En 1918, il fut blessé à la cuisse par le tir d'une mitrailleuse au cours de la glorieuse bataille finale du 4e Zouaves devant Paris.

La distinction entre « combattant » et « non-combattant » était toutefois quelque peu théorique. Il était souvent dangereux pour les troupes de quitter la sécurité toute relative des tranchées. Les brancardiers devaient toutefois régulièrement se déplacer entre les tranchées-abris et le long des tranchées de communication pour rejoindre les postes de premiers soins et de secours situés à l'arrière. En outre, ces derniers étaient fréquemment pris pour cible. Lorsqu'ils accompagnaient les troupes d'assaut, les non-combattants devaient également se défendre. Le fait d'appartenir à une unité médicale exigeait autant de courage, si ce n'est plus, que pour participer au combat sur la ligne de front. Les troupes elles-mêmes le reconnaissaient. Parmi les Zouaves qui servaient en tant qu'aides-soignants, le nom du père Jean-Baptiste Robert (1887-1916) était devenu synonyme de courage. Nommé au poste « d'infirmier dans les tranchées » en 1915, il servit en permanence sur le front, de la fin de 1914 à sa mort à Douaumont (Verdun) en 1916.[108]

Ceux qui servirent au sein des unités médicales reçurent une formation. Selon le vocabulaire actuel, leurs fonctions correspondaient principalement à celles des « auxiliaires médicaux », complémentant le travail des médecins. Ils répondaient aux urgences, en administrant les premiers soins à ceux portés malades ou blessés lors des combats, et assuraient leur évacuation rapide et sûre vers des postes où des soins médicaux étaient dispensés par un personnel qualifié. Ils étaient chargés d'évaluer et de stabiliser l'état de santé d'un patient. Outre leur véritable désir de venir en aide aux autres, ils devaient faire preuve de calme et d'une capacité de réflexion rapide. Ils devaient également disposer d'une certaine force physique pour soulever et porter les gens depuis le front. Ils consacraient la majeure partie de leur temps à panser les blessures et à évacuer les blessés à grand-peine à l'aide de leur brancard dans les étroites tranchées de communication et sous le feu des mitrailleuses et des obus. Ils étaient parfois également chargés d'évacuer et de transporter les patients vers des hôpitaux situés loin du front. Habituellement, il leur incombait également de procéder au premier enterrement des défunts, soit dans une tombe peu profonde près du front ou dans des cimetières situés davantage à l'arrière. Le transport des corps au travers des tranchées nécessitait également endurance et force physique. En outre, ils étaient chargés de conserver les lettres et effets personnels des morts pour permettre à leur unité militaire de les identifier et en vue de les remettre à leur famille respective. À Gallipoli, l'une des conditions de l'armistice stipulait la prise d'un engagement pour procéder à l'enterrement des morts. Les corps de quelque trois mille hommes turcs non enterrés y jonchaient le sol. Dans un endroit ne mesurant pas plus de neuf mètres sur sept mètres cinquante, Arsène Sabau dut essayer de trouver de la place pour quatre cents d'entre eux.[109]

Vers la fin de la guerre, Jean-Marie Le Tohic fit preuve d'héroïsme sur le front de la Champagne lorsqu'il parvint à pousser, sur une vingtaine de kilomètres et sous des bombardements intensifs, un soldat blessé dans son fauteuil roulant.[110] Miraculeusement, il parvint à échapper à la mort. « Je soigne les Allemands blessés qui me tombent entre les mains », écrivit un auxiliaire médical Père Blanc en 1915. De son côté, Joseph Portier (1878-1955) fit part d'une histoire émouvante survenue lors du transport de blessés entre un poste de premier secours et un hôpital de

---

[107] *Petit Echo*, n° 42, 1917, p.72.
[108] *Petit Echo*, n° 32, 1916, p.151.
[109] *Petit Echo*, n° 23, 1915, p.43.
[110] *Rapports Annuels*, n° 33, 1938-1939, pp.55*-61*.

campagne. En février 1915, parmi les hommes blessés qu'il transportait dans son camion, trois étaient allemands. Un homme français, également blessé, offrit son épaule à l'un d'entre eux pour l'aider à descendre du véhicule. « T'en fais pas, mon vieux poteau ! Ce matin, j'ai essayé de te zigouiller, mais ce soir tu es mon frère. » Il donna même à l'Allemand son propre masque à gaz. « On peut donc faire la guerre courageusement sans haine pour l'ennemi », ajouta Portier.[111]

De nombreux auxiliaires médicaux passaient du temps dans les hôpitaux de campagne. Auguste Bazin (1881-1946) fit part d'une description très saisissante de l'un de ces « hôpitaux », situé non loin des tranchées.[112] Les blessés étaient amenés, couverts de sang et de boue. Tout d'abord, il s'agissait de les nettoyer et d'extraire les éclats d'obus. De plus, ils devaient être prêts à s'abriter de toute urgence dans une cave proche dans l'éventualité d'un bombardement. En juin 1915, Pierre Saclier (1876-1917) signala que l'hôpital militaire de Dijon, où il travaillait, avait soigné quatre mille trois cent cinquante soldats blessés au cours des six premiers mois de la guerre. Parmi eux, deux cent trente trouvèrent la mort, dont seuls dix ne reçurent pas les derniers sacrements. Il avait administré quarante d'entre eux.[113] En 1917, Saclier eut un grave malaise et mourut d'épuisement dans un lit du même hôpital.

Les soldats de la Première Guerre mondiale respectaient les brancardiers et les autres auxiliaires médicaux qui s'occupaient d'eux. Une fois blessé ou gazé, ils représentaient pratiquement leur seul espoir de survie. Les Missionnaires d'Afrique qui assuraient ces services étaient idéalement placés pour offrir les consolations de la religion. De leur côté, les soldats étaient extrêmement réceptifs à de tels ministères, tout particulièrement les « coloniaux » d'Algérie, du Sénégal et du Soudan français qui, sans la moindre hésitation, demandaient les sacrements. « Vous savez où vous devez puiser la force dont vous avez besoin », leur dit un médecin-chef qui comptait près d'une vingtaine de Pères Blancs dans sa division.[114] « Au point de vue surnaturel, cela va beaucoup mieux qu'en réserve (de l'armée) comme toujours. Cet accroissement tient en partie au danger évidemment, mais beaucoup aussi à la nature de mon travail » écrivit un missionnaire posté sur le front de l'Ouest en 1915. « Il est difficile de soigner et de consoler les membres souffrants de Jésus Christ sans penser à Celui qui a voulu être brisé comme eux et pour eux. » Le missionnaire en question était un sergent médical servant au sein des chasseurs alpins. Trente de ses brancardiers furent cités à l'ordre du jour, six furent tués et cinq furent gravement blessés. De plus, il intercepta lui-même une balle qui s'était logée entre son jersey et sa chemise, juste au dessus de son cœur. Ayant déjà traversé un arbre, la balle avait perdu de la vitesse avant de l'atteindre.[115]

À un niveau purement humain, les jeunes victimes de la Première Guerre mondiale trouvèrent confortant le fait d'avoir un prêtre ou un séminariste à leurs côtés pour les aider à confronter la solitude de la mort ou du défigurement. Victor Vuylsteke (1892-1962), étudiant Père Blanc d'origine belge, exerça les fonctions de brancardier en Flandres. En 1917, il écrivit qu'un soldat de dix-neuf ans, mortellement blessé par un obus, était mort dans ses bras. L'aumônier officiel était venu l'oindre et il avait également reçu la visite du commandant en charge de son unité. Peu de temps plus

---

[111] *Petit Echo*, n° 22, 1915, p.34; *Rapports Annuels*, 1958-1959, *Notices Nécrologiques* 1957-1958, pp. 124-130.
[112] *Petit Echo*, n° 34, 1916, pp. 215-217.
[113] *Petit Echo*, n° 23, 1916, p.59.
[114] *Petit Echo*, n° 34, 1916, p.219.
[115] *Petit Echo*, n° 22, 1915, p.34-35.

tard, le commandant fut tué sur le coup et l'aumônier fut mortellement blessé.[116] Le père Jean-Marie Le Tohic remarqua que des conversions avaient lieu à des moments critiques. En janvier 1916, il écouta la confession d'un jeune homme qui était sur le point d'être amputé de sa jambe et lui donna la communion. Le Tohic resta à ses côtés pendant l'opération et soutint même sa jambe au cours de l'amputation. Une fois de retour dans son lit après l'opération, le jeune amputé versa des larmes d'émotion et demanda à étreindre le prêtre dans ses bras. Un autre jeune soldat perdit une jambe et un bras. Prenant la main du prêtre, il le pria : « Père, ne me laissez pas seul. Restez ici ! ». Un Zouave âgé de vingt ans, dont l'amputation trop tardive ne put le sauver, mourut dans les bras de Le Tohic. Il dit personnellement adieu à tous les patients présents dans la salle d'hôpital et confia au prêtre un message à transmettre à sa sœur. Au moment de mourir, il demanda également à être étreint. Encore un autre amputé souhaita être étreint avant de subir une opération qui fut réussie. Le Tohic, qui noua de forts liens d'affection avec ces soldats, conclut : « Ces braves gens font des choses charmantes lorsqu'ils laissent parler et agir le coeur.»[117]

Les aumôniers

Il devrait désormais être clair qu'aucune distinction précise n'existait pas entre les fonctions d'auxiliaire médical et celles d'aumônier, tout particulièrement lorsque l'auxiliaire médical était lui-même prêtre. « Que de fois j'ai regretté de ne pas être prêtre ! Ils me font presque leur confession. », écrivit Gaston Duiquet à Ypres en mai 1915. « 'Si vous étiez prêtre, (disaient-ils), je me confesserais à vous.' »[118] C'est la raison pour laquelle plusieurs conscrits et prisonniers de guerre Pères Blancs, qui étaient sur le point de devenir prêtre, furent ordonnés précocement. Duiquet, qui fut l'un d'entre eux, accueillit la nouvelle avec joie au mois d'octobre.[119] Sur les fronts occidentaux et méditerranéens, les aumôniers officiels étaient peu nombreux parmi les Missionnaires d'Afrique. À Salonique, Léon Darot devint aumônier suffisamment tôt pour pouvoir célébrer la messe de Noël en 1916. « Sans prêtre », remarquèrent les soldats qui n'avaient pas eu de prêtres pendant trois mois, « on était comme des bêtes ».[120]

En 1916, René Burtin exerça également les fonctions d'aumônier sur le même front. Avec la permission du général, il put utiliser une église orthodoxe bulgare abandonnée. Cet édifice avait survécu aux bombardements et à sa désacralisation qui l'avait converti en écurie. Burtin s'employa à la nettoyer et il y célébra la messe, les vêpres et le salut tous les dimanches, attirant des congrégations de cinq cents et de huit cents soldats. « Les vieilles icônes à fond d'or, avec leurs saints à longue barbe, aux traits si doux, souriaient dans la demi-lumière de nos 150 bougies. »[121] Dix-huit mois avant sa mort dans les Vosges, Léon Brossier (1882-1918) commença à exercer les fonctions d'aumônier à Verdun.[122] À peu près à la même époque, le gouvernement belge, qui n'était pas aussi réfractaire que son homologue français en matière de nomination d'aumôniers à plein temps, sollicita les Missionnaires d'Afrique pour en nommer un ou deux.[123]

---

[116] *Petit Echo*, nº 48, 1917, p.251.
[117] *Petit Echo*, nº 30, 1916, pp.76-80.
[118] *Petit Echo*, nº 22, 1915, p.38.
[119] *Petit Echo*, nº 25, 1917, pp.134-135.
[120] *Petit Echo*, nº 41, 1917, p.52.
[121] *Petit Echo*, nº 33, 1916, pp.176-177.
[122] *Petit Echo*, nº 46, 1917, p.200.
[123] *Petit Echo*, nº 48, 1917, p.242.

Tout ceci contrastait vivement avec les activités très variées des aumôniers Pères Blancs officiellement nommés en Afrique équatoriale et centrale. Ils baptisèrent et confirmèrent des milliers de troupes et de porteurs africains. Leur ministère fut perçu comme étant la continuité de leur travail de missionnaire dans la région. Comme l'évêque Auguste Huys (1871-1838) indiqua à la fin de la guerre, le travail de ces aumôniers avaient porté ses fruits pour l'ensemble de la mission.[124] Leur histoire fera l'objet d'une section dans un prochain chapitre.

En quoi le ministère des aumôniers, officiels ou non, consista-t-il sur les fronts européens ? Ils étaient principalement chargés de réconcilier les blessés et les morts et de porter la communion aux soldats dans les tranchées. En mai 1915, Gaston Duiquet fut appelé pour porter secours à deux camarades mourants sur le front de l'Ouest. Il hésita avant de sortir de sa position abritée pour aller braver les tirs des mitrailleuses ennemies. Ensuite, il plongea parmi les balles pour atteindre les deux soldats mortellement blessés.[125] En 1915 à Salonique, Joseph Delmer (1891-1969) s'exposa également au feu de l'ennemi pour rejoindre un soldat blessé. « Je m'en réjouis…pour la faveur…de recevoir le sacerdoce, et par là de devenir l'instrument du bon Dieu auprès des âmes », écrivit-il simplement lorsqu'il apprit qu'il serait cité à l'ordre du jour.[126] Charles Joyeux porta le sacrement aux soldats à Verdun qui communiaient fréquemment. Lorsqu'il passait avec le Saint Sacrement, les sentinelles présentaient les armes.[127] L'absoute générale était souvent donnée la veille d'un assaut, et parfois, si les troupes pouvaient être rassemblées pour l'occasion, ces dernières procédaient à un viatique de groupe. En 1917, ce fut le cas à Rojani en Serbie.[128]

Il était également important d'organiser la célébration publique de la messe et de trouver des lieux adaptés pour ce faire. Des messes étaient célébrées pour les brancardiers ou il y avait une « messe militaire » officielle le dimanche pour l'ensemble d'une unité. En 1915, Louis Deléry (1879-1959) organisa la messe de minuit de Noël pour son bataillon posté sur le front occidental. Un séminariste prépara des feuilles de chant et la chorale répéta. Avant la messe, trente personnes se confessèrent. Pendant la célébration de la messe, des chants de Noël traditionnels furent chantés et un Passioniste fit un sermon patriotique.[129] L'année suivante, Deléry organisa les messes dominicales dans une forêt, en lisière du champ de bataille de Verdun. Les soldats étaient rassemblés au son d'une cloche. Même s'ils ne chantaient pas très juste, ils y mettaient leur cœur. La célébration atteignait son paroxysme lors de la consécration au Sacré-Cœur.[130] Chaque soldat présent lisait et signait sa déclaration. De petites chapelles ou des oratoires étaient également parfois construits pour célébrer la messe dans les tranchées ou dans une cabane dressée derrière les lignes et ornées de statues récupérées dans les églises voisines bombardées.

Il était rare de baptiser un non chrétien ou de réconcilier un Protestant à l'Église catholique. Cependant, un scolastique en route vers les Dardanelles rencontra deux soldats africains sur le navire. Le chapelet qu'ils portaient autour du cou proclamait leur allégeance catholique. L'un, venu du Dahomey (le Bénin actuel), était déjà baptisé. L'autre, un Bambara du Soudan français, était un catéchumène. Ils nécessitaient tout deux de recevoir un enseignement et furent ravis de constater qu'ils

---

[124] *Rapports Annuels*, n° 14, 1918-1919, p.146.
[125] *Petit Echo*, n° 21, 1915, pp.7-8.
[126] *Petit Echo*, n° 27, 1915, p.202-203.
[127] *Petit Echo*, n° 32, 1916, p.141.
[128] *Petit Echo*, n° 44, 1917, p.143.
[129] *Petit Echo*, n° 29, 1916, p.41.
[130] *Petit Echo*, n° 35, 1916, p.237.

se trouvaient en présence d'un Père Blanc. Durant le voyage, le scolastique prit le temps de faire catéchèse en « commençant avec Adam et le péché originel ».[131] À la lecture des récits des Pères Blancs concernant leur ministère pastoral sur les fronts européens, il en ressort une certaine dynamique alimentée par un zèle missionnaire ainsi que, dans ces circonstances extrêmement difficiles, un esprit d'ascétisme missionnaire.

Le ministère de Charles Umbricht

Charles Umbricht naquit en 1873 de parents alsaciens et étudia pour la prêtrise diocésaine dans les grands séminaires de Nancy. Après son service militaire en 1894-1895, il reçut des ordres majeurs et fut ordonné prêtre en 1897. Après trois ans de ministère pastoral dans le diocèse et sept ans en tant que professeur de français dans un établissement scolaire accueillant des collégiens alsaciens, il demanda à rejoindre les Missionnaires d'Afrique à l'âge de trente-six ans. Il entra au noviciat d'Alger en septembre 1909 et fut envoyé comme stagiaire à Ste Anne de Jérusalem. Étant en mauvaise santé, il fut contraint de renoncer à l'idée d'une vocation missionnaire. En mai 1912, il quitta la Société sans demander à prêter le serment missionnaire

Malgré l'avis des médecins qui ne lui donnaient plus que trois mois à vivre, Umbricht était déterminé à servir son pays lorsque la guerre fut déclarée en 1914. Étant réformé pour des raisons médicales, il se porta volontaire en tant qu'aumônier non officiel. Au vu du nombre insuffisant d'aumôniers officiels au sein de l'armée française, le ministère de la Guerre, sous l'insistance du Comte de Mun, accepta que les prêtres exemptés de tout devoir militaire se portent volontaires en tant qu'aumôniers. Umbricht fut ainsi autorisé à exercer ces fonctions, servant au sein de la 20ᵉ division qui rassemblait des soldats normands et bretons. Ces derniers participèrent aux batailles d'Argonne et de la Somme.

Le nom d'Umbricht était devenu synonyme de courage et de dévotion. Il encourageait les survivants, s'occupait et transportait les blessés et enterrait les morts. Il était connu comme le « leader moral de la division ». À dix reprises, il fut cité à l'ordre du jour et reçut la Croix de la Légion d'honneur dès le mois de novembre 1914 ainsi que le titre de grand-officier de la Légion d'honneur en mai 1917. Oublieux du danger, il se trouvait en permanence dans les tranchées. En 1915, il alla récupérer le corps d'un capitaine tombé à une trentaine de mètres des tranchées allemandes. Les poches de l'officier sans vie contenaient d'importants documents.[132] En août 1916, un obus de gros calibre explosa non loin de lui alors qu'il déplaçait un soldat blessé. Cet épisode le rendit complètement sourd. Umbricht prit également part à des assauts, accompagnant les couleurs du régiment jusqu'aux tranchées ennemies nouvellement prises.

L'aumônier héroïque était à Verdun en 1917 et à la seconde bataille de la Marne l'année suivante. Le 22 novembre 1918, il entra dans la ville de Strasbourg aux côtés de l'armée française, défilant en tête, juste derrière les drapeaux et les couleurs du régiment. Ensuite, il lui fut confié l'organisation de l'aumônerie au sein de l'armée française d'occupation en Alsace-Lorraine et en Rhénanie. En 1920, il reçut le titre honorifique de commandant de la Légion d'honneur. Lorsque la dépouille mortelle du Bienheureux Charles de Foucauld fut ré-inhumée à El-Goléa en 1929, Umbricht se rendit en Algérie pour être présent.

---

[131] *Petit Echo*, n° 23, 1915, p.72.
[132] *Petit Echo*, n° 28, 1916, pp.20-21.

Lorsque la Deuxième Guerre mondiale éclata en 1939, Umbricht était aumônier de prison en France. Il se porta à nouveau volontaire en tant qu'aumônier militaire et, après la chute de la France en 1940, il offrit ses services aux troupes de l'Afrique de l'Ouest. Avant de ne pouvoir accomplir cette dernière ambition, Umbricht mourut le 23 octobre 1941, à l'âge de soixante-huit ans. Charles Umbricht fut un héros et une inspiration pour les conscrits Pères Blancs de la Première Guerre mondiale qui suivirent ses exploits tout au long du conflit et qui le considéraient, tout comme lui le faisait, comme un membre de la Société à part entière.[133]

Le chapitre suivant s'efforce de rendre compte de la participation de la Société dans la guerre 1914-1918 et de soumettre ce qui pourrait prendre le nom de « Livre d'Or » de la Société.

---

[133] *Petit Echo*, n° 27, 1915, p.186; n° 32, 1916, pp.153-154; n° 46, 1917, p.196. Aussi AGMAfr le dossier personnel de Charles Umbricht. Biographie dactylographié, pp.5, et des coupures de journaux sans date.

CHAPITRE III

LE LIVRE D'OR

Ceux qui firent don de leur vie

Dans un « Livre d'Or », les instituts religieux et missionnaires de France avaient pour tradition d'établir, à la mémoire de leurs membres, la liste de ceux qui avaient donné leur vie pour leur pays. Ce registre faisait également mention de ceux qui servirent au combat, des décorés et de ceux qui furent cités à l'ordre du jour. Nombre de ces titres furent posthumes ou il s'agissait d'honneurs donnés à des soldats qui trouvèrent la mort plus tard au cours de la guerre. À la demande de Livinhac et à l'instar d'autres sociétés, les Missionnaires d'Afrique créèrent leur propre Livre d'Or et fournirent également des données statistiques devant être inclues dans un Livre d'Or général de toutes les congrégations. Cependant, aucun manuscrit ni exemplaire publié du Livre d'Or des Pères Blancs de la Grande Guerre n'a survécu. Toutefois, la liste des noms et les données statistiques furent incontestablement élaborées.[1] Selon les registres, quarante-trois Pères Blancs furent « tués ». Mais le bilan complet des membres de la Société décédés des suites directes des hostilités doit désormais s'élever à soixante, chiffre qui n'est lui même pas définitif.[2]

L'une des raisons qui explique cette sous-estimation repose sur le fait que le Livre d'Or était une entreprise française et qu'il dénombrait seulement les confrères français qui trouvèrent la mort. Il ne tenait pas compte des cinq confrères belges qui firent don de leur vie du côté allié ni des neuf confrères allemands qui perdirent la vie durant le conflit. Cette sous-estimation s'explique également par le fait que le Livre d'Or se centrait sur les confrères qui avaient prêté le serment missionnaire ou ceux qui étaient au moins entrés au noviciat. Les novices qui étaient vêtus de l'habit de la Société jouissaient tout autant du droit à la prière d'intercession que ceux qui avaient prêté le serment missionnaire. Par conséquent, ce sont les noms de ces étudiants morts pendant la guerre qui apparaissent dans le calendrier nécrologique de la Société. La liste d'origine semble inclure les noms de quatre aspirants qui n'avaient pas encore initié leur noviciat, mais au moins six autres firent également don de leur vie. Étant donné que le statut exact de certains des étudiants aspirant à être Père Blanc reste inconnu, le nombre total d'aspirants pourrait dépasser la dizaine. Il ne fait aucun doute que, parmi ceux qui périrent, certains devraient être considérés comme des « anciens aspirants ». Les noms des aspirants peuvent seulement être glanés dans les pages des registres de la formation, du *Petit Echo* et de l'*Echos Binsonnais*.

Le nombre restreint de la première liste s'explique également par le fait qu'elle ne dénombrait que les membres morts par balle ou par éclat d'obus, ou ceux qui étaient

---

[1] AGMAfr 119003; 11907 121. Les données statistiques furent corrigées en vue du Livre d'Or. Livinhac a donné l'ordre de préparer ce livre cf. *Petit Echo*, n° 62, 1918, p.242. Néanmoins il n'y a pas d'exemplaire imprimé dans AGMAfr, à la différence du Livre d'Or de la guerre de 1939-1945.
[2] La liste complète se trouve à l'Appendice I.

portés disparus, sur le champ de bataille. Elle ne recensait pas ceux qui étaient morts d'une autre cause associée aux combats : maladie contractée dans les tranchées ou lors d'un internement et de l'occupation ennemie, troubles de stress post-traumatique, séquelles suite à une exposition au gaz ou même ce qui est désormais désigné sous l'expression consacrée « tirs alliés ». Pourtant, toutes ces personnes peuvent être considérées comme des victimes de guerre. Joseph et Léon Pignide, deux frères qui étaient aspirants missionnaires, perdirent la vie durant la guerre. Joseph servit dans la campagne des Dardanelles puis en Champagne-Ardenne, où il fut tué le 30 septembre 1918 au cours de l'attaque sur Courlandon, près de Fismes. Il était caporal dans le 9ᵉ Zouaves.[3] Le 20 juillet de l'année précédente, la vie de son frère, Léon, prit fin. Comme mentionné auparavant, il eut une attaque, possiblement imputable au stress post-traumatique, alors qu'il nageait dans la rivière de La Truyère.

Dans le deuxième chapitre, il a déjà été fait mention de Jean-Marie-Joseph-Eloi Falguières (1887-1924). Ce fut un prêtre Père Blanc qui enseigna pendant deux ans au prieuré de Bishop's Waltham avant d'être appelé, en 1914, à servir en tant que brancardier au sein de la division médicale.[4] Il fut présent à Malmaison en 1917, dans la Somme en mars 1918 et, plus tard au cours de la même année, sur le Chemin des Dames. Refusant d'abandonner son poste de premiers secours, il fut constitué prisonnier et endura une période de captivité courte mais éprouvante. En 1919, il fut cité à l'ordre du jour. Libéré en novembre 1918, il fut démobilisé l'année suivante et il retourna à Bishop's Waltham puis à St Laurent d'Olt. Il ne s'était toutefois pas remis de son vécu sur le front ou en tant que prisonnier de guerre. Le phosgène, un gaz asphyxiant, lui avait provoqué des lésions au niveau de l'appareil respiratoire, ce qui le faisait tousser du sang en permanence. Malgré les traitements administrés, il lui était de plus en plus difficile d'avaler, même des produits liquides, et il finit par parler avec grand peine. Le 28 septembre 1924, il mourut asphyxié à Pau, six ans après la fin des hostilités. Il mérite incontestablement d'être ajouté sur la liste de ceux qui firent don de leur vie pendant la Première Guerre mondiale.

Certains des membres de la Société qui perdirent la vie sur un lit d'hôpital ou sur le chemin de l'hôpital avaient déjà fait l'objet d'une mention dans le deuxième chapitre. Jakob Nilges (1887-1916) était un novice clerc allemand de Trèves, « l'un de nos meilleurs séminaristes ».[5] Lorsque la guerre éclata, il se trouvait au noviciat d'Alger et fut rapidement interné en tant que ressortissant d'un pays ennemi. Détenu dans des conditions déplorables à Fort l'Empereur, il contracta la tuberculose et fut transféré à l'hôpital de Mustapha, où il s'éteignit le 29 avril 1916. Gustav Apitz (1895-1915), frère Ludger de la ville de Cologne, prit part aux combats au cours de la première année du conflit. Le 28 août 1915, il mourut dans un hôpital de Châtel (Rhône), succombant fort probablement à ses blessures infligées sur le champ de bataille. Le 16 juin 1915, Adrien Boyer (1895-1915), novice clerc français originaire de Rodez, trépassa dans l'hôpital militaire de Nice des suites de ses blessures reçues sur le front des Dardanelles. Joseph Buatois (1884-1915), prêtre français, servit en tant qu'aide-soignant en Tunisie. Le 5 juin 1915, il succomba au paludisme cérébral à Téboursouk. Le 10 février 1915 dans l'hôpital militaire de Poitiers, Henri Chiron (1889-1915), un novice clerc français de Luçon, mourut de la typhoïde qu'il avait contractée dans les tranchées. Le 2 novembre 1918, Alfred Courant (180-1918), prêtre français de la ville de Quimper, fut retrouvé inanimé dans son lit d'hôpital à Vélès (Macédoine) des

---

[3] En AGMAfr son rang est sergent. La base des données officielles du ministère de la défense français le nomment caporal.
[4] *Rapports Annuels*, n° 19, 1923-1924, pp.25*-26*
[5] AGMAfr, Nilges Jakob, dossier personnel.

suites d'une bronchopneumonie contractée sur le front serbe. Jean Declerck, aspirant français, servit aux côtés des Zouaves dans les Dardanelles, où il fut blessé. En juillet 1915, il mourut dans un bateau à destination de Bizerte. Le frère novice français Lucien Gomé, frère Barnabé (1889-1918), servit tout d'abord au sein des divisions de Zouaves puis du 18ᵉ régiment d'artillerie, après quoi il fut astreint à travailler dans une usine de munitions. Le 7 octobre 1918, il mourut du virus si redouté de la grippe espagnole dans l'hôpital de Castelsarrasin, près de Carcassonne.

La maladie fit d'autres victimes dont : Louis Le Dévédec (1882-1916), mort de la fièvre typhoïde le 7 octobre 1916 à Salonique ; Joseph Loiseau, frère Pierre (1881-1918), décédé dans l'hôpital militaire de Tunis le 26 novembre 1918 ; George Maeyaert (1884-1917) mort dans la ville occupée d'Anvers le 13 février 1917 ; François-Marie Renaudier (1890-1917), déjà mentionné, mort de paludisme chronique le 18 octobre 1917 et Pierre Saclier (1876-1917) mort d'épuisement le 31 mai 1917.

Il semblerait qu'un missionnaire ait été tué par des tirs alliés. Il s'agirait d'un Allemand dénommé Arthur Mechau (1874-1916), Frère Fulgence.[6] Au Rwanda, qui appartenait à cette époque à l'Afrique orientale allemande, les troupes allemandes firent, le 21 avril 1916, une halte de courte durée au poste de mission de Mibirizi. Des troupes d'invasion belges les prirent par surprise et un échange de tirs au fusil eut lieu autour du poste de mission. Même si les murs des bâtisses missionnaires étaient suffisamment épais pour amortir l'impact des balles, Frère Fulgence fut blessé, vraisemblablement par des tirs belges. Peut-être était-il sorti déraisonnablement d'un bâtiment lors des échanges de coups de feu. Il perdit connaissance et mourut le soir même. Le journal de bord de la mission, tout comme d'autres sources, reste si silencieux concernant les circonstances de sa mort que cela laisserait supposer l'existence d'un embarras profond occasionné par la mort d'un frère sous les feux des envahisseurs alliés. Le fait qu'il ait été de nationalité allemande pourrait avoir accentué ce sentiment d'embarras. Il reste malgré tout une victime, la seule parmi les Pères Blancs, de la campagne est-africaine.

Il est indéniable que quarante-sept confrères en campagne furent effectivement tués sur le champ de bataille ou succombèrent, quelque peu après, à leurs blessures infligées pendant les combats.[7] Parmi eux, trente-six étaient de nationalité française, huit étaient allemands et trois étaient belges. La majorité d'entre eux fut atteint par des tirs de mitrailleuses. Le scolastique français de Le Puy, Jean-Baptiste Béraud (1891-1915), fut l'un d'entre eux. Décrit comme « un caporal dévoué et vaillant », il reçut une balle dans l'œil droit le 21 juin 1915 alors qu'il menait courageusement un assaut sur des tranchées ennemies récemment occupées dans les Dardanelles. Clovis Capelle (1888-1917) était un autre scolastique originaire d'Arras. En tant que sous-lieutenant dans les Dardanelles, il fut blessé à un bras mais continua, malgré tout, à s'occuper de ses hommes.[8] Comme il en fut fait mention dans le deuxième chapitre, il fut atteint d'une balle dans la tête le 17 avril 1917 en Macédoine. Il fut décoré de la Légion d'honneur, de la Croix de guerre ainsi que de la Médaille d'argent de la Bravoure.

Pierre Lhomme (1886-1917), jeune prêtre de Rennes, fit preuve d'un courage sans égal en tant que brancardier au sein du corps médical. Le 31 juillet 1917, il tomba sous le feu des tirs d'artillerie lors de l'offensive anglo-française à Ypres. Joseph Margot-Duclos (1881-1916) était originaire de Gap.   Ordonné prêtre diocésain en

---

[6] AGMAfr Diaire de Mibirizi 1912-1913, p.13; *Petit Echo*, nᵒ 35, 1916, p.229 ; *Rapports Annuels*, nᵒ 11, 1915, p.87.
[7] On ne trouve pas le même chiffre de 43 dans le Livre d'Or. 10 Allemands et 3 Belges sont inclus.
[8] Ces détailles sont tirées du *Petit Echo* et AGMAfr 119 007.

1904, il poursuivit ses études et exerça ensuite un ministère pastoral au sein de la paroisse de sa cathédrale. En 1914, il entra au noviciat des Missionnaires d'Afrique et fut appelé après trois mois. Il servit tout d'abord en tant qu'infirmier et brancardier puis, après la dispersion de son régiment, en tant qu'aumônier à la redoute de Froideterre à Verdun. Il s'agissait d'une fortification érigée sur un terrain pentu à l'est de la ville, face à la ligne de front allemande.[9] Le 22 juin 1916, jour de la Fête-Dieu, il célébra la messe et décida de conserver le Saint Sacrement sur lui.[10] Le jour suivant, il vint en aide à un officier blessé mais son cœur et ses reins furent criblés de balles sous le feu des mitrailleuses. La balle qui transperça son cœur passa au travers de la pyxide, qu'il portait sur lui et qui contenait le Saint Sacrement, et des particules de l'hostie consacrée se mêlèrent à son sang. Ses confrères ne manquèrent pas de relever le symbolisme frappant de cette occurrence. Il fut enterré dans la cour de la redoute et sa tombe reçut la visite du général Charles Mangin. Une plaque, située sur le mur de la redoute de Froideterre, commémore désormais tous ceux qui sont morts pour la défendre.

Louis-Félix Meyronin, aspirant français, servit au sein d'une compagnie de mitrailleurs en Champagne d'où il fut cité à l'ordre du jour. Le 26 ou le 27 septembre 1915, il reçut une balle dans l'estomac et fut enterré dans le cimetière de Suipes.[11] Originaire de Nevers et « l'un de nos meilleurs scolastiques » qui servit au rang de sergent au sein du 4e Zouaves, Ernest Potier (1888-1918) fut atteint au front le Jeudi saint du 28 mars 1918 en Champagne. Le 29 septembre 1918, François Van Der Wegen, aspirant français, reçut également une balle dans la tête. Les dernières paroles qu'il prononça furent les suivantes : « Mon Dieu, je vous aime de tout mon cœur. ».[12]

.   Il a été établi que sept Missionnaires d'Afrique furent tués par des explosions d'obus ou par des éclats d'obus. Léon Brossier (1882-1918), prêtre français d'Angers, avaient été missionnaire en Ouganda. Il servit en tant que brancardier au sein du 116e régiment alpin et combattit à Verdun, prenant part à la reprise du fort de Douaumont. Le 13 novembre 1916, il écrivit : « Grâce à Dieu… je redescends sain et sauf de Verdun pour la deuxième fois…Que de fois mon cœur a jeté un appel vers la Bonne Mère du Ciel et nos chers saints de Buganda ! ». Il reçut la Croix de guerre et fut cité à l'ordre du jour à quatre reprises. Vers la fin de la guerre, et plus exactement le 18 septembre 1918, un éclat d'obus lui donna la mort dans les Vosges.[13]

Léon Cadet (1878-1916), prêtre français de Cambrai, avait également été missionnaire en Ouganda. Tout comme Léon Brossier, il prit les armes à Verdun. Dans sa dernière lettre datée du 24 avril 1916, il avait écrit : « Les pénibles épreuves que nous acceptons d'endurer constituent le chemin qui mène vers la gloire future et la récompense éternelle… Si Dieu souhaite me dédier à l'Ouganda, il en sera ainsi. Ceux qu'il protège sont bien protégés. S'il souhaite m'appeler plus rapidement à ses côtés, je n'en serai pas moins heureux. » Le 27 avril, il trouva la mort sous l'effet de l'explosion d'un obus qui lui arracha un pied, lui fractura l'autre jambe en deux endroits et le blessa également au torse. Il fut amputé des deux jambes et resta lucide jusqu'à la fin. Il agonisa pendant trois heures et fut enterré dans le cimetière de

---

[9] À proprement parler il ne s'agit pas d'un des forts de Verdun, mais plutôt un ouvrage, ou redoute.
[10] AGMAfr Dossier Personnel, cahier, 22 juin 1916.
[11] *Petit Echo*, n° 37, 1916, p.304; n° 39, 1916, p.377.
[12] *Petit Echo*, n° 55, 1918, p.88; n° 56, 1918, p.114; n° 61, 1918, p.231.
[13] *Petit Echo*, n° 39, 1916, p.371; n° 40, 1917, p.14; n° 61, 1918, p.228 ; *Rapports Annuels*, n° 13, 1917-1918, p.482.

Jubecourt (Meuse).[14] Son nom est gravé sur le maître-autel de la chapelle de l'ossuaire de Douaumont à Verdun.

Lode ou Louis De Boninge (1896-1918) était un novice clerc belge (flamand) de Malines-Bruxelles. Il fut appelé depuis le noviciat évacué de Boxtel, en Hollande neutre, et redécouvrit ses racines flamandes au sein de l'armée. Lorsqu'il vint à connaître les nombreuses injustices perpétrées à l'encontre des soldats flamands, il décida de rejoindre leur mouvement patriotique malgré l'opposition de son aumônier. Arrêté par les autorités militaires et placé en détention provisoire, il reçut la visite de son supérieur Père Blanc, Edouard Leys (1889-1945), qui lui conseilla vivement de demander pardon. N'éprouvant pas le moindre soupçon de culpabilité par rapport à ses actes, De Boninge refusa. En février 1918, il fut condamné à sept mois de prison assortis d'une amende. Suite à l'appel du jugement, la peine fut réduite et suspendue. Il rejoignit ensuite ses camarades dans les tranchées. Le 7 mai 1918, alors qu'il allait porter secours aux blessés, un obus lancé à l'aide d'un obusier l'atteint et le tua.[15] Cet épisode tragique se produisit à St Joris, près de Nieuport. Son corps démembré fut tout d'abord enterré au cimetière militaire de Duinhoek à La Panne puis ré-inhumé dans la tombe familiale de Wevelgem. Une statue à son effigie, où il apparaît revêtu du *gandourah* et du *burnous* d'un père Blanc, fut sculptée par Karel Aubroeck et érigée sur l'Arche de la Paix située au mémorial de la Croix de l'Yser à Dixmude. En 1932, son père s'opposa catégoriquement à ce que sa dépouille soit transférée dans la crypte de ce mémorial mais sa mère y consentit en 1936. Il n'est toutefois pas certain que sa tombe soit réellement située en ces lieux. Bien qu'il ait désobéi à son supérieur missionnaire, rien ne prouve qu'il ait été exclu de la Société.[16]

Auguste De Langhe, Frère Liévin (1890-1917), était également d'origine belge et temporairement frère profès de Gand. Cela faisait à peine quelques heures qu'il se trouvait dans les tranchées quand un éclat d'obus lui transperça le cœur le 24 août 1917. Il mourut sur le coup.[17] Régis Delabre (1889-1916) fit déjà l'objet d'une mention dans le deuxième chapitre. C'était un scolastique français de Le Puy qui était sur le point d'être ordonné prêtre à Carthage lorsqu'il fut appelé à rejoindre les rangs de l'armée en août 1914. En Macédoine, il servit aux côtés des Zouaves en tant que sergent. Le soir du samedi 27 mai 1916, il s'abrita avec un adjudant pour se protéger d'une pluie d'obus ennemis sur le front serbe. Le gourbi dans lequel il s'était refugié fut frappé de plein fouet. L'obus lui arracha le bras droit et le décapita.[18] Les funérailles conduites par ses confrères attristés le jour suivant ont déjà été décrites auparavant. Henri Guibert (1888-1918) était un novice clerc de Nantes. En tant que sergent et brancardier dans le 9ᵉ Zouaves, il prit part à plusieurs des premiers engagements à Verdun et fut décoré de la Croix de guerre. Le 30 octobre 1918, un éclat d'obus lui transperça le cœur à Landifay, au cours de la bataille de l'Aisne, alors qu'il effectuait une mission de reconnaissance pour établir un poste de premiers secours davantage à l'avant. Il fut enterré à Landifay.[19] Enfin, l'aspirant français Louis Souton, qui venait de terminer ses études de philosophie, fut blessé sous l'effet de

[14] *Petit Echo*, n° 33, 1916, pp.166-167; n° 39, 1916, p.378.

[15] *Petit Echo*, n° 57, 1918, p.134.

[16] L'auteur visita ce monument à Dixmude le 9 juin 2005. Andries Debeir raconte l'histoire de De Boninge : *Omdat zijn hart zo ruim was...Lode De Boninge (1896-1918), Een Levensverhaal, Markdal,* Ceres, 1979, (Par ce que son cœur était si grand...Lode De Boninge (1896-1918). Le sacrifice d'une vie) ; voir aussi Jacques Casier, « Souvenirs Historiques 22 », Annexe à *Nuntiuncula*, n° 447, avril 1988.

[17] *Petit Echo*, n° 48, 1917, p.247.

[18] *Petit Echo*, n° 34, 1916, pp.220, 222-223.

[19] *Petit Echo*, n°62, 1918, pp.254, 257.

l'explosion d'un obus sur le mont Kemmel, dans les Flandres. Le 29 avril 1918, il mourut au prix de longues et terribles souffrances.[20] Le 25 avril 1918, cinq mille deux cent quatre-vingt-quatorze hommes du 13e régiment de l'infanterie furent frappés par la mort lors de la défense du mont Kemmel. Seuls cinquante-sept corps furent identifiés. En raison de la longue agonie qu'il dut endurer, Souton put être l'un d'entre eux. Le monument de l'ossuaire français du mont Kemmel commémore leur disparition.[21]

Un petit nombre de Pères Blancs fut tué par une bombe ou une grenade. Adrien Guillou (1889-1917), un novice clerc de Nantes était sous-lieutenant dans le 1er régiment de marche de Zouaves. Le 11 mai 1917, il fut tué sur le Chemin des Dames, en Champagne-Ardenne. Selon la source la plus fiable, à savoir Albert Claverie qui fut l'aumônier brancardier qui l'évacua du front, il succomba à un tir de grenade. Il fut enterré à Vendresse.[22] Albert Malavieille (1892-1916), autre novice clerc, était originaire de Mende. Il servit aux côtés des Zouaves dans les Flandres où, en juillet 1915, il fut blessé au fessier par des éclats d'obus. Une fois rétabli, il fut posté à Verdun où une grenade lui prit la vie, le 5 mars 1916, au cours des combats menés autour du fort de Douaumont. « Il avait l'âme d'un saint », jugea un confrère missionnaire.[23] Son nom est gravé sur le maître-autel de la chapelle de l'ossuaire de Douaumont à Verdun. Joseph Moussié (1889-1915) était un scolastique de Toulouse. Le 25 janvier 1915, il fut « littéralement réduit en mille morceaux » par une bombe sur le front à Arras. Aucune partie de son corps n'était reconnaissable.[24]

Parmi ceux qui perdirent la vie, certains furent mortellement blessés sur le champ de bataille et survécurent plus ou moins longtemps avant de rendre leur dernier soupir. Alphonse Pascal Boissay, frère Martial (1891-1914) et frère novice d'Orléans, fut tué dès le début des hostilités. Servant au sein des troupes montées de Zouaves, il fut blessé à Arras le 23 octobre 1914 et refusa d'être emmené au poste de premiers secours. « Je suis mortellement blessé », annonça-t-il aux brancardiers. « Je sens que la mort me guette et je veux rester seul afin de me préparer à être reçu par Dieu. »[25] Plus tôt, il avait refusé la Médaille militaire. Le cas d'Adrien Boyer (1895-1915), novice clerc français originaire de Rodez, a déjà été mentionné au début de ce chapitre.[26] Pierre Gaillard, aspirant français et étudiant au séminaire des Pères Blancs de St Maurice (Suisse), prit les armes au sein de l'infanterie coloniale à Verdun où, le 8 octobre 1917, sa jambe fut lacérée par un obus. Le 17 octobre, soit douze jours plus tard, il s'éteignit à Roanne (Rhône-Alpes).[27]

Joseph Grison (1889-1915), originaire de Lille, avait déjà été ordonné diacre lorsqu'il reçut l'ordre de mobilisation. Le 30 avril 1915, sa cuisse fut labourée par un obus sur les rives de la rivière Yser, à Ypres. L'amputation de sa jambe était prévue et il reçut l'absolution de la part de son confrère, Charles Joyeux (1885-1936*). Toutefois, le même jour, il succomba à ses blessures à Dunkerque avant même que l'opération puisse être effectuée.[28] Pierre Huguet (1889-1916) était un scolastique de Nantes. Dans les Dardanelles, il fut blessé au foie mais il parvint à se rétablir et fut envoyé en Macédoine. Le 21 septembre 1916, il fut à nouveau blessé lors d'un

[20] *Petit Echo*, n° 57, 1918, p.121.
[21] L'auteur visita ce monument le 9 juin 2005.
[22] *Petit Echo*, n° 45, 1917, p.157.
[23] *Petit Echo*, n° 23, 1915, p.52; n° 31, 1916, pp.107, 113; n° 32, 1916, p.148.
[24] *Rapports Annuels*, n° 10, 1916, p.17.
[25] *Rapports Annuels*, n° 11, 1915, p.8; AGMAfr 119007.
[26] *Petit Echo*, n° 37, 1916, p.296.
[27] AGMAfr 119007.
[28] AGMAfr 119007; *Petit Echo*, n° 32, 1916, pp.139-140.

engagement contre les Bulgares dans une gare ferroviaire macédonienne. Etienne Farrussenq (1889-1953) lui fit l'onction et sa mort fut constatée plus tard dans la même journée. Dans sa dernière lettre, il écrivit : « Je me soumets entièrement à la volonté du Bon Dieu. Quoi qu'il advienne, je dis d'avance mon *Fiat*. » Ses dernières paroles furent : « Je suis content, j'ai fait mon devoir ». Il fit l'objet d'un témoignage émouvant de la part de son confrère scolastique, Paul Verdouck (1889-1932), qui déclara : « Il est mort en saint...Il doit être déjà auprès de Dieu et de la Vierge Marie...(il est mort) pour la France, pour l'Église, la Société et les chers scolastiques...Il fut mon compagnon d'études à Binson, du noviciat, de Carthage et (mon) frère d'armes... »[29]

Georges Pecheberty (1894-1915) était un aspirant français et servit aux côtés du 2e Zouaves. Blessé à la cuisse le 7 juin 1915, la veille d'un assaut dans la région de Tracy-le-Mont, il fut emmené en ambulance à Choisy-le-Bas et mourut plus tard le jour même.[30] Emile Vanlaere (1892-1918), un scolastique belge de Bruges, servit en tant que brancardier dans les rangs de l'armée belge. Alors qu'il revenait d'une patrouille sur le front de l'Yser, près de Nieuport, il fut mortellement blessé. Après plusieurs heures, il mourut le 9 avril 1918 en présence de ses confrères qui lui administrèrent les derniers sacrements. Il fit don de sa vie pour la conversion des Africains.[31]

Sept Missionnaires d'Afrique qui combattirent pendant la Première Guerre mondiale figurent sur la liste comme « disparus ». Il s'agit d'une catégorie dont l'étendue est colossale. Par exemple, sur le mémorial de Thiepval dans le nord de la France, le nombre de soldats ayant pris part à la bataille de la Somme et portés disparus s'élève à un total de soixante-treize mille trois cent soixante-sept hommes sans tombe connue.[32] Sur la Porte de Menin, à Ypres, les noms de cinquante-quatre mille soldats, qui furent « simplement portés disparus », sont gravés.[33] Ces disparitions s'expliquent par le fait que ces victimes furent touchées de plein fouet par un obus ou une bombe, ne laissant aucun reste suffisant pour permettre une identification des corps. Il se peut également que leurs dépouilles n'aient jamais été retrouvées en raison d'une modification du relief géographique suite aux bombardements. D'un autre côté, leurs corps furent peut-être retrouvés mais ils ne purent être identifiés pour d'autres raisons, telles que l'absence de plaque d'identité ou de documents personnels. Paulin Bros, un aspirant français étudiant la philosophie à Binson, était caporal d'infanterie et fut porté disparu dans la Somme (Moreuil) le 4 avril 1918.[34] Dans le deuxième chapitre, il a été fait mention d'Ernest Delarse (1881-1916), scolastique français de Moulins, qui, le 19 mai 1916, disparut à Verdun sans laisser de trace. Il était adjudant et avait déjà été blessé à Arras en juin 1915. Trois semaines avant sa mort, il écrivit à Paul Voillard : « Pour moi, je suis entièrement soumis à la divine volonté. Je sais bien que pas le moindre petit éclat, que pas une balle ne me touchera sans la permission divine ;...Ce soir même nous remontons à la même place ; c'est pour le moment un des endroits les plus périlleux du front. Si j'y

---

[29] *Petit Echo*, n° 37, 1916, p.302; n° 38, 1916, p.338; n° 39, 1916, pp.379-380, 382. C'était normal à ce moment-là de mettre « La France » avant L'Eglise ou la Société dans les intentions de ceux qui firent don de leur vie.

[30] AGMAfr 119007; *Rapports Annuels*, n° 10, supplément, 1914-1915, pp.9-13.

[31] *Petit Echo*, n° 56, p.108.

[32] Cf. Elam, Kathy, "News from the Western Front", *Genealogists' Magazine*, vol. 28, n° 5, mars 2005, p.224.

[33] Cf. Holt, Tonie et Valmai, *The Western Front-North Battlefield Guide*, Pen and Sword Military, Barnsley, 2004, p.173.

[34] *Petit Echo*, n° 59, 1918, p.173.

reste, mon Père, soyez sur que ma dernière pensée sera pour cette chère Société, à laquelle j'aurais tant voulu appartenir, et pour ses vénérés supérieurs. Veuillez présenter mes respectueux hommages à Monseigneur le Supérieur général et le prier de me bénir. »[35]

Félix Jory, un aspirant français servant dans l'infanterie, fut porté disparu en août 1918. Quelque deux mois auparavant, il avait mentionné dans ses écrits qu'il se trouvait en route vers la ligne de front.[36] Pierre Le Cléac'h (1889-1914) était un scolastique français de Quimper. Il était sur le point d'être ordonné lorsqu'il fut appelé en août 1914. Il servit en tant qu'adjudant au sein des Zouaves et, le 5 octobre 1914, il fut porté disparu en Champagne.[37] Adrien Sylvestre, frère Alexis (1887-1918), était un frère français de Nantes qui avait travaillé à Ste Anne, à Jérusalem. En 1916, il fut blessé au bras et à la cuisse gauche dans la Somme mais il eut la chance d'être sauvé. Après une opération douloureuse, il se rendit sur la tombe de Thérèse de Lisieux, pas encore canonisée à l'époque, et il attribua sa survie à son intercession. Le Jeudi saint du 15 avril 1918, il fut porté disparu sur les lignes allemandes à Boulogne-la-Grasse, à l'ouest de Lassigny.[38] Léon Valette (1888-1915) était un novice clerc français de Rodez. Le 30 avril 1915, il fut porté disparu au niveau de la rivière de l'Yser. Enfin, Pierre Valléau (1892-1915), déjà mentionné dans le deuxième chapitre, disparut également sur les rives de cette rivière le même jour que Léon Valette.[39] Toutefois, lorsque des soldats creusèrent une tranchée au même endroit une année plus tard, ils découvrirent son corps qui fut identifié grâce à sa plaque d'identité et à ses lettres personnelles. Il fut enterré sous une petite croix parmi les trous d'obus qui défiguraient le paysage. Quelques temps plus tard, Victor Vuylsteke (1892-1962), alors soldat dans l'armée belge, aperçut la croix et compléta l'inscription des mots « Père Blanc ».[40]

Parmi les soixante Missionnaires d'Afrique qui firent don de leur vie pendant la Première Guerre mondiale, on dénombra quatorze prêtres de la Société, onze frères, onze scolastiques (dont un diacre), quatorze novices (dont un prêtre) ainsi que les dix aspirants connus.

Les anciens combattants blessés

Il est impossible de fournir un chiffre précis de tous ceux qui furent blessés au cours de la Première Guerre mondiale.[41] Dans le premier chapitre, le chiffre de cinq millions fut avancé. Toutefois, si les effets physiques, psychologiques, sociaux et spirituels exercés sur les survivants sont pris en compte, le bilan devrait dépasser les estimations chiffrant à huit millions de morts. Même s'ils n'étaient pas physiquement blessés ou ne souffraient pas de déficience mentale, les anciens combattants étaient traumatisés, déshumanisés, bouleversés, souvent rongés par la colère et l'amertume. La foi chrétienne et la vocation des Missionnaires d'Afrique conscrits les préparaient peut-être à confronter les horreurs de la guerre, mais il est incontestable que toute personne enrôlée se trouvait changée d'une manière ou d'une autre. Nombre d'entre eux durent poursuivre le restant de leur vie avec un handicap physique ou mental, qui les suivit jusqu'en Afrique lors de leur retour en mission. Suite à leur expérience

---

[35] *Petit Echo*, n° 34, 1916, pp.202-203.
[36] *Petit Echo*, n° 59, 1918, p.172.
[37] *Petit Echo*, n° 64, 1919, p.38.
[38] *Petit Echo*, n° 36, 1916, p.276; n° 37, 1916, p.307; n° 56, 1918, p.109.
[39] *Petit Echo*, n° 64, 1919, p.38.
[40] *Petit Echo*, n° 38, 1916, p.322; n° 42, 1917, p.73.
[41] Voir Appendice II.

personnelle, ils manifestaient souvent une plus grande sensibilité envers les autres malades et handicapés. Pour certains, effectuer activement un travail de missionnaire était devenu impossible. Les histoires de certains Pères Blancs qui survécurent à leurs blessures ont déjà été contées. Dans cette section, des exemples supplémentaires sont fournis.

Lorsque la guerre éclata, Julien Chabot (1892-1926) avait terminé son noviciat et effectuait son service militaire. Dans les Dardanelles, il servit dans un poste de secours et fut ensuite transféré à Salonique, où il rallia une colonne mobile en Macédoine. À la fin de la guerre, il retourna au scolasticat et, après son ordination, il fut envoyé à Ouagadougou en 1921. Cependant, il souffrit d'une infection et d'une congestion respiratoire aigue, à laquelle il succomba en 1926, pas moins de cinq ans après son arrivée en Afrique de l'Ouest.[42]

Louis Châles (1891-1969), mobilisé en 1914, fut gravement blessé à la hanche par un éclat d'obus. Le dernier fragment fut extrait des années plus tard, après avoir souffert d'abcès et d'une inflammation. Tout le restant de sa vie, l'une de ses jambes fut raide et l'handicapa pour marcher et même pour s'asseoir. Pendant quarante-trois ans, il officia en tant que vicaire à la cathédrale de Carthage sans que ses souffrances ne s'estompent. Il était dans l'incapacité de mettre ou d'enlever seul sa chaussure droite et développa une ankylose de la hanche droite. Il pouvait uniquement se percher sur une chaise et préférait travailler debout. Durant sa vie missionnaire, la manière dont il accepta ce handicap le distingua.[43]

En 1914, Camille Cormerais (1894-1979) fut appelé alors qu'il était novice. Il passa plusieurs années dans les tranchées. En 1917, il fut blessé au bras droit. Ayant perdu une partie de l'humérus, l'articulation naturelle de son bras était impossible. Malgré l'appareil qu'il dut porter pour le restant de sa vie, il lui était difficile de bouger son bras. Missionnaire exceptionnel en poste dans le Soudan français et le Sahara, il souffrait toutefois de migraines et de crises de nerfs. Il s'éteignit à l'âge de quatre-vingt-quatre ans à Tassy, en France.[44] Jean-Baptiste Cormerais (1890-1941) prit les armes sur le front oriental et fut blessé à la cuisse. Après son ordination, il fut envoyé dans le Sahara et devint par la suite professeur dans un séminaire de Bamako. Sa blessure le fit souffrir pendant une trentaine d'années.[45]

Alors jeune prêtre à Rome, Léon Darot (1890-1958) étudiait le droit canonique lorsqu'il fut mobilisé. Dans les Dardanelles, il servit en tant que brancardier au sein du 4e Zouaves et fut ensuite posté à Salonique où, en 1916, une balle lui arracha la partie supérieure de son oreille droite.[46] Plus tard dans la même année, il resta en arrière aux côtés des blessés alors que le restant de son unité battait en retraite. Étant dans une position vulnérable, il fut brièvement fait prisonnier par les Bulgares, avant d'être victime d'une charge de cavalerie. Un cavalier bulgare lui administra un grand coup de sabre dans la tête, ce qui cabossa son casque d'acier et le blessa au niveau du cuir chevelu. Les Bulgares abandonnèrent ensuite la zone, permettant ainsi à Darot de s'échapper. Il s'avéra ensuite que le choc encouru suite au coup de sabre avait eu des répercussions sur sa colonne vertébrale et lui avait broyé des nerfs dorsaux. Il servit en tant que missionnaire dans des paroisses et des séminaires de Malawi mais il

---

[42] *Rapports Annuels*, n° 21, 1925-1926, pp.45*-48.
[43] *Petit Echo*, n° 606, 1970/3, pp.119-122.
[44] *Petit Echo*, n° 706, 1980/1, pp.32-37.
[45] *Rapports Annuels*, 1939-1945, supplément, *Notices Nécrologiques*, pp.69-73.
[46] Il n'était pas certain si c'était une balle ou un éclat d'obus.

souffrit d'une paralysie progressive qui lui infligea de terribles souffrances au cours des dernières années de sa vie.[47]

Achille-Pierre Decloedt (1876-1921) exerçait en tant que professeur à Ste Anne, à Jérusalem, lorsqu'il reçut l'ordre de mobilisation en 1914. Il passa la majeure partie de la guerre dans le corps médical, tenant garnison à Angoulême. Après la démobilisation, il tomba malade et souffrit de fièvre et de maux de tête récurrents. En 1921, il partit en convalescence à Beyrouth et y mourut la même année.[48]

Pierre Gallerand (1887-1976) venait d'être ordonné prêtre en 1914 lorsqu'il fut appelé. Il rejoignit le 4e Zouaves et servit avec grand courage dans les Flandres et à Verdun en tant qu'adjudant puis lieutenant. Ses soldats l'idolâtraient. À Verdun, il fut blessé au bras et refusa d'être évacué de la ligne de front. Au cours de l'offensive allemande de mars 1918, il combattit aux côtés des troupes britanniques. Le 29 mars, il fut gravement blessé lors de l'attaque à Boulogne-la-Grasse, à l'ouest de Lassigny (Oise). Avec des éclats d'obus incrustés dans la poitrine, dans le coude droit et la hanche, il fut évacué vers un poste de secours. Ensuite, il dut subir une série d'opérations douloureuses dans divers hôpitaux jusqu'à ce qu'il soit démobilisé en 1919. Il reçut de nombreuses décorations, dont la Légion d'honneur. Après la guerre, il travailla en tant que missionnaire en Kabylie où il fut connu pour l'approche militaire qu'il adoptait dans son obédience religieuse.[49]

Martin Jaureguy (1886-1965) était doctorant en droit canonique à Rome lorsqu'il fut mobilisé en 1914. Il combattit à Verdun en tant que caporal brancardier au sein du 249e régiment d'infanterie et reçut la Croix de guerre pour un acte de charité accompli envers un compagnon d'armes blessé. Après l'épisode de Verdun, il fut promu au grade de sergent. En mai 1917, il fut blessé par un éclat d'obus lors d'une offensive menée sur le Chemin des Dames. Après son séjour à l'hôpital, il rejoignit son régiment sur le front italien et s'entretint avec le Pape Benoît XV qui s'enquit de ses blessures. Retournant en France au mois d'avril lors de la dernière offensive allemande en 1918, il fut gravement blessé dans la commune de Rouvrel, située près de Beauvais dans la Somme. Une balle lui transperça la bouche, fracturant légèrement la mâchoire supérieure et provoquant de graves lésions au niveau de la mâchoire inférieure. « Dieu trouva bon de me laisser en vie. Que sa sainte volonté soit bénie et glorifiée pour toujours », écrivit-il à ce moment là. Lors d'une opération sans anesthésie, il subit l'ablation partielle de son maxillaire. « Un petit sacrifice ! », fut son seul commentaire. Il fit de longs séjours dans différents hôpitaux et fut démobilisé en 1919. Martin Jaureguy devint professeur aux séminaires de Kipalapala (Tanzanie) et d'Eastview (Canada), où l'auteur du présent ouvrage assista à ses cours de théologie morale. Tout au long de sa vie, il souffrit d'un défaut d'élocution du fait de ses blessures.[50]

Emile Laroche (1890-1979) fut appelé à la fin de son noviciat en 1914. Il fut gravement blessé en 1915 par une balle de mitrailleuse qui fractura son fémur droit et sectionna quelques nerfs. Il fut soigné à Rouen où sa jambe fut raccourcie de six centimètres. En outre, l'ensemble de sa jambe s'atrophia. Il fut prématurément rendu à la vie civile en 1916 et travailla au Soudan français, en Afrique du Nord, en Argentine

---

[47] *Rapports Annuels,* 1958-1959, *Notices Nécrologiques,* pp.56-58; *Petit Echo,* n° 22, 1915, p.42 ; n° 28, 1916, pp.28-29 ; n° 38, 1916, p.336.

[48] *Rapports Annuels,* n° 16, 1920-1921, pp.8*-12*.

[49] *Petit Echo,* n° 672, 1876/7, pp.385-391.

[50] *Petit Echo,* n° 562, 1965, pp.510-514; aussi n° 25, 1915, p.126 ; n° 36, 1916, p.272 ; n° 56, 1918, p.118 ; n°57, 1918, p.140 et *Rapports Annuels,* n° 12, 1916-1917, p.21.

(pour une promotion) et en France. Sa mutilation et d'autres maladies marquèrent profondément son apostolat.[51]

Xavier Le Doaré (1887-1941) servit en tant qu'adjudant sur le front oriental où il fut blessé au bras. Malgré ses nombreuses années de service au Soudan français, cette blessure l'handicapa le restant de sa vie et son bras resta partiellement paralysé.[52] Après son ordination en 1914, René Marcant (1882-1961) rejoignit les rangs des Zouaves. En 1915, il fut gravement blessé en France. Son épaule fut labourée par l'explosion d'un obus et, l'année suivante, il fut réformé pour blessures. Au cours de son traitement à Paris, il marchait dans les rues de la capitale avec, au bras, un appareil qui soutenait son coude. Pour plaisanter, Marcant racontait que les passants pensaient qu'il s'agissait d'un projecteur de gaz. Tout au long de sa vie, il demeura en Europe, au sein de maisons de formation et de procures.[53]

En 1915, Jules Pagès (1887-1984) fut ordonné prêtre à Carthage, après quoi il fut mobilisé et devint sergent instructeur au sein des Zouaves en Tunisie. Il les accompagna en France où il combattit à Verdun en 1916-1917 ainsi qu'au rang de lieutenant au cours de l'offensive allemande de 1918. Lors de cette dernière, il fut blessé à la cuisse par un tir de mitrailleuse. Après l'armistice, il fut démobilisé et servit en tant que missionnaire au Malawi, en Kabylie et à Jérusalem. Malgré son mauvais état de santé, il vécut jusqu'à l'âge de quatre-vingt-seize ans.[54]

Après son ordination sacerdotale, Arsène Sabau [anciennement Sabeau] (1887-1974) reçut l'ordre de mobilisation et se rendit dans les Dardanelles et en Macédoine aux côtés des Zouaves. En septembre 1916, il fut gravement blessé alors qu'il venait, sous le tir des mitrailleuses, porter secours à un soldat blessé. Un obus éclata à un mètre de lui, incrustant des éclats dans sa jambe et son bras droits ainsi que dans son dos. Il fut évacué sur l'hôpital de Toulon, en France. La guérison de ses blessures ouvertes prit beaucoup de temps mais celles de son bras s'infectèrent. La gangrène se déclara et son bras dut être amputé dans les premiers mois de 1917. En l'absence de moignon, le port d'un membre artificiel ne fut pas envisageable. Il resta en France jusqu'en 1922, année où il reçut l'autorisation de se rendre à Bamako. Il se mit à faire du tricycle et il laissa le souvenir d'un personnage excentrique à l'apparence militaire. Il vécut jusqu'à l'âge de quatre-vingt-sept ans.

Après le noviciat, Pierre Valex (1888-1972) fut appelé en 1914 et servit dans les Dardanelles. Il y fut blessé et fut évacué vers Bizerte en 1915. Une fois rétabli, il fut envoyé à Salonique et en Serbie, où il souffrit de paludisme persistant et contracta également une jaunisse et une bronchite. Démobilisé en 1919, il termina ses études, fut ordonné prêtre en 1922 et fut ensuite posté à Bamako. Souffrant de palpitations, d'essoufflement et de crampes, il dut retourner en France pour recevoir un traitement avant de servir trente années supplémentaires en tant que missionnaire en Kabylie (Algérie).[55]

Paul Verdouck (1889-1932) fut l'un des célèbres Pères Blancs de la guerre ainsi qu'un correspondant prolifique du front. L'une de ses lettres présentait même un trou de balle qui avait transpercé son havresac. Verdouck était un scolastique à Carthage lorsqu'il fut mobilisé sur le front des Dardanelles. Du rang de sergent, il fut promu à celui d'adjudant, puis à celui d'adjudant de première classe. À Gallipoli, il fut blessé à la cuisse par un obus et fut évacué par navire-hôpital. L'éclat d'obus fut extrait et il

---

[51] *Petit Echo*, n° 705, 1979/10, pp.614-617.
[52] *Rapports Annuels*, supplément, *Notices Nécrologiques*, pp.64-67.
[53] *Petit Echo*, n° 28, 1916, pp.10-1; n° 522, 1962, pp.56-57.
[54] *Petit Echo*, n° 28, 1916, pp.10-1; n° 522, 1962, pp.56-57.
[55] *Petit Echo*, n° 635, 1972/11, pp.532-535.

fut posté en Macédoine, où il fut blessé à nouveau, cette fois au niveau du bras, lors d'un engagement avec les Bulgares sur le front serbe. Il dut patienter avant d'être évacué par bateau vers la France. Ordonné en 1921, il fut posté à Bamako. Peu de temps après y être retourné en 1932, suite à une longue retraite, il semblerait qu'il ait perdu son équilibre dans l'obscurité de la nuit et qu'il soit tombé du pont de Médine dans la ville de Kayes. Son corps sans vie fut découvert le jour suivant.[56]

Enfin, le cas d'Hervé Quéinnic (1896-1946), aspirant de Bishop's Waltham et compagnon d'armes lors de la bataille de Verdun, constituera le dernier exemple d'ancien combattant blessé. À la fin du mois de juin 1916, il se trouvait dans un poste d'observation à Fleury, à quelque trente mètres de la ligne de front allemande et sous les feux des tirs d'artillerie et des bombardements aériens. L'explosion d'un obus le blessa à la tête et au bras. Une trépanation fut effectuée, à laquelle il survécut. Par la suite, il travailla en tant que missionnaire à Ouagadougou (Burkina Faso). « C'est un miracle que j'en sois sorti vivant », fut son seul commentaire.[57]

Les prisonniers et les internés

L'emprisonnement constituait une autre source de traumatisme. En prison, les soldats se sentaient souvent dissociés de la société humaine. L'ennui et l'isolement pouvaient faire germer des sentiments d'abandon et de ressentiment. Deux Missionnaires d'Afrique furent constitués prisonniers dès le début de la guerre. Plus tard, plus d'une douzaine d'autres furent capturés et emprisonnés mais, pour la majorité, ce fut pour une période de courte durée au cours de la dernière année des hostilités.

Joseph Bouniol (1884-1950) est un historien réputé qui publia en 1929 un ouvrage intitulé « The White Fathers and their Missions » (*Les Pères Blancs et leurs missions*). Il est également connu en tant que fondateur du magazine missionnaire de la Société en Grande-Bretagne.[58] Il enseignait au prieuré de Bishop's Waltham lorsqu'il fut mobilisé en 1914. Il prit part à divers engagements dans le Nord, les Vosges et la Lorraine. Il vit la mort de près avant d'être capturé au sud d'Ypres, le 2 novembre 1914. Il demeura prisonnier de guerre pendant quatre longues années. Il fut tout d'abord détenu à Mecklembourg, puis à Gütersloh (Westphalie) et, enfin, à Wesel dans la même région. Les Allemands traitaient les prêtres prisonniers comme des officiers et ils passaient la durée de leur captivité dans le confort tout relatif de leur cellule. Bouniol fut incarcéré dans une maison de retraite spirituelle franciscaine qu'il désigna comme « un second noviciat ». Ses codétenus étaient des officiers de nationalité française, polonaise, belge et britannique, dont une centaine était de confession catholique. Quatre autres prêtres français étaient également emprisonnés. Chaque prisonnier disposait d'une petite pièce contenant un lit, un bureau, une chaise, une table de toilette ainsi qu'un crucifix au mur. La cellule de Bouniol était également agrémentée d'une icône représentant le Fils prodigue. Le réfectoire arborait quant à lui les portraits du pape Pie X et de l'empereur allemand. La bâtisse était équipée du chauffage central et comptait également une bibliothèque dotée de deux cents ouvrages. Les repas se conformaient aux exigences stipulées dans les constitutions de la Société des Pères Blancs, c'est-à-dire qu'il s'agissait d'une cuisine simple, convenable et saine. Seule ombre à ce tableau monastique et idyllique, les murs et les barbelés qui encerclaient la maison ainsi que la petitesse de la cour d'exercice, d'à peine cent mètres de long.

---

[56] *Petit Echo*, n° 22, 1915, p.44 ; n° 44, 1917, p.129 ; *Rapports Annuels*, n° 27, 1931-1932, pp.154-157.
[57] *Petit Echo*, n° 35, 1916, pp.240, 246-247.
[58] Bouniol, Joseph, *The White Fathers and their Missions*, Londres, Sands, 1929.

Bouniol était autorisé à envoyer quatre cartes et deux lettres par mois, à recevoir du courrier provenant de Bishop's Waltham et à lire les journaux allemands. Quotidiennement, il célébrait la messe dans l'église avec, pour servant, un officier anglais. Il apprit l'allemand, perfectionna sa maîtrise de la langue anglaise et enseigna le latin et le français. À plusieurs reprises, il reçut la visite d'un confrère allemand, Georg Steinhage (1876-1962), qui lui apporta un bréviaire ainsi que d'autres volumes. Plus tard, en 1916, il fut envoyé non loin dans un ancien hôpital de quarantaine, où il disposait de sa propre pièce et où il prodigua son ministère à deux cent quarante prisonniers blessés d'origine française et britannique. Ensuite, en 1917, il fut transféré à Eutin, près de Lübeck. À la fin de 1918, il fut libéré et il retourna à Bishop's Waltham l'année suivante. Il y demeura jusqu'en 1938, après quoi il fut posté en France et en Afrique du Nord pour le restant de ses douze années de vie. Pendant la Seconde Guerre mondiale, l'archevêque Francis Joseph Spellman, qui sera créé cardinal plus tard, le fit vicaire délégué aux troupes américaines postées en Afrique du Nord.[59]

Auguste Thézé (1890-1920*) était déjà diacre lorsqu'il fut mobilisé depuis Carthage en 1914. L'année suivante, il fut fait prisonnier sur le sol français et fut détenu aux côtés d'autres prisonniers ecclésiastiques dans un séminaire catholique de Münster. Ce groupe de détenus comptait notamment deux prêtres. La chapelle dans laquelle il assistait quotidiennement à la messe se trouvait à côté de sa chambre. Il était autorisé à recevoir des lettres, des colis et des livres. Parmi les ouvrages qu'il reçut, il y eut notamment la biographie d'Auguste Achte (1861-1905). Il relut également le manuel de théologie morale de Noldin. En 1917, il fut rejoint par Jules Casthelain (1894-1959) qui décrivit la piété, la discipline et l'excellent esprit qui régnaient dans le séminaire. Il était bien géré et l'enseignement théologique y était sérieux. Le gérant de ce séminaire carcéral n'était autre que Josef Schmidlin, le célèbre théologien de la mission de Münster. Par ses bons offices, Thézé obtint la permission d'être ordonné prêtre en mars 1917. Son ordination eut lieu dans la cathédrale et une réception fut organisée en son honneur et à laquelle les soixante-dix autres séminaristes assistèrent. Le dimanche suivant, il célébra sa première messe solennelle et des contributions furent sollicitées pour financer une caisse chapelle. Après son ordination, il s'installa dans le presbytère aux côtés des autres prêtres. En 1918, Thézé fut transféré à Magdebourg. En 1919, il fut enfin libéré et retourna à Carthage afin de suivre un cours de théologie destiné aux jeunes prêtres.

Toutefois, son histoire n'eut pas une fin heureuse. L'isolement prolongé que Thézé endura loin de la Société le rendit méfiant et rancunier. Il attribua la froideur de la réception qu'il reçut de ses supérieurs en Afrique du Nord à une délation de Schmidlin, qui l'aurait accusé de chauvinisme et d'un manque de charité apostolique. Par conséquent, il fut autorisé à quitter la Société et à rejoindre l'archidiocèse de Carthage. En 1922, il fit une demande auprès du diocèse de Périgueux.[60] Il semblerait qu'il s'agisse de l'un des départs peu nombreux de la Société occasionné par la détérioration des relations franco-allemandes pendant et après les hostilités.

En 1917, François Bellaue (1860-1923) fut emprisonné en Belgique, qui était sous occupation allemande, et fut condamné à trois ans de travaux forcés. À l'époque où il fut incarcéré, il exerçait les fonctions d'econome provincial des Pères Blancs en

---

[59] *Rapports Annuels*, 1949-1951, *Notices Nécrologiques*, 1951, pp.82-85; *Petit Echo*, n° 22, 1915, p.41 ; n° 27, 1915, pp.204-205 ; n° 29, 1916, p.63 ; n° 63, 1919, pp.6-7.
[60] *Petit Echo*, n° 28, 1916, pp.30-31; n° 36, 1916, p.282; n° 43, 1917, p.108 ; n° 45, 1917, p.161 ; n° 59, 1918, p.175 ; n° 72, 1919, p.203 ; AGMAfr Auguste Thézé, dossier personnel, cf. communication de Ivan page, archiviste, 8 février 2005.

Belgique. Âgé de cinquante-sept ans, il fut arrêté à Louvain, emmené à Anvers et détenu à Reinbach puis à Limbourg aux côtés de huit cents autres prisonniers de guerre. Bien qu'il ait reçu une cellule propre, les repas n'étaient pas convenables. Un café léger, accompagné de pain rassis, était servi le matin. Le déjeuner se composait d'un litre de soupe et le dîner d'un demi-litre de potage. Après la signature de l'armistice en novembre 1918 et avant l'expiration de sa peine, il fut libéré.[61] Tout au long de la guerre, les Pères Blancs de St Maurice-en-Valais, en Suisse, envoyèrent des colis alimentaires aux prisonniers de guerre et firent suivre jusqu'à quatre-vingt lettres par jour. Leurs actions sauvèrent François Bellaue.[62]

Avant que la guerre n'éclate, Alfred Ernest Howell (1892-1962) rejoignit les rangs de l'armée britannique en tant que laïc. Il servit en tant que soldat de métier au sein des Royal Welch Fusiliers (régiment de fusiliers gallois) et fut promu au grade de sergent. Posté à Malte aux côtés du 1er bataillon, il fut envoyé dans les Flandres en octobre 1914. Surpassé en nombre et doté d'une puissance de feu inférieure, son bataillon essuya une terrible défaite lors de l'offensive allemande menée à Zonnebeke le 20 octobre. Howell fut fait prisonnier au cours de cette attaque. Il passa presque toute la durée de la guerre dans les camps de prisonniers de Gottingue et de Limbourg. Alors détenu, il fut encouragé par un prêtre allemand et un professeur de latin à suivre une vocation missionnaire. Libéré aux Pays-Bas le 11 mars 1918, il refusa de recevoir la barrette de son Étoile de 1914 qu'il méritait pour avoir essuyé le feu de l'ennemi sur le sol français. Il devint membre des Missionnaires d'Afrique et finit par devenir provincial de la Grande-Bretagne.[63]

L'offensive allemande menée lors de la dernière année des hostilités fut accompagnée de nombreuses captures. Au moins treize Missionnaires d'Afrique furent constitués prisonniers sur le front occidental, dont notamment Eloi Falguières (1887-1924), déjà mentionné, Jean-Marie Andiole (1886-1950*), Jules Lemoine (1898-1963) et Germain Aymard (1896-1964). À ce moment de la guerre, les conditions de leur capture et de leur détention furent rudes mais, par bonheur, leur emprisonnement fut de courte durée. Ils furent tous libérés après la signature de l'armistice et ils retrouvèrent leurs communautés en 1919.[64]

Les prisonniers appréhendés sur les autres fronts n'eurent pas à endurer de longues périodes de captivité. En raison de la confusion régnant sur le front serbe, Léon Darot (1890-1958), déjà mentionné, et François Robin (1883-1948) parvinrent à s'échapper peu après leur capture.[65] Servant en tant qu'officier chargé du transport au sein des troupes britanniques en Afrique de l'Est en 1917, Joseph Mazé (1883-1959) fut détenu en tant que prisonnier de guerre pendant dix jours par une colonne allemande. Avant de fausser compagnie à ses geôliers, il avait confessé six soldats allemands.[66] L'évasion la plus célèbre fut celle d'Auguste Clavel (1895-1979) qui échappa aux

---

[61] Bellaue était économe provincial. La raison de son emprisonnement n'a pas été enregistrée. Il a pu s'agir d'une demande allemande d'argent comme se produit à Gits.

[62] *Petit Echo*, n° 64, 1919, p.30; *Rapports Annuels*, n° 8, 1915, p.52 ; n° 14, 1918-1919, p.87 ; AGMAfr 43464 carte postale du prison de Reinbach, Bellaue au supérieur de S. Maurice, Suisse 2 juin 1918 ; 43466 et 43466 des lettres fortement censurées du prison de Limburg : Bellaue à Livinhac 10 et 28 juillet 1918.

[63] *Petit Echo*, n° 562, 1965, pp.503-509. Je remercie Peter Crocker au musée du régiment des Royal Welch Fusiliers, Caernarfon Castle, pour des renseignements sur le service de Howell. Lettre du 13 mars 2006.

[64] *Petit Echo*, n° 56, 1918, p.110; n° 59, 1918, pp.175, 190; n° 63, 1919, pp.6-7; n° 64, 1919, p.30.

[65] *Petit Echo*, n° 38, 1916, p.336; n° 46, 1917, p.205.

[66] *Petit Echo*, n° 42, 1917, p.70; n° 43, 1917, p.97.

mains des bolcheviques dans l'Ukraine d'après-guerre. La prochaine section de ce chapitre sera consacrée à cet épisode de sa vie.

La nécessité d'interner des missionnaires en Afrique souligna la survenue d'une « anormalité » au sein d'une société internationale de missionnaires rendue prisonnière d'un monde marqué par des nationalismes belligérants. En effet, les Missionnaires d'Afrique témoignèrent d'une unité humaine plus profonde, transcendant les hostilités nationales et les différences culturelles, d'une unité qui trouvait sa source dans le christianisme catholique. Cette tendance se vérifia même si la Société comptait davantage de membres français à l'époque et malgré les tensions causées par la guerre au sein de ce qui n'était jusqu'alors qu'une jeune institution internationale.

Les conditions d'emprisonnement en Afrique varièrent considérablement. Le harassement enduré par les missionnaires lors de la campagne est-africaine sera conté dans un prochain chapitre. Étant donné que le littoral de l'Afrique orientale allemande faisait l'objet d'un blocus et que ses frontières terrestres étaient menacées par les puissances alliées ennemies, il ne s'agissait que d'une question de temps avant que la colonie soit envahie. Dans ces circonstances, les missionnaires dont la nationalité correspondait à celle d'une puissance alliée furent considérés par les Allemands comme une source d'ennuis. Ils entreprirent donc de les retirer des postes de mission situés non loin des frontières.

Tout d'abord, il ne fut pas question de les interner mais simplement de les transférer vers les autres postes de mission situés davantage à l'intérieur du territoire et de leur faire prêter un serment de neutralité. Ceux qui furent envoyés à Tabora depuis le Rwanda-Burundi au début de l'année 1915, en raison de l'animosité personnelle du commandant allemand Max Wintgens, furent renvoyés par le gouverneur Heinrich Schnee. En août 1915, dix-neuf missionnaires de Nyanza, au sud, furent transférés au poste de mission d'Ushirombo (Unyanyembe), et d'autres du Burundi furent envoyés à Bujumbura, puis à Kigoma. Ils furent autorisés à prendre des lits de camp et des ustensiles de cuisine. Alors que les Allemands battaient retraite face à l'envahisseur allié, ces derniers exécrèrent l'idée de laisser les missionnaires non-allemands dans leur sillage. Nombre d'entre eux furent contraints d'accompagner les troupes en retraite qui reculaient sur Tabora.[67]

Dans la ville de Tabora, les missionnaires français, belges et italiens furent internés dans un grand hall. Ils furent toutefois mis à la disposition du vicaire apostolique d'Unyanyembe, Henri Léonard (1869-1953), afin d'effectuer des activités pastorales. Les Italiens Giovanni Cottino (1883-1959) et Alessandro Isola (1887-1958) furent autorisés à intégrer le poste de mission d'Itaga qui se trouvait non loin de Tabora. Lors de la libération de Tabora par les troupes alliées, dix-huit Missionnaires d'Afrique furent relaxés, dont notamment Eugène Welfelé (1877-1956) et Louis Guillerme. (1874-1960). Ces derniers retournaient vers l'Afrique centrale lorsque la guerre fut déclarée. En tout, ils furent internés à Tabora pendant deux ans et quatre mois.[68]

C'était désormais au tour des Britanniques d'interner les Allemands et de leur faire prêter un serment de loyauté au roi George V. La politique britannique consistait à envoyer les Allemands dans un camp d'internement au Caire ou au camp d'Ahmadnagar en Inde. Trois frères allemands en Ouganda échappèrent à l'exil en Inde et furent autorisés à rester sous surveillance au poste de mission de Kisubi. Lucien Schmitt (1884-1919), un prêtre alsacien qui travaillait parmi les tribus Iraqw

---

[67] *Petit Echo*, n° 28, 1916, p.6; n° 35, 1916, p.229; n° 36, 1916,, p.260 ; *Rapports Annuels*, n° 11, 1915, pp. 71, 80, 87, 96 ; n° 12, 1916-1917, p.189 ; n° 13, 1917-1918, p.316.
[68] *Petit Echo*, n° 42, 1917, p.69; *Rapports Annuels*, n° 11, 1915, p.76 ; n° 12, 1916-1917, p.252.

dans l'est d'Unyanyembe, reçut la permission de se rendre en Ouganda.[69] Alois Hamberger (1874-1921*), qui avait coopéré avec les forces armées allemandes au niveau de la frontière méridionale de la colonie, fut envoyé à Blantyre (Nyassaland), puis en Ouganda. Également victime de la détérioration des relations franco-allemandes, il lui fut impossible de vivre aux côtés de confrères français et demanda à être rapatrié. À son arrivée en Europe, il rejeta la langue française et trouva nauséabond le fait de représenter en Allemagne une Société dont les membres et la gouvernance était principalement français. Il fut libéré de son serment missionnaire par la *Congrégation de Propaganda Fide* et il rejoignit l'archidiocèse de Munich.[70]

Dans la colonie conquise, le sort réservé aux frères allemands, dont nombre d'entre eux avaient été réservistes militaires, fut bien plus pénible que celui réservé aux prêtres. À l'exception de Nicholas Jäger (1867-1935), qui était d'un âge plus avancé et qui fut autorisé à rester à Ushirombo, les six autres furent tout d'abord envoyés à un camp de détention à Mombasa. Ils y furent bien traités et pouvaient effectuer une promenade quotidienne et se baigner dans la mer. Mais les vacances ne durèrent pas longtemps. Trois d'entre eux furent transférés à Tanga, puis au Caire. Il s'agissait de Laurent Molitor (1876-1926, « frère Castule »), de Paul Chylewski (1875-1948, « frère Josaphat ») et de Jean Borste (1873-1948, « frère Gaspard »). Pour ce dernier, les souvenirs de sa capture et de son internement étaient traumatiques. Il avait travaillé dans une unité de ravitaillement militaire allemande et fut constitué prisonnier en 1917 par des troupes congolaises qu'il dut suivre. Durant l'absence des officiers belges, un massacre de prisonniers fut perpétré dans l'enceinte du camp. Effet heureux de la providence, Chylewski se trouvait loin de sa tente, se livrant à sa séance de méditation matinale. C'est ainsi qu'il échappa à la mort. Après un internement dans des conditions pénibles au Caire, il arriva en Allemagne en 1919. En 1923, il fut envoyé en Rhodésie du Nord (la Zambie actuelle) où il y travailla jusqu'à ses derniers jours.[71]

Trois autres frères allemands furent envoyés au camp établi en Inde. Il s'agissait de Johannes Hadeler (1874-1944, « frère Irenée »), de Conrad Blass (1877-1959, « frère Balthasar ») et de Martin Grzeskowiak (1877-1924, « frère Rogat »). Blass avait servi au sein de l'armée coloniale allemande au cours de la campagne est-africaine. Grzeskowiak était, quant à lui, un civil polonais de naissance. En 1916, il fut tout de même fait prisonnier par les troupes britanniques et conserva des souvenirs traumatiques de son internement en Inde. Libéré en 1919, il débarqua enfin à Trieste l'année suivante et rentra dans sa terre natale de Pologne. Plus tard en cette même année de 1920, il fut envoyé au Congo, sur le lac Albert, où il succomba à un cancer quatre ans plus tard.[72]

Les Français internaient également les résidents allemands dans leurs colonies. Comme nous l'avons déjà observé, des Pères Blancs d'origine allemande en pâtirent en Algérie et en Tunisie. À Fort l'Empereur, où les novices allemands furent internés à Alger, les conditions de détention étaient loin d'être idéales. Ensuite, ils furent

---

[69] On l'a permis de retourner aux Iraqw, ou il est mort presque immédiatement.

[70] *Petit Echo*, n° 10, 1914 (1916), pp.182, 199; n° 36, 1916, p.265; *Rapports Annuels*, 12, 1916-1917, pp.240, 241, 243; AGMAfr Alois Hamberger, dossier personnel et communication de Ivan Page, archiviste, 25 janvier 2005.

[71] *Petit Echo*, n° 47, 1917, p.221; *Rapports Annuels*, n° 12, 1916-1917, pp.241-243; 1949-1951, *Notices Nécrologiques*, 1951, p.86.

[72] *Rapports Annuels*, 1958-1959, *Notices Nécrologiques*, pp.43-44; n° 19, 1923-1924, pp.29*-31*.

transférés à Berrouaghia puis, avec leur père-maître dénommé Leo Pfeffermann (1867-1956), à Garaison dans les Hautes-Pyrénées.[73]

En tout, entre soixante et soixante-dix Missionnaires d'Afrique furent emprisonnés ou internés par suite de la guerre. Par rapport au champ de bataille, la prison mit probablement davantage à rude épreuve les relations des nationalités impliquées. Toutefois, il est remarquable de constater que relativement peu de ces prisonniers de guerre et de ces internés abandonnèrent leur vocation au sein d'une société missionnaire internationale.

Auguste Clavel

L'histoire d'Auguste Clavel est l'une des plus extraordinaires de la guerre. Auguste Clavel (1895-1979) devait commencer son noviciat à Alger lorsqu'il reçut l'ordre de mobilisation.[74] Il servit tout d'abord en tant que brancardier dans les Dardanelles, où il fut cité à l'ordre du jour. Ensuite, il fut posté temporairement sur le front de l'Ouest où il fut gazé. Il rejoignit ensuite la force expéditionnaire à Salonique, faisant une escale à Rome en chemin. Après la signature de l'armistice en 1918, son régiment fut détaché pour venir en renfort auprès de l'armée blanche russe du général et baron Piotr Nikolayevich Wrangel (1878-1928). Cette force armée était engagée dans une guerre civile contre les bolcheviques. Les combats eurent lieu le long d'une ligne de chemin de fer en Ukraine. L'hôpital de campagne de Clavel fut établi dans la salle d'attente et le restaurant de la gare ferroviaire de Berezowska, située à quelque cent cinquante kilomètres au nord de la ville d'Odessa. Assaillies par les bolcheviques, les troupes franco-grecques battirent en retraite, laissant dans la bâtisse de la gare trois docteurs, huit infirmiers et cinq soldats blessés. L'officier médical en chef ordonna à son personnel d'évacuer la gare alors que lui-même, accompagné d'un seul volontaire qui n'était autre que Clavel, resterait pour s'occuper des patients. Cependant, l'évacuation échoua et le personnel médical revint très vite sur ses pas. Au cours de la nuit du 18 au 19 mars 1919, les bolcheviques contre-attaquèrent. Un nid de mitrailleuses grec les tint en échec jusqu'à ce qu'un wagon blindé apparaisse et anéantisse les mitrailleurs.

Les bolcheviques encerclèrent la gare, tirant au travers des portes et des fenêtres de la salle d'attente alors que Clavel se préparait à mourir. L'officier médical en chef se donna la mort mais, malencontreusement, il tua au passage un brancardier qui se trouvait à ses côtés. Clavel persuada le restaurateur, un certain M. Camper, de ne pas se suicider et ordonna à tout le monde de sortir et de se rendre. Personne ne bougeant, Clavel sortit le premier. Les bolcheviques le saisirent et abattirent une personne qui essayait de prendre la fuite. Clavel et ses compagnons d'infortune furent ensuite dévêtus et alignés pour être exécutés. À ce moment là, un marin russe, servant en tant qu'officier au sein des forces terrestres, apparut et interdit de fusiller les Français. Il ordonna tout de même le massacre de tous les ressortissants grecs. Malgré leurs supplications, ils furent exécutés sans délai. Ensuite, les patients blessés furent tués d'un coup de crosse de fusil ou de revolver. Le massacre dura environ une heure. L'un des aides-soignants français était en fait un Russe dénommé Smolensky qui s'était engagé dans la légion étrangère. Il parvint à calmer les agresseurs en leur expliquant que les Français étaient des sympathisants des bolcheviques. Clavel et ses compatriotes furent ensuite envoyés en train à Kiev.

---

[73] *Rapports Annuels*, n° 10, 1914 (1916), pp.9-10; n° 11, 1915, pp.8-9.

[74] Le récit le plus détaillé de l'épreuve de Clavel dans l'Ukraine se trouve dans *Petit Echo*, n° 75, 1920, pp.16-18. Sa biographie se trouve dans *Petit Echo*, n° 704, 1979/9, pp.562-566. Il y a aussi : *RapportsAnnuels*, n° 13, 1917, p.25 ; n° 16, p.9 ; *Petit Echo*, n° 67, 1919, p.109 ; n° 77, 1920 , p.37; n° 89, 1921, p.41.

Sous les bombardements aériens des forces françaises, le voyage en train prit cinq jours. À la gare de Kolosovka, Clavel dut soigner des soldats blessés de l'Armée rouge. Toutes les deux gares où le train s'arrêtait, Clavel et ses compagnons devaient négocier pour rester en vie auprès des soldats bolcheviques qui souhaitaient leur mort. Enfin, ils arrivèrent à Kiev où ils furent jetés en prison. Contraint d'assister à une réunion de propagande, Clavel dut faire l'éloge de la Révolution. La presse locale rapporta par la suite que les Français soutenaient le bolchevisme. Clavel fut constitué prisonnier de guerre pendant presque sept mois au sein d'un régime brutal. Il fut le témoin de maintes horreurs. Au cours de son incarcération, Léon Trotski arriva à Kiev. Apprenant qu'un étudiant français se trouvait parmi les prisonniers, il manda Clavel auprès de lui et l'engagea pour qu'il enseigne le français à son fils.

Vers la fin du mois de septembre 1919, des tirs d'artillerie pouvaient être entendus à la périphérie de Kiev. Ces coups de feu annonçaient l'arrivée des généraux russes blancs, Symon Petliura (1879-1926) et Anton Denikin (1872-1947), accompagnés de leur armée de volontaires. Le chaos s'empara de la ville et les bolcheviques se préparèrent à quitter Kiev à destination de Moscou, emmenant avec eux leurs prisonniers. Dans la confusion, Clavel prit la fuite et se réfugia aux cotés d'une famille polonaise qui lui donna des vêtements civils. Les bolcheviques patrouillaient les rues et Clavel fut sauvé par les Cosaques. Il dut patienter un mois avant de pouvoir initier son périple vers le littoral de la mer Noire. La ligne de chemin de fer avait été coupée et des bandes de bolcheviques erraient sur les routes. Finalement, Clavel se dirigea vers l'est, traversant les régions de Kharkov, du fleuve Don et du Caucase. Il voyagea dans des trains de marchandises, exposé en permanence à la mort et au risque d'être refait prisonnier. Il finit par rejoindre Odessa et trouva un navire patrouilleur français qui l'emmena à Istanbul. Après deux semaines de voyage supplémentaires, il arriva à Marseille.

En mars 1920, Clavel arriva à Alger, prêt à initier son noviciat avec les Missionnaires d'Afrique. Le père-maître prit ses terribles péripéties à la légère. Clavel, disait-il, « (était) complètement rétabli après ses voyages difficiles ». Sans pitié, ses confrères novices l'affublèrent du surnom de « bolchevique ». Ayant manqué un mois de noviciat, il fut contraint de rester pour le terminer en 1921, après le départ des autres. Toutefois, ayant déjà étudié la théologie ici et là, il put progresser rapidement au scolasticat de Carthage afin d'être ordonné prêtre en juillet 1923.

Malgré l'optimisme irréfléchi du père-maître, les années de guerre avaient en effet laissé une marque sur Clavel et sa captivité en Russie l'avait affaibli. Il souffrait de maux de tête et le moindre effort l'épuisait. Les séquelles du gaz moutarde le faisaient également souffrir. Tout d'abord, les supérieurs s'opposèrent à ce qu'il soit envoyé en Afrique équatoriale et pendant plusieurs années il enseigna au petit séminaire de St Laurent d'Olt. Finalement, avec l'approbation du médecin, Clavel fut posté dans le diocèse de Bangweulu en Rhodésie du Nord (Zambie). Malgré sa santé fragile, il vécut jusqu'à l'âge de quatre-vingt-quatre ans et, en Zambie, il laisse le souvenir d'un supérieur actif et dévoué en charge de plusieurs missions. Il s'éteignit à Tassy, en France. Au sein de la Société des Missionnaires d'Afrique, Clavel fait figure de légende. Il reste connu pour sa vive imagination, sa foi inébranlable et son courage sans égal.

Citations et décorations

La législation anticléricale française reposait principalement sur le principe que les prêtres et les religieux étaient déloyaux et qu'ils étaient soumis à une autorité extérieure à la France, à savoir celle du Vatican. En d'autres termes, ils se soustrayaient au contrôle du gouvernement français. Pour cette même raison, ils étaient exclus des services sociaux et publics, ne pouvant enseigner ou soigner les malades. De façon illogique, les prêtres, les religieux et les séminaristes étaient toutefois astreints au service militaire au sein duquel ils exerçaient souvent les fonctions du personnel soignant. Le fait que les prêtres et les religieux au sein de l'armée se distinguèrent au cours de la guerre constitua le meilleur argument possible contre l'anticléricalisme. C'était l'illustration parfaite du rapprochement entre l'Église et la société française que la guerre avait contribué à occasionner. Les Missionnaires d'Afrique servirent leur pays et ceci leur valut le respect de leurs compatriotes.

Mais les préjugés ont la vie dure et certains se refusaient à croire que des prêtres et des religieux aient pu véritablement se retrouver sur le champ de bataille. Après la guerre, une calomnie absolue circula. Selon cette médisance, les prêtres conscrits n'auraient jamais été sur la ligne de front mais, au contraire, ils auraient été postés en toute sécurité à l'arrière des lignes. Pour enrayer cette fausse rumeur, Livinhac ordonna aux Pères Blancs de porter leurs médailles et décorations militaires lors de leurs déplacements, de leurs visites auprès de représentants ou dans des centres européens. Ils devaient les épingler à leur *gandourah* (soutane) lors de toutes les cérémonies religieuses et civiles.[75] Naturellement, les Missionnaires d'Afrique avaient tendance à faire preuve d'ambivalence quant à la remise d'honneurs. Selon la spiritualité ignacienne, un être ne devrait pas rechercher plus l'honneur que le déshonneur.[76] Par exemple, lorsque Pierre Lhomme (1886-1917) apprit qu'il recevrait la Croix de guerre il fit la remarque suivante : « Dans l'accomplissement de mes fonctions je vois avant tout la volonté de Dieu ». À la réception de nouvelles semblables, Léon Darot (1890-1958) cita pieusement le psaume 115 : « Non pas à nous, Ô Seigneur, mais à ton nom donne gloire ».[77] Lorsqu'il reçut la Légion d'honneur, la Croix de guerre et la palme en 1916, Célestin Paulhe (1888-1919*) pria : « Que cet honneur rejaillisse non sur moi, mais sur notre chère Société ».[78] Charles Joyeux (1885-1936*) perçut sa citation reçue au cours de la même année comme une reconnaissance de son ministère.[79]

Toutes ces remarques ne traduisaient toutefois aucun mécontentement de la part des Pères Blancs quant à la remise de ces honneurs. En réalité, c'était avec joie qu'ils en informaient leurs supérieurs, lesquels étaient tout aussi ravis de les publier dans les bulletins de la Société et de les énumérer dans le Livre d'Or en question. René Marcant (1882-1961), si gravement blessé à Arras, se trouvait sur Paris lorsque sa Croix de guerre arriva en 1916. Alfred Louail (1851-1921), le provincial d'Europe, épingla la décoration avec fierté sur le *gandourah* du jeune prêtre.[80]

Tous les actes de courage ne pouvaient être connus, et encore moins récompensés, mais les Missionnaires d'Afrique reçurent assurément leur part d'honneurs militaires. En tant que brancardiers, aides-soignants et aumôniers, ils risquèrent leur vie sans cesse lors de leurs allers et venues dans les tranchées et les sapes, outre les prises d'assaut et les charges à la baïonnette. Lorsque Jean-Baptiste Robert (1887-1916) apprit qu'il serait décoré de la Croix de guerre en 1915, il informa le colonel qu'il était

---

[75] *Petit Echo*, n° 70, 1919, p.157.
[76] S. Ignace, *Les Exercices Spirituels*, n° 23.
[77] *Petit Echo*, n° 38, 1916, p.332; n° 40, 1917, p. 23 ; Ps. 115 :1 (V, 113b), *Non nobis Domine, sed nomine tuo da gloriam*.
[78] *Petit Echo*, n° 36, 1916, p.273.
[79] *Petit Echo*, n° 36, 1916, p.269.
[80] *Petit Echo*, n° 39, 1916, p.367.

un Père Blanc. « Ah ! bon, ça ne m'étonne pas… », répondit le gradé. « Je n'ai pas besoin d'ajouter autre chose ».[81]

Le système d'honneurs militaires français était plus ancien et plus élaboré que celui de la Belgique ou de la Grande-Bretagne. Il était certainement davantage profus. La forme de reconnaissance la plus commune consistait à être cité à l'ordre du jour. Une citation pouvait être décernée à tous les niveaux de la structure militaire. Plus le rang était élevé, et plus l'honneur était insigne. Cette citation s'accompagnait du droit à porter une palme ou une étoile apposée sur le ruban d'une médaille. Il existait la palme de bronze pour une citation à l'ordre de l'armée, une étoile de vermeil pour une citation à l'ordre du corps d'armée, une étoile d'argent pour une citation à l'ordre d'une division ainsi qu'une étoile de bronze pour une citation à l'ordre d'une brigade ou d'un régiment. Le Livre d'Or de la Société dénombrait cent cinquante citations. Plusieurs membres, comme ce fut le cas de Charles Umbricht (1873-1912*), de Charles Joyeux et d'Ernest Clément (1877-1953), en reçurent plus d'une. En effet, Umbricht en reçut pas moins de dix et Joyeux pas moins de cinq. Une citation faisait mention d'un acte de bravoure spécifique et évaluait sa contribution dans le cadre des opérations militaires en cours. Des citations semblables accompagnaient la remise de la plupart des décorations. Le Livre d'Or en dénombrait quatre-vingt-dix-neuf.

Joseph Loiseau (1881-1918), « frère Pierre », fut cité pour avoir tenu une tranchée ennemie conquise et Eugène Burdet (1876-1969) le fut également pour avoir réussi à éviter la détonation d'explosifs après avoir été à moitié enseveli suite à l'explosion de munitions en Alsace.[82] L'une des citations les plus élogieuses fut décernée à Jules Pagés (1887-1984) qui servit dans le 4ᵉ de Zouaves à Verdun en 1917. Cet épisode a déjà l'objet d'une mention dans le deuxième chapitre.[83]

Insigne de bronze en forme de grosse croix de Malte et dotée d'épées croisées, la Croix de guerre a été créée en 1915 en vue de récompenser la bravoure d'une personne ou d'un groupe. Médaille militaire française la plus prestigieuse, la Croix de guerre pouvait être remise à un membre des forces armées, à un citoyen français ou même à un étranger, qui avait été cité à l'ordre de l'armée. Martin Jaureguy (1886-1965) reçut la sienne à Verdun en 1915, pour sa bravoure sur le Plateau de Vauclerc. Des décorations semblables furent décernées à des Pères Blancs postés sur les différents fronts de la guerre.[84] Le Livre d'Or fait état de l'octroi de quatre-vingt-quatre Croix de guerre.[85]

La Légion d'honneur fut instituée en 1802 par Napoléon Bonaparte, alors Premier consul. Elle récompense les mérites éminents militaires ou civils rendus à la Nation. Il existe cinq distinctions honorifiques dont l'ordre de préséance est le suivant : Grand Croix (seuls quatre-vingt membres), Grand Officier (deux cents membres), Commandeur (mille), Officier (quatre mille) et Chevalier (illimité). Lorsqu'elle était décernée pour récompenser une bravoure militaire exceptionnelle, la Légion donnait automatiquement droit au port de la Croix de guerre. Le Livre d'Or fait mention de l'octroi de huit Légions d'honneur.[86] Charles Umbricht fut admis comme Commandeur de la Légion. Marie François Clément (1887-1941), du 9ᵉ Zouaves, fut fait Chevalier pour avoir évacué des camarades blessés sous les tirs des mitrailleuses et pour sa participation à une charge à la baïonnette au cours de laquelle il fut lui-

---

[81] *Petit Echo*, nº 23, 1915, p.57.

[82] *Petit Echo*, nº 25, 1915, p.139; nº 49, 1917, p.272.

[83] *Petit Echo*, nº 42, 1917, p.71.

[84] *Petit Echo*, nº 25, 1915, p.126; AGMAfr 119071 121.

[85] AGMAfr 119071 121.

[86] AGMAfr 119071 121 donne le chiffre originel de 4, en le corrigeant à 8.

même gravement blessé. Céléstin Paulhe reçut la croix de Chevalier, ainsi que la Croix de guerre assortie d'une palme, pour avoir remonté le moral de ses soldats malgré ses propres blessures.[87] Nicholas Van der Vliet (1876-1966), bien que civil de nationalité néerlandaise, fut nommé Chevalier de la Légion d'honneur en 1921 pour avoir préservé, pendant la guerre, la basilique de Ste Anne, propriété française située à Jérusalem.[88]

Il y eut d'autres décorations françaises. Seize Missionnaires d'Afrique reçurent la Médaille militaire, dont huit à titre posthume.[89] Huit membres reçurent la Médaille d'honneur des Épidémies, dont l'un pour avoir traité des soldats serbes souffrant du choléra et du typhus. Un membre reçut la Médaille de la Reconnaissance française.[90] Le Livre d'Or fait état de l'octroi de quatorze décorations étrangères et « diverses ».[91] Même si les Pères Blancs qui servirent au sein des armées belge et britannique ne furent pas aussi généreusement récompensés que leurs confrères de l'armée française, plusieurs reçurent des décorations militaires belges et l'un d'entre eux fut décoré de l'ordre de Léopold.[92] Achille Joseph de Paepe (1890-1941*), un brancardier belge, reçut la Croix de guerre belge en 1919 pour avoir fait preuve de bravoure sous les bombardements au cours de l'année précédente. Il refusa d'abandonner son poste et fut ensuite enseveli et gravement blessé par l'éclat d'un obus.[93] Lucien Avignon (1890-1957) fut décoré par le roi de Serbie en personne.[94] En 1916, un autre étudiant reçut la Croix de St Stanislas (troisième classe) des mains du tsar de Russie.[95]

Le Français Laurent Denis (1880-1936), le Canadien Oscar Julien (1886-1961, ordonné évêque plus tard) et le néerlandais Albert Scholte (1875-1952, « frère Sébastien ») furent cités à l'ordre du jour britannique pour leur contribution dans le cadre de la campagne est-africaine. Sept autres missionnaires du vicariat de Nyasa (Malawi), ainsi que deux SMNDA (Sœurs Blanches), reçurent également la barrette de bronze en forme de feuille de chêne qui accompagnait cet honneur. Pour son travail en tant qu'aumônier militaire au cours de la même campagne, le Canadien Joseph Fillion (1881-1930) reçut l'ordre de l'Empire britannique lors de la célébration de l'anniversaire du roi George V en 1919.[96] L'excellentissime ordre de l'Empire britannique fut institué par George V vers la fin de la guerre, ou plus exactement en 1917, afin de récompenser les mérites civils et militaires en temps de guerre. Cependant en 1918, l'ordre fut doté d'une division militaire distincte. Il existait cinq distinctions honorifiques : Grand croix, Chevalier ou dame commandeur, Commandeur, Officier et Membre.

Mais d'autres témoignages de reconnaissance primaient sur ces citations et ces décorations. Le 23 janvier 1919, le brigadier général G.M.P. Hawthorne fit parvenir une lettre personnelle de remerciements à l'évêque Mathurin Guillemé (1859-1942), un fervent anglophile. Dans son courrier, le général remerciait les Pères Blancs pour leurs services en Afrique centrale au sein des forces armées britanniques, en tant qu'officiers chargés du transport et aumôniers. « Je peux affirmer en toute sincérité »,

---

[87] *Petit Echo*, n° 21, 1915, p.4; n° 28, 1916, p.21; n° 36, 1916, p.268.

[88] *Petit Echo*, n° 87, 1921, p.5.

[89] AGMAfr 119071 121 donne 11 comme chiffre originel, en le corrigeant à 16.

[90] *Petit Echo*, n° 38, 1916, p.334; AGMAfr 119071 121.

[91] AGMAfr 119071 121.

[92] *Petit Echo*, n° 43, 1917, p.108.

[93] *Petit Echo*, n° 117, 1923, p.74; AGMAfr dossier personnel. De Paepe quitta finalement la Société en 1941.

[94] *Petit Echo*, n° 38, 1916, p.323.

[95] *Petit Echo*, n° 37, 1916, p.304.

[96] *Petit Echo*, n° 74, 1919, p.261.

écrivit le général, « que personne au sein de nos troupes n'obtint autant le respect et l'estime de ses compagnons d'armes que les membres de ces missions ».[97] Pour faire bonne mesure, Guillemé fut également décoré par les autorités britanniques. Deux ans plus tard, lors d'une cérémonie publique à Alger, le ministre français de la Marine loua les Missionnaires d'Afrique pour leur rôle pendant la guerre. L'Union sacrée et l'Entente cordiale étaient désormais devenues des réalités perceptibles.[98]

Le rôle du prieuré de Binson

Pour les Missionnaires d'Afrique engagés dans la Première Guerre mondiale, le prieuré de Binson joua un rôle important, un rôle qui tint du « sacrifice ». Depuis le VIe siècle, le site comptait une chapelle qui avait été reconstruite deux cents ans plus tard par Miles de Châtillon, père du pape Urbain II. En 1885, l'archevêque de Reims, dont le diocèse détenait le site en question, fit restaurer la chapelle et construire un grand « prieuré » pour y héberger une communauté religieuse. En 1895, les Pères Blancs habitèrent les lieux comme locataire. Le prieuré ouvrit ses portes et devint séminaire de philosophie et de théologie.

Le prieuré de Binson était situé non loin de la Marne, une rivière au nord-est de Paris. En 1914, il s'agissait d'un ensemble imposant de bâtisses, avec notamment un cloître et une belle chapelle romane. Cette dernière était fière de posséder un haut clocher surmonté d'une flèche. Derrière, la propriété comptait une grande cour et un parc. Le prieuré disposait également de sa propre ferme pour subvenir aux besoins du séminaire. En 1908, François Heulin (1880-1961) devint recteur et y demeura tout au long des hostilités. En 1914, il y resta avec quelques étudiants, mais ils avaient tous quittés les lieux dès le début du mois de septembre.[99] Se trouvant dans la trajectoire de l'armée allemande qui poursuivait sa marche effrénée vers Paris, le prieuré de Binson se trouva engouffré dans la première bataille de la Marne et Heulin craignit qu'il ne soit bombardé. Mais, ce sort ne fut pas réservé pour tout de suite.

À l'heure où les tirs d'artillerie se firent de plus en plus proches au cours de la première semaine de septembre 1914, la communauté se blottit dans la cave.[100] Une nuit, ils entendirent des bruits de pas dans les couloirs du rez-de-chaussée mais ils n'osèrent pas chercher à en savoir plus. Au petit matin, ils découvrirent dans la cour un détachement de soldats allemands qui fouilla rapidement la maison et se posta en haut du clocher. Les sœurs, quant à elles, leur préparaient du café.[101] Peu après arriva leur capitaine, un quinquagénaire courtois originaire d'Osnabrück. Il autorisa les Pères Blancs à rester et leur laissa même célébrer la messe dans les paroisses voisines. Dans la chapelle, une congrégation de soldats venus de Westphalie et de Pologne assista à la messe dominicale. La seule note d'amertume surgit lorsque le capitaine découvrit avec contrariété que la chambre « porte-malheur » n°13 lui avait été allouée. Alors que les combats continuaient de faire rage aux alentours, les Allemands se targuaient du fait que la guerre serait finie dans un mois. Dès le 9 septembre, certains signes indiquaient déjà que les Allemands se préparaient à battre retraite. « Notre armée procède à un changement de front », annonça le capitaine. Dès le 10 septembre, tous les soldats allemands, y compris vingt blessés, avaient pris la route en direction de Reims, laissant derrière eux le prieuré intact. Peu après, quelques membres de la cavalerie française apparurent, suivis d'une succession de détachements et

---

[97] *Petit Echo*, n° 66, 1919, p.92.

[98] *Petit Echo*, n° 91, 1921, p.76.

[99] *Petit Echo*, n° 525, 1962, pp.236-240.

[100] Ce récit se fonde sur *Rapports Annuels*, n° 10, 1914 (1916), pp.48-62.

[101] Ils avaient demandé champagne et furent surpris qu'il n'y en avait pas à la maison.

d'ambulances alors que les tirs d'artillerie s'entendaient toujours au loin. L'avancée allemande avait été stoppée.

En octobre 1914, le prieuré fut réquisitionné en tant qu'hôpital militaire de quarantaine pour accueillir les patients atteints de typhoïde et de paratyphoïde. Quarante-cinq d'entre eux arrivèrent au début du mois de novembre, suivi d'un nombre accru de convois acheminant des malades, des blessés et des mourants. Des huttes en bois furent élevées dans la cour afin d'accueillir l'excédent de patients et cinq nouvelles religieuses furent envoyées pour assister le personnel hospitalier. À la fin du mois de janvier, seize patients avaient déjà trouvé la mort.

Tout au long des années 1915 et 1916, cette épouvantable situation se poursuivit. Parallèlement, le prieuré de Binson assuma un rôle distinct envers ses anciens élèves et les autres étudiants Pères Blancs servant sur le front de l'Ouest. Heulin était parvenu à conserver l'usage d'une douzaine de chambres pour la communauté. Tout au long de 1916 et 1917, le prieuré accueillit une succession de confrères soldats qui venaient y passer leur permission, s'y reposer ou faire retraite. Ses anciens étudiants étaient empreints d'une nostalgie incommensurable et regrettaient le Binson « paradisiaque » qu'ils avaient connu ainsi que « son charme et sa solitude ».[102] De cette manière, Binson devint l'épicentre d'un réseau de communication et de contact entre les jeunes Pères Blancs conscrits. En 1916, Heulin décida de lancer un bulletin qu'il baptisa « *Echos Binsonnais* ». Rédigé à la main, ce petit journal était reproduit à l'aide d'une ancienne technique d'impression reposant sur l'utilisation d'une matrice de gélatine. Sa parution continua jusqu'en 1919.[103] L'*Echos Binsonnais* devint dorénavant une source d'informations fiable renseignant sur les déplacements et les fortunes des confrères pendant la guerre.

Heulin était en très bons termes avec Louis-Henri-Joseph Luçon (1842-1930), cardinal et archevêque de Reims. En 1916, Luçon se rendit à Binson pour la célébration d'une confirmation et il en profita pour donner une conférence aux prêtres soldats qui y étaient réunis.[104] L'archidiocèse de Reims avait grandement été meurtri par la guerre et sa magnifique cathédrale, ancien lieu de sacre de la monarchie française, avait été considérablement endommagée par les bombardements et les incendies. Les carmélites de Reims, chargées de conserver les reliques les plus précieuses de l'église, furent contraintes de se rendre à Dijon. Le cardinal décida donc de remettre ces trésors dans les mains des Pères Blancs à Binson.[105] Il s'agissait notamment des reliques de Saint Rémi, apôtre des Francs, qui étaient discrètement conservées au dessus de l'armoire de la sacristie. Ces trésors renfermaient également l'ensemble du tombeau d'autel contenant le corps de Sainte Célestine ou Céline, martyrisée à Metz en 300 après JC.

Pendant ce temps, l'hôpital à Binson continua d'être opérationnel et reçut quatre-vingt-sept réservistes gazés en 1916.[106] En janvier 1917, il y eut un grand remaniement et le prieuré devint un hôpital de campagne de la Croix-Rouge avec trente-huit infirmiers, dont la majorité était d'origine anglaise et écossaise. Ils étaient chargés de dispenser des soins à cent vingt patients. Les lieux furent rénovés, des garages furent construits et la chambre de l'évêque fut transformée en une véritable

---

[102] *Petit Echo*, n° 32, 1916, pp.132-133, 149; n° 33, 1916, pp.163, 173-174; n° 35, 1916, p.245; n° 39, 1916, p.379.
[103] *Rapports Annuels*, n° 12, 1916, p.41; AGMAfr 119014-119019 contient un ensemble complète de tous les numéros.
[104] *Petit Echo*, n° 37, 1916, p.287.
[105] *Petit Echo*, n° 43, 1917, p.88.
[106] *Petit Echo*, n° 28, 1916, p.3.

salle d'opération de pointe. À la fin de l'année, le nombre de patients s'élevait à trois cents. Nombre d'entre eux rendirent leur dernier soupir à Binson et Heulin procéda à leurs enterrements.[107]

Le 28 mai 1918, l'offensive allemande, qui engendra la seconde bataille de la Marne, fut lancée et l'évacuation de Binson commença. Quelques objets de valeur furent cachés. D'autres, dont les reliquaires et les ustensiles forgés de la chapelle, furent rassemblés à l'aveuglette pendant la nuit, chargés sur un chariot et emmenés dans un lieu sûr de Romilly. Cinq véhicules se chargèrent de transposter les animaux de la ferme. Heulin alla s'installer dans une ferme située à une trentaine de kilomètres au sud. À l'aide d'une camionnette prêtée par le cardinal Luçon, il fit quelques autres allers et retours à Binson afin de sauvegarder des meubles. Le colonel français en charge aida à sauvegarder les vaisseaux, les ornements sacerdotaux, les livres et les effets personnels appartenant aux missionnaires. Les lits et la bibliothèque furent laissés au personnel médical et les soldats furent invités à prendre toutes les provisions alimentaires qui restaient. Le 12 juin, alors que les Allemands en marche se trouvaient à moins de cinq kilomètres, le personnel médical et les Missionnaires d'Afrique avaient tous quitté les lieux.

Ce jour là, les bombardements avaient sérieusement commencé et une pluie d'obus s'était abattue sur Binson et les alentours. La toiture et quelques-uns des murs de la chapelle avaient déjà été détruits. Peu après, l'artillerie allemande postée dans le parc occasionna davantage de dommages et le prieuré tomba aux mains de l'ennemi. Vers la fin de juillet, la contre-offensive fut lancée et le prieuré de Binson devint la cible de l'artillerie française. La bâtisse endommagée était désormais totalement détruite et ses ruines furent « libérées » par les troupes françaises qui retraversèrent la Marne le 27 juillet. Les Pères Blancs se faufilèrent pour aller voir les décombres. Le 5 août, Abel Couturier (1858-1931) accompagna Heulin pour constater les dégâts.[108] Comme les photographies qui subsistent encore le montrent, ce n'étaient que ruines. La flèche et le clocher s'étaient écroulés. Les voutes, le toit et l'orgue avaient disparu. Les étages supérieurs s'étaient effondrés les uns sur les autres. La cour n'était que monticules de débris. Mais le plus triste était les cadavres des patients, allemands et français, écrasés dans leurs lits et ensevelis sous les débris des étages supérieurs qui s'étaient effondrés sur eux. Couturier n'eut pas le courage de descendre dans la cave pour voir si d'autres corps s'y trouvaient. La ferme avait été complètement dévastée. Les trois quarts des arbres du parc avaient été calcinés ou abattus. Sans exception, tous les postes de la Croix-Rouge avaient été endommagés. Seules la cuisine et l'imposante statue du pape Urbain II, érigée sur la colline derrière le prieuré, étaient restées intactes. Heulin alla en personne informer le cardinal Luçon de ce désastre.

En 1919, les Missionnaires d'Afrique rouvrirent les portes de leur séminaire de philosophie à Le Colombier (Maine-et-Loire) puis ils s'installèrent au château de Kerlois en Bretagne, ancien noviciat des Eudistes. François Heulin passa ensuite quarante ans de sa vie en tant que missionnaire en Zambie. Le cardinal Luçon mourut en 1930 mais il était parvenu à recevoir des indemnités de guerre et, de son vivant, il put être témoin de la reconstruction de sa cathédrale ainsi que du prieuré de Binson. L'année de sa mort, les Salésiens ouvrirent une école dans les bâtiments restaurés.

---

[107] *Petit Echo*, n° 41, 1917, p.34; n° 42, 1917, p.63; n° 44, 1917, p.119 ; Rapports Annuels, n° 13, 1917-1918, p.41.
[108] *Rapports Annuels*, n° 13, 1917, pp.40-44; *Petit Echo*, n° 58, 1918, p.149 ; n° 59, 1918, p.175 ; n° 60, pp.196-197 ; *Echos Binsonnais*, 13 janvier 1919 ; AGMAfr 119019.

Les victimes des torpilles

Pendant la Première Guerre mondiale, le sous-marin offrit à l'Allemagne la seule véritable chance de défier les forces navales de la Grande-Bretagne. L'Allemagne ne se contenta pas d'attaquer les vaisseaux de guerre et les transporteurs de troupes mais elle menaça également les lignes de ravitaillement et cibla la marine marchande. Malgré les avancées technologiques, les premiers U-Boots ne disposaient pas de la portée et de la capacité de leurs successeurs qui opérèrent lors de la Deuxième Guerre mondiale. Par conséquent, les sous-marins effectuaient principalement des missions de patrouille dans les eaux européennes de la Mer du Nord, de la Manche et de la Méditerranée. La guerre sous-marine sans restriction des U-Boots faillit terrasser la Grande-Bretagne. Cependant, après le naufrage controversé du *Lusitania,* paquebot transatlantique de la Cunard Line, en 1915, cette activité sous-marine aida à faire intervenir les États-Unis dans la guerre. Le conflit sous-marin devint particulièrement meurtrier en Méditerranée et, d'ici l'heure de la signature de l'armistice en 1918, les Allemands avaient fait sombrer quelque cinq mille vaisseaux alliés au prix d'une perte limitée à cent soixante-dix-huit U-Boots.

Une société missionnaire qui devait déplacer ses membres et étudiants par mer était particulièrement vulnérable aux sous-marins. À titre d'exemple, en 1916, les parents français faisaient preuve de réticence pour envoyer leurs fils étudier outre-manche, à Bishop's Waltham, de peur que leur embarcation ne soit torpillée lors de leur traversée.[109] Vers la fin de la guerre, le secrétaire colonial britannique refusa d'autoriser le voyage de deux Pères Blancs à destination de l'Afrique équatoriale en raison du torpillage au Cap d'un paquebot, le *Galway Castle.*[110] Étant donné leur vulnérabilité, il est surprenant de constater que seuls quatre Missionnaires d'Afrique furent à bord d'un navire torpillé et qu'ils survécurent tous. Même s'ils ne furent pas dignes d'être mentionnés dans le Livre d'Or officiel de la Société, leurs histoires sont suffisamment dramatiques pour figurer à la fin de ce chapitre.

Remi Coutu (1887-1919) était en route vers le Canada à bord du paquebot *Hesperian* lorsque celui-ci fut torpillé le 4 septembre 1915. De même que le *Lusitania* quatre mois plus tôt, ce navire, qui effectuait la liaison Liverpool-Montréal, se trouvait au large des côtes irlandaises lorsqu'il fut frappé de plein fouet. Coutu eut la vie sauve mais ses bagages sombrèrent avec le navire.[111] Le 16 décembre de la même année, l'expérience de Louis Fontugue (1892-1978) fut encore plus spectaculaire lors de son retour à Salonique après une permission passée sur sa terre natale.[112] Ce scolastique avait embarqué trois jours plus tôt au port italien de Taranto et à bord du croiseur Châteaurenaud qui était escorté par deux vedettes lance-torpilles. Long de plus de cent vingt mètres et doté de quatre cheminées, ce vaisseau de guerre était énorme. Il transportait neuf cent cinquante passagers ainsi que quatre cents membres d'équipage.

Approchant le golfe grec de Patros, lieu de l'historique bataille navale de Lepanto, il reçut une torpille qui pénétra la cale. Celle-ci était remplie de charbon, ce qui assourdit l'explosion. Toutefois, trois des cheminées crachèrent une fumée noire et épaisse. Dans la panique générale, Fontugue ne parvint pas à trouver de la place sur une chaloupe de sauvetage. Il se fit glisser le long d'un cordage pour rejoindre l'eau et il fut hissé à bord de l'une des vedettes lance-torpilles. À peine était-il en sécurité

---

[109] *Rapports Annuels*, n° 12, 1916, p.31.

[110] *Petit Echo*, n° 61, 1918, p.220.

[111] *Petit Echo*, n° 24, 1915, p.85.

[112] *Petit Echo*, n° 53, 1918, pp.43. La lettre se trouve en AGMAfr dossier personnel de Fontugue. Il avait reçu la Croix de Guerre et la médaille en bronze des épidémies. Il quitta la formation missionnaire en 1919.

qu'une deuxième torpille frappa le navire abandonné et fit exploser le dépôt de munitions. L'explosion fut énorme. Le bateau commença à gîter, la poupe à la verticale, et l'énorme vaisseau entama sa descente vers les fonds marins. En moins de deux minutes, il avait été englouti. Pendant ce temps, les vedettes lance-torpilles chassaient le sous-marin. Des grenades sous-marines furent dirigées vers lui et le vaisseau ennemi fit rapidement surface à la verticale et sombra à son tour. Les vingt membres d'équipage furent sauvés ainsi que leur commandant allemand qui déclara que tout le monde à bord du croiseur aurait trouvé la mort s'il était parvenu à lancer la deuxième torpille plus rapidement. Ceux qui étaient dans les chaloupes de sauvetage montèrent également à bord des vedettes lance-torpilles et tout le monde arriva rapidement sain et sauf au port grec d'Itea situé à onze ou douze kilomètres.[113]

René Burtin (1875-1951) fut également victime d'un naufrage dans la Méditerranée.[114] Alors qu'il était en route pour Salonique depuis Marseille, son transporteur de troupes, le *Caledonian*, fut frappé par une torpille, ou peut-être une mine, près de Port-Saïd. Au cours de son voyage de dix-neuf jours, le navire avait tiré des bordées dans de nombreuses directions afin d'éviter les U-Boots mais, au final, sa chance avait tourné. Burtin célébrait la messe dans le salon et l'antienne de la communion venait d'être initiée lorsqu'une terrible explosion se fit entendre au milieu du navire. Il se précipita vers sa cabine pour prendre sa bouée de sauvetage et son casque colonial. Passant par le salon sur son chemin du retour, il saisit le calice et le mit dans sa poche. De la vapeur brulante jaillissait de la salle des machines, lui empêchant d'atteindre sa chaloupe de sauvetage. Il sauta pardessus bord et nagea vers des débris flottants. Le vaisseau avait été sectionné en deux et la proue sombra en premier. La poupe resta à flot pendant vingt minutes ce qui permit de porter secours à ceux qui se trouvaient encore à bord. Il n'y eut que cinquante et un survivants. Finalement la poupe se dressa à la verticale, montrant l'hélice et le gouvernail à l'air libre, avant de disparaître.

Vêtu de ses ornements sacerdotaux, Burtin demeura dans l'eau pendant vingt minutes et fut ensuite recueilli par une vedette lance-torpilles. Dans les mêmes atours, il débarqua à Port-Saïd et plusieurs communautés religieuses lui offrirent de remplacer les vêtements qui avaient sombré avec le navire. Un autre survivant fut le capitaine Rosario Pisani, expert français en explosifs, qui était en route pour rejoindre T.E. Lawrence et les forces armées de la Révolte arabe.[115] Selon ses dires, le premier train turc qu'il fit exploser sur la ligne d'Hejaz le fut à titre de revanche contre le torpillage du *Caledonian*.[116]

Jean Baptiste Blin (1887-1977) fut un autre Missionnaire d'Afrique dont le navire fut victime d'une torpille.[117] Rejoignant Salonique en partance de Bizerte, il était monté à bord du *Sant'Anna* le 10 mai 1918. Le jour suivant, le vaisseau fut torpillé au large de la petite île rocailleuse de Pantelleria, située dans le bras de mer entre la Tunisie et la Sicile. Dans l'obscurité de la nuit, une confusion totale régna. Certains sautèrent par dessus bord. Dans la précipitation et le désordre, de nombreux radeaux et chaloupes de sauvetage coulèrent. Blin resta sur le navire en perdition aux côtés d'autres passagers, essayant de mettre à flot un radeau et donnant l'absolution

---

[113] *Petit Echo*, n° 53, 1918, pp.43-44.

[114] *Petit Echo*, n° 47, 1917, pp.235-236; *Rapports Annuels*, 1949-1951, *Notices Nécrologiques* 1951 (2ᵉ Série) pp.36-39.

[115] Lawrence, *op.cit.*, p.418

[116] "French Soldiers in the Arab Revolt", *Journal of the T. E. Lawrence Society*, vol. ix, n° 1, 1999, ISSN 0963 1747.

[117] *Petit Echo*, n° 57, 1918, pp.142-144; n° 686, 1978/1. pp.40-47.

générale à ceux qui se débâtaient dans l'eau. Une chaloupe surchargée s'effondra du pont d'embarcation et vint écraser ses passagers dans les eaux, faisant plusieurs noyés. Ensuite, Blin et ses compagnons montèrent dans l'embarcation désormais tragiquement vide. Il prit les commandes lorsqu'un officier fut atteint de panique. Ils ramèrent pour rejoindre une canonnière située à une centaine de mètres et ils y furent recueillis. Pendant ce temps, les vagues balayaient la proue du *Sant' Anna* et, en poupe, les hélices du navire apparurent à l'air libre. Nombre des passagers à bord sautèrent dans la mer mais, par peur de l'eau, une centaine d'Arabes continuaient à se cramponner au navire. Le vaisseau se dressa à la verticale et les engloutit dans les fonds marins. Ce fut un spectacle effrayant et les cris des victimes étaient déchirants. Selon les estimations, entre sept cents et mille noyés furent déplorés. Après cette tragédie, le seul autre accident lié à un navire torpillé qui affecta les Missionnaires d'Afrique impliqua la perte de cent cinquante-cinq colis destinés aux missions africaines. Les faits se produisirent en mer Méditerranée au cours du mois d'août 1918. Par chance, les colis étaient assurés.[118]

Avant d'aborder la contribution africaine dans la guerre en Europe et au Proche-Orient et de traiter de la guerre en Afrique même, le prochain chapitre examine l'intégration spirituelle du vécu des Pères Blancs lors de la guerre ainsi que la manière dont ils parvinrent à comprendre ce vécu dans le cadre de leur vocation missionnaire en Afrique. Le chapitre suivant s'efforce également d'évaluer le rôle de leader joué par Léon Livinhac, leur supérieur général, durant la guerre.

---

[118] *Petit Echo*, n° 59, 1918, p.171.

CHAPITRE IV

UNE GUERRE DES HUMBLES

La vie spirituelle sur le front

« La guerre moderne n'est plus la guerre en panache. Le courage militaire revêt une forme bien humble, malgré les privations, la fatigue et la dépression morale résultant des conditions pénibles où l'on se trouve et dont on ne voit pas encore la fin. »[1] Martin Jaureguy (1886-1965) fit cette observation en 1916 depuis les tranchées de Verdun. Dans cette guerre, il était rarement question de vaillance fringante. Peu ou pas de charges de cavalerie romantique ou de sièges spectaculaires, et encore moins de carrés aux vives couleurs formés dans une plaine de rase campagne. La guerre de tranchées était une aventure morne. Les soldats étaient de véritables « hommes des cavernes » qui se cramponnaient à leurs défenses et leurs ouvrages de terre semi-souterrains sous des bombardements quasi constants. « Loin de toute civilisation », écrivit un autre Missionnaire d'Afrique, « je suis devenu un peu sauvage ».[2] L'humilité et la ténacité étaient à l'ordre du jour.

Les lettres écrites sur le front par les missionnaires conscrits fournissent un bon aperçu de leur vie spirituelle. Les directives des Constitutions stipulaient que chaque missionnaire devait entretenir une correspondance régulière avec les supérieurs majeurs.[3] Cette « correspondance requise par la règle », pour utiliser la formulation consacrée de la Société, devait être caractérisée par une grande simplicité et franchise. Le contenu de ces lettres ne devait pas véhiculer des sentiments d'antipathie, de mécontentement ou de ressentiment. De surcroît, cette correspondance devait principalement avoir trait aux affaires spirituelles. Étant donnée cette condition expresse, de telles missives auraient pu s'avérer partiales, voire quelque peu portées à l'optimisme, et peut-être ne pas constituer un témoignage des véritables sentiments et peurs de jeunes hommes prisonniers d'un état de belligérance. En temps de paix, les écrivains auraient pu être tentés de brosser un tableau trop idyllique de leur état spirituel et de se présenter sous leur meilleur jour auprès de leurs supérieurs. Ce ne fut pas le cas avec les prêtres et les séminaristes conscrits lors de la Première Guerre mondiale. Les conditions de la guerre des tranchées et l'imminente possibilité d'être emporté d'une mort violente ou d'être mutilé par de graves blessures donnèrent à ces lettres une note indubitablement chargée de vérité et de sincérité.

Quand la guerre éclata en août 1914, il fut craint que la communication régulière entre les maisons de la Société ne soit interrompue. Pour cette raison, la publication du *Petit Echo*, le principal bulletin interne de la Société, fut suspendue jusqu'à nouvel ordre. En juin 1915, se rendant compte que la communication avec la plupart des

---

[1] *Petit Echo*, n° 30, 1916, p.81.
[2] *Petit Echo*, n° 32, 1916, p.145.
[3] *Société des Missionnaires d'Afrique (Pères Blancs), Directoire des Constitutions*, Maison Carrée, Alger, 1914, n° 105.

maisons restait plutôt régulière, la publication du bulletin reprit.[4] Il fut alors décidé de publier dans chaque nouveau numéro des extraits de la correspondance des soldats missionnaires. Ces passages épistolaires nous brossent un tableau authentique des conditions qu'ils enduraient et de leur état d'esprit.[5]

Léon Livinhac, le supérieur général, confessa avoir été consolé et édifié à la lecture de lettres en provenance du front.[6] Cependant, en 1916, il entamait sa soixante dixième année et n'avait plus que six ans à vivre. Au cours de la semaine sainte de cette même année, il fut soudainement accablé par une extrême fatigue et fut naturellement dans l'incapacité de poursuivre cette lourde tâche épistolaire. Par la suite, il partagea le travail de rédaction des réponses avec Paul Voillard (1860-1946), son successeur, et Joseph Malet (1872-1950). Progressivement, ces deux derniers devinrent les principaux destinataires de ces lettres.[7]

Livinhac soulignait toujours que le respect de la règle, la stricte adhésion aux exercices spirituels prescrits et l'extrême fidélité à son devoir constituaient le chemin infaillible vers la sainteté et la perfection. Les missionnaires sur le front devaient inévitablement examiner leurs consciences à la lumière de ces éléments. Il était tout aussi inévitable qu'ils se lamenteraient face à l'impossibilité d'une telle fidélité dans une conjoncture de guerre. Organiser les exercices spirituels était difficile, voire impossible, tout particulièrement en l'absence du soutien conféré par la vie communautaire. Cette forme d'« exil » représentait la plus grande source de souffrances.[8] Un confrère écrivit qu'il faisait sa méditation avant le réveil de ses camarades. Il effectuait le reste de ses exercices spirituels dans la soirée, s'il parvenait à mettre la main sur une bougie.[9] Un autre missionnaire confessa qu'il était extrêmement difficile de trouver un moment à consacrer à la prière. « Par ci par là, je fais quelque bout de lecture. En me levant tôt le matin, j'arriverais à faire mes exercices…Si seulement j'avais une église à proximité… »[10] Lorsque je suis de garde, « c'est un moment que je choisis pour faire ma méditation et réciter mon rosaire », écrivit un missionnaire posté en Serbie en 1915. Pour la lecture spirituelle, un autre lisait le *Nouveau Testament*, l'*Imitation de Jésus-Christ* et les *Lettres de St François de Sales.*[11]

Pierre Lhomme, qui devait être tué l'année suivante, écrivit en 1916 : « J'ai passé plusieurs dimanches et beaucoup de jours (de semaine) sans dire ni entendre la Sainte Messe, mais dès que je l'ai pu, je l'ai fait toujours ; la célébration du Saint Sacrifice est pour nous, prêtres-soldats, une de nos plus grandes consolations, le seul côté à peu près par où nous nous sentons encore prêtres… depuis vingt-deux mois je n'ai pas récité le saint office. (Mais) je viens de m'abonner au bréviaire du *Prêtre aux Armées.* …avec du courage et de la ténacité on peut arriver à le réciter souvent. »[12] Adrien Sylvestre, dont la mort fut fixée par le destin en 1918, fit également part du fait qu'il essayait de respecter le calendrier qu'il suivait à Ste Anne de Jérusalem concernant le travail, les vigiles et la méditation. L'absence de messe représentait toutefois pour lui

---

[4] *Petit Echo*, n° 20, 1914, p.130; n° 21, 1915. p.1.

[5] Les originaux de ces lettres se trouvent pour la plupart dans AGMAfr dossiers personnels.

[6] *Petit Echo*, n° 28, 1916, p.129.

[7] *Petit Echo*, n° 30, 1916, p.65; n° 32, 1916, p.129.

[8] *Petit Echo*, n° 32, 1916, p.152.

[9] *Ibid.* p.145.

[10] *Petit Echo*, n° 34, 1916, p.211.

[11] *Petit Echo*, n° 26, 1915, pp.173-174.

[12] *Petit Echo*, n° 34, 1916, p.212. *Le Prêtre aux Armées* était une édition périodique du bréviaire pour prêtres et séminaristes au front.

un grand vide dans sa vie.[13] Pour certains, le fait de tenir le chapelet en permanence dans la main constituait une forme de prière matérielle. « Le langage d'un poilu…n'a rien de pittoresque dans la bouche d'un ecclésiastique », écrivit un autre conscrit. « Il est très difficile de se recueillir pour prier » après de telles conversations.[14]

Rapidement, les soldats Pères Blancs en vinrent à accepter que cette situation était la volonté de Dieu et que s'il les privait des exercices spirituels et des sacrements, Dieu leur viendrait en aide d'une autre manière.[15] Ils allèrent même plus loin en reconnaissant que de telles privations avaient des répercutions positives. Bien qu'après la guerre la Société ait enregistré de nombreux départs, en plein cœur du conflit les missionnaires sentaient souvent que leur vocation s'en trouvait renforcée. « Cette longue guerre, avec ses horreurs et les mauvais exemples qu'on rencontre», écrivit un novice clerc, « ne m'a pas, un seul instant, donné l'idée d'abandonner ma vocation. »[16] « La pensée de la Société à laquelle j'appartiens ne quitte point mon esprit. Je n'en oublie ni les vénérés Supérieurs Majeurs, ni les membres, ni les œuvres. pense toujours à la Société, à ses supérieurs, ses membres et son travail », écrivit Pierre Gallerand (1887-1976) de Nieuport en 1915. Je prie « dans les heures d'attente derrière le parapet (de la tranchée)…ou les longues veilles de la nuit…le divin Maître et Notre Dame de bénir notre petite Société. »[17] « Cette longue guerre aura eu pour résultat, entre bien d'autres », écrivit un autre Missionnaire d'Afrique, « de resserrer les liens qui nous unissent à notre chère Société. »[18] « Espérons », écrivit Gaston Duiquet (1888-1930*), « que cette terrible guerre resserrera encore les liens de charité entre les membres de notre société ».[19] Et Joseph Bouniol (1884-1950), depuis sa cellule en Westphalie, assura à Livinhac : « Je ne cesse de penser à la Société ».[20]

Livinhac avait écrit qu'il ne craignait pas le déclin de la perspective surnaturelle de ceux qui prenaient part aux combats. « Vous avez raison », répliqua un Père Blanc conscrit en 1915. « C'est ici que j'ai éprouvé quelques heures les plus douces de ma vie. »[21] « J'ai une vue d'ensemble sur la vie intérieure plus nette qu'autrefois », fut un autre commentaire.[22] Un an avant sa mort, Joseph Loiseau se vit entendre dire de la part de son colonel : « Vous savez où vous dever puiser la force. »[23] Sa force spirituelle, tout comme celle de ses compagnons Pères Blancs, trouvait sa source dans sa foi en la providence divine et sa confiance totale accordée à la volonté de Dieu. « Vos enfants font leur devoir, c'est-à-dire, la volonté de Dieu», écrivit un Missionnaire d'Afrique à Livinhac en 1915. « Que la volonté de Dieu soit faite et que Marie nous aide à l'accomplir avec sainteté jusqu'au dernier moment. »[24] « Moi je suis toujours là. Pourquoi ? » se demanda un autre. « Parce que le bon Dieu l'a voulu ainsi ». « Je me remets tout entier entre les mains du bon Dieu. S'il veut ma vie, ce sera mon bonheur de la donner pour l'Église, pour notre chère Société et pour la

---

[13] *Petit Echo*, n° 36, 1916, p.276.

[14] *Petit Echo*, n° 40, 1917, p.28.

[15] par exemple *Petit Echo*, n° 34, 1916, p.211.

[16] *Petit Echo*, n° 30, 1916, p.84.

[17] *Petit Echo*, n° 27, 1915, p.186,

[18] *Petit Echo*, n° 29, 1916, p.43.

[19] *Petit Echo*, n° 34, 1916, p.214.

[20] *Petit Echo*, n° 36, 1916, p.283.

[21] *Petit Echo*, n° 21, 1915, p.6.

[22] *Petit Echo*, n°28, 1916, p.8.

[23] *Petit Echo*, n° 34, 1916, p.219.

[24] *Petit Echo*, n° 21, 1915, p.19; n° 32, 1916, p.151; n° 36, 1916, p.276.

France. »[25] « Je suis entièrement soumis à la sainte volonté (de Dieu) », écrivit Ernest Delarse, trois semaines avant sa mort à Verdun.[26] Être « un bon soldat du Christ » était le devoir des missionnaires conscrits.

Face à un grand danger, la soumission à la volonté de Dieu et la confiance en sa providence semblaient toutes naturelles. C'était précisément ce danger qui renforçait la vie spirituelle. L'arme était le « prêcheur le plus éloquent » et ses dures leçons changeaient les attitudes envers la religion. Le spectre de la mort pouvait faire surgir une grande ferveur religieuse. Un Père Blanc alla même jusqu'à comparer « les mitrailleuses allemandes » aux sacrements comme sources de croissance surnaturelle.[27] Les douloureuses conditions de la guerre des tranchées étaient assez facilement sanctifiées. D'ardents actes d'amour et de contrition survenaient spontanément face au danger. « Priez pour moi, Monseigneur », écrivit Loiseau à Livinhac en 1916, « afin que je ne cesse de me sanctifier au contact de la mort et que Dieu me conserve vie et santé pour que je retourne en mon cher Ouganda ». « J'aime à penser que mon service dans l'armée sera bénéfique pour des âmes et donnera gloire à Dieu. »[28]

La présence de soldats d'origine africaine sur le front de l'Ouest rappelait l'idéal missionnaire et constituait une aide supplémentaire pour alimenter la vie spirituelle. À maintes reprises, les conscrits Pères Blancs firent une offrande explicite de leurs souffrances et même de leur vie pour les missions, pour les non-chrétiens du continent africain et pour la Société. Le sang de ceux qui firent don de leur vie « n'est pas perdu pour notre chère Afrique », écrivit Arsène Sabau (1887-1974) à Livinhac en 1917. « Le but de nos souffrances de chaque jour est le salut des (Africains) ».[29] Un missionnaire s'identifia avec le monde « non civilisé » de l'Afrique qu'il contrastait avec la « civilisation » qui avait déclenché cette terrible guerre. « Décidément en choisissant notre Société », conclut-il, « nous avons trouvé la meilleure part ».[30]

Notre Dame du Retour

« Ô Marie, formidable comme une armée rangée en bataille, aidez-nous ! »[31] Ernest Potier fit cette prière à Verdun en 1917, faisant allusion à la métaphore militaire avec laquelle l'amant s'adresse à sa bienaimée dans le Cantique des cantiques. Au cours de l'année suivante, Potier trouva la mort sur le front de la Champagne. Mais, cet après-midi là à Verdun, il sentit la puissante présence de Notre-Dame à ses côtés alors qu'il portait un soldat blessé sous le feu des mitrailleuses. Bien qu'il fût blessé à l'épaule et aux pieds, une « main invisible » vint dévier les balles qui lui visaient la tête ainsi que celle de son compagnon blessé. Ce fut un « pèlerinage inoubliable » au travers des champs de bataille des jours passés. La dévotion portée à la Mère de Dieu était caractéristique de la Société des Missionnaires d'Afrique et les conscrits sentaient sa miraculeuse protection lors des combats. Ce fut Marie qui amena les sauveteurs dans la tranchée d'un confrère blessé, ce fut encore elle qui sauva un membre de l'amputation et qui empêcha un obus tout proche d'exploser. Ce fut même Marie qui

---

[25] *Petit Echo*, n° 21, 1915, p.6.
[26] *Petit Echo*, n° 33, 1916, p.174.
[27] *Petit Echo*, n° 26, 1915, p.166.
[28] *Petit Echo*, n° 34, 1916, p.215.
[29] *Petit Echo*, n° 40, 1917, pp.15-16. « Africains » : « infidèles » dans l'original, pas un terme péjoratif.
[30] *Petit Echo*, n° 40, 1917, p.29.
[31] *Cantiques*, 6: 4, 10; *Petit Echo*, n° 41, 1917, pp.47. « *O Marie...terribilis es ut castrorum acies ordinata ! Aidez-nous.*

contraignit les Allemands à battre retraite et qui protégea les soldats des « tirs alliés ». « Je suis profondément convaincu », écrivit un Père Blanc depuis le front de l'Ouest en 1915, « que la Sainte Vierge Marie en personne réduisit, comme par magie, ces morceaux de métal en poussière ». Quant à lui, Joseph Delmer (1891-1969) s'exclama depuis la Serbie : Nous portons « des casques en acier bleu...mais le (véritable) casque de salut est pour nous la Très Sainte Vierge ».[32]

Une foi sincère positionnait fermement Marie dans la sphère de la Providence divine. Même si les missionnaires sentaient qu'elle leur offrait une réelle protection contre le danger présent, c'était également elle qui priait pour eux « à l'heure de [leur] mort ». Sa présence était réconfort pour les blessés et elle présidait lors du sacrifice suprême de ceux qui faisaient don de leur vie. Célestin Paulhe (1888-1919*) fut gravement blessé à l'épaule et au niveau de la cavité oculaire. « Au moment où j'ai été touché, » écrivit-il plus tard, « je me suis trouvé en présence d'une protection spéciale très efficace de notre auguste Mère du ciel. Et cette pensée sentie est bien faite pour m'aider à supporter mon mal avec la vraie patience apostolique. »[33] Joseph Delmer décrivit la mort de Régis Delabre survenue sur le front serbe en mai 1916 en faisant allusion à l'image de la Sainte Vierge qui terminait le mois qui lui fut dédiée en prenant à ses côtés l'un des enfants de Livinhac.[34]

Les Pères Blancs, tout comme d'autres soldats, invoquaient très souvent Marie sous le titre de « Notre Dame du Retour ». L'origine de cette dévotion, qui fut prisée au cours des deux guerres mondiales, était quelque peu étrange. Une statue de Notre-Dame occupait une position proéminente sur le toit de la cathédrale de Clermont. Elle était située à côté d'un clocher qui servait à sonner le retour des chanoines au chœur. Cette statue prit donc le nom de « *Notre Dame du Retour* ». Elle symbolisa le désir des soldats qui priaient pour un retour sain et sauf des dangers du front ainsi que de l'emprisonnement ou de l'internement. Les Pères Blancs conservaient des images de cette statue et invoquaient toujours Marie à l'aide de ce nom. Un Père Blanc jura qu'il ferait don de sa médaille d'honneur comme *ex voto* pour elle. Un autre, qui échappa de peu à de graves lésions au niveau de la colonne vertébrale, lui promit un « beau cierge ». En Ouganda, une église missionnaire fut même dédiée à Notre Dame du Retour. En 1914, un terme avait été mis à la mission de Kitabi et sa réouverture fut repoussée jusqu'au « retour » des soldats missionnaires. Dans l'attente de leur démobilisation, l'église fut ainsi consacrée.[35]

Un autre nom qui était souvent à la bouche des Missionnaires d'Afrique au combat était celui de la carmélite Thérèse de Lisieux. Morte en 1897, elle ne fut pas canonisée avant 1925. Toutefois, les Pères Blancs l'invoquaient souvent comme une sainte et lui consacraient le titre de « Sainte ». À juste titre, elle était toutefois plus souvent appelée « Sœur Thérèse » ou même « la vénérable sœur Thérèse de l'Enfant Jésus ». Son patronage des missions était connu des Missionnaires d'Afrique, tout comme l'était son amitié envers leur regretté confrère Maurice Bellière (1874-1907). En fait, sa doctrine professant l'amour miséricordieux de Dieu était largement répandue à cette époque et aida à enrayer la théologie pessimiste du salut qui prévalait souvent parmi les missionnaires. Dans leurs prières de délivrance et leurs actions de grâce, le nom de Marie était souvent accompagné de celui de Thérèse.

---

[32] *Petit Echo*, n° 26, 1915, p.155; n° 28, 1916, p.28.
[33] *Petit Echo*, n° 34, 1916, p.209.
[34] *Petit Echo*, n° 34, 1916, p.222.
[35] *Rapports Annuels*, n° 15, 1919-1920, p.477.

Le rôle de leader de Léon Livinhac

En 1914, Léon Livinhac, alors âgé de soixante-huit ans, avait huit années de vie devant lui. Jusqu'à sa mort en novembre 1922, il les consacrera à l'exercice de ses fonctions en tant que supérieur général des Missionnaires d'Afrique. Charles Lavigerie, cardinal et archevêque d'Alger ainsi que fondateur de la Société, reposait en paix depuis plus d'une vingtaine d'années. Malgré le fait que Livinhac vivait amplement dans l'ombre du fondateur, son propre prestige en Afrique et au sein de la Société était considérable. Son espérance de vie était déjà supérieure à celle qu'avait connue Lavigerie. Au sein d'une Société comptant quelque huit cents membres, seuls trois étaient d'un âge plus avancé mais c'était lui le patriarche.[36] En tant que premier évêque catholique de l'Afrique équatoriale et que héros de la première pénétration missionnaire à l'intérieur des terres africaines, il était pourvu d'une connaissance intime des conditions dans lesquelles les missionnaires œuvraient. Cet avantage était un fait d'une importance pratique essentielle pour sa gouvernance de la Société.[37] C'était un homme profondément spirituel, nombre dirait un saint, pour qui le bien-être spirituel de ses missionnaires lui tenait vivement à cœur. Son expérience réelle des épreuves endurées durant la vie missionnaire, son ascétisme et son humilité atténuaient sa propension naturelle au pessimisme. Fidèle à lui-même, il donna libre cours aux plus sinistres inquiétudes lorsque la Première Guerre mondiale éclata. Prophétiquement, il pressentit la survenue d'un « terrible jugement » pour les nations européennes et prédit des conséquences désastreuses pour les Missionnaires d'Afrique, leurs missions et leurs ressources.[38] Comme il le signala dans une circulaire datée de février 1915, ses craintes s'étaient largement confirmées au cours des six premiers mois de la guerre. Il conclut : « Priez surtout pour le pauvre vieillard qui vous écrit. »[39]

Peut-être était-il âgé et craintif mais la guerre fut son « heure de gloire ». Livinhac se montra à la hauteur des circonstances, guidant ses missionnaires au travers de rudes épreuves et maintenant l'union au sein de la Société. La Première Guerre mondiale lui donna l'occasion de faire preuve d'une remarquable faculté de leader, dont les conséquences furent entièrement positives. Durant son supériorat, Livinhac rédigea cent trente-quatre lettres circulaires à l'intention de l'ensemble de la Société. Trente-six d'entre elles furent écrites au cours de ces huit dernières années de sa vie, la dernière ayant été envoyée six mois avant sa mort. Les treize circulaires en temps de guerre furent les plus poignantes qu'il écrivit. Trois d'entre elles étaient de longs bulletins d'informations, décrivant les affaires des différents fronts de guerre et des territoires missionnaires. Ces bulletins étaient de grande utilité dans le sens où ils fournissaient aux lecteurs un aperçu global de la Société à des moments spécifiques de la guerre. Deux furent rédigés en 1915 et l'autre au début de l'année 1918.[40] Ces courriers montraient à quel point les Missionnaires d'Afrique formaient une famille unie et, dans ces lignes, il invitait à la prière au nom de ceux qui se trouvaient sur le

---

[36] Les trois missionnaires plus âgés que lui étaient : Frère Artémon Galendrin (1840-1922), Père Jean-Joseph Richard (1841-1917) et Père Pierre Viven (1844-1933).

[37] En 1872 Saint Daniel Comboni fut nommé Vicaire Apostolique de « l'Afrique Centrale », un vicariat qui fut limité en pratique au nord du Soudan anglo-égyptien. En 1883 Raoul de Courmont CSSp fut nommé Vicaire Apostolique de Zanzibar, présidant au dessus d'un group de postes à la côte est africaine et aux environs. On peut donc dire que l'élévation de Livinhac en 1885 au vicariat de Nyanza, à l'intérieur du pays, l'a fait le premier évêque de l'Afrique Equatoriale.

[38] Livinhac, L., *Lettres Circulaires 1912-1922*, Maison Carrée, Alger, n° 108, 5 août 1914.

[39] *Ibid.*, n° 109, 2 février 1915. p.22.

[40] Livinhac, *op.cit.*, n° 109, 2 février 1915; n° 111, 24 mai 1915 ; n° 117, 2 février 1918.

champ de bataille ou dans un lit d'hôpital. Ces bulletins attestent également de sa compassion et de son désir de voir ce carnage et ces souffrances prendre fin.

« Les lettres du front », écrivit-il en 1915,…[41]

Quatre autres circulaires des temps de guerre, rédigées en 1916 et 1917, avaient trait à la spiritualité : providence, patience, consécration au Sacré-Cœur et chasteté. « La guerre a resserré les liens qui unissent notre société », écrivit-il dans la première. « Jamais auparavant vous n'avez tant aimé la Société ou vous ne vous êtes senti aussi heureux d'être compté parmi ses membres. Ceci constitue une grande consolation pour moi. »[42] Il poursuivit en développant le thème de la providence et en montrant que le mal comme le bien aident à réaliser la volonté de Dieu. Il exhorta les Pères Blancs à ne pas critiquer la providence mais, au contraire, à l'aimer et à en être reconnaissant.

La lettre consacrée au thème de la patience vint en réponse aux lamentations de ceux qui se plaignaient de la trop longue durée des hostilités. Dieu est exemple de patience et les Missionnaires d'Afrique doivent développer les qualités émanant d'une patience surnaturelle, universelle et continuelle. La pratique de la patience était une voie importante de la sanctification.[43] La lettre sur la consécration au Sacré-Cœur faisait mention du courage des soldats missionnaires qui vivaient leur vocation d'une manière singulière et nécessitaient la grâce divine pour accomplir leur idéal missionnaire dans de telles circonstances.[44] La circulaire consacrée à la chasteté commença par demander à Dieu de veiller sur « ceux dont le devoir les expose jour et nuit à des engins meurtriers qui recouvrent de sang et anéantissent le plus vaste champ de bataille que le monde n'ait jamais vu. »[45] Néanmoins, Livinhac sentait que les Pères Blancs confrontés aux dangers réels du front et les missionnaires surmenés qu'ils avaient laissés derrière eux en Afrique pourraient toujours être exposés à d'autres formes de danger. D'où son essai sur la spiritualité concrète.

Dans son dernier bulletin, Livinhac s'attarda sur les événements survenus au cours de la campagne est-africaine.[46] Il n'oublia pas les chrétiens africains qui avaient été contraints de se faire soldats ou porteurs et qui avaient été privés d'instruction religieuse et des sacrements. Il déplora également la mort subite de l'évêque Adolphe Lechaptois (1852-1917), son ancien co-novice de 1873.[47] Cependant, il éprouva une joie triomphante lors de l'ordination de dix prêtres africains dans trois des vicariats Pères Blancs.

En plus des circulaires générales adressées à l'ensemble de la Société, Livinhac rédigea également des circulaires spéciales destinées aux soldats missionnaires postés sur le front et connues sous le nom du *Petit Communiqué*. Elles traitaient de la guerre sur le sol africain et énuméraient les noms des membres morts ou disparus en Europe et au Proche-Orient. Elles contenaient des expressions d'affection et de compassion pour les soldats ainsi qu'une très réelle appréciation des lettres affectueuses qu'il recevait de leur part.[48] Livinhac prit également l'habitude d'ajouter des messages de sa propre plume sur les circulaires imprimées à destination du front. Cette délicate attention était très appréciée de ses confrères postés dans les tranchées. Elle

---

[41] Livinhac, *op.cit.*, n° 111, 24 mai 1915, pp.22-25.

[42] Livinhac, *op.cit.*, n° 112, 2 février 1916, p.1.

[43] Livinhac, *op.cit.*, n° 113, 12 mai 1916, pp.1-8.

[44] Livinhac, *op.cit.*, n° 115, 2 février 1917, p.4.

[45] Livinhac, *op.cit.*, n° 116, 17 mai 1917, p.3.

[46] Livinhac, *op.cit.*, n° 117, 2 février 1918.

[47] Lechaptois mourut âgé 65 ans. Il fut nommé Vicaire Apostolique de Tanganyika en 1891. Il a tenu cette position pendant 28 années.

[48] AGMAfr. 119 068, Circulaires aux missionnaires soldats.

démontrait la prévenance et la gentillesse de Livinhac ainsi que le caractère informel de ses relations avec les plus jeunes de la Société.

Peu de ces messages personnels subsistent. Toutefois, les archives de la Société en comptent trois. Ils sont rédigés de sa propre main et méritent d'être cités dans leur intégralité.[49] François Viel, frère Camille (1884-1955), reçut le message suivant après avoir été blessé à Verdun en 1917 : « Cher Frère Camille. J'étais désolé d'apprendre que vous êtes blessé aux deux jambes et que vous souffrez beaucoup, mais le P. Viel qui nous donne cette nouvelle ignore si les blessures sont graves ou non. Vous devinez mon inquiétude.[50] Je demande au bon Maître d'adoucir vos souffrances et de guider la main des chirurgiens pour remettre vos jambes en bon état. Je le prie de vous donner la patience qui transformera vos douleurs en source de mérites. Vous avez été blessé en accomplissant votre devoir au péril de votre vie. Dieu le sait et il vous en récompensera un jour. Inutile de vous dire, mon cher frère, que nous prions tous pour vous. Je vous bénis de tout cœur en me disant, mon cher enfant, votre affectionné et tout dévoué en Notre Seigneur. + Léon. »

À un autre missionnaire (possiblement Charles Joyeux 1886-1965), qui avait été blessé et décoré, il écrivit en novembre 1915 : On vous a dit « avec quelle joie j'avais appris qu'on avait reconnu et récompensé votre bravoure, mais je tiens à vous envoyer moi-même mes plus sincères félicitations. Nous missionnaires nous attendons une gloire éternelle et faisons pas de cas de la gloire obtenue de ce monde. Cependant tout ce qui tourne à l'honneur de notre sainte religion et de notre chère société doit nous réjouir. Or c'est le cas pour la distinction dont vous êtes l'objet. C'est donc de tout cœur que je vous félicite. Que notre Seigneur vous guérisse au plus tôt de vos glorieuses blessures et en attendant vous donne la patience qui rend méritoire toutes vos souffrances. »

Au Père Gabriel Binel (1879-1942), un missionnaire d'Ouganda détenu à Bizerte, il écrivit le 14 octobre 1918 : « Offrez à notre bon Sauveur par les mains de Marie notre bonne Mère votre travail et vos tracas. Ils seront ainsi très méritoires et attireront sur vous et sur les amis des grâces de conversion et de sanctification. Il est regrettable que vous manquiez de local pour faire en commun avec les confrères qui se trouve à Bizerte vos exercices de piété. Tâchez de les faire de votre mieux en particulier et si le temps vous manque suppliez-y par plus d'union à Notre Seigneur au fond de votre cœur et par de fréquentes oraisons jaculatoires. Il semble que la terrible guerre qui vous a arraché à votre mission ne peut plus durer longtemps et qu'il se terminera par l'écrasement de nos ennemis, ce qui permettra de licencier sans trop de retard une partie des mobilisés. La certitude d'une victoire éclatante et la pensée de votre retour prochain dans votre cher Buganda doivent vous consoler de vos ennuis présents…Remplissez de votre mieux les devoirs qu'ils vous imposent et si, malgré tous vos soins, vous ne pourrez échapper aux reproches et aux punitions, acceptez-les avec esprit de foi et offrez-les pour la conversion des pécheurs. »

Les discours de remerciements, prononcés par Livinhac en reconnaissance des bons vœux qui lui étaient adressés au nouvel an et le jour de sa fête patronale, véhiculaient également ses réflexions et ses enseignements sur la guerre. À ces occasions, il répétait à maintes reprises la consolation et l'anxiété qu'il ressentait et il accordait sa bénédiction toute spéciale aux confrères soldats.[51] Au nouvel an de 1917, il proclama : « Ils se conduisent…en véritables missionnaires remplissant avec une égale ardeur

---

[49] Ils se trouvent en AGMAfr, Livinhac 1, iv, Lettres aux Confrères.
[50] Pierre Viel (1879-1964).
[51] Cf. *Petit Echo*, n°32, 1916, p.129; n° 52, 1918, p.2 ; n° 55, 1918, p.75.

leur devoir sacerdotal et patriotique... et montrent à tous comme on s'aime dans la Société ».[52]

Les communications de Livinhac suscitaient une réponse enthousiaste de la part de ceux sur le front. En 1915, Louis Glass (1886-1919*) et Léon Darot (1890-1958) lui dirent depuis Gallipoli à quel point sa circulaire dédiée aux aspirants et confrères soldats était appréciée.[53] Eloi Falguières (1887-1924) lut et relut sa circulaire sur la patience. « Merci, écrivit-il, pour la résignation que vous nous donnez ; merci aussi pour vos prières. »[54] Un correspondant soldat remercia Livinhac pour le message personnel ajouté sur la circulaire, lequel était si approprié dans sa présente situation. « Je retrouve le son de votre voix et vos gestes, et je me figure être encore là bas à vos pieds, avec tous les confrères de mon cours : ceux qui sont en mission, ceux qui sont à la guerre et celui qui est au ciel....Depuis que j'ai commencé à les conserver (les circulaires), elles forment un volume qui gagnerait à être d'un format plus petit, mais auquel je tiens beaucoup. »[55]

Frans Van Volsem (1893-1967) écrivit en 1916 : « Avant de partir (au combat), cher Père, je tiens à vous remercier de tout ce que vous avez fait pour moi durant les années si douces que j'ai passées au Scolasticat et surtout durant les neufs derniers mois depuis que j'ai été mobilisé. Vous ne sauriez croire le bien que vous faites à vos enfants, soit par le Petit Communiqué, soit par le petit mot que vous y ajoutez. »[56] « Votre dernière lettre, Monseigneur », écrivit un autre soldat en 1917, « me combla de la plus grande joie ». Après la guerre et depuis Kigonsera en Afrique orientale, Camille de Chatouville (1871-1927) fit également part de son bonheur lorsqu'il reçut la circulaire de Livinhac sur la chasteté.[57]

Les missionnaires soldats écrivaient fréquemment pour demander la bénédiction de Livinhac ou, à leur tour, appeler sur lui la bénédiction divine. Le novice clerc Adrien Guillou, qui devait très prochainement faire don de sa vie, demanda sa bénédiction en 1916 avant de partir pour le front. Céléstin Paulhe (1888-1919*) écrivit la même année : « Je n'oublierai jamais, Monseigneur et Vénéré Père, les sentiments de tendre sollicitude que Votre Grandeur a bien voulu me témoigner à l'occasion de ma blessure. »[58] « Que notre bonne Mère du ciel », écrivit Arsène Sabau (1887-1974), « vous garde longtemps encore à notre affection, qu'elle vous obtienne de son Divin Fils les grâces nombreuses dont vous avez besoin pour diriger toujours avec sagesse et fermeté notre chère Société en ces temps si troublés. »[59] Il s'agissait d'un désir profond qui était exprimé à maintes reprises.

La nostalgie de l'Afrique

Sur les fronts de guerre de l'Europe et du Proche-Orient, les pensées des missionnaires ne s'éloignaient jamais des terres d'Afrique. Ils célébraient la messe, dans la mesure du possible, en l'honneur des missions et acceptaient leurs souffrances ainsi que le spectre de la mort pour la rédemption des Africains. « Le simple fait de penser à nos missions » écrivit Eloi Falguières en 1916, « adoucit l'amertume ». Adrien Guillou ajouta qu'il avait pour seule ambition de se consacrer entièrement aux

---

[52] *Petit Echo*, n° 40, 1917, p.2.
[53] *Petit Echo*, n° 24, 1915, p.98; n° 26, 1915, p.169.
[54] *Petit Echo*, n° 34, 1916, p.213.
[55] *Petit Echo*, n° 34, 1916, p.213.
[56] *Petit Echo*, n° 39, 1916, p.377.
[57] *Petit Echo*, n° 39, 1916, p.377; n° 64, 1919, p.33.
[58] *Petit Echo*, n° 35, 1916, p.238; n° 36, 1916, p.273.
[59] *Petit Echo*, n° 40, 1917, pp.15-16.

missions africaines. Il s'y préparait en faisant son devoir de soldat.[60] Pour un étudiant, mourir pendant la guerre, sans jamais participer directement au travail d'évangélisation de l'Afrique, était impensable. Certains firent toutefois ce sacrifice et dirent leur fiat.[61]

Comme le prochain chapitre le montrera, il arrivait aux conscrits Pères Blancs de servir aux côtés des troupes africaines sur les fronts européens ou d'entrer en contact avec ces soldats. De telles occasions leur rappelaient avec plaisir leur mission passée ou future sur le continent africain. Certains parvinrent même à rester en contact avec leur ancien poste de mission. Pendant la durée des hostilités, les services postaux avec l'Ouganda restèrent totalement opérationnels. Joseph-Marie Verpoorter (1884-1972) reçut régulièrement des nouvelles de sa mission à Gayaza. Il brûlait d'envie de retrouver ses chers catéchumènes et néophytes. Avec lui dans les tranchées, il avait une copie de la grammaire d'Henri Le Veux (1879-1965), laquelle lui permettait de lire au quotidien un peu de luganda.[62] Un autre missionnaire de l'Ouganda regrettait de ne pas avoir un recueil de cantiques en luganda, auquel cas il aurait pu faire connaître à son entourage les peuples du Buganda.[63]

Pendant les années de guerre, la demande de béatification des martyrs d'Ouganda fut approfondie. À maintes reprises, les missionnaires d'Ouganda postés sur le front profitèrent de l'occasion pour prêcher à propos d'eux. En mars 1916 dans la ville de Limoges, Marius Gremeret (1873-1959) prononça avec grande éloquence un sermon sur les martyrs. L'homélie fit oublier à Louis Hamon (1880-1930) la neige et le froid qui sévissaient en France.[64] « Que de fois je me suis pris à regretter le bon soleil de l'Ouganda et aussi – je l'avoue – un solide africain pour porter mon sac et mes musettes ! »

Le livre de grammaire luganda d'Henri Le Veux était peut-être étudié par d'autres dans les tranchées, mais Le Veux lui-même se trouvait présent sur le front. Mobilisé en 1914 en tant qu'aide-soignant et que brancardier, il demeura sur la ligne de front tout au long de la guerre. Aussi incroyable que cela puisse paraître, il parvint à travailler, depuis les tranchées et le plus souvent sous le feu des bombardements, à l'élaboration de son superbe dictionnaire luganda-français. Cet ouvrage est considéré comme irremplaçable pour l'apprentissage du luganda.[65] L'exemple de Le Veux illustre parfaitement les talents linguistiques des Pères Blancs.

La théologie dans les tranchées

Au cours des chapitres précédents, il a été fait mention du « camp séminaire » belge d'Anvers et de la « prison séminaire » allemande de Münster, au sein desquels les séminaristes mobilisés poursuivaient un programme d'études théologiques. Toutefois, il semblerait que les scolastiques, dont l'apprentissage avait été interrompu par la survenue de la guerre, profitaient pleinement de chaque occasion qui s'offrait à eux pour poursuivre en autodidacte leur formation théologique. Pour échapper à l'ennui, un conscrit missionnaire expliqua qu'il avait relu ses manuels scolastiques ainsi que les commentaires de Meschler sur les exercices spirituels de St Ignace. Il parvint

---

[60] *Petit Echo*, n° 34, 1916, p.213; n° 35, 1916, p.239.
[61] *Petit Echo*, n° 36, 1916, p.279.
[62] *Petit Echo*, n° 35, 1916, p.242.
[63] *Petit Echo*, n° 40, 1917, p.12.
[64] *Petit Echo*, n° 32, 1916, p.147, (africain, *nègre*).
[65] *Petit Echo*, n° 561, septembre-octobre 1956, pp.442-446.

même à effectuer, sans interruption, tous les exercices d'une retraite de trente jours.[66] Un aspirant posté à Salonique révisa ses notions de philosophie, se rafraîchissant la mémoire sur des thèmes tels que « essence » et « existence ». Bien que dans les tranchées, un autre soldat essaya d'une manière ou d'une autre de « vivre la vie d'un scolastique ».[67] Ce n'était pas chose facile. Comme Gaston Duiquet (1888-1930*) le fit remarquer à Verdun : On pense moins à « la théologie et (aux) combats syllogistiques après…les combats à coups de canon et de grenades. »[68]

Un aspirant « vivant dans les bois et sous la pluie » trouva le temps de lire un numéro d'*Études*. Un autre enseigna le latin sous une pluie d'obus à « un jeune homme de vingt-trois ans que la caserne et la guerre ont achevé de fixer dans sa vocation »[69]. Comme mentionné auparavant, certains s'adonnaient également à l'apprentissage des langues. Après le luganda, le swahili était la deuxième langue de prédilection. Des cours de swahili étaient assurés à Anvers. Joseph Fillion (1881-1930), un missionnaire en Ouganda, se prépara au travail d'aumônier en Afrique orientale allemande en rafraîchissant ses notions d'anglais et s'initiant au swahili.[70]

Pour les scolastiques qui étaient sur le point de terminer leurs études sacerdotales lorsqu'ils furent mobilisés, leur ordination constituait leur première préoccupation. Comme la période des ordinations revenait chaque année à Carthage, ils aspiraient d'autant plus à la prêtrise. « Dans quatre jours », écrivit un scolastique depuis le front serbe en 1916, « mes confrères vont être prêtres pour toujours. Chaque jour je fais ma méditation sur… la beauté de ce ministère…Mes pensées, mes prières, mes actes, mes petits sacrifices, tout est pour les futurs prêtres. »[71] « …à quand le sacerdoce que j'attends depuis si longtemps ? À quand cette joie suprême ? » demanda Auguste Thézé (1890-1920*) alors détenu prisonnier de guerre. « À quand l'Afrique ? À quand les Missions ? »[72]

En mars 1915, Gaston Duiquet apprit que des diacres soldats du front seraient susceptibles d'être ordonnés. « Serai-je l'un d'entre eux ? », s'enquit-il. Par la suite, il reçut avec joie une réponse positive. Il alla donc emprunter en toute hâte un livre de théologie auprès d'un autre scolastique afin de procéder à des révisions de dernière minute. La perspective de sa future ordination oblitérait toute peur de la mort.[73] Au mois de juillet de la même année, Etienne Farrussenq (1889-1953) et Joseph Delmer (1891-1969) furent également appelés à entrer dans les ordres. En tant que prêtres, il fut décidé qu'ils pourraient venir davantage en aide à leurs compagnons d'armes. Il était convenu qu'ils devraient terminer leurs études après la guerre. Dans le cas d'Auguste Thézé, le Conseil général fournit un motif semblable. En tant que prêtre, il serait davantage en mesure d'épauler ses compagnons codétenus. Après consultation auprès du personnel du séminaire de Carthage, Joseph Malet (1872-1950) lui fit parvenir la bonne nouvelle.[74] Emile Laroche (1890-1979), réformé du front en raison des mutilations qu'il reçut, fut l'un des cinq prêtres à être ordonnés à Carthage après la signature de l'armistice.[75]

---

[66] *Petit Echo*, n° 28, 1916, p.12.

[67] *Petit Echo*, n° 30, 1916, p.92; n° 33, 1916, p.206.

[68] *Petit Echo*, n° 34, 1916, p.206.

[69] *Petit Echo*, n° 38, 1916, p.331; n° 39, 1916, p.379.

[70] *Petit Echo*, n° 29, 1916, p.40; n° 44, 1917, p.123.

[71] *Petit Echo*, n° 35, 1916, p.250.

[72] *Petit Echo*, n° 38, 1916, p.343.

[73] *Petit Echo*, n° 25, 1915, pp.134-135.

[74] *Petit Echo*, n° 22, 1915, p.25; AGMAfr Conseil Général Procès-verbal, 1171, 27 novembre, 4 décembre 1916.

[75] *Petit Echo*, n° 69, 1919, p.136.

LES PÈRES BLANCS ET LA GRANDE GUERRE

Il est désormais temps de se tourner vers l'Afrique et d'examiner la participation, dans la Première Guerre mondiale, des pays et des peuplades qui la composent. Il convient également d'étudier le ministère des Pères Blancs auprès des troupes africaines, à la fois sur le continent africain et le sol européen. Toutefois, hormis leurs contacts directs et leurs implications, il s'avère impossible de séparer le vécu des conscrits missionnaires en Europe et au Proche-Orient des répercussions de la guerre sur l'Église africaine. Leur expérience traumatique des tranchées conditionna leur perspective et leur engagement missionnaires. Le plus souvent, ce vécu les aida à approfondir leur vie spirituelle, laquelle fut également renforcée par les exercices spirituels effectués à Maison Carrée après la guerre. En outre, cette expérience leur donna un sentiment de grande humilité et les rendit moins enclins aux tentations du chauvinisme et de l'arrogance coloniale. Dans certains cas, ils étaient même écœurés de cette soit disant « civilisation » qui perpétrait tant de souffrances et de destruction. Outre cette maturité spirituelle, ils manifestaient un plus grand respect pour les Africains, et tout particulièrement pour les soldats africains qui combattirent à leurs côtés, ainsi qu'une grande affection pour le territoire des missions que la guerre leur avait temporairement nié. Les mobilisés de 1914 étaient profondément différents de ceux qui retournèrent en 1918. De même, l'Église qu'ils revenaient servir était inévitablement différente.

Jean-Marie le Tohic (assis)

Diacre Joseph Grison

Joseph Margot-Duclos

Henri Guibert novice

Lode de Boninge novice

Statue de De Boninge

Martin Jaureguy

87

Charles Umbricht

Charles Joyeux

Binson

Chapelle de Binson en ruines

Auguste Clavel

Binson en ruines

89

Léon Livinhac

Mathurin Guillemé

Théophile Avon

Louis Burtin

Benoît XV

Alexis Lemaître musicien

Avec la Force Publique

Mazé en arrière à gauche. Laane assis à droite.

Oger Ulrix et mobilisés

Chapitre Général de 1920

Cathédrale de Rubaga

CHAPITRE V

TIRAILLEURS, *ASKARIS* ET PORTEURS AFRICAINS

Le recrutement en Afrique occidentale française

Réalité souvent ignorée, plus d'un million de soldats africains furent enrôlés pour servir en tant que combattants au cours de la Première Guerre mondiale.[1] De surcroît, plus d'un million d'Africains furent recrutés en tant que travailleurs et porteurs pour participer à l'effort de guerre. Les *askaris* (soldats) africains de l'armée coloniale allemande, la *Schütztruppe* (« troupes de protection »), étaient enrôlés, comme le nom de l'armée l'indique, pour défendre les colonies de l'Empire allemand. Face à cette force armée, des tirailleurs africains du Sénégal et du Soudan français étaient alignés en Afrique de l'Ouest aux côtés de régiments africains issus des colonies britanniques du Nigéria et de la Côte-de-l'Or (Ghana).[2] Ces deux dernières unités entrèrent également en action lors de la campagne est-africaine, accompagnées d'*askaris* issus des *King's African Rifles* (« Tirailleurs africains du roi ») qui étaient originaires du Kenya, de l'Ouganda et du Nyassaland (Malawi). Au Congo, les Belges recrutèrent des *askaris* pour rejoindre les rangs de la Force publique. Comme il s'agissait principalement d'une force chargée de maintenir l'ordre dans la colonie, les premières offensives en Afrique orientale allemande ne furent pas menées sans difficultés. Les armées adverses en Afrique centrale et orientale enrôlèrent également plus d'un million de porteurs africains, dont plus de vingt pour cent auraient succombés à la malnutrition et aux maladies.

Entre 1914 et 1918, plus de cent quatre-vingt mille Africains prirent les armes en Europe, principalement au sein de l'armée française. En partance de l'Afrique du Sud, la Grande-Bretagne envoya également vingt-cinq mille Africains vers l'Europe pour servir au sein du *Native Labour Contingent* (« Contingent de travail indigène »). Il leur était interdit d'agir en qualité de combattant. En février 1917, six cent quinze hommes se noyèrent lorsque le *Mendi* sombra au large de l'île de Wight. Ceux qui arrivaient à bon port vivaient dans des enceintes où la ségrégation était de rigueur et venaient grossir la main-d'œuvre sur les docks français ou derrière les tranchées. Lorsqu'ils furent démobilisés à la fin de la guerre, ils ne reçurent ni récompense, ni médaille, ni ruban. Lorsque les États-Unis d'Amérique entrèrent dans la guerre, deux divisions afro-américaines prirent la mer en 1918 à destination des côtes françaises. Cent soixante mille travailleurs militaires les précédèrent pour assurer la manutention du ravitaillement et la construction des infrastructures nécessaires.

---

[1] Cette introduction se fonde sur Strachan *op.cit.* 2003, pp.80-94; Morrow Jr., John H., *The Great War – An Imperial History*, Londres, Routledge, 2004, *passim*; Lunn, Joe, *Memoirs of the Maelstrom: A Senegalese Oral History of the First World War,* Londres, Heinemann, 1999, *passim*; Mohlamme, J.S., "Soldiers Without Reward", The South African Military History Society, *Military History Journal*, vol. 10. n° 1, *scribe@samilitaryhistory.org.*

[2] Il y avait aussi un petit nombre d'unités Antillaises dont plusieurs furent composées de soldats noirs. Les noms des soldats de ces unités disparus sont inscrits sur la Porte Menin à Ypres.

Cependant, la France fut le principal pays qui recruta des troupes sur le continent africain en vue de les envoyer en Europe. L'armée française comptait trois cent quarante mille Nord-Africains (colons français et indigènes confondus), deux cent cinquante mille Ouest-Africains et trente mille noirs venus des Antilles françaises. Un millier de Sénégalais furent envoyés par bateau à Gallipoli, où les trois quarts d'entre eux furent tués ou blessés au cours des dix premiers jours. Cent quarante mille noirs africains combattirent en Europe au nom de la France, principalement sur le front occidental. Le bilan humain parmi ces derniers faisait état de vingt-quatre mille morts.[3] Des milliers furent portés disparus et des milliers d'autres furent blessés.

L'un des plus grands défenseurs du recours aux troupes noires en Europe fut le général Charles Mangin, dont le frère Eugène était un Père Blanc et un membre de la commission de recrutement au Soudan français.[4] Le général Mangin avait servi en Afrique occidentale française et, quatre ans avant le début des hostilités, il avait écrit un livre sur l'utilité des troupes africaines.[5] Mangin, entre autres, affirmait que des gisements de main d'œuvre devaient être exploités à l'extérieur de la France métropolitaine et il vantait les qualités combatives de ces « guerriers ». Même si l'armée française fit preuve d'une plus grande ouverture que d'autres sur la question de l'enrôlement et même sur celle de la promotion des troupes de couleur, la réalité de leur recrutement et des conditions de leur service fut une toute autre histoire.[6]

Le nombre de combattants africains recrutés au sein de l'armée française lors de la Première Guerre mondiale atteint un record historique qui n'a jamais été surpassé depuis. Au Sénégal, le recrutement rassembla la moitié des hommes aptes et en âge de faire leur service au sein de la colonie. Un historien a affirmé que ce recrutement obligatoire constitua une expropriation de main d'œuvre plus considérable en nombre que le commerce des esclaves. Il ajouta également que sa mise en œuvre impliqua le recours à des méthodes comparables à celle de l'esclavagisme.[7] Au cours des années 1914-1915, trois « campagnes » furent menées dans les zones rurales sénégalaises à l'aide de diverses méthodes. Des commissions mobiles étaient envoyées avec des interprètes pour examiner les éventuelles recrues. Les chefs de village et autres entremetteurs locaux recevaient des primes et autres avantages lorsqu'ils les rassemblaient. Par exemple, ils pouvaient percevoir jusqu'à vingt-cinq francs par personne enrôlée. D'un autre côté, ils risquaient une amende ou la prison s'ils ne parvenaient pas à fournir le quota requis. L'examen médical des recrues était superficiel et nombre d'infirmes et d'handicapés furent admis.

Lorsque le recrutement était entièrement remis dans les mains des chefs et des marabouts sénégalais, les recrues étaient tout simplement enlevées ou capturées par des rafles armées, tout comme les esclaves l'avaient été par le passé. Les intermédiaires étaient payés par tête capturée. Si le chef du village ou d'une famille se montrait réticent à coopérer, les membres de sa famille étaient pris en otage. En guise de rançon pour assurer la libération des membres de sa famille, le chef devait rassembler des « volontaires » devant incorporer le corps de l'armée. Les esclaves domestiques étaient souvent les premiers proposés. Certains prenaient la fuite pour échapper au recrutement et d'autres achetaient leur dispense en soudoyant leurs ravisseurs. Au mieux, ceux qui étaient enrôlés se conformaient à contrecœur aux

---

[3] Le nombre approximatif de soldats africains sur le front occidental était entre 140,000 et 170,000 ou 180,000.
[4] *Petit Echo*, n° 31, 1916, p.108.
[5] Mangin, Charles, *La Force Noire, Paris*. Librairie Hachette, 1910.
[6] Lunn, *op.cit.*, pp.2-3, 24-48.
[7] Lunn, *op.cit.*, p.33.

désirs de leur famille. Au pire, ils étaient les victimes d'une razzia armée. L'enrôlement obligatoire pour le service outre-mer insuffla autant de terreur que les rafles d'esclaves. Nombre furent ceux qui firent la comparaison évidente, craignant que les recrues ne reviennent jamais. En fait, ce fut le cas pour plus de vingt-cinq pour cent d'entre elles. Il semblerait même que le taux de mortalité parmi les soldats africains sur les fronts occidentaux et autres fut proportionnellement plus élevé que celui engendré par l'esclavage.[8]

Suite au recrutement militaire, l'Afrique occidentale française fut confrontée en 1917 à une agitation sociale grandissante et des révoltes éclatèrent au Sénégal ainsi que dans d'autres colonies. Malgré ces tumultes, les besoins croissants en soldats africains restaient pressants. Le sauveur équivoque de la situation fut Blaise Diagne (1872-1934).

Blaise Diagne

Blaise Diagne était un homme politique sénégalais dont la famille jouissait de la nationalité française. Allié avec le parti socialiste majoritaire, il fut élu député à l'Assemblée nationale française en mai 1914. Il maîtrisait parfaitement la langue française et avait épousé une Française.[9] Dans les années 1915-1916, il obtint un éclaircissement des droits civils des indigènes dans les quatre communes d'origine du Sénégal, à tel point que les communards africains devinrent sujets aux mêmes lois relatives à l'enrôlement militaire que les Français de peau blanche.

L'enthousiasme suscité par le service militaire dans les communes suite à l'approbation de cette loi contrasta avec les effets négatifs des campagnes de recrutement dans les régions protégées du Sénégal et les autres colonies françaises. Georges Clemenceau, qui accéda au pouvoir en France vers la fin de 1917, s'en remit à Diagne pour solutionner les problèmes occasionnés par le recrutement dans les colonies d'Afrique française. Il s'entendit avec le député sénégalais et ratifia un décret le 14 janvier 1918, le nommant commissaire chargé du recrutement en Afrique occidentale française.

À l'époque, les coloniaux français diffamèrent Diagne l'accusant d'être un bolchevique. Par la suite, les nationalistes africains le calomnièrent à leur tour l'accusant d'être un agent de l'impérialisme français. En fait, il exigea de Clemenceau de lui conférer des pouvoirs considérables, lequel les lui accorda en signe de récompense pour sa coopération. Ce consentement constitua une véritable amélioration par rapport à la servitude coloniale qui régnait au Sénégal avant l'éclatement de la guerre. Les recrues devaient être dispensées des travaux forcés après la guerre et devaient être prioritaires pour les emplois du secteur public. Ceux qui avaient été décorés seraient en droit de recevoir la nationalité française. Le retour de Diagne au Sénégal, en 1918, coïncida avec la permission de quatre cents tirailleurs sénégalais, dont certains arboraient de prestigieuses décorations. Ces derniers devinrent des agents de propagande de Diagne. En réalité, la campagne de recrutement de Diagne fut extrêmement efficace. Il disposait des pleins pouvoirs pour destituer des représentants officiels français peu coopératifs et même pour nommer des officiels noirs. La campagne de Diagne dans l'ensemble du territoire de l'Afrique occidentale française dépassa l'objectif de quarante mille recrues. En effet, il parvint à en enrôler soixante-trois mille. Seul un petit nombre de ces recrues servit en tant que combattants avant la signature de l'armistice en novembre 1918.

---

[8] Morrow, *op.cit.*, p.96.

[9] Cet exposé sur Diagne se fonde surtout sur Lunn *op.cit.* et Morrow, *op.cit.*

Le prestige d'après guerre de Diagne fut considérable et il fut réélu en tant que député par une majorité écrasante. Même si les Français manquèrent à certaines de leurs promesses prodiguées envers lui et même si les Africains n'eurent pas leur mot à dire lors du processus de paix, l'intervention de Diagne mit un terme à de nombreux abus et injustices. Son action créa une vision plus égalitaire des relations humaines dans l'Afrique coloniale et dans le monde entier. Sans conteste, son intervention altéra dans l'ensemble l'environnement psychologique du recrutement militaire en Afrique occidentale française.

Le recrutement en Afrique de l'Est

La *Schütztruppe* était la force de défense des colonies allemandes. Au Cameroun et en Afrique de l'Est, il s'agissait d'une force mixte comptant à la fois des soldats blancs et noirs. En Afrique du Sud-ouest (Namibie), il s'agissait d'une force entièrement blanche sous le commandement d'Ernst Göring, le père d'Hermann Göring, chef nazi durant la Deuxième Guerre mondiale. La *Schütztruppe* est-africaine fut établie dans le cadre de la loi de 1891 et fut directement contrôlée par le bureau colonial de Berlin.[10] Cette force armée était extrêmement bien organisée. En 1914, elle comptait deux cent soixante officiers blancs et personnels spécialisés et 2472 *askaris* ou soldats noirs, dont deux officiers noirs et cent quatre-vingt-quatre sous-officiers noirs. La *Schütztruppe* est-africaine était composée de quatorze compagnies. Elles étaient déployées sur l'ensemble du territoire colonial dans le but d'assurer la défense et la sécurité de la colonie ainsi que de réprimer les révoltes locales. Les *askaris* étaient recrutés parmi des tribus guerrières bien connues, à savoir les Hehe, les Ngoni et les Nyamwezi. Malgré leur armement relativement médiocre et la discipline draconienne qu'ils enduraient, ils étaient bien entraînés et bien rémunérés. En fait, ils recevaient deux fois plus que leurs homologues britanniques. À mesure que la campagne progressait, la Grande-Bretagne enrôla volontiers des *Schütztruppen* qui se rendaient pour venir grossir les rangs des *King's African Rifles*. Deux bataillons d'anciens *askaris* allemands furent formés mais ces derniers ne purent recevoir le salaire auquel ils étaient accoutumés. Parfois, la *Schütztruppe* était secondée par des irréguliers africains, connus sous le nom traditionnel de telles levées, les *ruga-ruga*.[11]

Les *askaris* de la *Schütztruppe* étaient des experts de la guérilla. En fait, sous le commandement imaginatif du lieutenant Colonel Paul Von Lettow Vorbeck (1870-1964), ils en furent quasiment les créateurs. Ils étaient mobiles et faisaient preuve d'une grande résistance et d'ingéniosité. Cette force armée finit par compter soixante compagnies. À la fin de 1915, elle se composait de 2998 Européens et onze mille trois cents *askaris*. Von Lettow prônait une expansion limitée et contrôlée qui ne pourrait dissiper son efficacité ou ébranler sa structure de commandement. Toutefois, à la fin de la campagne, lorsque la colonne invaincue de Von Lettow capitula près de Kasama

---

[10] Cet exposé sur la Schütztruppe de l'Afrique Orientale se fonde sur Strachan, *op.cit.* 2003, pp.80-94 ; Morrow, op.cit., pp. 58-60, 99, 145-147 ; Gardner, Brian, *German East – The Story of the First World War in East Africa,* Londres, Cassell, 1963, pp.9-13, 59, 76-77 ; Page, Malcolm, *A History of the King's African Rifles and the East African Forces*, Londres, Leo Cooper, 1988, pp.25, 27, 33 ; Parsons, Timothy, *The African Rank and File, Social Implications of Colonial Military Service in the King's African Rifles, 1902-1964,* Londres, Heinemann, 1999, p.19.

[11] Voir Shorter, Aylward, *Chiefship in Western Tanzania, A Political History of the Kimbu*, Oxford, Clarendon, 1972, pp.276-279. Le nom *ruga-ruga* était déjà courant parmi les Nyamwezi et Kimbu de la Tanzanie au mi-19ième siècle. Il s'agissait de jeunes soldats de metier, non-mariés. L'étymologie du nom semble venir du mot Nyamwezi *iluga*: pénis, car ces guerriers s'ornaient des génitaux de leur ennemis comme trophées.

(en Zambie actuelle) après l'armistice signée en Europe en 1918, cette force armée comptait cent cinquante-quatre officiers ou spécialistes blancs et 1156 *askaris*.[12]

Le *King's African Rifles (KAR)* (« Tirailleurs africains du roi ») fut le nom donné aux forces territoriales non officielles qui avaient été formées avant la guerre pour le maintien de l'ordre colonial en Ouganda, en Afrique orientale britannique (Kenya) et au Nyassaland (Malawi).[13] Lorsque la Première Guerre mondiale éclata, leur effectif n'était pas au complet et manquait totalement de préparation pour mener une campagne contre la *Schütztruppe*. En effet, certaines victimes des réductions de personnel au sein des KAR rejoignirent la *Schütztruppe* faute d'unités à intégrer. Les unités des KAR étaient contrôlées et financées par l'administration coloniale locale de chaque territoire et non par le Bureau de la Guerre de Londres. La survenue de la Première Guerre mondiale vint modifier toute cette organisation. En 1916, il existait une structure de commandement centrale sous le contrôle direct de l'administration gouvernementale de Whitehall. De dix-sept compagnies dispersées formant trois bataillons avec soixante-deux officiers et 2319 *askaris* en 1914, les KAR passèrent à treize bataillons en 1916 puis vingt-deux en 1918 avec au total 31 000 *askaris*.[14]

Au plein cœur de la guerre, les KAR représentaient la moitié des forces combattantes britanniques en Afrique de l'Est. L'autre moitié se composait de contingents venus de Grande-Bretagne, de l'Inde, de l'Afrique du Sud, du Nigéria et du Ghana, ainsi que de plus petits détachements de troupes blanches et indigènes issus de la Gambie, des Antilles et de la Rhodésie du Nord et du Sud (Zambie et Zimbabwe). Diverses raisons expliquèrent cette rapide expansion des KAR. Au début de 1916, le général sud-africain Jan Christiaan Smuts (1870-1950) prit le pouvoir en tant que commandant en chef. En septembre de la même année, il avait envahi une grande partie de la colonie allemande. Sa revendication de la victoire, et tout particulièrement d'une victoire sud-africaine, s'avéra prématurée. Grâce aux tactiques du légendaire Von Lettow, la *Schütztruppe* en décroissance fut capable de contenir une force armée dont l'effectif était quinze fois plus conséquent.[15] En fait, lorsque l'armistice fut déclaré, le commandant allemand était disposé à poursuivre les combats pour au moins une autre année. Smuts dut admettre avec réticence que les Allemands pouvaient uniquement être vaincus par une supériorité militaire écrasante et que les troupes africaines étaient davantage adaptées aux conditions de la guerre en Afrique de l'Est que leurs homologues blancs ou d'Inde. À elles seules, ces raisons pouvaient expliquer la rapide expansion des KAR. Toutefois, cette situation s'expliquait également par le fait que la campagne de l'Afrique de l'Est ne pouvait être menée aux dépens de la guerre en Europe. Contrairement aux Français, la Grande-Bretagne n'envoya pas de combattants africains sur le front de l'Ouest. Mais, en intensifiant le recrutement en Afrique même, les Britanniques exclurent le besoin d'envoyer plus de troupes de l'Europe vers l'Afrique.

La politique de recrutement britannique s'expliquait en termes de stéréotypes ethniques guerriers et non guerriers.[16] En réalité, les campagnes de recrutement étaient menées auprès de personnes illettrées, vivant dans des zones marginales, où les

---

[12] Lettow Vorbeck, Paul, Von, *My Reminiscences of East Africa*, Londres, Hart and Blackett, 1920, pp.320-321.

[13] L'auteur lui-même servit comme officier au 3e bataillon (Kenya) du KAR au Kenya et à la Malaisie en 1951-1952.

[14] Cet exposé sur le KAR se fonde sur Gardner, *op.cit.*, pp. 13-15, 20, 43-46 ; Strachan, *op.cit.* 2003, pp. 86-88 ; Morrow, *op.cit.*, pp.59-60, 99, 145-146 ; Page, *op.cit.*, pp.25-49 ; Parsons, *op.cit.*, pp.14-19 ; Lettow, Von, *op.cit.*, pp.319-321.

[15] Lettow, Von, *op.cit.*, p.318.

[16] Parsons, *op.cit.*, pp.53-61; Page, Malcolm, *op.cit., passim*.

hommes étaient attirés par un salaire relativement élevé et étaient susceptibles d'accepter une discipline militaire des plus strictes qui, aussi tardivement qu'en 1946, préconisait l'usage de la flagellation. Les groupes ethniques, tels que les Kikuyu, qui étaient dotés d'un niveau d'éducation plus élevé et d'une plus grande sensibilité politique, furent rejetés et traités de lâches ou « d'avocats de la brousse ». Les Masaï, probablement la tribu la plus « guerrière » d'Afrique de l'Est, n'accordèrent pas d'intérêt à ces campagnes. Leurs cousins, les Samburu qui vivaient dans la précarité, répondirent quant à eux de manière positive tout comme le firent les peuples Kalenjin et les Kamba défavorisés.

Au Nyassaland (Malawi), le recrutement était également attisé par des raisons économiques et par les perspectives d'emplois après la guerre.[17] Les campagnes de recrutement commencèrent dans le sillage de la Révolte de Chilembwe (expliquée ci-dessous). Nombres d'Africains se présentèrent de leur plein gré dans l'espoir de régler de vieilles querelles avec d'autres tribus mais ils découvrirent rapidement qu'ils se battaient contre un ennemi allemand. En Afrique orientale britannique (Kenya), les fanfares militaires servaient d'appât lors des campagnes de recrutement. Nombre de recrues pensaient qu'elles intégraient les rangs de l'armée en qualité de musicien. À la fin de 1917, neuf mille hommes étaient enrôlés dans les bataillons de Nyassa. Ils reçurent quatre mois d'entraînement de base et ce fut seulement lorsqu'ils furent exposés aux véritables horreurs des combats qu'ils réalisèrent qu'ils avaient été trompés. Alors que les KAR avançaient dans le territoire « ennemi » de l'Afrique orientale allemande, « les gants furent enlevés » et les populations libérées furent contraintes à servir en tant qu'*askaris* ou que porteurs. Les KAR développèrent leur propre culture militaire avec pour *lingua franca* une forme simpliste de swahili. Cette culture préconisait le respect des horaires militaires, des règles d'hygiène qui stipulaient la prise de deux bains par semaine, un style de danse qui influença le *beni* (présenté dans le huitième chapitre) et une forme archaïque de rugby connue sous le nom de « football Karamoja ». Ces recrues furent également exposées à l'enseignement chrétien et à la pratique de cette religion. Comme les Missionnaires d'Afrique le découvrirent, les *askaris* transmettaient les croyances religieuses, avec ses prières et ses hymnes, favorisant ainsi la propagation du christianisme dans l'ensemble de la région.

Si les KAR étaient désordonnés et mal préparés pour la guerre en 1914, cette désorganisation s'avérait d'autant plus vraie au sein de la Force publique congolaise. Depuis ses origines en 1886, elle se composait simplement d'un nombre réduit de petites unités armées mises à la disposition des officiers belges postés au Congo. Chaque district disposait d'une compagnie de taille différente. Les premiers membres de cette force armée furent des Zanzibarites est-africains, des Hausa venus des terres intérieures de l'ouest-africain ainsi que des marchants issus de la Côte-de-l'Or. Progressivement, des locaux furent également recrutés au cours de campagnes annuelles. Selon un historien, ils étaient « en réalité des esclaves ».[18] Mal payées, mal nourries et flagellées à l'aide de la *chicotte* (fouet aux lanières de cuir d'hippopotame) pour les infractions bénignes, nombre des recrues tentaient de déserter. Au début, les officiers blancs consacrèrent beaucoup de temps à essayer de rattraper les déserteurs. Pour parer aux désertions, les conscrits étaient postés dans des districts lointains.

---

[17] Voir Page, Melvin, E., *The Chiwaya War, Malawians and the First World War*, Boulder, Westview Press, 2000, pp.28-37 et Hinfelaar, Hugo, *History of the Catholic Church in Zambia*, Lusaka, Zambia, Bookworld Publishers, 2004, pp.82-84.

[18] Ewans, Martin, *European Atrocity, African Catastrophe – Leopold II, the Congo Free State and its Aftermath,* London, Routledge Curzon, 2002, pp.116-117.

Toutefois, la frustration des soldats s'intensifia et déclencha une mutinerie de grande ampleur qui dura de 1897 à 1908. Les souvenirs de ces révoltes et du rôle de cette force armée dans la perpétration des atrocités au cours de la « Terreur du caoutchouc rouge » lui conféraient une réputation diabolique qui était difficile à effacer des mémoires.[19]

En 1914, la Force publique congolaise dénombrait quelque dix-sept mille hommes. Elle ne comptait aucune unité spéciale d'artillerie, de génie de combat, d'assistance médicale ni d'intendance. De surcroît, la compagnie constituait le dernier échelon de la structure de commandement. Seul au Katanga la force était mieux organisée, armée et équipée. Cette force comptait vingt-cinq compagnies, dont les effectifs variaient entre deux cents et neuf cents hommes. Les conscrits étaient enrôlés pour effectuer un service actif de sept ans, suivi de cinq ans en tant que réservistes. Ewart Grogan, le célèbre pionnier du Kenya qui avait traversé l'Afrique du Cap au Caire en 1899-1900, fut nommé officier de liaison britannique en 1915. Grogan aida les Belges à installer des lignes de communication et de ravitaillement.[20] En 1916, le lieutenant-général Charles-Henri-Marie-Ernest Tombeur (1867-1947) fut promu commandant en chef. Chargé d'une tâche peu enviable, il dut accroître les effectifs et unifier la ligne de commandement. À l'heure où il fut fin prêt à engager la *Schütztruppe* allemande, Tombeur avait sous son commandement au Congo oriental deux brigades, comprenant chacune deux régiments de trois bataillons. Chacun de ces derniers était doté d'une batterie d'artillerie, d'une compagnie de génie de combat et d'une compagnie télégraphique. Il existait également des bataillons indépendants chargés de protéger les lacs Tanganyika et Kivu. La Force publique déplora de lourdes pertes au cours de la campagne est-africaine qui fit neuf mille soixante-dix-sept morts, dont cinquante-huit Européens. Ce bilan humain surpassait les huit mille deux cent vingt-deux *askaris* KAR qui trouvèrent la mort au cours de la guerre.

Toutefois, le sort réservé aux porteurs qui transportaient tout le ravitaillement nécessaire des diverses armées engagées constitue le plus grand scandale de la campagne est-africaine.[21] Ils surpassaient en nombre les troupes combattantes, étant parfois quatre fois plus nombreux. Ils étaient souvent malgré eux les victimes de méthodes de recrutement brutales et nombre d'entre eux succombaient à une maladie ou mouraient de froid et d'épuisement. En Afrique de l'Est seulement, les Alliés employèrent environ un million de porteurs, dont des milliers venaient de l'Afrique de l'Ouest. Au Nyassaland, les membres du *Carrier Corps*, connus sous le nom de *tenga-tenga*, n'étaient rien de plus que des forçats. Les chefs de village et de tribu devaient faire leur quota qu'ils respectaient grâce à l'usage de la force. Les fugitifs étaient rassemblés et les femmes et le bétail étaient pris en otage. Le recours à la violence physique était commun. Les villageois luttèrent contre les agents de recrutement. Des groupes de résistance s'organisèrent au sein de la société secrète de *Nyau* et de ses branches. En dépit de cette insoumission, les efforts de recrutement continuèrent. À la fin de l'année 1917, deux cent mille hommes du Nyassaland avaient été enrôlés en tant que *tenga-tenga*.

La levée en masse se poursuivit sur l'ensemble du territoire. En Afrique orientale britannique (Kenya) et en Ouganda, cent cinquante mille furent recrutés en l'espace de deux ans. À la fin de la guerre, comme indiqué auparavant, le nombre total de porteurs recrutés par la Grande-Bretagne et la Belgique en Afrique orientale, centrale

[19] Hochschild, Adam, *King Leopold's Ghost*, Londres, Pan Macmillan, 2002, pp.127, 129, 190, 278.
[20] Paice, Edward, *Lost Lion of Empire. The Life of Cape-to-Cairo Grogan*. Londres, Harper-Collins, 2001, pp.264-268, 273-274.
[21] Page, Malcolm, *op.cit.*, pp.41-42; Page, Melvin, *op.cit.*, pp.35-111; Parsons, *op.cit.*, pp.63-64.

et occidentale s'élevait à plus d'un million. Ces derniers faisaient l'objet d'un examen médical sommaire et devaient transporter une charge de vingt-cinq kilogrammes, sans compter leur couverture, leurs outils et ustensiles de cuisine. La charge dépassait souvent le poids prescrit. En 1916, Joseph Mazé (1883-1959) et ses compagnons Pères Blancs préposés au transport dans le Nyassaland (Malawi) accompagnèrent un convoi de mille cent vingt porteurs reliant Karonga à Fife, situé en Rhodésie du Nord (Zambie) à quelque trois cents kilomètres.[22] Ils marchèrent sans interruption pendant vingt-sept jours et les lourdes charges contenaient tout le matériel et l'équipement nécessaires pour établir une station de télégraphie sans fil. Les charges pesaient de cent vingt à quatre cents kilogrammes et étaient transportées par quatre à six porteurs. Une centaine de porteurs malades durent abandonner en route.

Au début des hostilités, la Grande-Bretagne payait les porteurs volontaires d'Afrique de l'Est la généreuse somme de vingt shillings par mois. Toutefois, cette rémunération ne pouvait être tenue pour certaine. Après l'introduction de l'enrôlement militaire, cette somme chuta à deux shillings. Nombre des *tenga-tenga* du Nyassaland étaient des contribuables défaillants et travaillaient vraisemblablement pour s'acquitter de leurs dettes envers le gouvernement. Bon nombre de porteurs, particulièrement ceux recrutés par les Allemands, n'étaient aucunement rémunérés.

Les Missionnaires d'Afrique signalèrent que les Belges recrutaient des porteurs par milliers au Congo et que les armées allemandes en retraite au Rwanda en 1916 laissaient derrière elles un « déluge » d'*askaris* et de porteurs.[23] En dépit du fait que les Allemands n'avaient pas pratiqué un recrutement en masse, leurs porteurs dépassaient en nombre les troupes combattantes. Lorsque Von Lettow capitula en 1918, ses effectifs comptaient toujours davantage de porteurs que de soldats.[24] À la fin de la guerre, le *Carrier Corps* allié n'était que brassage de nationalités, de langues et de tribus. Au sein du vicariat de Bangwelo (Zambie), les Pères Blancs qui confessèrent les porteurs parlaient tantôt swahili, tantôt bemba et tantôt chewa.[25] Le recrutement des porteurs dépeupla les campagnes et contribua à la survenue d'une pénurie de vivres et à la famine. Dans l'ancienne colonie allemande, un tiers de la population active masculine avait été engagé par les deux camps dans le cadre de la campagne.[26] Les missionnaires se lamentèrent du fait que le déplacement et le recrutement des porteurs rendaient leur mission impossible. Des chrétiens et des catéchumènes furent recrutés en grand nombre et il s'avérait difficile de réunir des congrégations pour le catéchisme ou le culte.[27]

Dans les cas très exceptionnels où le transport routier était une option, une voiture Ford pouvait transporter les charges de trois cents porteurs.[28] General Northey fut l'un des quelques commandants qui tenta de construire des routes à l'aide de centaines de travailleurs qui furent recrutés à ces fins. Toutefois, en règle générale, les routes étaient inexistantes et toutes les fournitures devaient être transportées à dos d'hommes. Les opérations mobiles nécessitaient au moins deux ou trois porteurs par *askari*. Les officiers blancs en nécessitaient jusqu'à neuf. Plus le convoi était long et plus le nombre de porteurs et les stocks alimentaires requis augmentaient. Un

[22] *Petit Echo*, n° 37, 1916, p.297.

[23] *Petit Echo*, n° 34, 1916, p.199; *Rapports Annuels*, n° 11, 1915, p.102 ; n° 12, 1916, p.92 ; n° 13, 1917, p.295.

[24] Lettow, Von, *op.cit.*, p.321.

[25] *Petit Echo*, n° 41, 1917, p.39.

[26] Strachan, *op.cit.*, 2003, p.82.

[27] *Petit Echo*, n° 31, 1916, p.103; *Rapports Annuels*, n° 12, 1916, pp.127, 192-193.

[28] Anderson, Ross, *The Forgotten Front: The East African Campaign*, Stroud, \tempus, 2004, p.187.

compromis était donc trouvé entre les rations des porteurs et celles des *askaris*. Par conséquent, les porteurs étaient sous-alimentés et leur résistance aux maladies s'en trouvait amoindrie.[29] La faim, les longues marches et l'exposition aux éléments ainsi que le manque d'hygiène les rendaient vulnérables à la dysenterie, à la méningite, à la typhoïde et à des maladies contagieuses de toutes sortes.[30] Les porteurs étaient souvent en plus mauvaise santé que les *askaris*. Ils devaient se contenter d'aliments inconnus et les compétences culinaires des femmes de leur village leur faisaient défaut. De toute façon, les conditions pour cuisiner n'étaient souvent pas réunies lors des marches. Des porteurs affamés étaient parfois surpris en train de fourrager des racines et des baies dans les broussailles. Nombre d'entre ceux qui le firent furent mortellement victimes d'une intoxication à l'alcaloïde.[31] Les porteurs furent exposés à différents climats et des hommes presque nus venus des plaines chaudes tremblaient dans l'air froid des régions montagneuses.[32] Au cours de la dernière année de la guerre, beaucoup furent également victimes de la pandémie de grippe espagnole.[33] Même si certains trouvèrent la mort suite à une exposition aux feus ennemis, la grande majorité de ceux qui périrent succombèrent à une maladie ou à l'épuisement.

Après la prise de Tabora à la fin de 1916, les porteurs ougandais furent renvoyés chez eux par contingents d'un millier environ. Nombre d'entre eux n'arrivèrent jamais à destination.[34] Des porteurs affamés sur le chemin du retour furent observés dans les champs en train d'égrainer du maïs et d'arracher du manioc. Au Rwanda, des missionnaires virent des porteurs mourir le long des routes.[35] Un Père Blanc du vicariat de Tanganyika commenta : « De nombreuses veuves pleurent leur mari mort au sein du *Carrier Corps*. »[36] Officiellement, quarante-cinq mille porteurs de l'Afrique orientale britannique (Kenya) trouvèrent la mort, soit un adulte sur huit du pays. Mais le bilan exact reste inconnu.[37] Le *Carrier Corps*, comme le formula un historien, était « une épopée marquée par un courage obstiné et une résistance acharnée ».[38]

Les révoltes

En Afrique occidentale française et en Afrique centrale britannique, des rebellions éclatèrent après la déclaration de la Première Guerre mondiale. Dans les deux contrées, le recrutement forcé fut en partie à l'origine de tels tumultes. Dans les deux cas, les Pères Blancs furent touchés.[39] Au Soudan français, la révolte qui débuta en 1915 dans la région des rivières de la Volta Noire et du Bani, zone qui correspond de nos jours au sud-ouest du Burkina Faso et au sud-est du Mali, s'intensifia si rapidement et prit une telle ampleur que certains historiens la surnommèrent la

---

[29] Strachan, *op.cit.*, 2003, p.83.

[30] Page, Malcolm, *op.cit.*, p.41; *Rapports Annuels*, n° 12, 1916, p.78.

[31] Strachan, Hew, *The First World War in Africa*, Oxford, O.U.P., 2004, pp.6-9, 167.

[32] Anderson, *op. cit.*, p.172.

[33] *Petit Echo*, n° 66, 1919, p.88.

[34] *Petit Echo*, n° 40, 1917, p.8.

[35] *Rapports Annuels*, n° 13, 1917, p.295.

[36] *Petit Echo*, n° 58, 1918, p.157.

[37] Les anglais ont officiellement admis le décès de 44,000 porteurs, manifestement une flagrante sous-estimation.

[38] Hodges, Geoffrey, "Military Labour in East Africa and its impact on Kenya", en Page, Melvin E., *Africa and the First World War*, Londres, Macmillan, 1987, p.148.

[39] En 1914 il y avait aussi la révolte Egba en Nigéria qui ne toucha pas les Missionnaires d'Afrique. Voir Matthews, James, K., « Reluctant Allies : Nigerian Responses to Military Recruitment 1914-1915 » en Page, Melvin, E. *op.cit,*. pp.95-114.

« Guerre anticoloniale de Volta-Bani ».[40] L'entrée de l'empire Ottoman dans la Première Guerre mondiale du côté de l'Allemagne et la déclaration du *jihad* de la part du sultan suscitèrent la discorde entre l'administration coloniale française et les chefs musulmans locaux. Le conflit semblait également avoir été fomenté par les Allemands au sein de leur colonie voisine du Togo.[41] L'administrateur français, Henri Maubert, accentua davantage le sentiment de désunion des musulmans avec ses campagnes répressives destinées à déjouer toute conspiration. Le personnel administratif et militaire avait été réduit dans la région pour répondre à des besoins de main d'œuvre en 1914. À la lumière de cet affaiblissement des forces coloniales, les campagnes de recrutement et la perception des impôts vers la fin de 1915 furent terriblement inefficaces. Alors que les Mossi restaient fidèles aux Français, une résistance armée s'organisa, au cours de la dernière semaine de novembre, parmi les Gourounsi de la région de Dédougou. Après avoir infligé une grande effusion de sang parmi les membres de la tribu, une force coloniale de deux cents tirailleurs africains fut contrainte à battre retraite. Le 5 décembre, d'autres combats sanglants éclatèrent et Maubert fut obligé à se replier du village de Bondokuy. À la fin de décembre, la plus grande armée coloniale jamais constituée par les Français en Afrique occidentale, laquelle comptait huit cents tirailleurs et une unité d'artillerie, tomba à nouveau dans une impasse coûteuse face aux rebelles.

À la mi-février de l'année 1916, une virulente campagne de représailles fut menée pendant un mois par une force armée française dénombrant mille cinq cents tirailleurs et quelque deux mille auxiliaires. Les rebelles déplorèrent de lourdes pertes et la victoire française se conclut par la mise en œuvre de la tactique de la terre brûlée. Les rebelles procédèrent ensuite à des raids de représailles sur les villages loyalistes. L'un d'entre eux fut Toma, situé dans les terres des Samos et à la limite de la région en rébellion. Joseph Dubernet (1875-1966) joua un rôle-clé pour persuader les chrétiens de la mission de Toma de ne pas rallier la rébellion. Les autres Pères Blancs aidèrent également à juguler l'extension de la révolte.[42] Les autorités françaises ordonnèrent aux missionnaires d'évacuer le poste de mission. Le 6 mai, les rebelles assaillirent le poste à l'abandon, détruisant la maison de mission. Il ne restait que peu de choses à voler ou à détruire et le gardien africain prit la fuite avec sa femme et ses enfants.[43] Lors d'une seconde attaque menée le 27 mai, les rebelles profanèrent des ornements sacerdotaux ainsi que des vaisseaux sacrés.[44] La population locale déchargea sa colère sur les auteurs du crime. Tout homme surpris en train de porter la soutane (*gandourah*) d'un Père Blanc et de les singer était brutalement puni.[45]

La charge de la mission fut conférée à Alfred Diban, catéchiste et premier chrétien du Burkina Faso. Il organisa sa défense jusqu'au retour des missionnaires.[46]

---

[40] Saul, Mahir et Royer, Patrick, *West African Challenge to Empire, Culture and History in the Volta-Bani Anticolonial War*. Athens (U.S.A.), Ohio University Press, 2001, pp.127-128, 141-172; Morrow *op.cit.*, pp.97-98, 144-145.

[41] Entrevue avec le P. Gilles De Rasilly à Ouagadougou le 24 février 2004. Il était familiarisé avec les dossiers des procès suivants. Des chefs étrangers ont été introduits dans le pays, selon le P. Joseph Roger de Benoist. Entrevue à Dakar le 3 février 2004.

[42] Benoist, Joseph, Roger de, *Eglise et Pouvoir Colonial au Soudan Français*, Paris, Karthala, 1987, p.243.

[43] *Petit Echo*, n° 31, 1916, p.100.

[44] Ki-Zerbo, Joseph, *Alfred Diban, Premier Chrétien du Haute Volta*, Paris, Cerf, 1983, p.53.

[45] *Petit Echo*, n° 31, 1916, p.100. Le rapport dit qu'on a heurté les jambes de l'officier. Il ne dit pas comment.

[46] Ki-Zerbo, *op.cit.*, pp.53-55; Pichard, Gabriel, *Dii Alfred-Simon Diban Ki-Zerbo: Témoin de Dieu...Fondateur de l'Église*, Bobo Dioulasso, Imprimérie Savane, 1997, p.22.

Lorsqu'ils revinrent, ils trouvèrent une casemate située à l'entrée du portail principal et gardée par une sentinelle armée d'un fusil et d'une baïonnette au canon. Un détachement de quarante-cinq tirailleurs était également installé dans l'enceinte du poste de mission. Ils finirent par quitter les lieux au début du mois d'octobre. Les meneurs de l'attaque furent rassemblés et emmenés à Koudougou où les Pères Blancs participèrent à l'interrogatoire qui mena à leur condamnation et à leur emprisonnement.[47] La reconstruction commença à Toma tout comme à Réo, où la mission avait également été compromise lors des révoltes. Bien que nouvelle, la mission de Toma attira rapidement des candidats au baptême. En 1920, six cents entrèrent au catéchuménat.[48] Face à cet engouement, il est compréhensible que les autorités coloniales françaises aient manifesté peu d'enthousiasme quant à la mobilisation des Missionnaires d'Afrique au Soudan français pour servir en Europe.

Le violent mouvement associé au nom de John Chilembwe, parfois pompeusement dénommé « le soulèvement intertribal du Nyassaland », menaça sérieusement l'autorité britannique au Nyassaland (Malawi) sur une courte période de trois jours au début de 1915.[49] Tout comme la rébellion de Volta-Beni survenue en Afrique occidentale, le recrutement militaire fut en partie à la source des tumultes qui ciblaient également les missions catholiques. John Chilembwe est désormais salué comme un martyr nationaliste charismatique. Même s'il n'était pas guidé par un objectif clair sur le long terme, son mouvement représenta, au Malawi, les premiers actes de résistance notables face à l'oppression coloniale. Chilembwe fut converti par le missionnaire radical, Joseph Booth, lequel l'emmena aux États-Unis où il étudia dans un séminaire baptiste qui accueillait des personnes de couleur.

En 1900, il rentra au Nyassaland en tant que pasteur baptiste et fonda la *Providence Industrial Mission* (« Mission industrielle de la Providence »). Il enseigna l'égalité raciale ainsi qu'une moralité qui mettait l'accent sur la tempérance et le culte du travail. Bien qu'au début il n'embrassât pas lui-même les doctrines millénaristes, il était entouré et soutenu par des adeptes qui y adhéraient. Ces derniers appartenaient à de petits groupes protestants qui affirmaient avec virulence leur opposition au catholicisme et qui étaient influencés par des groupes de la Tour de Garde qui avaient abandonné le pacifisme officiel de ce mouvement. Ils croyaient que de nombreux Africains trouveraient la mort lors de la proche venue de l'Armageddon mais que les partisans de Chilembwe bénéficieraient d'une protection surnaturelle. Au début de 1915, Chilembwe commença à faire preuve d'une conscience messianique et d'un désir d'inaugurer un « Nouveau Jérusalem ».

Même si les idées politiques de Chilembwe et de ses adeptes prenaient racine dans la Bible, elles se développaient dans un contexte de mécontentement social réel. Le recrutement aux travaux forcés, la migration en masse des travailleurs, les pressions exercées par le recouvrement des impôts et, après 1914, le recrutement des *askaris* et des porteurs pour rejoindre les KAR du Nyassaland suscitèrent un sentiment de désunion envers l'autorité britannique. La cruauté des colons européens locaux envers les travailleurs africains provoqua protestations et résistance. Chilembwe fomenta une

[47] *Rapports Annuels*, n° 12, 1916-1917, pp.398-424; Benoist, de, *op.cit.*, p.246.

[48] *Rapports Annuels*, n° 12, 1916-1917, p.398; *Petit Echo*, n° 86, 1920, p.280.

[49] La bibliographie de John Chilembwe et sa révolte est très grande, avec en premier lieu la biographie classique : Shepperson, George et Price, Thomas, *Independent African, John Chilembwe and the Origins, Setting and Significance of the Nyasaland Native Uprising of 1915*, Edinburgh, University Press, 1958. Un point de vue catholique est fourni par Linden, Ian avec Linden, Jane, "John Chilembwe and the New Jerusalem", *Journal of African History*, vol.xii, no. 4, 1971, pp.629-651 ; et *Catholic Peasants and Chewa Resistance in Nyasaland 1889-1939,* Berkeley et Los Angeles, University of California Press, 1974, pp.75-102.

attaque sur les pires plantations qui se transforma en une rébellion armée de quelque neuf cents Africains.

La fidélité des catholiques à une église institutionnelle avait tendance à les rendre respectueux du gouvernement colonial, mais les Missionnaires d'Afrique et les Missionnaires de Montfort ne maîtrisaient pas suffisamment la langue anglaise pour engager une communication avec l'administration coloniale ou des débats avec les protestants. En dépit de leur isolement, la fidélité des catholiques en faisaient des groupes cibles. Toutefois, les premiers avertissements des missionnaires alertant de la survenue imminente de troubles furent ignorés par le gouvernement qui les interpréta comme le fruit de la rivalité inter-missionnaire. En plus des trois gérants de plantation qu'ils tuèrent, les partisans de Chilembwe attaquèrent, le 26 janvier, la mission catholique de Nguludi. Cette dernière fut une fondation avortée des Pères Blancs et fut reprise par les Missionnaires de Montfort lors de la division ecclésiastique qui survint dans le pays en 1910. Le poste de mission fut détruit et un enfant périt dans les flammes. Cependant, le prêtre catholique de nationalité néerlandaise, qui avait été laissé pour mort dans le cimetière, survécut à cette rude épreuve. La réponse des autorités coloniales fut immédiate et impitoyable. De nombreux rebelles furent tués et Chilembwe fut lui-même capturé et abattu sans pitié.

La rébellion de John Chilembwe marqua un grand tournant dans les relations des Missionnaires d'Afrique avec l'administration britannique en Afrique centrale. Lorsque la guerre éclata, le gouvernement se montra soupçonneux à l'égard de la Société car elle comptait de nombreux membres dans le territoire « ennemi », à savoir l'Afrique orientale allemande. Après la mort de Chilembwe, les catholiques étaient toutefois de plus en plus souvent mis sur un « piédestal de vertu civique ».[50] Cette volte-face était principalement due au réalisme et au tact de Mathurin Guillemé (1859-1942), vicaire apostolique de Nyassa. Guillemé, de nationalité française et fervent admirateur des Britanniques, entreprit d'améliorer les relations avec ces derniers. La Commission d'enquête établie à Blantyre, suite au soulèvement, lui donna l'opportunité d'entreprendre ce rapprochement. Au vu du caractère religieux de la rébellion, les chefs de toutes les confessions chrétiennes furent cités à comparaître devant la commission et firent l'objet d'un long interrogatoire. Bien que Guillemé ne se soit pas nettement exprimé sur les causes socio-économiques sous-jacentes de cette révolte, il estimait, tout comme d'autres missionnaires catholiques, que la motivation religieuse de ce soulèvement était clairement le fruit d'un jugement privé concernant la foi.[51] La commission exprima des inquiétudes toutes particulières quant à l'influence de la Bible et à l'enseignement des écritures bibliques au sein des églises africaines.

Lors de sa prise de position, Guillemé présenta un traité de l'Église réformée néerlandaise intitulé *Les fruits du romanisme*. Ce document truffé de préjugés et d'inexactitudes accusait, en autres, les catholiques d'interdire la lecture de la Bible et même d'avoir assassiné les traducteurs de la Bible, accusation qui faisait vraisemblablement référence à l'exécution de William Tyndale dans les Flandres en 1535 ! Ce traité était incontestablement une calomnie malveillante, mais dans ces circonstances, au lieu du faire du tort à la cause catholique, il lui était bénéfique. Pendant deux heures, Guillemé témoigna et expliqua que les catholiques n'interdisaient pas la lecture ni la traduction de la Bible. Il ajouta même que, selon lui, tous les chrétiens devraient être en possession d'un Nouveau Testament. L'Ancien

---

[50] Linden, *op.cit.*, 1974, p.100.

[51] Les exposés sur la réunion de Blantyre selon les Missionnaires d'Afrique se trouvent dans: *Petit Echo*, n° 26, 1915, p.152 ; n° 27, 1915, p.182 ; *Rapports Annuels*, n° 10, 1914 (1916), p.359.

Testament nécessitait quant à lui une explication plus prudente. Guillemé estimait qu'il n'était pas avisé de remettre la Bible dans son intégralité dans les mains des catéchistes. Pour l'instant, un catéchisme basé sur les histoires de la Bible s'avérait suffisant. Bien qu'aucun prêtre africain n'ait encore été ordonné à cette époque là, il souligna le fait qu'à l'avenir ils devraient se soumettre à l'autorité hiérarchique de l'Église et qu'ils ne seraient pas en mesure d'agir indépendamment. L'interprétation de la Bible était la prérogative du Magistère de l'Église.

Un deuxième thème qui intéressa la commission fut celui du sacrement de pénitence. Guillemé déclara que le clergé catholique exerçait une influence de grande envergure au travers de la confession, obligeant les pénitents qui avaient vent d'un complot contre le gouvernement de le révéler aux autorités. Ils ne pouvaient toutefois obliger les pénitents à se dénoncer. Le témoignage de Guillemé fit une bonne impression sur la commission, dont l'un des membres lui écrivit plus tard : « En ne remettant pas la Bible dans les mains de tout le monde sans discernement, (vous) faites preuve d'une grande sagesse. »[52] Jouissant de la faveur de cette nouvelle estime et face à la menace d'un proche conflit avec l'Afrique orientale allemande, Guillemé offrit les services des Pères Blancs en tant qu'aumôniers militaires, qu'auxiliaires médicaux et que préposés au transport.

Le ministère des Pères Blancs envers les tirailleurs

En vue de terrifier l'ennemi sur le front occidental, les autorités françaises firent propager des histoires alarmantes selon lesquelles des tirailleurs africains massacraient des soldats allemands. Ces derniers répétèrent avec empressement ces mythes pour prouver que les Français exploitaient la brutalité africaine.[53] En réalité, les tirailleurs étaient plus victimes que coupables. Ils étaient les victimes d'une situation dont ils n'étaient pas responsables. Il avait également été avancé que les troupes africaines étaient déployées pour servir de « chair à canon » afin d'épargner la vie des soldats français. Même si les autorités de l'époque réfutaient catégoriquement cette accusation, celle-ci reposait sur bien plus qu'un simple soupçon de vérité. Au début de la guerre, les Français portaient un regard sceptique sur les qualités militaires des Africains et, jusqu'en 1915, les tirailleurs servaient principalement au sein de troupes de garnison. Toutefois en 1916, ils commencèrent à servir en qualité de combattants dans la Somme et à Verdun. Un groupe tactique, composé de tirailleurs et de soldats de l'infanterie coloniale, fut à l'origine de l'action militaire la plus célèbre de la guerre, à savoir la reprise du fort de Douaumont. Lorsque le moral des Français commença à s'effondrer en 1917, les Sénégalais, malgré les lourdes pertes qu'ils déploraient, furent dispersés le long du front comme fers de lance tactiques pour couvrir de plus grandes unités françaises.

Généralement, l'infanterie coloniale, telle que les régiments de Zouaves, était intégrée au sein de l'armée française, mais, hormis dans les combats, les tirailleurs noirs faisaient l'objet d'une politique de ségrégation. En 1917, Mangin créa des « régiments mixtes » rassemblant des tirailleurs et l'infanterie coloniale. Il les employa comme troupes de choc situées en avant des formations composées de métropolitains. Dans de telles circonstances, « des preuves incontestables » indiquent que les commandants français sacrifièrent volontiers les vies des tirailleurs africains pour épargner celles des Français, et ceci particulièrement lors des prises d'assaut.[54]

---

[52] *Petit Echo*, n° 27, 1915, p.152.
[53] Cet exposé sur les tirailleurs se fonde sur Lunn, *op.cit.*, pp.120-192 et Morrow, *op.cit.*, pp.83, 127-128, 131, 159-160, 183-184, 186, 268-269, 310-311.
[54] Lunn, *op.cit.*, p.138.

Par rapport aux soldats français, cette politique occasionna un taux de mortalité considérablement plus élevé parmi les troupes noires (quelque vingt-cinq pour cent en plus).

Les conditions de la guerre moderne étaient totalement inconnues des troupes africaines postées en Europe. Si les soldats européens souffraient du froid et de la pluie, vivant à l'extérieur durant toute la durée de l'hiver, ces soldats venus des tropiques ressentaient encore davantage le climat rigoureux, le froid et la neige.[55] L'alcool et la musique militaire ne parvenaient pas à compenser les tourments qu'ils enduraient. Certains perdirent même la raison, tout particulièrement lorsqu'ils subissaient une amputation dans un hôpital. Il va sans dire que les tirailleurs n'avaient qu'une vague compréhension des motifs de cette guerre. Personne n'informait leur famille lorsqu'ils étaient tués et, à la fin de la guerre, leur soudaine réapparition dans leur village natal faisait figure de surprise. Pour leur entourage, ils étaient présumés disparus à jamais. Nombre d'entre eux découvrirent que les femmes qu'ils avaient laissées derrière eux s'étaient remariées.

Malgré tout, une image romantique des tirailleurs africains persistait en France. Leur bravoure et leur loyauté envers la France faisaient l'objet de louanges. Bon nombre reçurent la Croix de guerre. Même si les contacts avec les Françaises tendaient à être rejetés, les tirailleurs entretenaient fréquemment une relation (souvent platonique) avec une fille de bonne famille, connue sous le nom de « marraine de guerre ». Pendant et après la guerre, l'image d'un tirailleur africain souriant fut même utilisée comme marque de fabrique pour divers produits ménagers ainsi que des spécialités alimentaires.[56] Dans l'ensemble, les prouesses militaires des tirailleurs érodèrent, quoique dans une certaine mesure seulement, les préjugés des Français envers les Africains noirs.

Les Pères Blancs conscrits de nationalité française servirent principalement dans les régiments zouaves algériens ou au sein d'unités d'infanterie métropolitaines. Bien que les premiers zouaves aient été des auxiliaires indigènes de Kabylie, vers la moitié du XIXe siècle les régiments zouaves étaient exclusivement composés de soldats français. Les indigènes algériens, marocains et tunisiens furent ensuite recrutés au sein des unités de l'infanterie coloniale. Les Missionnaires d'Afrique ne rencontrèrent que rarement les tirailleurs lors des combats à moins qu'ils ne servissent, comme ce fut le cas d'Adrien Guillou (tué en 1917), au sein d'un « régiment mixte ». Autrement, ils virent principalement les Africains dans les hôpitaux dans le cadre de leurs fonctions médicales, lorsqu'ils agissaient en tant qu'interprètes ou par hasard au cours de leurs déplacements. Comme mentionné auparavant, l'un des Missionnaires d'Afrique, qui fut témoin du massacre des tirailleurs lors du débarquement dans les Dardanelles, rencontra, en 1915, plusieurs soldats africains à bord d'un transporteur de troupes. Jules Lhomme (1891-1955) était un scholastique à l'époque et vit deux soldats noirs avec des chapelets. Il leur montra des photographies de lui-même portant l'habit de Père Blanc. L'un des deux, originaire de Dahomey (Bénin), avait déjà reçu le sacrement du baptême et l'autre était un catéchumène bambara. Avec un zèle incontestablement déplacé, il leur enseigna « une catéchèse complète, en commençant

---

[55] Pinguilly, Yves, *Verdun 1916, Un Tirailleur En Enfer*, Paris, Nathan, 2003 donne une idée des souffrances endurées par les tirailleurs ; voir aussi Joe Harris Lunn, "Kande Kamara Speaks, an Oral History of the West African Experience in France 1914-1918", dans Page, Melvin, E., (ed.), *Africa and the First World War*, Londres Macmillan, 1987, pp.28-53.

[56] Par exemple, Banania, un petit déjeuner familial composé de sucre, poudre de cacao et farine de bananes. Des boîtes Banania sont en vente dans les boutiques de souvenirs de la Première Guerre Mondiale en France.

par Adam et le péché originel.» Plus tard, il rencontra un jeune Sénégalais de la mission Père Blanc de Kita et le baptisa.[57]

En juin 1916, Eugène Ratisseau (1883-1933), qui avait servi aux côtés de tirailleurs bambaras au Cameroun, les accompagna en France où il reconnut plusieurs de ses chrétiens et catéchumènes parmi ceux qui débarquèrent à Bordeaux. L'année suivante, il fut témoin des souffrances qu'ils enduraient dans la neige.[58] Louis Hamon (1880-1930) rencontra un excellent soldat noir sénégalais dans l'un des régiments alpins. Il parlait couramment français et assistaient régulièrement à la messe dominicale.[59] Joseph Lautour (1875-1943) instruisit un Mossi et un Malinké qu'il rencontra aux côtés de cinq chrétiens noirs sur le front de l'Aisne.[60] Une autre lettre en provenance du même front signalait que les Africains avaient été mis à l'épreuve sous les tirs des mitrailleuses ainsi que par la boue et la neige.[61] Au cours de 1916, le gouvernement colonial français en Afrique occidentale demanda à ce que des missionnaires se rendent en France pour servir d'interprètes auprès des tirailleurs. Cinq Pères Blancs furent désignés. À leur arrivée à Marseille, ils furent nommés caporals et envoyés dans le camp africain de Fréjus sur la Côte d'Azur.[62] Le manuel de bambara de Marius Ferrage (1880-1962) fut édité à l'intention des troupes noires et de leurs officiers.[63]

Ratisseau rencontra un aumônier noir de Guinée en 1917 mais, en règle générale, peu de prêtres furent rattachés aux bataillons des tirailleurs. C'était dans les hôpitaux que les Missionnaires d'Afrique venaient apporter spontanément et non officiellement leurs services d'aumônier auprès des troupes africaines. Louis Glass (1886-1919*) écrivit des lettres pour le compte des tirailleurs qu'il rencontrait à l'hôpital. Dans un hôpital de Salonique, Léon Darot (1890-1958) rencontra un tirailleur qui souffrait de tuberculose et qui « paraissait tel un squelette ». Il l'instruisit pendant un mois et demi avant de le baptiser du nom de Pierre. Il commença même à apprendre le bambara afin de pouvoir instruire un autre soldat africain mourant. Joseph Loiseau, « frère Pierre » (1881-1918), prépara un autre soldat bambara à la mort et étonna un confrère jésuite de l'hôpital qui ne pensait pas qu'un homme blanc puisse parler une langue africaine.[64]

Les Pères Blancs découvrirent que, dans les hôpitaux, de nombreux Africains recevaient le sacrement du baptême sans instruction préalable. Ils firent de leur mieux pour y remédier. Auguste Bazin (1881-1946) fut édifié par la franchise des Africains et des autres « coloniaux » qui n'hésitaient à demander à recevoir les sacrements. La fervente confession d'un ancien esclave noir bambara et originaire du Maroc impressionna Marcel Vanneste (1884-1963) à Calais-Virval.[65]

Louis Burtin (1853-1942), le procureur de longue date des Missionnaires d'Afrique à Rome, exerça un apostolat remarquable. Un grand nombre de troupes passèrent par Rome, parmi lesquelles de nombreux tirailleurs africains. Burtin prit l'habitude de se rendre à la gare ferroviaire principale où ils montaient dans des trains vers des destinations diverses et variées. Burtin se faufilaient parmi eux afin de leur distribuer des images et des médailles du pape Benoît XV ainsi que de s'approcher de ceux qui

[57] *Petit Echo*, n° 21, 1915, p.12; n° 23, 1915, pp.72, 79.

[58] *Petit Echo*, n° 35, 1916, p.234; n° 43, 1917, p.102.

[59] *Petit Echo*, n° 35, 1916, p.243.

[60] *Petit Echo*, n° 45, 1917, p.166.

[61] *Petit Echo*, n° 46, 1917, p.199.

[62] *Petit Echo*, n°37, 1916, p.289.

[63] *Petit Echo*, n° 45, 1917, p.149.

[64] *Petit Echo*, n° 43, 1917, p.102; n° 24, 1915, p98; n° 27, 1915, pp.199-200 ; n° 29, 1916, p.59.

[65] *Petit Echo*, n° 34, 1916, pp.216-217; n° 46, 1917, p.203.

souhaitaient se confesser. L'un d'entre eux fut un soldat de Madagascar qui se confessa à haute voix et reçut l'absolution la tête nue et agenouillé dans la boue.[66] En récompense de ses services auprès des troupes en transit, Burtin reçut, en 1918, la médaille de bronze de la Reconnaissance française.[67] Toutefois, la plus grande contribution apportée par un Père Blanc pour le bien-être, spirituel et matériel, des tirailleurs doit être attribuée à Alexis Lemaître.

Alexis Lemaître Général de Brigade

Lorsqu'en 1911 il fut nommé vicaire apostolique du vaste territoire du Soudan français, encore ecclésiastiquement uni à l'époque, Alexis Lemaître (1864-1939) avait déjà à son actif son travail de missionnaire à Ghardaïa, dans le Sahara, ainsi que l'exercice des fonctions de supérieur du domaine de Thibar en Tunisie pendant cinq ans.[68] C'était un homme aux multiples talents et il s'adonnait notamment, en tant que musicien, aux joies de la flûte. Animé par une volonté de fer, Lemaître entreprit de ramener à la vie un vicariat largement démoralisé, d'améliorer les relations avec les autorités coloniales et de recruter du personnel pour ses postes de mission aux effectifs très réduits. Hélas, ses projets furent compromis par la survenue de la guerre. En 1914, il fut confronté à la mobilisation de douze missionnaires, l'un d'entre eux étant Eugène Mangin, frère du général. En juin 1916, Lemaître se rendit en France en personne, étant gravement malade suite à la contraction d'une dysenterie amibienne. Après une opération à l'estomac à Paris, il se releva de la maladie dans un hôpital militaire de Rochefort-sur-Yvelines au cours d'une convalescence qui dura sept mois.[69] À la fin de 1917, l'influence du général Mangin permit à son frère de s'entretenir avec Henri Simon, le ministre des Colonies, qui à son tour fit part de son désir de rencontrer Lemaître.

En janvier 1918, Lemaître s'entretint avec Simon et apprit qu'un nouveau recrutement de tirailleurs africains était prévu en Afrique occidentale française. Le ministre sollicita le soutien de l'évêque et alla même jusqu'à offrir le retour des Pères Blancs mobilisés afin d'aider à extorquer son approbation pour cette mesure. Lemaître estima que le plus judicieux était d'accepter cette offre, même si ses conditions pouvaient être compromettantes pour l'Église. Des événements politiques survenus sur le territoire même de l'Afrique occidentale française vinrent compliquer davantage la situation.

Joost Van Vollenhoven, un homme naturalisé français et d'origine néerlandaise, avait été nommé gouverneur général en 1917. Il eut un différent assez violent avec le gouvernement français concernant le prolongement du recrutement de soldats africains. Suite à cette querelle, il démissionna et rentra en France. Après une audience en janvier 1918 avec le président du conseil, Georges Clemenceau, il rejoignit son régiment. Au mois de juillet de la même année, il fut tué à Soissons. Lors de sa dernière audience avec Clémenceau, celui-ci lui indiqua qu'il avait l'intention de consulter Lemaître concernant cette question de recrutement. Le 26 janvier, l'évêque fut dûment convoqué. Au cours d'une discussion aux multiples

---

[66] *Rapports Annuels*, n° 13, 1917, pp.22-24.
[67] *Rapports Annuels*, n° 14, 1918, p.32.
[68] Cet exposé se fonde sur la monographie de Ivan Page : « Alexis Lemaître, Général de Brigade, Missionnaire d'Afrique, Archevêque de Carthage », dactylographiée, pp.1-5. Cette monographie fut commandée pour un dictionnaire des Généraux Français, encore inédit. L'œuvre se sert de ressources qui se trouvent dans AGMAfr, surtout la correspondance de Lemaître, Livinhac et Voillard.
[69] *Rapports Annuels*, n° 12, 1916-1917, p.35.

sujets et d'une durée de cinquante minutes, Clemenceau fit appel aux lumières de Lemaître concernant les accomplissements en Afrique de l'Ouest, l'état d'esprit des Africains et la situation des soldats africains en Europe. Selon la pensée de Lemaître, la campagne de recrutement ne pouvait être séparée de la question du bien-être des soldats africains en Europe. Clemenceau, qui était également le ministre de la Guerre, demanda à l'évêque de revenir le lundi suivant pour assister à une réunion commune avec Simon.

Lors de ladite réunion, le président du conseil déclara à son ministre des Colonies, comme cela est désormais publiquement connu, que Lemaître lui en avait appris dix fois plus sur la question coloniale en cinq minutes qu'il n'en avait apprise au cours de toute sa carrière au Parlement.[70] Sur ce, Clemenceau, en tant que ministre de la Guerre, et Simon, détenteur du portefeuille des colonies, donnèrent mission à Lemaître de mettre en œuvre ses propositions. L'évêque se soumit à la requête. Le 19 février, Clemenceau signa l'ordonnance qui confiait à Lemaître la mission spéciale destinée à examiner les questions liées aux intérêts moraux et matériels des troupes ouest-africaines servant en Europe et en Afrique du Nord. L'objectif était d'améliorer leurs conditions de vie et de rendre leur service outre-mer fructueux pour leur personne, tout en intensifiant l'influence de la France dans leurs pays d'origine. Lemaître fut enjoint de faire transmettre ses rapports, ses observations et ses propositions au haut commandement. En outre, lors de ses visites des troupes africaines, il bénéficierait du statut, des émoluments et des moyens de transport associés au grade d'un général de brigade.

Lemaître commença par établir sa base à Paris, après quoi il entreprit une tournée des camps africains de la Côte d'Azur. Au cours de ces visites, il se sustentait aux côtés d'officiers de haut rang, dont certains l'accompagnaient dans le cantonnement des tirailleurs africains. Ils pouvaient y constater par eux-mêmes à quel point les soldats étaient heureux d'entendre leur langue maternelle. Partout où il passait, Lemaître semait ses propres idées sur la politique coloniale. Dans certains endroits, ses déplacements l'emmenèrent presque jusqu'aux tranchées ennemies. Il n'omit pas non plus de se rendre à Verdun, ni de rendre visite aux tirailleurs blessés et malades qui étaient soignés dans les hôpitaux. Au cours de cette même année, il ne dérogea pas non plus à ses visites pastorales en Afrique du Nord. Avant la signature de l'armistice en novembre, il avait soumis son rapport, proposant, entre autres, la formation d'un corps d'interprètes coloniaux comprenant des Européens capables de parler des langues africaines ainsi que des Africains en mesure de converser en français.

La mission de Lemaître envers les tirailleurs cessa avec l'arrivée de la fin de la guerre. Il fit l'honneur de sa présence à Notre Dame pour entonner le *Te Deum* ainsi qu'à la cathédrale de Meaux où il assista à la célébration de la victoire de la Marne.[71] En mai 1919, l'évêque lança un appel en France au nom des tirailleurs africains démobilisés, tout particulièrement ceux qui étaient mutilés ou malades, ainsi que pour les veuves et les orphelins que les soldats africains avaient laissés derrière eux. En octobre, avec l'appui du cardinal archevêque de Paris, il envoya des circulaires à tous les évêques de France concernant cet appel. Lemaître cherchait à déterminer la manière dont les fonds récoltés seraient dépensés, même si cette approche suscitait un certain scepticisme de la part de Livinhac, alors à Alger. Ce dernier craignait une

---

[70] Page, Ivan, *op.cit.*, p.3; *Petit Echo*, n° 56, 1918, p.102.
[71] *Petit Echo*, n° 60, 1918. p195.

mauvaise presse si ces apports financiers n'étaient pas directement consacrés aux Africains.[72]

À ce moment là, Lemaître se préparait à retourner au Soudan français et avait envoyé le télégramme suivant : « Préparez mon retour pour juillet, + Alexis. »[73] Mais à nouveau, ses projets furent compromis. Non seulement fut-il victime d'un nouvel accès d'amibiase, mais il fut également porté candidat en tant que coadjuteur auprès de l'archevêque de Carthage, Mgr Combes qui était alors âgé et souffrant. Lemaître était dorénavant bien connu des personnes d'influence en France et avait même reçu un prix d'une valeur de dix mille francs de la part de l'Académie française.[74] Chose peu étonnante, ce fut le gouvernement français qui fit la demande explicite pour Lemaître.[75] De passage à Rome pour la canonisation de Ste Jeanne d'Arc en mai 1920, il fut informé de sa nouvelle affectation par le pape Benoît XV. Lemaître, qui aurait souhaité demeurer au Soudan français, fut persuadé, sans trop de peine, à accepter son nouveau poste.[76] Il devint coadjuteur à Carthage et reçut, le 28 juillet 1920, le titre personnel d'archevêque de Cabasa.[77] Le 20 février 1922, Mgr Combes s'éteignit et Lemaître lui succéda automatiquement en tant que primat d'Afrique. Au cours de la même année, il eut le privilège de recevoir à Carthage le président de la République française, Alexandre Millerand.[78]

Le Conseil général de la Société avait déjà éprouvé quelques appréhensions concernant Lemaître dans sa fonction d'évêque au Soudan français. Ils le percevaient comme un orateur séduisant, aux projets utopiques, qui avait tendance à être dur, autoritaire et indiscret. « Il est malheureux, écrivit Livinhac, que Benoît XV l'ait nommé coadjuteur avec droit de succession à Carthage, une succession qui est désormais un fait accompli. »[79] Toutefois, cette nomination ne reposait pas dans leurs mains et, pour le meilleur ou pour le pire, Lemaître devint le successeur de Lavigerie à Carthage.[80]

Le ministère des Pères Blancs envers les *askaris* et les porteurs

En dépit des horreurs et des souffrances qu'elle occasionna, la campagne est-africaine favorisa, paradoxalement, la propagation de la foi chrétienne. Les catholiques étaient en plus grand nombre parmi les Congolais de la Force publique et parmi les Ougandais des KAR mais ils disposaient également d'une forte présence au sein des forces coloniales du Kenya et de l'Afrique centrale et parmi les porteurs. Les Pères Blancs ne servirent pas en tant qu'aumôniers dans la *Schütztruppe* allemande mais ils accompagnèrent les colonnes britanniques et congolaises lors de l'invasion de l'Afrique orientale allemande par le nord, l'ouest et le sud. Les *askaris* eux-mêmes aidèrent à propager la religion chrétienne, recrutant des candidats au baptême et promouvant piété et approfondissement de la conscience spirituelle parmi ceux qui étaient baptisés. La plupart des soldats et des porteurs ne connaissaient que l'Église telle qu'elle était dans leur région natale. Désormais, ils rencontraient des hommes venant d'autres régions qui étaient de confession catholique tout comme eux. Ils

---

[72] AGMAfr conseil général, procès verbal, 1266, 13 mai 1919 ; Livinhac 123009-043 ; Page, Ivan, *op.cit.*, pp.3-4.

[73] *Petit Echo*, n° 66, 1919, p.89.

[74] *Petit Echo*, n° 69, 1919, p.138

[75] AGMAfr 009457, Antoine Delpuch (vice-procureur) à Livinhac 24 mai 1920.

[76] *Ibid.*

[77] Page, Ivan, *op.cit.*, p.4; *Petit Echo*, n° 84, 1920, p.245 dit que la nomination fut daté 2 juillet.

[78] *Petit Echo*, n° 103, 1922, p.75.

[79] AGMAfr 006158, Livinhac à Burtin, 5 avril 1922; 006156, Voillard à Burtin, 22 février 1922.

[80] Voir aussi AGMAfr 00212 Voillard à Burtin, 22, janvier 1922 et 22 mars 1922.

faisaient leurs dévotions avec eux dans la langue liturgique commune, le latin. Grâce à la guerre, ils appréhendèrent mieux l'universalité de l'Église.

Les préjugés continuaient toutefois à modeler opiniâtrement les attitudes des Européens, et même celles des missionnaires, envers les soldats africains. La Force publique congolaise, en particulier, souffrait d'une mauvaise réputation qu'elle souhaitait faire passer sous silence. Non seulement le frère Fulgence (Arthur) Mechau avait été accidentellement tué par balle au poste de mission de Mibirizi mais celui de Nyundo devint également le centre d'attention en raison de rumeurs néfastes alors que les Congolais envahissaient le Rwanda par l'ouest. Jan van der Burgt (1863-1923) était le célèbre ethnographe du Rwanda d'origine néerlandaise qui avait été décoré par le gouvernement allemand. Ardent germanophile, il avait la pire opinion des envahisseurs congolais. En tant que missionnaire à la retraite en Hollande neutre, il annonça en 1915 que les forces belges avaient ravagées Nyundo et que la mission comptait désormais seuls trois cents chrétiens, contre quatre mille auparavant.[81] Après la guerre, il fit suivre cette exagération d'un article publié dans un périodique allemand. Dans cette publication, il chanta les louanges du traitement que les Allemands avaient réservé aux indigènes et critiqua la conduite des Britanniques et des Belges envers les Africains. La presse allemande cita le point de vue de van der Burgt pour prouver les cruautés perpétrées par les troupes congolaises. Il va sans dire que cette situation créa une mauvaise impression au sein des cercles coloniaux belges. Une certaine consternation régnait également parmi les membres du Conseil général des Missionnaires d'Afrique qui demandèrent au Belge Oger Ulrix (1874-1954) de dissiper toute confusion possible et de rejeter l'affectation de van der Burgt au sanatorium d'Autreppe, au cas où les autorités belges lui refusaient l'entrée dans leur pays. Pendant un an, van der Burgt, qui resta une source d'irritation constante pour les supérieurs Pères Blancs, fut autorisé à agir en tant qu'aumônier au sein d'une communauté de sœurs bénédictines bavaroises située aux Pays-Bas. Dix-huit mois plus tard, il mourut à Utrecht.[82]

En 1915, une autre accusation étrange fut formulée à l'encontre de Nyundo par l'évêque Victor Roelens (1858-1947), vicaire apostolique du Haut-Congo. Roelens était loin d'être un germanophile et il était disposé à croire une histoire rapportée par des officiers belges. Selon ces dires, le supérieur de Nyundo, un Allemand dénommé François Knoll (1880-1951), aurait sorti un revolver et tiré trois coups de feu sur des *askaris* congolais qui se rendaient à la mission. Roelens crut à cette histoire et s'empressa de dénoncer Knoll auprès du Conseil général de la Société, lequel ordonna son exclusion immédiate des Missionnaires d'Afrique. Un an plus tard, Roelens dut admettre, quelque peu penaud, que cette histoire n'était que pure invention et fruit de l'imagination des *askaris* qui cherchaient à couvrir leur désobéissance. Ils avaient été envoyés au poste de mission mais, ne s'y étant pas rendus, ils inventèrent cette histoire de toute pièce en guise d'excuse.[83]

Les Missionnaires d'Afrique qui servaient en tant qu'aumôniers auprès des troupes congolaises les trouvèrent le plus souvent « ordinaires et honnêtes ».[84] Même avant l'invasion, des soldats congolais avaient été baptisés en grand nombre au sein des missions de Baudouinville et de Mpala. L'évêque Auguste Huys (1871-1938) estimait qu'au moins six cents avaient été baptisés dans la partie septentrionale du vicariat.[85]

---

[81] AGMAfr Livinhac 122215.

[82] AGMAfr conseil général procès verbal 1274, 16 juin 1922, et 22 mars 1922.

[83] AGMAfr conseil général procès verbal , 1125 8 novembre 1915; Livinhac 113362.

[84] *Rapports Annuels*, n° 13, 1917-1918, pp.378-379.

[85] *Rapports Annuels*, n° 11, 1915, p.102.

Joseph Weghsteen (1873-1962), qui était l'un des aumôniers, signala que les *askaris* congolais postés à la frontière avec la Rhodésie du Nord (Zambie) étaient quasiment tous de confession chrétienne, qu'ils assistaient au catéchisme régulièrement et que nombre d'entre eux furent convertis après l'éclatement de la guerre.[86]

En 1916, Raphaël Roy (1879-1943) se rendit d'un camp congolais à un autre, couvrant une distance de plus de deux cent cinquante kilomètres. Il se rendit compte que les troupes faisaient du prosélytisme entre elles. Nul ne souhaitait mourir avant d'être baptisé. « À quoi bon arborer ces galons de sergent ? » un soldat lui demanda-il. « Ce que je souhaite ce sont les marques du baptême. » Un *askari* zélé en vint même à baptiser un camarade mourant à l'aide de sa propre salive. Un amputé confia à Roy : « Cette balle qui me prive d'une jambe me punie pour mes innombrables péchés. »[87] Les soldats imploraient les aumôniers afin de recevoir le sacrement du baptême. *Nataka Mungu* (« Je veux Dieu ») déclara l'un d'entre eux.[88] Même si les missionnaires notaient que leurs soldats faisaient preuve d'une extrême bonne volonté, leurs lacunes étaient apparentes. Ce fut tout particulièrement le cas de ceux qui venaient d'autres vicariats où le catéchuménat de quatre ans des Pères Blancs n'avait pas encore été mis en œuvre. La venue du général Tombeur et de son personnel à un requiem célébré à Tabora le 2 novembre 1916 marqua un grand moment dans la pratique catholique de l'armée congolaise. La ville venait d'être prise et une messe était célébrée au poste de mission des Pères Blancs en l'honneur de tous les *askaris* qui avaient trouvé la mort lors du siège. Les troupes congolaises présentèrent les armes au cours de la consécration. Deux semaines plus tard, le *Te Deum* fut entonné pour la fête du roi Albert de Belgique.[89]

Au cours d'une guerre, il est courant de constater que des soldats saisissent l'opportunité de se venger d'un officier supérieur. Il s'agit d'une réalité indéniable qui sévit dans toutes les armées. Que de tels actes aient été perpétrés au sein de la Force publique n'est en rien surprenant. Roy fut contraint d'assister à trois reprises à des exécutions d'*askaris* congolais. Tous furent condamnés à la mort exemplaire d'un « bon voleur ». Dans un cas, André Makambo, originaire du Moyen-Congo, avait tiré, à Kigoma, sur son commandant de peloton dans un accès de colère. Après s'être confessé pour la dernière fois, il remercia l'aumônier et l'avisa : « Maintenant, je suis prêt à mourir ». Il distribua ensuite ses vêtements parmi ses camarades et demanda à Roy d'écrire à sa femme. En chemin vers le peloton d'exécution, il récita le chapelet et, à son arrivée, il se le passa autour du cou. Les troupes furent rassemblées sur une place ouverte aux côtés de plus de deux cents blancs accompagnés de leurs domestiques de service ainsi que d'une grande foule de badauds curieux. La peine fut lu et André mourut sous les tirs du peloton d'exécution, peu après avoir initié un dernier Je vous salue Marie.[90]

Parfois, les aumôniers étaient en mesure d'intervenir lors de la survenue de conflits entre les officiers et leurs hommes. Ce fut le cas pour un *askari* congolais qui avait tué un officier qui lui avait lui-même infligé une punition. L'officier en question était impopulaire et le coupable reçut le soutien de l'ensemble de sa compagnie. Un Missionnaire d'Afrique intervint pour éviter une nouvelle effusion de sang et pour mettre un terme à cette mutinerie.[91]

[86] *Petit Echo*, n°22, 1915, p.29; n° 32, p.136.
[87] *Petit Echo*, n° 34, 1916, p.200.
[88] *Petit Echo*, n° 43, 1917, p.93.
[89] *Rapports Annuels*, n° 12, 1916, pp.222-223.
[90] *Petit Echo*, n° 65, 1919, pp.57-58.
[91] *Rapports Annuels*, n° 13, 1917-1918, pp.378-379.

Les aumôniers Pères Blancs officiant dans les KAR rencontrèrent également des chrétiens aussi fervents que ceux de la Force publique. Après la bataille de Lupembe survenue à la fin de l'année 1917, Ernest Paradis (1881-1945) fut accueilli au sein d'une ancienne mission protestante. Il rencontra de nombreux chrétiens parmi les *askaris* et les porteurs. Bon nombre venaient se confesser auprès de lui durant le samedi ou le dimanche. La messe dominicale célébrée dans leur camp attirait également de nombreux fidèles. Au cours de la dernière année de la guerre, Oscar Julien (1886-1961) célébra Pâques à Mbamba Bay, ville située sur la rive allemande du lac Nyassa (Malawi), en compagnie d'une congrégation internationale de soldats et de porteurs. Ils chantèrent tous le *Kyrie*, le *Gloria* et le *Credo* avec grand enthousiasme. « Ils croyaient tous se trouver, ajouta Julien, dans leur propre église de chez eux. »[92]

La majorité du ministère des aumôniers consistait à effectuer des visites dans les hôpitaux. Un Père Blanc signala que, depuis sa venue à Tabora, il avait baptisé plus de cent cinquante soldats, porteurs et boys mourants, dont la majorité souffrait de méningite ou de fièvre à tiques.[93] Les aumôniers du Nyassaland (Malawi) en particulier découvrirent qu'ils devaient agir en tant que brancardiers, aides-soignants, interprètes, préposés au transport et même intermédiaires avec l'ennemi. Ils recevaient le salaire d'un simple soldat ainsi que les mêmes rations alimentaires.[94]

La gentillesse dont les missionnaires faisaient preuve envers les porteurs ne fut jamais oubliée, malgré les rumeurs qui laissaient entendre que ces infortunés se faisaient fouetter par les missionnaires. Selon Melvin E. Page, les hommes étaient « surpris de constater que les aimables missionnaires qu'ils avaient connus dans leurs terres natales rouaient de coups les hommes fatigués, affamés et malades. »[95] Dans le contexte de cette remarque, Page cita l'opinion d'Hector Duff qui proférait qu'un Père Blanc, assigné à servir aux côtés des porteurs, était doté « d'un esprit trop guerrier pour ce travail. » Page ajouta : « Ce prêtre et plusieurs de ses confrères ont peut-être essayé de lever des doutes concernant leur loyauté, occasionnellement remise en cause, car d'autres du même ordre travaillaient pour les Allemands. L'un des moyens d'atteindre cet objectif dans le service de transport consistait à exiger de meilleures performances auprès de leurs hommes. »[96]

Cette diffamation semble faire figure d'insulte gratuite. Sir Hector Duff était le ministre en chef écossais de Nyassaland. Dans ses mémoires qu'il publia vingt ans plus tard et d'où est extraite cette citation, il raconta une anecdote à propos d'Ernest Paradis, l'un des officiers Pères blancs chargés du transport. Son récit enjoué dépeint le portrait d'un missionnaire agité d'une bonne trentaine d'année. Bien que Duff ait reconnu sa préférence pour les presbytériens et les frères moraves sur les célibataires, moins tournés vers la famille, de l'Église catholique romaine, aucune critique sérieuse n'est nullement insinuée dans ce récit. Il s'agit simplement d'une anecdote divertissante racontée par un Écossais guindé et amusé par les bouffonneries d'un étranger de nationalité canadienne française. En outre, ce récit n'a en rien trait aux corrections infligées aux malheureux porteurs. La longue histoire est ici rapportée dans son intégralité.

Père Paradis, prêtre canadien français de la mission catholique romaine, « était employé en tant que civil préposé au transport. C'était un homme cordial et amusant,

---

[92] *Petit Echo*, n° 63, 1919, pp.57-58.
[93] *Petit Echo*, n° 43, 1917, p.92.
[94] *Petit Echo*, n° 31, 1916, p.105.
[95] Page, Melvin, *op.cit.*, p.112.
[96] Page, Melvin, *Ibid.*

apprécié de tous, mais d'un esprit trop guerrier pour son travail. Par conséquent, au lieu de rester à l'arrière comme il le devrait, il causait toujours des ennuis, au plus grand embarras de ses supérieurs. Dans la fièvre d'un de ces moments, il s'oublia tellement qu'il saisit un fusil et commença à tirer comme un fou en direction de l'ennemi, sur quoi un officier scandalisé l'approcha en disant : « Regardez, je vous dis, Père Paradis, cessez tout de suite ! Ce n'est pas possible, vous savez. Vous êtes un civil et vous ne pouvez pas vous mettre à tirer sur les gens. » « Ah c'est égal, mon capitaine, (répondit le missionnaire). Ne vous inquiétez pas : je tire si mal, je n'attrape jamais personne. »[97]

Depuis sa base à Tukuyu, Duff administrait la région de l'Afrique orientale allemande, occupée par le général Northey et ses troupes. L'anecdote semblerait vraie et Duff devrait l'avoir apprise de première ou seconde main. Il va sans dire qu'il ne spécula pas sur les tentatives du père Paradis pour chercher à prouver sa loyauté en exigeant de meilleures performances auprès de ses porteurs.

Page fait également allusion à un autre ecclésiastique pour corroborer ses critiques.[98] Étant un membre de l'Église d'Écosse sans homologues presbytériens en Afrique orientale allemande, ledit gentilhomme ne peut toutefois pas vraiment être inclus parmi la liste des « confrères missionnaires » d'Ernest Paradis. Il était question de Robert Hellier Napier qui servit en tant qu'officier chargé du transport deux ans auparavant, lors de la bataille de Karonga en septembre 1914. Napier, de son propre aveu, « brandit un bâton et en fit volontiers usage ».[99] Toutefois, il agit ainsi dans le feu de l'action alors que lui et ses porteurs essuyaient des tirs ennemis. Il le fit dans le but d'épargner les vies de ses porteurs et de les pousser à sortir à la hâte d'un profond ravin immergé par les eaux où leur personne et leur précieuse charge étaient en danger. Joseph Mazé (1883-1959) semblerait avoir été le seul Missionnaire d'Afrique à être doté d'une canne de bambou lorsqu'il supervisait les porteurs. Toutefois, aucune preuve n'indique qu'il l'aurait utilisée pour les frapper. La canne, qu'il portait à la place d'une arme plus meurtrière, était un objet d'admiration et non de réprimande.[100]

Le travail d'aumônier emmena les Missionnaires d'Afrique bien au-delà des frontières de leurs propres postes de mission et de leurs vicariats. Ce faisant, ils furent davantage connus et répandirent leur influence sur l'ensemble de la région. La Première Guerre mondiale aida non seulement les Africains à se forger une première expérience nationale, elle favorisa également l'unification et l'expansion de l'Église catholique. À partir de cet instant, « la société africaine s'ouvrit davantage et plus aisément à l'influence missionnaire ».[101] Le prochain chapitre examine les répercussions immédiates de la campagne est-africaine sur les missions des Pères Blancs menées dans la colonie de l'Empire allemand.

---

[97] Duff, Hector, *African Small Chop*, Londres, Hodder et Stoughton, 1932, pp.58-59.
[98] Il fait référence aussi à un témoignage oral, sans spécifier.
[99] Hetherwick, Alexander, *Robert Hellier Napier in Nyasaland – Being His Letters to his Home Circle*, Edimbourg et Londres, William Blackwood et fils, 1925, p.86.
[100] *Petit Echo*, n° 57, 1918, p.126.
[101] Hastings, Adrian, *The Church in Africa*, Oxford, Clarendon Press, 1994, p.559.

CHAPITRE VI

UNE GUERRE EUROPÉENNE EN AFRIQUE

Un dernier partage

Conséquence involontaire de la Première Guerre mondiale, les puissances européennes s'engagèrent dans la dernière ligne droite de la course à l'Afrique. Envoyer des Africains à la guerre sur le continent européen était déjà assez lamentable. Le fait de mener une guerre européenne sur le sol africain a été perçu comme le « paroxysme de l'exploitation de l'Afrique ».[1] Dès le début de la guerre, toutefois, les puissances alliées considérèrent d'un œil envieux les colonies allemandes qui étaient relativement peu défendues. La guerre s'acheva avec l'annexion dissimulée de ces territoires qui devinrent des « pays sous mandat » ou sous tutelle dans le cadre de la toute nouvelle Société des Nations. En 1914, l'Allemagne possédait quatre colonies africaines : le Togo, le Cameroun, le Sud-ouest africain allemand et l'Afrique orientale allemande. Seule dans la dernière colonie citée des Missionnaires d'Afrique œuvraient et y détenaient, en fait, quatre de leurs plus anciens vicariats missionnaires. Ils furent directement touchés par les quatre longues années de la campagne est-africaine. Parmi les autres colonies allemandes, ce fut seulement lors de la campagne du Cameroun, qui dura dix-huit mois, que les Pères Blancs du Soudan français servirent en tant que conscrits non combattants.

Le contrôle exercé par l'Allemagne dans ses quatre colonies africaines était fragile. Il s'agissait de territoires isolés et cernés par des puissances ennemies. Même si chacune des colonies comptait une zone littorale et disposait de quelques excellents ports, elles étaient trop éloignées pour permettre à la marine allemande d'apporter une protection efficace. Malgré tout, les ports offraient un appui terrestre indispensable aux navires à vapeur utilisés lors de la « Guerre des croiseurs » de l'Allemagne. Grâce à leurs stations de télégraphie sans fil et à leurs émetteurs, les colonies allemandes étaient également intégrées à un système de communication international. Ces installations, tout comme les ports, devinrent inévitablement les cibles de prédilection des Alliés.

Le 12 août 1914, le tout premier coup de feu tiré lors de la Grande Guerre le fut au Togo par un soldat des forces britanniques.[2] En août 1914, cette minuscule colonie, prise en sandwich entre la Côte-de-l'Or (le Ghana actuel) et le Dahomey (le Bénin actuel), fut facilement prise par les tirailleurs sénégalais et un contingent britannique de tirailleurs ouest-africains (*Gold Coast Regiment* ou « le régiment de la Côte-de-l'Or »).[3] La population, s'élevant à un demi-million d'habitants africains et à deux

---

[1] Iliffe, John, *A Modern History of Tanganyika*, Cambridge University Press, 1979, p.241. La phrase se réfère surtout à la campagne brillant de Von Lettow-Vorbeck en Afrique Orientale.

[2] Strachan, Hew, *The First World War in Africa*, Oxford, O.U.P., 2004, p.1.

[3] Les meilleurs récits complets sont: Strachan, op.cit., 2004 et la version originale de ce récit dans *The First World War*, vol. 1, *To Arms*, pp.495-643, *The Dark Continent: Colonial Conflict in Sub-Saharan Africa*, Oxford, O.U.P., 2001. Des résumés sont donnés par Keegan, *op.cit.*, pp.224-230 ; Morrow, *op.cit.*, pp.58-60 ; Strachan, *op.cit.*, 2003, pp.80-94 et Taylor, *op.cit.*, pp.45-46.

mille habitants européens, fut défendue par un contingent de la *Schütztruppe* qui comptait deux cents officiers blancs et mille cinq cents *askaris*. À eux seuls, les Britanniques étaient en mesure de déployer une armée depuis la Côte-de-l'Or avec le triple d'effectif. La campagne dura à peine trois jours. Le 12 août, le port de Lomé fut pris et, le 25 août, les Allemands préférèrent détruire la toute importante station de télégraphie sans fil de Kamina plutôt que de la laisser aux mains de l'ennemi. Le jour suivant, les troupes allemandes capitulèrent. Après la guerre, la Société des Nations devisa la région en deux pays sous mandat, l'un britannique et l'autre français. La Grande-Bretagne administra cette portion de terre telle une annexe de la colonie et du protectorat de la Côte-de-l'Or, à laquelle elle fut officiellement rattachée en 1957 en vue de constituer l'État indépendant du Ghana. Hormis une courte période de trois ans, la section française fut administrée comme une entité séparée qui devint la République du Togo lors de la déclaration de son indépendance en 1960.

La proposition concernant le Cameroun fut différente. Sa superficie était le quintuple de celle du Togo et correspondait à celles de la France et de l'Allemagne confondues. À l'exception de la minuscule enclave espagnole de Rio Muni (Guinée équatoriale), le Cameroun était relié à de vastes territoires sous contrôle français et britannique.[4] À la mi-août, une conférence anglo-française tenue à Londres autorisa l'invasion du Cameroun. La colonie fut défendue par un contingent de la *Schütztruppe* qui comptait mille six cents *askaris* sous le commandement de deux cent cinq officiers et sous-officiers blancs. L'intégrabilité des forces de police fut également intégrée en vue de doubler les forces de la *Schütztruppe*. La Grande-Bretagne, sous le commandement de Sir Charles Dobell (1869-1954), rassembla des troupes venues de la Côte-de-l'Or, du Nigéria et de la Sierra Leone, lesquelles furent rejointes par l'infanterie coloniale française et des tirailleurs sénégalais ainsi que des troupes belges de la Force publique congolaise. Accompagnés de milliers de porteurs, les effectifs de l'armée alliée s'élevèrent à vingt-cinq mille hommes. Malgré cette supériorité numérique, les Alliés furent confrontés à une opposition tenace de la part des Allemands. Les forces camerounaises étaient contrôlées par des autorités civiles qui croyaient aux mérites de la colonisation allemande et reposaient sur un soutien local qui était facilement conféré. Les Allemands tentèrent de mener une campagne prolongée de façon à se retrouver dans une position de force à la fin de la guerre. La Grande-Bretagne comme la France ne parvinrent pas à comprendre cette intention.

Les premiers efforts alliés furent coûteux et se soldèrent souvent par un échec. Cependant, le 27 septembre 1914, avec l'appui des croiseurs et des canonnières britanniques et français, la ville portuaire de Douala, également capitale de la colonie, fut prise ainsi que ses mâts de transmission sans fil et ceux de la région voisine de Victoria. Au cours du restant de cette campagne de dix-huit mois, les Alliés furent victimes d'un manque de direction et de coordination. Ils furent également confrontés à une résistance soutenue et habile de la part des troupes allemandes ainsi qu'à une saison de pluies torrentielles. Après un désastreux engagement au cours duquel les troupes nigériennes rompirent les rangs et s'enfuirent sous les tirs d'artillerie d'une contre-attaque, la prise de la ville stratégique de Garoua, le 10 juin 1915, priva les Allemands de leur ligne de ravitaillement reliant le plateau du nord.[5] La ville de Yaoundé devint le nouveau centre de gravité et la nouvelle source de ravitaillement. Mais, le 1er janvier 1916, elle tomba aux mains des Alliés et le dernier poste allemand situé à Mora se rendit en février. Les forces alliées déplorèrent vingt pour cent de

---

[4] Nigéria et l'Afrique équatoriale française: Tchad, Afrique Central, Congo Brazza et Gabon.
[5] Strachan, *op.cit.*, 2004, pp.34-35; Iliffe, John, *Honour in African History*, Cambridge University Press, 2005, pp.235-236.

victimes, principalement des suites de maladie. La majorité des Allemands vaincus et de leurs *askaris* se réfugia dans l'enclave neutre de Rio Muni. La prise du Cameroun libéra le *Gold Coast Regiment* et la *West African Frontier Force* (« Force des frontières ouest-africaine ») pour venir grossir les rangs lors de la campagne est-africaine. Les missionnaires allemands furent internés et expulsés, précipitant une crise de l'éducation dans la colonie.

Eugène Ratisseau (1883-1933) et Claude Chevrat (1886-1921*) furent deux Missionnaires d'Afrique qui servirent aux côtés des forces françaises au Cameroun. Le premier était rattaché à une unité de tirailleurs bambara, qu'il suivit par la suite en France (comme mentionné dans le cinquième chapitre). Après avoir été posté en 1915 à Édéa, un centre situé au sud-est de Douala, il retourna l'année suivante dans la ville de Douala en route vers Dakar et l'Europe. Il signala que la pluie sévit pendant vingt-cinq jours consécutifs et que les Allemands qui battaient retraite avaient détruit des hôpitaux, des ponts, des lignes de chemin de fer et des locomotives. Ratisseau et Chevrat, lequel suivit Eugène vers Édéa, eurent une impression favorable de l'état de l'Église catholique au Cameroun. Ratisseau estima que le pays comptait vingt-cinq mille catholiques baptisés et alla même jusqu'à comparer la mission du Cameroun avec celle de l'Ouganda.[6] Bien que cette comparaison ait été surfaite, les missions des Pallotins allemands furent couronnées d'un remarquable succès. Toutefois, après la victoire alliée, les missionnaires allemands, des Pallotins et des Spiritains, furent déportés. Pendant deux ans et demi, les catholiques camerounais se retrouvèrent sans prêtre. Après le partage du pays, Joseph Shanahan, célèbre père Spiritain irlandais et préfet apostolique du Bas-Nigéria, fut chargé de la section britannique. Douvry, haut aumônier militaire français, fut quant à lui nommé supérieur dans le reste du pays, avant que la charge ne soit confiée aux Spiritains français.[7]

Chevrat fut si frappé par le besoin désespéré en pasteurs et en évangélisateurs au Cameroun que, lorsqu'il fut finalement démobilisé en mai 1920, il éprouva une certaine réticence quant à son retour au Soudan français qui comptait peu de catholiques baptisés.[8] À la place, il demanda la permission de rester en tant que missionnaire à Édéa. Le Conseil général des Pères Blancs l'autorisa à faire des démarches auprès de la Congrégation de *Propaganda Fide* en vue d'être libéré de son serment missionnaires. L'année suivante, il quitta la Société.[9]

Le général Smuts et les Allemands

En 1916, Jan Christiaan Smuts (1870-1950) devint commandant en chef de l'armée britannique en Afrique de l'Est, laquelle comprenait une force expéditionnaire considérable composée de vingt mille soldats blancs venus d'Afrique du Sud. Lorsque Smuts et les troupes sud-africaines quittèrent la campagne l'année suivante, Jacob Louis van Deventer (1874-1922), un autre Sud-Africain, lui succéda en tant que commandant en chef. Les colons boers envoyés en Afrique de l'Est n'éprouvaient aucune animosité particulière envers les Allemands, et même au contraire. Toutefois, la campagne en Afrique orientale allemande était perçue par certains quartiers comme une campagne sud-africaine et même comme une victoire sud-africaine. Un léger

---

[6] En effet l'Ouganda avait plus que six fois le nombre de néophytes. Voir *Rapports Annuels*, n° 12, 1915-1916, table statistique.

[7] *Petit Echo*, n° 25, 1915, pp.140-141; n° 31, 1916, pp.125-126; n° 33, 1916, pp.190-191; n° 38, 1916, p.345; n° 41, 1917, pp.55-57.

[8] Soudan français avait moins que 3,000 néophytes; *Rapports Annuels*, n° 12, 1916-1917, table statistique.

[9] AGMAfr conseil général procès verbal, p.1326, 10 mai 1920.

espoir laissait entendre que l'Afrique du Sud pourrait bénéficier de gains territoriaux suite à ce triomphe, grâce à la négociation d'un éventuel marché avec les Portugais du Mozambique.[10] Cette situation pourrait sembler insolite vu que, quelque quinze ans plus tôt, Smuts et van Deventer s'étaient battus contre les Britanniques en Afrique du Sud, tout deux menant des colonnes d'invasion dans la colonie du Cap. La guerre laissa un goût d'amertume parmi les Boers mais Smuts était convaincu que la future grandeur de l'Afrique du Sud était tributaire de sa collaboration avec la Grande-Bretagne. Il s'identifia avec le personnage de Cecil Rhodes et sa tâche visant à promouvoir la civilisation européenne sur le sol africain.[11] Il partageait cette opinion avec un autre soldat et homme d'État sud-africain anglophile, Louis Botha (1862-1919), qui devint Premier ministre en 1907. Smuts devint membre de son gouvernement en qualité de ministre. Ensemble, ils participèrent à la création de l'Union de l'Afrique du Sud en 1910, pour laquelle Smuts rédigea la constitution.

Lorsque la guerre éclata en 1914, Botha mobilisa les troupes sud-africaines pour faire face aux Allemands et Smuts rejoignit l'armée. La campagne sud-africaine contre le Sud-ouest africain allemand ne fit pas figure de simple contribution apportée à la Première Guerre mondiale. Elle doit également être remise dans le contexte des ambitions que Smuts et Botha souhaitaient voir se concrétiser en Afrique du Sud. Londres apporta son soutien à l'entreprise de conquête du Sud-ouest africain pour assurer la sécurité à long terme de l'Union et pour qu'elle établisse des liens plus étroits avec l'Empire britannique.[12] Il s'agissait, en fait, d'une forme de « sous-impérialisme ». Les troupes sud-africaines furent postées le long de la frontière avec la colonie allemande. Toutefois, plusieurs unités, dont les effectifs s'élevèrent à quelque douze mille hommes, furent menées par le lieutenant-général Manie Maritz et rallièrent le camp allemand. La rébellion fut réprimée par Smuts et Botha, avec van Deventer à la tête de la force armée qui vainquit Maritz le 24 octobre. Les deux camps déplorèrent jusqu'à un millier de victimes. Smuts et Botha représentèrent la seule puissance politique qui ait été en mesure de contrecarrer les divisions sud-africaines et de créer une « plus grande Afrique du Sud » aux côtés de l'Empire britannique.

Le Sud-ouest africain allemand était un vaste pays principalement aride, dont la superficie correspondait à six fois celle de l'Angleterre et dont la population ne comptait que quatre-vingt mille Africains et quelque sept mille colons. La *Schütztruppe*, armée de la colonie allemande ne rassemblant que des blancs, dénombrait trois mille hommes face à une armée sud-africaine composée de cinquante mille blancs et de trente-trois mille Africains noirs. Les troupes sud-africaines débarquèrent à Walvis Bay alors que van Deventer s'enfonça à l'intérieur des terres accompagné de cinq mille cavaliers. Les ports et les stations de télégraphie sans fil constituèrent des objectifs stratégiques et furent rapidement atteints. En mai 1915, la capitale coloniale de Windhoek fut prise. L'opération de style commando rappela celle de la Guerre des Boers et fut achevée en six mois, les Allemands étant surpassés en nombre et dotés d'une puissance de feu inférieure. La reddition allemande en juillet les priva de ports et de précieux moyens de communication par télégraphie sans fil. Par la suite, le pays sous mandat fut administré par l'Afrique du Sud jusqu'en 1988. Deux ans plus tard, son indépendance fut déclarée sous le nom actuel de Namibie. À la fin de la Première Guerre mondiale, les immigrants sud-africains surpassaient déjà en nombre les résidents allemands. Avec cette victoire dans le Sud-ouest africain allemand à son actif, Smuts était tout désigné, en février 1916, pour

---

[10] Strachan, *op.cit.*, 2003, p.85.
[11] Strachan, *op.cit.*, 2004, pp.132-133.
[12] Strachan, *op.cit.*, 2004, p.64.

remplacer Sir Horace Smith-Dorrien en tant que commandant en chef allié en Afrique orientale allemande. Malgré le fait que la *Schütztruppe* allemande ait été loin d'être totalement vaincue, une grande partie de la colonie était occupée en janvier 1917 lorsque Smuts transmit son commandement. Dorénavant, Smuts devait jouer un rôle sur la scène internationale en tant que membre du cabinet de guerre impérial ainsi que, aux côtés de Botha, en tant que négociateur clé lors de la conférence de paix tenue à Paris. Dans un célèbre mémorandum de la Société des Nations, il expliqua bien clairement les conditions que les puissances alliées devraient respecter lors de l'exercice de leurs mandats.[13]

Les Missionnaires d'Afrique en Afrique équatoriale

En 1914, les Missionnaires d'Afrique œuvraient au sein de quatre circonscriptions ecclésiastiques ou vicariats apostoliques en Afrique orientale allemande. Au nord-est, les royaumes du Ruanda et du Burundi, ainsi que le Buha, formaient le vicariat du Kivu, doté d'une population de quelque deux millions d'habitants, soit à l'époque la moitié de la population de l'ensemble de la colonie allemande (en 1922, le Kivu était divisé en deux vicariats, correspondant aux deux royaumes). Ce vicariat dénombrait quelque soixante missionnaires, repartis sur dix-sept postes de mission, sous le contrôle de Jean-Joseph Hirth (1854-1931), missionnaire pionnier alsacien et vicaire apostolique âgé de soixante ans. Les habitants étaient bien disposés à l'égard de l'Église et le vicariat revendiqua plus de dix-huit mille chrétiens baptisés et huit mille catéchumènes. Quelque huit mille enfants venaient rejoindre les bancs des écoles du vicariat.[14]

La moitié méridionale du lac Victoria reposait en Afrique orientale allemande, avec notamment les ports lacustres de Bukoba, Mwanza et Musoma, ainsi que ses îles, dont la plus grande était Ukerewe. Le vicariat du Nyanza, divisé en 1929 pour former les vicariats de Bukoba et de Mwanza, servait les sociétés aux multiples chefferies qui habitaient ces rives et ces îles. À la veille de la guerre, quatorze postes de mission comptaient quelque cinquante missionnaires dirigés par Joseph Sweens (1858-1950), leur vicaire apostolique d'origine néerlandaise. Le vicariat dénombrait plus de dix mille chrétiens baptisés et entre sept et huit mille catéchumènes. Trois mille enfants environ fréquentaient les écoles.[15]

Plus au sud se trouvait l'immense vicariat d'Unyanyembe (rebaptisé vicariat de Tabora en 1925) qui était peu peuplé. Il occupait tout le centre de la colonie et s'étendait, sous forme d'étroit couloir, jusqu'au lac Natron et jusqu'à la frontière avec l'Afrique orientale britannique (le Kenya actuel). Au nord du vicariat se trouvait Ushirombo, le plus ancien de ses dix postes de mission. Au sud, Ndala représentait le poste récent la plus fructueux. Il était situé non loin de la ville de Tabora, fondée par les arabes au cours du siècle précédent au croisement de routes de commerce et qui retrouvait un second souffle avec la ligne de chemin de fer centrale qui reliait le lac Tanganyika au littoral. Le vicaire apostolique d'Unyanyembe, qui résidait à Tabora, était un homme énergique dénommé Henri Léonard (1869-1953) et originaire de Metz. Il disposait des services de trente-huit missionnaires et comptait quatre mille cinq cents chrétiens baptisés, ainsi que la moitié de ce chiffre de catéchumènes et mille cinq cents enfants scolarisés.[16]

---

[13] Macmillan, Margaret, *Peacemakers, Six Months that Changed the World*, Londres, John Murray, 2001, p.110.

[14] *Rapports Annuels*, n° 9, 1913-1914, p.365.

[15] *Rapports Annuels*, n° 8, 1912-1913, p.354.

[16] *Rapports Annuels*, n° 11, 1914-1915, p. 256.

Enfin, le vicariat de Tanganyika se situait le long de la rive orientale du lac Tanganyika, s'étendant vers l'ouest jusqu'à la rivière Ruaha. Il se composait du royaume d'Ufipa et d'autres plus petites chefferies. Il comptait plusieurs ports lacustres, le plus important étant celui de Kigoma. Son vicaire apostolique était Adolphe Lechaptois (1852-1917), religieux de Laval doux de nature et digne d'un saint. Entre les lacs Tanganyika et Rukwa, et dans les plaines méridionales de Rukwa, les treize postes de mission étaient stratégiquement situés de façon à couvrir l'ensemble de la région. Au-delà de Rukwa et dans les régions montagneuses du sud, aucun poste de mission catholique n'avait été implanté car les Allemands appliquaient une interdiction en faveur des frères moraves œuvrant dans la région. Cette situation dura jusqu'en 1922. En 1914, le vicariat de Tanganyika comptait quarante-huit missionnaires, environ mille deux cents chrétiens baptisés et six cents catéchumènes. Quelque douze mille enfants fréquentaient les écoles.[17]

Au niveau de ses trois frontières terrestres, la colonie allemande était entourée de colonies ennemies sous le contrôle des puissances alliées. Toutes ces colonies, à l'exception de deux, étaient dotées de missions de grande envergure menées par les Pères Blancs.[18] Cernant les rives du nord-ouest du lac Victoria et desservant les royaumes très peuplées des lacs, ainsi que les peuples du nord-est du Congo, le vicariat apostolique de l'Ouganda était sous la direction d'un évêque alsacien vigoureux et autoritaire, Mgr Henri Streicher (1863-1952). L'Ouganda revendiqua cent soixante mille chrétiens baptisés et la moitié de catéchumènes.[19] À l'époque, ces chiffres correspondaient facilement à la moitié du nombre total de chrétiens de toutes les circonscriptions missionnaires des Pères Blancs. Ses trente-et-un postes de mission bénéficiaient des services de cent seize missionnaires, un effectif qui devait rapidement être réduit en raison du départ des conscrits et des aumôniers militaires.[20] En outre, les écoles du vicariat accueillaient vingt-et-un mille enfants.[21]

De l'autre côté du lac Tanganyika, sur sa rive occidentale, se trouvait le vicariat du Haut-Congo qui s'étendait vers l'ouest jusqu'au fleuve Congo (ou Lualaba) et vers le nord jusqu'à la province du Kivu, limitrophe aux royaumes du Ruanda et du Burundi. Cette province était la région présentant la plus forte densité de population de tout le vicariat. Selon les estimations, la population totale du Haut-Congo se serait élevée à environ huit cent mille habitants. Dans les trois plus anciens postes de mission, parmi les douze qu'il comptait, un tiers de la population avait déjà reçu le sacrement du baptême. Les catéchumènes y étaient trois fois plus nombreux que les baptisés. Le vicariat était clairement destiné à favoriser une expansion numérique considérable. Il comptait une cinquantaine de Pères Blancs, menés par le formidable vicaire apostolique d'origine flamande, Victor Roelens. Plus de dix mille enfants fréquentaient la soixantaine d'écoles que comptait le vicariat.[22]

Au sud, le vicariat apostolique de Bangweolo était peu peuplé et sa superficie couvrait les deux tiers de la Rhodésie du Nord (la Zambie actuelle). Il comprenait également l'extrémité méridionale du lac Tanganyika, l'intégralité du lac Bangweolo et partageait le lac Mweru avec le Congo au nord-ouest. Le vicariat se centrait sur les Bemba et les peuples parents du nord. En 1914, il dénombrait huit postes de mission

[17] *Rapports Annuels*, n° 11, 1914-1915, supplément p.22.
[18] Les Missionnaires d'Afrique tenaient une procure à Mombasa mais n'avaient pas d'autres postes au Kenya, ni dans la Mozambique.
[19] *Rapports Annuels*, n° 12, 1916-1917 (1915), p.307.
[20] *Rapports Annuels*, n° 10, 1914, (1916), P.181.
[21] *Rapports Annuels*, n° 11, 1915, pp.240-241.
[22] *Rapports Annuels*, n° 10, 1914 (1916), p.270; n° 11, 1915, p.101 ; n° 17, 1921-1922, p.104.

et onze mille chrétiens baptisés ainsi que dix-huit mille catéchumènes. Trente Missionnaires d'Afrique y œuvraient sous la direction du vicaire apostolique français Etienne Larue (1865-1935). Les sept cents écoles du vicariat accueillaient treize mille enfants[23]

Enfin, plus à l'est, se trouvait le vicariat de Nyassa, couvrant approximativement les deux tiers de Nyassaland (le Malawi actuel). Le vicariat longeait toute la rive occidentale du lac Nyassa (Malawi) et était doté d'une densité de population relativement forte. Ses écoles, par exemple, montraient à quel point la densité était plus forte. Avec seulement la moitié des établissements scolaires du Bangweolo, le vicariat accueillait le double d'écoliers. Il se centrait principalement sur les peuples d'Angoniland et sa fondation était plus récente que celle de Bangweolo. En 1914, il ne comptait que six postes de mission, avec six mille cinq cents chrétiens baptisés et légèrement plus de catéchumènes. Toutefois, il s'agissait clairement d'une région prometteuse comme les statistiques scolaires le démontrèrent. Vingt-sept Pères Blancs y œuvraient et son vicaire apostolique était Mathurin Guillemé, un homme perspicace originaire de Rennes.

Telle était la situation des Missionnaires d'Afrique sur le terrain à l'heure où la campagne en Afrique orientale allemande débuta. Indéniablement, la Société était fortement dévouée à cette région. Ces territoires, dont la charge lui avait été confiée par la Congrégation de *Propaganda Fide*, étaient vastes. Plus de la moitié des membres de la Société (soit presque quatre cent trente missionnaires sur huit cent quarante) œuvraient dans cette région lorsque la guerre éclata. La campagne est-africaine et son aboutissement auront incontestablement des répercussions sur la situation et l'avenir des Pères Blancs en Afrique.

La bataille des frontières

Même si la Grande-Bretagne ne faisait preuve d'aucune inclination immédiate pour attaquer l'Afrique orientale allemande et même si le gouverneur allemand, Heinrich Schnee, invoqua les clauses de la loi relative au Congo de 1885 stipulant que les colonies africaines devaient rester neutres en cas de guerre européenne, les deux camps s'engagèrent très rapidement dans une campagne est-africaine. Dans cette section ainsi que la suivante, le déroulement de la campagne est résumé, avant de décrire plus précisément les divers épisodes qui affectèrent les Missionnaires d'Afrique.[24] Les premiers engagements eurent lieu au niveau des frontières terrestres, maritimes, lacustres et fluviales de la colonie allemande. Le 8 août 1914, la guerre en Afrique de l'Est éclata lorsque le croiseur britannique *Astraea* bombarda Dar es Salaam. Ce vaisseau de guerre cibla les stations allemandes de télégraphie sans fil et permit le débarquement d'un petit groupe de marines qui négocièrent une trêve avec quelques habitants de la ville qui bénéficiaient du soutien du gouverneur Schnee. Londres répudia immédiatement cette trêve. Plus tôt, les Allemands avaient bloqué l'entrée du port à l'aide de navires sabordés, empêchant ainsi aux deux armées de l'utiliser comme base.

---

[23] *Rapports Annuels*, n° 10, 1914 (1916), p.310; n° 11, 1915, p.132.
[24] Le récit complet se trouve en Strachan, Hew, *The First World War in Africa*, Oxford, O.U.P., 2004, pp.93-184; Anderson, Ross, *The Forgotten Front, The East African Campaign, 1914-1918*, Stroud, Tempus, 2004; Gardner, Brian, *German East – The Story of the First World War in East Africa*, Londres, Cassell, 1963; Miller, Charles, *Battle for the Bundu – The First World War in East Africa*, Londres, Macdonald, 1974 et Paice, Edward, *Tip and Run – The untold Tragedy of the Great War in Africa*, Londres, Weidenfeld and Nicholson, 2006.

Les trois croiseurs de la *Royal Navy*, l'*Astraea*, le *Hyacinth* et le *Pegasus*, patrouillèrent le littoral est africain en vue de bloquer le plus redoutable croiseur allemand, le *Königsberg*. Le navire allemand se faufila au travers du cordon et, peu après, l'*Astraea* et le *Hyacinth* furent rappelés à la défense du Cap. Ainsi, le *Pegasus* se retrouva seul pour confronter le *Königsberg* qui était lourdement armé. Le 19 septembre, le *Königsberg* rattrapa le *Pegasus* dans le port de Zanzibar où il s'était replié suite à un problème de moteur. En moins d'une demi-heure, le croiseur britannique fut détruit. Parallèlement, deux événements s'étaient produits. Bien que les Britanniques aient disposé d'une plus grande force armée sur le lac Victoria, une force allemande, secondée par leur navire de combat *Muansa*, débarqua à Karungu, situé sur la rive orientale britannique du lac, et occupa brièvement Kisii le 9 septembre. Cette stratégie visait à attaquer la tête de ligne à Kisumu. Les guerriers Gusii se joignirent aux combats s'opposant aux forces coloniales britanniques. Les Pères Mill Hill furent contraints d'évacuer leurs postes de mission à Nyabururu et à Asumbi.[25] Les envahisseurs furent expulsés par les *King's African Rifles* et le *North Lancashire Regiment* (« *Régiment du Lancashire du Nord* »). Des canons du *Pegasus* furent montés à bord de bateaux à vapeur britanniques. En mars 1915, le *Muansa* fut sabordé par les Allemands et devint par la suite un navire de ravitaillement allié. Après cet épisode, le contrôle britannique du lac Victoria ne fut pas contesté.

L'autre événement correspondit à l'occupation, par von Lettow-Vorbeck et la *Schütztruppe* allemande, de Taveta, situé de l'autre côté de la frontière avec l'Afrique orientale britannique (Kenya). Depuis cette position avantageuse, les Allemands attaquèrent le chemin de fer ougandais et prirent part à un engagement à Tsavo. Leur principal objectif était la prise de Mombasa. Lorsque leur avancée fut stoppée par les troupes britanniques, ils se trouvaient à moins de quarante kilomètres de ce port capital. En octobre, une bataille de moindre envergure eut lieu à Karonga, un port de Nyassaland situé à l'extrémité nord du lac Nyassa (Malawi), entre les Allemands et une force mixte composée de KAR et d'agents de la police coloniale. Les Allemands y furent repoussés.

Le port de Tanga, ouvrant sur l'océan Indien, était crucial pour le commerce à l'exportation de la colonie allemande car il était relié par rail aux villages des colons et aux plantations du nord-est. Le 1er novembre 1914 à Tanga, huit mille troupes du *North Lancashire Regiment*, des KAR et de la force expéditionnaire indienne, qui étaient arrivées à Mombasa en août, tentèrent d'effectuer un débarquement amphibie depuis des embarcations et les escortes de la *Royal Navy*. Cette opération se solda par un échec total. Le major-général Arthur Edward Aitken, à la tête du commandement, ainsi que les autres officiers supérieurs sous-estimèrent sérieusement la capacité militaire de la *Schütztruppe*. L'assaut fut compromis par des délais excessifs, des confusions au niveau administratif, un manque de renseignements ainsi que la déplorable inexpérience de certains régiments d'Inde. Les troupes britanniques furent confrontées à une force armée allemande de mille hommes sous le commandement de von Lettow-Vorbeck, qui s'était empressé de se rendre sur la scène des combats et de faire une reconnaissance de la position britannique. À ses côtés, il reçut l'appui de deux compagnies sous le commandement du légendaire Tom von Prince, surnommé *Sakalani* par les Africains.[26] Les envahisseurs furent mis en déroute, déplorant la mort de trois cent cinquante-neuf hommes et la capture d'autant de prisonniers. Le bilan humain du côté allemand fut de cent quarante-huit morts, dont l'un fut *Sakalani* en

---

[25] Burgman, Hans, *The Way the Catholic Church Started in Western Kenya,* Londres, Mission Book Service, 1990, pp.82-84.
[26] On dit que le nom veut dire « un guerrier dans un état d'exaltation insouciante ».

personne.[27] Au cours de leur ré-embarcation à la hâte qui suivit la bataille, les Britanniques laissèrent derrière eux un arsenal considérable d'armes et de munitions, au plus grand bénéfice des Allemands.

Selon les plans et en cas de victoire à Tanga, les Britanniques auraient dû retrouver une autre force sous le commandement du brigadier général James Marshall Stewart, qui procédait à l'invasion simultanée de la colonie allemande par la frontière située à l'ouest du mont Kilimandjaro. Une action brève mais décisive eut lieu à Longido. La force armée de Stewart, qui s'élevait à mille cinq cents hommes, fut aisément dispersée par trois compagnies de campagne allemandes et une colonne à cheval. Après l'ignominie de Tanga et de Longido, Aitken fut relevé de ses fonctions, renvoyé en Angleterre et réduit au rang de colonel. Le major-général Richard Wapshare devint commandant en chef.

Outre le fait que la bataille de Tanga remonta profondément le moral de la *Schütztruppe* allemande, sa victoire eut également une autre répercussion importante. Le lieutenant-colonel Paul Emil von Lettow-Vorbeck (1870-1964), un nouveau venu dans la colonie, apparut comme le leader sans égal des forces allemandes en Afrique de l'Est. Âgé de quarante-quatre ans, il servait dans l'armée allemande depuis un quart de siècle. Non seulement avait-il examiné la politique militaire allemande dans les colonies, mais il avait également servi dans le Sud-ouest africain et avait été blessé lors du soulèvement de Herero. Excellent commandant hautement imaginatif, il inspirait la plus grande dévotion parmi ses *askaris*, dont il appréciait pleinement les qualités combatives. Tout au long de la campagne, il devait se présenter comme le principal adversaire des Alliés, restant invaincu jusqu'à la fin de la guerre.

Après les revers des six premiers mois, le Bureau de la Guerre ordonna aux forces britanniques de mener uniquement des combats défensifs en Afrique de l'Est. Ce moment de répit donna à von Lettow l'occasion de perfectionner son armée. Toutefois, en janvier 1915, ce calme fut prématurément brisé lors d'une escarmouche engagée à Yasini, village situé sur le littoral du côté allemand de la frontière. Les troupes britanniques y avaient capturé un fort de pierres. Le 19 janvier, les Britanniques se rendirent face aux Allemands qui les assiégeaient. Londres réprimanda Wapshare. Trois mois plus tard, il fut également relevé de ses fonctions et envoyé en Mésopotamie. Le puissant, mais alcoolique, major-général Michael Tighe le remplaça. Avant que le transfert de commandement n'ait eu lieu, les Allemands avaient commencé à ré-infiltrer l'Afrique orientale britannique et à attaquer le chemin de fer ougandais.

Le lac Tanganyika était sous contrôle allemand. Ces derniers avaient équipés de canons leurs bateaux à vapeur et parvenaient à bloquer efficacement les rives du lac Congo. En août 1914, le seul bateau belge naviguant sur le lac, l'*Alexandre Delcommune* qui n'était d'ailleurs pas armé, fut victime d'une attaque menée par le *Hedwig von Wissmann*. En octobre, il fut échoué par les Belges puis immobilisé pour cause d'avaries par un détachement de débarquement allemand.[28] Les navires britanniques *Cecil Rhodes* et *Good News* furent également coulés. Depuis leur position de force et durant les six premiers mois de 1915, les vaisseaux allemands bombardèrent les villes congolaises implantées sur les rives du lac. Ils tentèrent également de faire des incursions de l'autre côté du lac. La Force publique congolaise

---

[27] Le 9/10 septembre 1965 l'auteur a partagé un compartiment ferroviaire entre Mwanza et Tabora avec un vieil Allemand de Berlin, qui servit avec Sakalani à Tanga à l'âge de 24. Aylward Shorter, *East African Journal* (manuscrit), vol.2, p.42.

[28] Quand les alliés reprirent control du lac Tanganyika le navire fut réparé et renfloué sous le nom nouveau de *Vengeur*.

évita la survenue de tout débarquement significatif mais, le 27 mars, une bataille sanglante eut lieu à Tembwe Point, entre Kalemié et Moba. Sur le lac Kivu, les Allemands réquisitionnèrent un bateau à moteur auprès de missionnaires protestants, sur lequel ils installèrent un canon. Grâce à cette embarcation armée, ils prirent l'île d'Ijwi et attaquèrent la frontière congolaise, d'où ils furent à nouveau repoussés par une force congolaise peu conséquente. Pendant ce temps, au mois de juin, les forces britanniques du Nyassaland (Malawi) prirent l'important port allemand de Sphinxhaven (Mbamba Bay), situé sur la rive occidentale du lac Nyassa, où ils firent couler l'*Hermann von Wissmann*, un navire à vapeur.

Alors que le bombardement des villes congolaises situées sur les rives du lac Tanganyika se poursuivait au mois de juin, le lac Victoria se trouvait totalement sous contrôle britannique. Un raid commando menée par les Alliés était désormais envisageable. Le Bureau de la Guerre autorisa à contrecœur la conduite d'une incursion sur la ville de Bukoba afin d'y détruire la station allemande de télégraphie sans fil. La force, composée de KAR, de troupes britanniques et de *sepoys* indiens, était dirigée par Stewart. Quatre bateaux à vapeur leur firent traverser le lac et, le 22 juin, l'offensive fut lancée. Au cours du deuxième jour, la résistance allemande s'effondra. La station allemande de télégraphie sans fil ainsi que leur arsenal furent détruits à l'explosif. À la demande du commandant des *Royal Fusiliers* (« tirailleurs royaux » ou « hommes de la Frontière »), Stewart autorisa imprudemment le pillage de la ville, lequel s'ensuivit d'une scandaleuse orgie de violence accompagnée de beuveries et de viols. Pas un seul foyer ou bâtiment fut épargné. Tout semblant de discipline s'étant dissipé, un réembarquement fut la seule alternative qui restait.

En juillet, au niveau de la frontière de la Rhodésie du Nord (Zambie), les Allemands assiégèrent le fort de Saisi, situé à l'est d'Abercorn (Mbala) et sur l'extrémité sud du lac Tanganyika. Après une tentative de libération menée par les troupes belges, les Allemands levèrent le siège. Plus tard dans la même année, ils tournèrent leur attention vers le nord, au niveau du fort congolais de Luvungi, situé sur la rivière Rusizi et entre les lacs Kivu et Tanganyika. Le capitaine Schimmer ainsi qu'une force d'irréguliers s'efforcèrent de prendre le fort mais ils furent repoussés par la Force publique. Entre-temps, le cuirassé britannique *Goliath*, accompagné d'une flottille de plus petits navires de guerre, pourchassait le *Königsberg* le long du littoral. Le croiseur allemand s'était réfugié dans le labyrinthe de canaux qui formait le delta du fleuve Rufiji. Il finit par être localisé et, le 11 juillet, il fut mit hors d'usage. Sabordé par son capitaine, les canons du *Königsberg* furent sauvés et jouèrent, dès lors, un rôle important dans les batailles terrestres de Lettow-Vorbeck. L'équipage rejoignit également les forces terrestres. L'un des canons du *Königsberg* fut monté à bord du *Graf von Götzen*, un gros bateau à vapeur assemblé à Kigoma. Lancé en 1915, il avait contribué au transport des troupes vers Luvungi.

Au cours du printemps de 1915, l'amirauté britannique mit en application une stratégie audacieuse pour regagner le contrôle du lac Tanganyika. Pour ce faire, ils acheminèrent jusqu'en Afrique deux vedettes à moteur armées de canons de trois. L'expédition fut menée sous le commandement de Geoffrey Spicer-Simpson, un militaire hautement excentrique. Les deux vedettes, baptisées *Mimi* et *Toutou*, furent transportées par rail du Cap à la tête de ligne de Katanga.[29] Afin de rejoindre le fleuve Congo (Lualaba) à Bukama, elles furent ensuite tirées à l'aide de locomobiles sur un trajet de quelque huit cents kilomètres au travers d'une brousse quasiment inexplorée

---

[29] Foden, Giles, *Mimi and Toutou Go Forth: The Bizarre Battle of Lake Tanganyika*, Londres, Penguin Books, 2005 (2004). Un récit amusant de la bataille sur le lac et l'histoire des bateaux qui ont participé.

et d'une chaîne de montagne de mille huit cents mètres d'altitude. Elles descendirent ensuite la rivière en direction de Kabalo puis furent montées sur des rails étroits pour rejoindre le lac à Albertville (Kalémié). En novembre, les vedettes furent enfin lancées sur le lac Tanganyika.

Leur apparence surprenante et leur vitesse anéantit rapidement la supériorité allemande sur le lac. En février 1916, tous les vaisseaux allemands avaient été coulés, réquisitionnés ou s'étaient échoués. Irrémédiablement désemparé, le *Hedwig von Wissmann* fut sabordé par son capitaine allemand afin d'éviter qu'il ne soit pris par l'ennemi. Il sombra ensuite dans les fonds lacustres. Dans le port de Kigoma, quatre hydravions alliés bombardèrent le *Graf von Götzen*, le plus gros des bateaux à vapeur allemands. Sur le départ des Allemands, il fut lui aussi sabordé dans les eaux peu profondes du delta du Malagarasi en vue de le relever plus tard. En 1924, les Britanniques le récupérèrent puis le firent opérer comme cargo et navire à passagers sous le nom de *Liemba*.[30]

Au début de 1916, le général Tighe fut envoyé en Inde. Avant de prendre ses fonctions, son remplaçant, Sir Horace Smith-Dorrien, fut contraint de démissionner pour des rasions médicales. C'est ainsi que le lieutenant-général Jan C. Smuts devint commandant en chef. Après sa victoire dans le Sud-ouest africain allemand, il arriva à Mombassa le 19 février. En mars, Van Deventer et la force expéditionnaire sud-africaine débarquaient. Un nouveau chapitre décisif dans la campagne est-africaine était sur le point de s'écrire.

Invasion et évasion

La nomination de Smuts permit de sortir de l'impasse en Afrique de l'Est, rendant possible une sérieuse invasion alliée de la colonie allemande. Toutefois, l'expérience de commando acquise par Smuts au cours de la Guerre des Boers était en grande partie inadaptée en Afrique de l'Est. Selon Richard Meinertzhagen, Smuts aurait été un général quelconque.[31] En outre, le fait qu'il nomma des commandants sud-africains semblait transformer la campagne en une « affaire de famille ». Smuts et les Sud-Africains ne s'imaginaient pas les problèmes climatiques, sanitaires et de ravitaillement auxquels ils allaient être confrontés. « Dur, menaçant et manquant d'humour », Smuts assura la coordination qui jusqu'alors avait fait défaut. Mais, finalement, il chercha davantage à manœuvrer qu'à lutter. Smuts cibla la région du nord-est où les colons allemands et les intérêts commerciaux étaient concentrés, menant, depuis l'Afrique orientale britannique, une offensive sur deux fronts de chaque côté du Mont Kilimandjaro. Les Allemands se replièrent à mesure que les envahisseurs alliés avançaient. Smuts savait que les Allemands chercheraient à éviter une bataille ouverte. D'un autre côté, il ne pouvait risquer de prendre part à des engagements qui coûteraient de nombreuses vies et le rendraient impopulaire dans son pays. Ses tactiques consistaient à essayer de cerner l'ennemi et de lui infliger une fulgurante défaite. À sa plus grande frustration, la *Schütztruppe* se faufilait au travers des mailles du filet à chaque tentative. Il ne s'avéra pas difficile d'occuper un territoire abandonné par une armée qui battait retraite mais, pour prendre le contrôle du pays, l'ennemi devait être vaincu. Aussi longtemps qu'ils refusaient de se défendre, la défaite demeurait impossible. L'avancée était également freinée par des problèmes de ravitaillement. D'un autre côté, les commandants alliés en vinrent à admirer von Lettow. Selon une tradition orale circulant en Afrique centrale, ils n'auraient pas

---

[30] En 1952 il a subi une révision importante. Des moteurs diesel ont été installés. Le Liemba continue à servir de bac de moteur sur le lac Tanganyika. Voir Foden, *op.cit.*, p.311.

[31] Strachan, *op.cit.*, 2004, p.135.

vraiment souhaité le vaincre, et encore moins être envoyés sur le front de l'Ouest après y être parvenu.[32]

Von Lettow fit preuve d'une très grande habileté pour éviter la confrontation. Il savait pertinemment que les forces coloniales allemandes étaient surpassées en nombre et qu'il ne serait pas en mesure de sauver la colonie au travers d'une intervention militaire. Toutefois, il avait l'intention, sur une portion de territoire, de maintenir au vent le drapeau impérial allemand afin d'avoir matière à négocier à la fin de la guerre. Son objectif était également de bloquer les Alliés en Afrique de l'Est et de les empêcher de venir renforcer les fronts européens, et même possiblement de détourner des troupes de l'Europe vers l'Afrique. Il ne menait pas une guérilla au sens strict du terme. Sa stratégie ne reposait pas sur des incursions fulgurantes menées sur les troupes alliées et leurs installations mais il s'agissait plutôt d'un retrait incessant, attirant l'ennemi sur un terrain de son choix, où il pouvait infliger des dommages extrêmes depuis des positions retranchées. Là, tout comme en Europe, la mitrailleuse devint d'elle-même une arme de défense.

Bien que Smuts fût rapidement en mesure de relier le chemin de fer ougandais avec les rails allemands du nord, cette portion du réseau faisait constamment l'objet de sabotage de la part des Allemands après l'avoir utilisée. L'armée de Smuts s'éloignait de plus en plus de sa base de ravitaillement établie en Afrique orientale britannique alors que von Lettow se déplaçait en permanence aux seins de villages de colons allemands et de plantations qui étaient en mesure d'approvisionner son armée. La colonie allemande constituait un terrain inconnu pour les Britanniques qui ne disposaient d'aucune carte. Von Lettow et ses *askaris*, quant à eux, connaissaient très bien la topographie. L'étendue du pays et sa brousse interminable firent de cette campagne une « énorme opération nocturne ».[33] Cette colonie ne comptait aucune route praticable par des véhicules à moteur et le sud ne disposait d'aucun réseau ferroviaire. Les Africains indigènes du nord n'accueillirent pas nécessairement bien l'incursion alliée mais ils attendirent prudemment l'issue du conflit. Dans le sud, toutefois, les tribus étaient moins disposées envers les Allemands, tout particulièrement les Hehe dont la résistance des années 1890 avait été réprimée avec peine. Ces derniers avaient des comptes à régler.[34]

Initialement, Smuts fut handicapé par l'incompétence et les précautions excessives de ses commandants. Au début du mois de mars, une offensive indécise fut lancée à Latema Nek, mais le 14, van Deventer entra dans la ville de Moshi. Trois jours plus tard, les forces de Smuts avancèrent sur Kahe Station, situé à vingt-cinq kilomètres au de sud de Moshi. Les Allemands y occupaient une forte position défensive, depuis laquelle ils lancèrent une série d'assauts, assistés d'un canon lourd tirant depuis le *Königsberg*. Les deux camps déplorèrent de nombreuses victimes, avant que la *Schütztruppe* n'échappât à un encerclement à la dernière minute.

Au début du mois d'avril, une compagnie allemande capitula face aux troupes de van Deventer lors d'un combat mené à Lolkisale Hill. Cet épisode constitua la première défaite incontestable de la *Schütztruppe*. Van Deventer se fraya un chemin vers Kondoa Irangi, en direction de la ligne de chemin de fer centrale. Von Lettow décida de défendre cette portion de rails ainsi que Tabora, la capitale de la colonie en temps de guerre. Il envoya quinze compagnies de terrain à Kondoa Irangi. Le 9 mai, un engagement violent eut lieu au cours duquel l'artillerie allemande bombarda les Alliés et les charges à la baïonnette allemandes se transformèrent en un corps-à-corps.

---

[32] Communication d'Hugo Hinfelaar M.Afr. 12 octobre 2005.

[33] Iliffe, *op.cit.*, p.246, citant Hordern, Charles, *Military Operations, East Africa*, Londres 1941.

[34] Iliffe, *op.cit.*, pp.251-252.

Les tirs de précision des Sud-Africains remportèrent la victoire et les Allemands essuyèrent un revers tactique. Pendant ce temps, la division orientale de Smuts continua le long de la ligne de chemin de fer du nord, prenant Handeni le 19 juin.

La division fut arrêtée nette à Kangata, à une trentaine de kilomètres au sud, où elle se dirigea tout droit dans un piège allemand. Après un massacre terrifiant perpétré contre une brigade sud-africaine, les Allemands disparurent à nouveau tel l'éclair. À la fin de juin, une colonne mobile contraignit les Allemands à battre retraite depuis une tête-de-pont sur la rivière Lukigira .Dodoma et Tanga furent toutes deux prises au cours des premiers jours de juillet. À la fin du mois d'août, Kilosa tomba et, le 26 août, von Lettow abandonna la région de Morogoro en vue de conserver ses forces intactes. En septembre, les villes côtières de Bagamoyo, de Dar es Salaam et de Kilwa se retrouvèrent toutes dans les mains des Alliés. Von Lettow établit une nouvelle position à Kisaki, sur la rivière Mgeta et au sud de Morogoro, et se replia encore une fois après un engagement acharné. À partir de là, la poussée alliée vers le sud s'essouffla.

La frontière du Ruanda avec le Congo belge était formée par le lac Kivu ainsi que son île Ijwi et les villes de Gisenyi et Cyangugu situées aux extrémités nord et sud du lac. La frontière occidentale du Burundi suivait la rivière Rusizi qui reliait le lac Kivu au lac Tanganyika au sud. La ville de Bujumbura était implantée à l'extrémité nord du lac Tanganyika, près du delta de la Rusizi. À mesure que le contrôle du lac Tanganyika était graduellement arraché des mains allemandes vers la fin de l'année 1915, la Force publique du général Tombeur commença à intensifier son intervention au niveau de ces frontières, assaillant les villes de Gisenyi, Cyangugu et Bujumbura. Enfin en mai 1916, une invasion généralisée fut lancée par les Belges. Max Wintgens, un capitaine « compétent et acharné » de nationalité allemande résident au Ruanda, fut à la tête d'une petite force armée comptant un millier d'*askaris* et une centaine d'officiers blancs. Faisant face à une force de onze mille hommes, il comprit pleinement qu'il ne restait plus qu'à se replier stratégiquement sur Tabora. Toutefois, il profita de la lenteur du rassemblement des renforts et du ravitaillement de Tombeur pour résister autant que possible. Plus au sud, à Kigoma et Ujiji, Kurt Wahle, le général à la retraite qui fut contraint d'offrir ses services lorsque la guerre interrompit ses vacances qu'il passait dans la colonie, disposait de quelque deux mille hommes.

Déployés en trois colonnes, les Belges s'emparèrent de la ville de Cyangugu et du delta de la Rusizi. L'île d'Ijwi fut prise et les Allemands reculèrent sur Kigali, la capitale du Ruanda, qui fut occupée par les Belges le 8 mai. En juin, la colonne sous les ordres du lieutenant Philippe Molitor (1869-1952) prit Bujumbura, et le mois suivant, Gisenyi. Craignant d'être isolé de Wahle, Wintgens fut contraint d'évacuer Kigali. Presque sans avoir à se battre, Tombeur était parvenu à prendre le Ruanda et le Burundi.

La colonne centrale se déplaça en direction de l'ouest, pénétrant le district de Kagera situé sur la rive sud-ouest du lac Victoria. Quant à elle, la colonne de Molitor se dirigea vers Biharamulo et Ushirombo. La brigade d'Olsen se rendit vers le sud à Kigoma, sur la rive orientale du lac Tanganyika. Également au mois de juillet, Sir Charles Crewe, brigadier-général sud-africain, initia des opérations sur les rives allemandes du lac Victoria. Depuis l'Ouganda, « sa force lacustre » occupait Bukoba, l'île d'Ukerewe et Mwanza. Cette dernière fut évacuée par les Allemands avant l'arrivée de Crewe. Bukoba et Mwanza étaient les deux plus importants ports allemands sur le pourtour du lac. Toutes les forces allemandes du nord-est, soit environ une petite moitié de la *Schütztruppe*, convergeaient désormais sur Tabora.

Selon un plan prédéfini, Tombeur et Crewe étaient censés unir leurs forces lors de la prise d'assaut de Tabora. Toutefois, les Belges eurent l'ambition, mal dissimulée, de rattacher l'ensemble de leurs conquêtes situées entre Tabora et les lacs à leur colonie du Congo. C'est ainsi qu'ils gagnèrent la course sur Tabora.[35] Le siège dura dix jours et certains des combats les plus violents eurent lieu à Itaga, situé au nord-est de la ville. La bataille d'Itaga se déroula les 13 et 14 septembre 1916. Prise par les Belges, les Allemands s'emparèrent ensuite de la ville, avant qu'elle ne soit reprise sous l'effet de bombardements intensifs. Selon un témoin oculaire, la colline était jonchée de corps sans vie. Lorsque les troupes s'approchèrent, elles découvrirent la ville de Tabora abandonnée. Le général Kurt Wahle et le capitaine Max Wintgens se dirigèrent vers le sud-est pour rejoindre les forces de von Lettow à Mahenge. Le 18 septembre, Tombeur entra dans la ville de Tabora et Crewe l'y rejoint peu après pour le féliciter avant de disperser sa « force lacustre » en Ouganda. Les prisonniers allemands, capturés dans la ville, furent contraints d'effectuer des corvées humiliantes, telles que balayer les rues, nettoyer les latrines et pelleter du fumier.[36]

Les Belges continuèrent à administrer les territoires conquis jusqu'en 1919, date à laquelle la conférence de paix tenue à Paris décréta que la Belgique pouvait conserver le contrôle du Ruanda et du Burundi mais devait renoncer à la rive orientale du lac Tanganyika qui reviendrait à la Grande-Bretagne. Sir Horace Byatt, administrateur en chef des affaires coloniales britanniques entre 1917 et 1924, organisa, à Kigoma en 1921, une cérémonie célébrant la prise du pouvoir britannique.[37] Jusqu'à la fin des hostilités, tous les vicariats Pères Blancs de l'ancienne Afrique orientale allemande se retrouvèrent dans la sphère belge. À Karema, les Belges établirent un hôpital militaire au sein duquel le renommé médecin-catéchiste Adrian Atiman exerçait. L'impression qu'il fit auprès des Belges fut telle que les autorités médicales belges le décorèrent après la guerre.[38]

En 1914, le Nyassaland et la Rhodésie du Nord n'étaient pas préparés à entrer en guerre. De plus, les Britanniques n'exerçaient que peu d'emprise dans les régions limitrophes de ces colonies. Seule une politique de la terre brûlée parvint à dissuader toute incursion sérieuse de la part des Allemands. Le commandant britannique, brigadier-général Edward Northey, eut non seulement à établir un centre militaire mais il dut également surmonter d'épouvantables problèmes de communication et de ravitaillement dans une vaste région peu peuplée. Toutefois, en mai 1916, il parvint à rassembler sous ses ordres quatre colonnes, comprenant deux mille cinq cents hommes issus du Nyassaland et de la Rhodésie du Nord, afin d'avancer sur l'Afrique orientale allemande. Ces troupes occupèrent rapidement les principaux postes allemands de la frontière sud. Grâce à des marches forcées, les Britanniques pénétrèrent sur plus de trois cents kilomètres dans le territoire ennemi en direction d'Iringa et de la vallée de Kilombero, à l'ouest de Mahenge. En chemin vers Iringa, Northey rencontra et surpassa, près du village de Malangali, une certaine résistance allemande. Le 29 août, il entra dans la ville d'Iringa, abandonnée par sa garnison. Il dut ensuite faire face à Wahle et ses trois colonnes alors qu'ils s'enfuyaient de Tabora

[35] Les Belges avaient prévu que le territoire conquis leur donnerait une position de force s'il y avait une impasse dans les négociations avec Allemagne en Europe, ou, dans le cas d'une victoire alliée, pour indemniser les Britanniques d'un accord avec le Portugal qui transférait la rive sud du bas Congo d'Angola en échange de l'Afrique Orientale Allemande. Iliffe, *op.cit.*, p.246.

[36] Daye, Pierre, *Avec les vainqueurs de Tabora. Notes d'un colonial belge en Afrique Orientale Allemande*, Paris, Perrin, 1918, pp.198-122.

[37] *Petit Echo*, n° 94, 1921, p.122.

[38] Kabeya, John B., *Adriano Atiman, Katekista na Mganga*, Tabora, Tanganyika Mission Press et Arusha, Eastern Africa Publications, 1977, pp.61, 95.

en direction du sud-est. La ville d'Iringa fut assiégée par Wahle, puis libérée par des éléments de la division de van Deventer venus de la ligne de chemin de fer centrale. La colonne menée par Wintgens attaqua un dépôt de Northey à Lupembe, un village située à l'entrée de la vallée de Kilombero. Alors que le principal des troupes de Wahle passait non loin, une bataille de cinq jours eut lieu. Elle fut marquée par des charges à la baïonnette et des tirs d'artillerie intensifs. Wintgens fut repoussé et fit état d'un lourd bilan humain. À la fin de novembre, une colonne britannique parvint à isoler l'arrière-garde de Wahle, obligeant sa reddition. Les Allemands perdirent un canon lourd et plus de deux cents prisonniers furent constitués, dont un commandant supérieur et six autres officiers. Le reliquat parvint à s'esquiver vers Mahenge.

Von Lettow vira désormais en direction du littoral, suivi des Britanniques qui s'emparèrent du fort allemand de Kibata, au nord de Kilwa. En décembre 1916, von Lettow attaqua Kibata et les tranchées britanniques environnantes à l'aide d'une artillerie lourde et de mitrailleuses. La bataille s'apparenta de plusieurs manières à celles du front occidental et se distingua par une contre-offensive menée par le *Gold Coast Regiment* et par l'usage des premières grenades Mills sur le sol est-africain. Les deux camps déplorèrent de lourdes pertes. Même si les Allemands poursuivaient leur repli au sud de la rivière Rufiji, les Britanniques n'étaient absolument pas en mesure d'exploiter aussitôt cet avantage.[39]

La ruse finale de Von Lettow

En janvier 1917, la campagne entra dans une nouvelle phase avec le départ de Smuts. L'invitation qui le convia à participer à la conférence de guerre impériale tenue à Londres fut une opportunité providentielle lui permettant de sortir d'une impasse. Ses manœuvres de débordement n'étaient pas parvenues à entraîner la défaite de von Lettow et le grand nombre de Sud-Africains rapatriés du front pour blessures contribuaient à accroître son impopularité dans son pays. D'un autre côté, le fait que la majorité de la colonie allemande était désormais dans les mains alliées lui permit de revendiquer une victoire déjà assurée.

Le major-général Reginald Hoskins le remplaça au commandement des troupes en Afrique de l'Est. Chargé d'une tâche peu enviable, il dut conclure l'offensive désespérée de Smuts, alors même que Smuts proclamait dans la capitale londonienne que la guerre était finie. Partiellement en raison de la propagande de Smuts, Hoskins fut injustement remis de ses fonctions en mars et remplacé, sur la recommandation de Smuts, par van Deventer à la fin du mois de mai. Smuts avait déjà augmenté les effectifs des KAR, s'élevant à huit mille hommes, et Hoskins accéléra l'expansion du régiment qui comprenait désormais vingt bataillons. L'exode des troupes blanches et des unités d'Inde, dont nombre furent rapatriés du front pour blessures, fut partiellement à l'origine de ce nouveau besoin de renforts. En outre, le commandement commença doucement à entrevoir que les *askaris* africains étaient davantage aptes à mener ce genre de guerre que les Européens, les Sud-Africains et les Indiens, pour qui le terrain constituait une nouveauté et les maladies tropicales un nouveau danger. À la grande surprise de nombre d'entre eux, et particulièrement des Sud-Africains, les soldats africains s'avéraient également être des combattants compétents. En plus des KAR et du *Gold Coast Regiment*, cinq mille volontaires nigérians incorporèrent, à la fin de 1916, les rangs alliés en Afrique de l'Est.

---

[39] Le naturaliste et chasseur célèbre de grands fauves, Capitaine F.C.Selous a été tué à Behobeho 4 janvier 1917. La réserve de Selous le commémore.

Les Allemands avaient désormais abandonné plus des deux tiers de leur colonie. Von Lettow-Vorbeck, toujours invaincu, se concentra sur la région côtière du sud-est, accompagné d'un petit contingent d'un millier d'hommes blancs et de quelque sept mille *askaris*. À ses côtés se trouvaient Wahle ainsi que Heinrich Schnee, le malheureux gouverneur colonial. Lors de sa ruse finale, le génie de von Lettow se révéla et il finit par devenir une adversaire respecté et même légendaire auprès des Alliés. Plus tard, il a été comparé à Rommel, personnage historique de la Seconde Guerre mondiale.[40] Son don pour l'improvisation et son autosuffisance étaient sans limite. Non seulement il vivait des fermes et des plantations qu'il traversait, mais il récoltait également toutes les denrées comestibles qui poussaient dans les forêts et dans la brousse. Étant mycologue, il était un expert des champignons comestibles. Il développa également ses propres remèdes à base de plantes. Il faisait cuire du pain maison lors des marches et fabriquait du savon, des bougies, des cigarettes et même de l'essence. Il allait à la chasse aux animaux sauvages de la brousse et dirigeait son propre troupeau de bétail. Il façonnait également des brodequins militaires et cousait des uniformes. Lorsque les stocks de médicaments contre le paludisme étaient épuisés, il produisait sa propre quinine en faisant bouillir de l'écorce de *cinchona* péruvien afin d'obtenir un liquide infecte connu sous le nom de « Schnaps de Lettow ».

Ses *askaris* étaient dans un état de santé relativement meilleur que leurs homologues des troupes alliés et leur régime alimentaire à base de produits locaux était plus sain. Une forme de « sélection naturelle » était pratiquée car seuls les soldats les plus aptes physiquement étaient retenus. Treize médecins se joignirent à sa colonne. Les hommes gravement malades et blessés étaient laissés et accueillis dans des hôpitaux adaptés, tous dotés d'un docteur, afin d'être recueillis par les Britanniques. Un camp rassemblant des femmes africaines suivait également sa colonne. Ces dernières s'occupaient des hommes et, à la fin de la guerre, plus de huit cents d'entre elles furent dénombrées aux côtés des *askaris*. Plusieurs mirent des enfants au monde au sein de la marche, rejoignant ensuite la colonne quelques heures plus tard.

Plus tôt, von Lettow était même parvenu à réquisitionner des subsistances militaires auprès de deux cargos chargés de faire le blocus. En 1915, le *Rubens* fut coulé au nord de Tanga mais les Allemands sauvèrent une grande partie du matériel de guerre et du ravitaillement qu'il transportait. En mars 1916, le *Marie* arriva à Sudi Bay et, en trois semaines, l'équivalent de cinquante mille charges de ravitaillement portées à dos d'hommes furent réquisitionnées et transportées jusqu'à la ligne de chemin de fer centrale. Grâce à tous ces stratagèmes, von Lettow parvint à maintenir une force armée bénéficiant d'une mobilité infaillible.

Cependant, l'improvisation de von Lettow dissimulait une face cachée. Derrière lui, il laissa un chemin de destruction marqué par des champs et des réserves mis à sac, des villages pillés et dévalisés ainsi que des populations affamées. Avant la fin de 1917, plus de trois cent mille personnes succombèrent à la famine dans l'ancienne colonie allemande, soit un vingtième de la population totale. Les intérêts africains étaient subordonnés à ceux de l'Allemagne. Il s'agissait d'une exploitation à grande échelle. Même si le génie de von Lettow fut de reconnaître et d'utiliser l'expérience de guerre dans la brousse des *askaris* et même s'il inspira une certaine loyauté envers eux, la discipline qu'il imposa était extrêmement stricte. En guise de punition pour toutes sortes d'écarts de conduite, le recours au fouet en cuir d'hippopotame était

---

[40] Abbott, Peter et Raffaele Ruggeri, *Armies in East Africa 1914-1918*, Oxford, Osprey, 2002, p.3.

continuel. Quinze coups de fouet étaient administrés en cas de désobéissance et vingt-cinq en cas de mensonge.[41]

En mars 1917, Max Wintgens, à la tête de l'une des colonnes de Wahle, se dirigea seul vers le nord, accaparant cinq cents hommes, treize mitrailleuses et trois canons de campagne. Il le fit de sa propre initiative et sans autorisation aucune. Le point de vue de Von Lettow concernant cette manœuvre était équivoque. Il s'agissait d'une prouesse éblouissante mais qui risquait fort probablement de ne pas aboutir à des résultats concluants, Wintgens étant isolé de la force de von Lettow. Toutefois, la ruée vers le nord de Wintgens, qui traversa la rivière Rungwa en direction de Tabora, insuffla un sentiment de crainte et d'incertitude parmi les Alliés qui étaient convaincus que leurs conquêtes du nord étaient assurées. Alors que les troupes britanniques se lancèrent à sa poursuite à l'arrière ou essayaient de le forcer à se rabattre à l'avant, les épopées de Wintgens occasionnèrent un désordre majeur. Toutefois, le 21 mai, Wintgens capitula face aux Britanniques, ayant été gravement atteint de typhus à Kitunda, dans le nord de l'Ukimbu, et nécessitant des soins médicaux appropriés. Avant sa reddition, il avait remis sa colonne aux mains du capitaine Heinrich Naumann.

Naumann, un « psychopathe » sans pitié, traversa la ligne de chemin de fer centrale et s'empara, sans le moindre coup de feu, de la ville de Singida. Il assiégea ensuite le fort de Mkalama, occupé par les Britanniques et situé à quelque quatre-vingts kilomètres au nord. Des troupes de secours alliées l'obligèrent à lever le siège. Après avoir pris sans peine le petit fort d'Ikoma, il se tourna vers l'ouest en direction du chemin de fer du nord et de la ville de Moshi. L'un de ses groupes d'attaque parvint à assaillir le poste de Kahe, à incendier les réserves militaires et à capturer trois officiers britanniques. Toutefois, à ce moment là, la dynamique de son intervention s'était essoufflée. Naumann avait été contraint de disperser sa colonne afin de former différentes unités indépendantes. La majorité de ses hommes furent faits prisonniers et, le 22 octobre, Naumann se rendit également en personne. Il fut jugé en Grande-Bretagne pour le meurtre du lieutenant Sutherland perpétré à Ikoma et pour cruauté envers des femmes indigènes. La condamnation à mort qu'il reçut fut commuée en une peine de prison de sept ans. Cependant, il fut déporté vers l'Allemagne dans l'année qui suivit la fin de la guerre.

En juillet 1917, une autre bataille rangée eut lieu face à von Lettow dans la ville de Narungombe, située à une soixantaine de kilomètres de Kilwa. Ce fut un engagement acharné au cours duquel les Britanniques jouirent de l'usage des mortiers, une arme que les Allemands ne possédaient pas. Du 15 au 18 octobre, von Lettow mena sa dernière opération planifiée à Mahiwa-Nyangao, à l'ouest de Mtwara. Ce fut l'engagement le plus violent de toute la campagne, un véritable « Gettysburg équatorial ».[42] Même s'il revendiqua la victoire et même si le nombre de victimes qu'il déplora fut bien moindre que le bilan humain allié, il ne disposait d'aucune réserve pour combler les brèches. Après avoir pulvérisé son dernier canon du *Königsberg*, von Lettow se replia de l'autre côté du fleuve Ruvuma et pénétra en Afrique orientale portugaise (Mozambique).

En novembre 1917, un ravitaillement aérien fut entrepris en vue d'approvisionner la colonne allemande cernée. Le zeppelin, un aéronef L 59, partit de Jamboli en Bulgarie avec à son bord quinze tonnes d'armes, de munitions et de provisions. Après une traversée difficile de la Méditerranée, l'aéronef mit le cap sur l'Afrique afin de

---

[41] Strachan, *op.cit.*, 2004, pp.118-119, 102-103, 123-125, 178-179.
[42] Miller, *op.cit.*, p.283.

parcourir les trois mille kilomètres le séparant du plateau de Makonde. En plein vol au dessus de Khartoum, le commandant de bord reçut un radiogramme ordonnant l'abandon de la mission. Par la suite, les rumeurs firent entendre qu'il aurait s'agit d'une désinformation de la part des Britanniques. En tout cas, le zeppelin fit demi-tour et dut affronter des bourrasques qui obligèrent l'équipage à délester l'engin volant de la moitié de sa cargaison. Après avoir battu un record en effectuant un vol de quatre jours couvrant plus de six mille cinq cents kilomètres, le zeppelin vint atterrir au même aéroport de départ.

Von Lettow avait espéré pouvoir être rejoint par un détachement d'un millier d'hommes sous les ordres du capitaine Theodor Tafel. Toutefois, ses troupes étant sur le point de succomber à la famine, Tafel fut contraint de retraverser dans l'ancienne colonie allemande et de capituler devant Northey. La résistance portugaise s'avéra inefficace et leur participation à la campagne fut un handicap pour les Alliés. En 1918, von Lettow poursuivit vers le sud, après avoir capturé un camp portugais. Il devint désormais un véritable guérillero, accordant davantage d'importance à la mobilité qu'à la puissance de frappe. Il se battait pour nourrir ses troupes, assaillant des camps portugais ainsi que d'autres sources d'approvisionnement.[43] Divisant sa force armée en petits groupes de collecte, il fit la razzia dans les dépôts de réserve portugais. À Namacurra, il captura de grandes quantités d'armes, de munitions, d'uniformes neufs et des centaines de tonnes de denrées alimentaires. En juin, Northey partit pour revêtir les fonctions de gouverneur de l'Afrique orientale britannique. Pendant ce temps, van Deventer, entré à contrecœur au Mozambique pour affirmer la résistance portugaise, soupçonna la *Schütztruppe* d'être sur le point de menacer le port de Quelimane. Mais, après avoir suivi un détachement britannique jusqu'à la rivière de Namirruen, von Lettow se dirigea plein ouest en direction du lac Nyassa et, encore une fois, il parvint à passer entre les mailles du filet allié.

Au cours du mois d'août, les Allemands avancèrent vers le nord le long de la rive orientale du lac Nyassa, prenant part en chemin à des escarmouches avec les KAR sans vainqueur ni vaincu. Avant de retraverser le fleuve Ruvuma le 28 septembre, von Lettow se débarrassa de ses malades et ses blessés, y compris du général Kurt Wahle maintenant âgé de soixante-quatre ans et atteint d'une double hernie et du paludisme. De retour dans son ancienne colonie, le commandant allemand fit le tour de l'extrémité septentrionale du lac Nyassa et traversa, contre toute attente, la frontière avec la Rhodésie du Nord (Zambie), attaquant les Alliés en leur point le plus faible. En demeurant dans l'ancienne colonie allemande, stratégie que les Britanniques estimaient que von Lettow adopterait, il lui aurait été difficile de se ravitailler. De surcroît, il aurait été confronté à la désertion de certains de ses *askaris* et de ses porteurs qui se seraient retrouvés sur leurs terres natales. Après avoir pillé plusieurs postes de mission, et tout particulièrement les réserves d'hôpitaux, à la recherche d'approvisionnement, il occupa, le 12 novembre, la ville de Kasama. Le jour suivant, un motocycliste britannique fut intercepté aux abords de la ville. Ce dernier détenait sur lui des dépêches qui annonçaient que, le 11 novembre, un armistice avait été signé en Europe. Avant d'obéir aux ordres lui exigeant de se rendre à Abercorn, von Lettow envoya, le 14 novembre, un télégramme à Berlin. Il n'y eut pas de réponse. Il ne lui resta plus qu'à se rendre au brigadier-général W. Edwards. Le 25 novembre, la cérémonie officielle se tint à Abercorn.[44] Le Bureau de la Guerre décréta que les épées des officiers allemands devraient leur être restituées lors d'un défilé cérémonial « en

---

[43] Strachan, *op.cit.*, 2004, p.177.
[44] Von Lettow-Vorbeck, *op.cit.*, pp.315-321.

signe de reconnaissance de leurs efforts héroïques ».[45] Von Lettow se rendit à Kigoma en bateau à vapeur, puis en train à Dar es Salaam, où il embarqua à bord d'un navire à destination de Rotterdam. À Berlin, il fut triomphalement reçu.

La grande réussite de Von Lettow reposa sur le fait qu'il parvint avec succès à contenir, pendant quatre ans, une armée comptant au moins cent trente mille hommes. La campagne avait coûté à la Grande-Bretagne soixante-douze millions de livres, sans compter les coûts encourus par la Belgique et le Portugal. Alors que la *Schütztruppe* allemande fit état de deux mille cinq cents morts, tués au combat ou décédés des suites d'une maladie, les Alliés déplorèrent la mort d'environ quatorze mille hommes, soit plus du quintuple du bilan germanique. Par rapport au nombre de blessés et de prisonniers, la proportion d'hommes qui firent don de leur vie fut bien plus élevée en Afrique de l'Est que sur les autres fronts de la Première Guerre mondiale.[46]

La guerre dans les vicariats des Pères Blancs

Les vicariats des Pères Blancs ressentirent directement et indirectement les effets de la guerre en Afrique de l'Est. La première conséquence que la campagne infligea fut le blocus des biens et des informations que les missionnaires durent subir en Afrique orientale allemande et dans le Haut-Congo. Quelques messages des évêques parvinrent à Alger, mais, dans l'ensemble, l'année 1915 et la majorité de 1916 furent marquées par un grand silence. Lorsque les combats éclatèrent dans le vicariat du Kivu, les Allemands prohibèrent aux pères Blancs de correspondre avec leurs confrères de Bukoba sous peine de mort.[47] L'Afrique avait uniquement une vague idée des développements de la guerre en Europe ou même des divers protagonistes belligérants. Des missionnaires français confus, qui reposaient sur les journaux locaux de langue allemande, ne furent pas immédiatement certains de la position de la Grande-Bretagne, en tant qu'alliée ou ennemie.[48] À bien des égards, les postes de mission étaient auto-suffisants, mais quelques produits indispensables devaient être importés et la guerre rendit ces mouvements de marchandises impossibles. Les hosties, le vin de messe et les cierges, nécessaires à la célébration liturgique, faisaient l'objet d'un rationnement. Il est toutefois remarquable de constater que les réserves ne furent jamais totalement épuisées et que les postes de mission parvenaient à s'approvisionner entre eux. Dans certains postes de mission burundais, seule la messe dominicale était célébrée et pas plus d'une petite cuillère de vin était autorisée. Après le départ des Allemands, l'évêque Streicher fit acheminer une caisse de vin de messe depuis l'Ouganda.[49]

Le vicariat le plus touché, au début des hostilités, fut celui du Haut-Congo. Avant le blocus du lac Tanganyika, le bateau était le moyen de transport quotidien pour se déplacer du nord au sud du diocèse. Lorsqu'Augustin Dumortier (1878-1951) fut nommé aumônier militaire et dut rallier son unité dans la province du Kivu, il fut contraint de s'y rendre en bicyclette par voie de terre. Au cours de son périple, il échappa de peu à des obus allemands sur les rives du lac Tanganyika en Uvira.[50] Pendant le blocus, le transport ou la vente des marchandises étaient inexistants dans le vicariat. Après l'invasion belge du Ruanda-Burundi, il devint possible d'obtenir des

[45] Anderson, *op.cit.*, p.294.
[46] Gardner, *op.cit.*, p.194; Iliffe, *op.cit.* p.246.
[47] *Petit Echo*, n° 41, 1917, p.36.
[48] *Petit Echo*, n° 37, 1916, p. 301.
[49] Rabeyrin, Claudius, *Les missionnaires du Burundi durant la guerre des gentilshommes en Afrique Orientale 1914-1918*, M.Afr. impression privée Langéac, 1978, p.33.
[50] *Petit Echo*, n°26, 1915, p.150.

provisions en provenance de l'Ouganda. En 1916, Pierre Colle (1872-1961) fut envoyé à Kampala dans cet objectif. Le tissu et les perles constituaient des articles particulièrement indispensables pour rémunérer les travailleurs des missions. Colle découvrit que certains biens destinés au vicariat avaient été retenus à Bukoba. Il engagea donc deux cent vingt-cinq porteurs en Ouganda occidental pour transporter les marchandises jusqu'au Haut-Congo.[51]

Les missions situées en bordure de lac dans le Haut-Congo furent les premières à souffrir lorsque les bombardements commencèrent sur le lac Tanganyika. Le vieux fort dans lequel les Missionnaires d'Afrique avaient construit leur église et leur poste de mission à Mpala devait être démoli, mais la guerre en fit autrement. Au lieu de cela, il fut réquisitionné par l'artillerie belge et les mitrailleurs de la Force publique. Au petit matin du 7 janvier 1915, un bateau à vapeur allemand apparut à l'horizon. Les missionnaires savaient qu'ils disposaient d'une heure avant de se trouver à portée de tir et estimèrent qu'ils avaient suffisamment de temps pour évacuer tout le monde. Le Saint Sacrement fut transféré au sous-sol et tout le monde alla se réfugier dans les collines situées derrière le poste de mission. Deux prêtres se chargèrent des enfants et des malades. Les deux canons du bateau à vapeur firent feu sur le fort sans lui infliger le moindre dommage. Pas une seule tuile du poste de mission ne fut brisée. L'artillerie belge riposta vigoureusement et le navire allemand se replia avant qu'un débarquement ne puisse être effectué. Les Pères Blancs firent la promesse solennelle d'ériger, si la mission recevait la protection de la Sainte Vierge, une Grotte de Lourdes sur la place après la guerre. La promesse fut accomplie.[52]

Le poste de mission de Katana se trouvait sur la rive sud-ouest du lac Kivu, face à l'île d'Ijwi sous occupation allemande. Le matin du 27 octobre 1914, les troupes belges, installées au poste de mission, canardèrent la flottille allemande qui s'approchait, ce qui la fit partir aussitôt en déroute. Le 9 janvier 1915, les Allemands revinrent, avec leur toute nouvelle canonnière (protestante), et balayèrent le poste de mission de tirs de mitrailleuses. Les troupes belges ripostèrent et la canonnière battit retraite. Dix jours plus tard, la canonnière revint à la charge et ouvrit le feu une fois de plus. Cette fois-ci, les effectifs de la garnison de défense avaient été augmentés à cinquante soldats et renforcés par une batterie de canons de campagne. Un obus belge suffit à garantir le retrait de la canonnière.[53] Pendant ce temps, la Force publique rassembla ses réserves à la frontière. Pendant un an, une centaine d'*askaris* et quatre officiers blancs furent cantonnés dans le poste de mission de Katana.[54] Celui de Nya Gesi dut accueillir six mille *askaris* et une centaine d'officiers.[55]

Lorsque l'incursion britannique sur Bukoba fut lancée le 22 juin 1915, la mission des Pères Blancs en pâtit. Au cours des bombardements qui précédèrent le débarquement, un obus vint transpercer la toiture de l'église et explosa sur le prie-Dieu de l'évêque. Quelques instants auparavant, Mgr Joseph Sweens s'était agenouillé à cet endroit même pour réciter son bréviaire. Il était en train de franchir le pas de l'église lorsque l'obus éclata. Par la suite, les Britanniques présentèrent leurs excuses à l'évêque pour les dommages infligés à l'église. Ils expliquèrent qu'ils visaient un canon allemand qui avait été installé dans l'enceinte du poste de mission.

[51] *Petit Echo*, n° 34, 1916, p.197.
[52] *Rapports Annuels*, n° 10, 1914 (1916), pp.282-283.
[53] *Ibid.*, pp. 298-300.
[54] *Rapports Annuels*, n° 11, 1915, p.125.
[55] *Petit Echo*, n° 34, 1916, p.199.

Après le réembarquement des Britanniques, les Africains des alentours poursuivirent le pillage de la ville.[56]

La grande « poussée » vers le sud, menée par Smuts et van Deventer depuis le Kilimandjaro en 1916, eut uniquement des répercussions dans l'extrême nord-est du vicariat d'Unyanyembe des Pères Blancs. Au poste de mission d'Iraku, situé non loin de Mbulu, les Missionnaires d'Afrique furent victimes des hauts et des bas de la guerre. Sur sa route vers Kondoa Irangi, la colonne de van Deventer occupa, le 11 mai, le fort de Mbulu. Les missionnaires vinrent consciencieusement prêter allégeance au roi George V. En dépit des tentatives menées par les officiers pour les contrôler, les troupes britanniques mirent à sac le poste de mission. Des groupes d'Allemands firent leur réapparition et prirent part à des engagements avec les envahisseurs. Cette situation fut à la source d'accusations à l'encontre des Pères Blancs selon lesquelles ils auraient aidé et accueilli des Allemands. Le 8 juin, les missionnaires reçurent l'ordre d'évacuer Iraku et furent transférés à la mission des Spiritains d'Ufiomi, à l'est de Mbulu. Ils furent autorisés à se déplacer dans un rayon de trois kilomètres et à envoyer des gens surveiller leur poste à l'abandon. Entre-temps, ils exercèrent leur ministère auprès d'*askaris* d'Ouganda et de l'Afrique orientale britannique (Kenya) ainsi que de chrétiens sud-africains, de mauriciens et de soldats indiens. Enfin, le 19 septembre 1916, ils reçurent l'autorisation de retourner à Iraku. Ils y trouvèrent leurs réserves et leurs granges vides ainsi que des champs sans une seule pousse. Nombre de leurs écoles avaient été cambriolées et les populations locales avaient peur de s'associer à eux. Un petit noyau de chrétiens demeura toutefois fidèle et le commandant catholique du fort de Mbulu leur apporta un peu de soutien. Tous les missionnaires spiritains des missions avoisinantes du vicariat du Kilimandjaro avaient été expulsés et les Pères Blancs durent étendre leur ministère vers l'est jusqu'à Ufiomi et Mbugwe.[57]

Le sort réservé au poste de mission de Turu, non loin de la ville de Singida, fut bien pire. Le 21 août, les Britanniques s'emparèrent de Singida et, une semaine plus tard, les missionnaires reçurent l'ordre d'évacuer sur Kondoa Irangi. Quatre Pères Blancs de nationalité allemande et néerlandaise, issus de la mission de Turu, furent conduits en voiture à Nairobi pour y être internés. Toutefois, deux missionnaires français, libérés par les Britanniques des mains de leurs geôliers allemands à Tabora, furent finalement autorisés à revenir sur Turu en décembre. Pendant ce temps, le capitaine Hutchins posté à Singida avait surveillé le poste de mission et remboursa même les pères pour réparer toutes les pertes infligées par les vols. Le pillage avait été évité.[58]

Le vicariat apostolique du Kivu (Ruanda et Burundi) était plus densément peuplé et, par rapport aux autres, ses postes de mission étaient implantés plus près les uns des autres. Les invasions belges des mois d'avril et de mai 1916 eurent un effet dévastateur, à la fois complexe et d'une portée considérable. Il n'est pas aisé de fournir un aperçu cohérent des événements survenus[59] Les postes de mission n'étaient, bien évidemment, pas uniquement destinés au culte et à l'instruction d'une communauté chrétienne. Ils représentaient intrinsèquement des centres importants de développement humain et socio-économique. Nombre de ces postes furent réquisitionnés, à tour de rôle, par les armées ennemies.[60] Au Burundi, les missions de

---

[56] *Rapports Annuels*, n° 11, 1915, p.79.

[57] *Rapports Annuels*, n° 12, 1916-1917, pp.239-242.

[58] *Rapports Annuels*, n° 12, 1916-1917, p.243.

[59] Ce récit nécessairement bref se base sur les diaires des postes en question, *Rapports Annuels* et *Petit Echo* de 1916-1917,

[60] Au Ruanda: Save, Mourunda, Mibirisi. Au Burundi : Buhonga et Kanyinya.

Buhonga et de Kanyinya furent occupées à deux reprises par les deux armées. Les postes de mission réquisitionnés perdaient pratiquement tout : bétail, ânes, selles, outils, bois, mobilier et appareils médicaux. Occasionnellement, les Allemands payaient pour couvrir les pertes à l'aide de billets de banque qui devaient rapidement être dévalués au point ne plus avoir aucune valeur. Dans certains cas, les missionnaires de nationalité « belligérante » recevaient l'ordre de quitter leurs postes de mission, mais certains furent autorisés à rester ou furent en mesure de revenir plus tard. Ceux de Buhonga en particulier furent envoyés à Bujumbura, puis à Kigoma et Tabora. Certains postes de mission devinrent des champs de bataille et plusieurs furent la proie des pilleurs et des voleurs. En général, le nord du vicariat fut davantage épargné que le sud car les Allemands devaient éviter d'y être refoulés. Par conséquent, les combats eurent tendance à se diriger vers le sud. Avant l'invasion, le vicaire apostolique Jean-Joseph Hirth, de santé fragile et doté d'une vue défaillante, fut évacué de Nyundo pour être transféré à Kabgayi puis à Save.[61]

En avril 1916, la Force publique initia son invasion du Burundi, traversant la rivière de Rusizi au sud du lac Kivu. Charles Raes, novice Père Blanc et conscrit au sein de l'armée belge pour servir au Congo, les accompagna.[62] En mai, il fut témoin de la prise de Cyangugu et, le mois suivant, il vit les incendies qui faisaient rage dans la ville de Bujumbura alors que les incendiaires allemands prenaient la fuite. Le poste de mission de Mibirisi était situé au sud de Cyangugu et, le 21 avril, les troupes belges y parvinrent en provenance de Bujumbura. Ils y arrivèrent avant le départ des Allemands et des missionnaires. Une bataille fut engagée, au cours de laquelle, comme exposé auparavant, le frère Fulgence Mechau trouva la mort. Après le retrait des Allemands, les Belges occupèrent les bâtisses de la mission et les missionnaires furent contraints de s'installer dans des huttes faites de branchages et érigées non loin.

Au Ruanda, même si les effectifs de la *Schütztruppe* n'étaient pas suffisamment conséquents pour contenir l'invasion belge, Max Wintgens, le résident allemand, était fermement résolu à ce que le royaume soit défendu énergiquement. Il était tout aussi déterminé à maintenir un black-out de sécurité et à interdire aux Missionnaires d'Afrique de communiquer avec l'ennemi (leurs confrères du Haut-Congo) sous peine de mort. Au début, il autorisa les missionnaires de « nations belligérantes » à demeurer au sein de leurs postes de mission, estimant qu'un terme serait mis à la guerre dans les trois mois à venir. Plus tard, trois missionnaires du vicariat éveillèrent des soupçons et furent internés pour une courte durée à Tabora. Lorsque l'Italie déclara la guerre à l'Autriche, les missionnaires italiens furent alors ajoutés dans la catégorie des « belligérants ». De prime abord menacés d'être internés à Tabora, ils furent toutefois autorisés à rester au sein des postes de mission situés à l'intérieur des terres et loin des frontières.[63]

Aux yeux des Pères Blancs, Wintgens était un homme « ardent, énergique, courageux, probe mais sévère ».[64] En dépit de ces qualités, il fut contraint, au début du mois de mai, de se replier sur une colline fortifiée surplombant le lac Kivu alors que l'armée congolaise contournait l'extrémité nord du lac, prenant et incendiant la ville de Gisenyi. Le premier poste de mission situé sur la trajectoire de la Force publique qui avançait fut celui de Nyundo. Les Allemands occupaient l'enceinte de la mission alors que les Pères Blancs s'étaient retirés dans la forêt de Kandamira. Dans la nuit du 10 mai, les Congolais relancèrent l'offensive et les forces adverses occupèrent les

[61] Il est revenue plus tard à Kabgayi.
[62] *Petit Echo*, n° 37, 1916, pp.293-294.
[63] Rabeyrin, *op.cit.*, pp.15-17, 36.
[64] *Rapports Annuels*, n° 13, 1917-1918, pp.298-299.

positions dans les collines environnant la mission. Finalement, Wintgens évacua l'ensemble du district de Bugoyi afin d'éviter l'encerclement. Il ordonna également au supérieur allemand, François Knoll (1880-1951), de l'accompagner vers le sud jusqu'à Murunda. Les deux autres missionnaires sortirent de la forêt et, sous une pluie de balles et d'obus, ils se faufilèrent jusqu'à Nyundo. Deux jours plus tard, les Belges arrivèrent à Nyundo. Les Allemands avaient fait usage de l'église comme chambrée, magasin du corps et cuisine, alors que la maison du poste avait été convertie en une casemate. Heureusement pour les Pères Blancs, la mission ne fut pas détruite et les Belges ne la bombardèrent pas. Seuls deux obus frappèrent l'église, n'endommageant que légèrement la façade. Les Belges occupaient toutefois la moitié du territoire de la paroisse et, pendant une longue année, les missionnaires ne furent pas autorisés à fouler ce territoire. Par conséquent, la population catholique se trouva réduite de moitié.

Au poste de mission de Murunda, Wintgens réquisitionna à nouveau l'église pour le cantonnement de ses soldats, expulsant les missionnaires du poste de mission qui se retrouvaient à un jour de marche d'avance sur le capitaine. Deux jours après le départ des Allemands, les Belges arrivèrent, grisés par leur victoire à Cyangugu. Entre-temps, le poste avait été pillé par des membres des populations locales et de nombreuses vaches avaient été volées. Les Allemands avaient brûlé des centaines de planches comme source d'énergie. Les Belges ordonnèrent la restitution du bétail volé, mais les effets de la guerre au Nyundo et au Murunda furent désastreux pour les missionnaires tout comme les populations locales. À mesure que les villageois étaient expulsés de leurs fermes et que les soldats et les porteurs pillaient leurs champs, la famine se propageait. Les habitants se réfugièrent dans les forêts, se nourrissant d'herbes et de racines. Le brigandage en tout genre s'intensifia, tout particulièrement les vols de bétail et de denrées alimentaires. Beaucoup étaient disposés à commettre un meurtre pour obtenir de quoi manger. Certains prêtres en vinrent même à vendre leurs calices personnels en vue d'acheter des vivres pour les affamés. À Nyundo, les Pères Blancs estimèrent que la moitié de la population chrétienne, soit deux mille personnes au total, avait trouvé la mort dans les combats ou suite à leurs contrecoups.

Les envahisseurs belges furent surpris de constater que des missionnaires de nationalités belligérantes et neutres demeuraient toujours dans leur poste de mission. Ils soupçonnèrent que tel était le cas en raison de leur collaboration avec les Allemands. Le gouverneur belge de Bujumbura, un homme profondément anticlérical, fit même déporter trois Pères Blancs vers le Congo, où ils furent retenus au poste de mission de Mpala jusqu'en mai 1918.[65]

Le vicariat de Nyanza fut davantage touché que les autres vicariats en raison de la clôture obligatoire de ses missions et de l'expulsion des missionnaires français par les Allemands. Plus d'une trentaine de prêtres, de frères et de sœurs furent internés, tout comme le furent d'autres de Kivu, à Ushirombo dans le vicariat voisin d'Unyanyembe. Plusieurs postes de mission et même une léproserie durent être abandonnés.[66] Pas un seul recoin du territoire ne fut épargné par la pénurie de médicaments, de vêtements et de chaussures. Le poste d'Ushirombo n'enregistra aucune nouvelle admission au séminaire et il était impossible de fournir une chambre individuelle à chaque pensionnaire. Les visiteurs involontaires faisaient passer le temps, se promenant et faisant retraite. En juillet 1916, l'occupation de Mwanza et de Bukoba par la force lacustre britannique fut indolore en raison du fait que les Allemands avaient déjà

[65] Rabeyrin, *op.cit.*, pp.19-21.
[66] *Petit Echo*, n° 36, 1916-1917, pp.260-265.

quitté les lieux. Au cours de cette intervention, il se produisit, toutefois, un événement touchant. À Bukumbi, le plus ancien poste de mission d'Afrique équatoriale situé non loin de Mwanza, un serviteur africain agissait en tant que concierge dans une maison allemande avoisinante qui avait été vidée par son propriétaire. Les irréguliers masaï de la force lacustre enfoncèrent la porte. Ils étaient sur le point d'abattre le serviteur lorsqu'un *askari* KAR ougandais intervint en s'exclamant : « Il porte un chapelet ! C'est un chrétien ! Ne tirez pas ! » Le concierge eut la vie sauve.[67]

Au Unyanyembe, même si les troupes des deux camps ravagèrent les campagnes, les combats se concentrèrent sur Tabora, la capitale coloniale provisoire. Ce fut dans cette ville où la majorité des missionnaires furent rapatriés, soit en tant que réfugiés ou qu'internés. Ces derniers passèrent leur temps à prier, à étudier, à planter des choux, à faire de la bicyclette ainsi qu'à diriger la retraite des sœurs.[68] Le journal de bord de la mission de Tabora fournit un aperçu des événements et des conditions à l'intérieur de la ville assiégée.[69] Dès le début du mois de juillet, les missionnaires avaient déjà été informés que la ville ne serait pas défendue si elle venait à être attaquée. Vers la fin du même mois, ils eurent vent du fait que les missionnaires d'Ushirombo avaient reçu l'ordre de se rendre à Tabora. Le 24 juillet, vingt prêtres arrivèrent. Onze d'entre eux se virent octroyés un lit dans les salles de classe de l'école. Quatre jours plus tard, les Pères Blancs de la mission de Ndala reçurent également la même injonction. Le général Wahle et sa colonne étaient attendus le jour suivant. En réalité, ce fut le capitaine Wintgens, totalement épuisé, qui arriva avec ses troupes et qui prit immédiatement un train en direction de l'est où il alla rejoindre Wahle.

Le 9 septembre, « un conseil de reddition » eut lieu au sein de la mission catholique, réquisitionnée depuis un certain temps comme résidence provisoire du gouverneur. Monseigneur Henri Léonard, vicaire apostolique, assuma les fonctions d'interprète. Au cours des trois jours suivants, les tirs d'artillerie se firent de plus en plus nets et distincts. Les troupes allemandes restantes préparèrent leur repli. À cette fin, ils réquisitionnèrent toutes les bicyclettes de la mission. Le 13, un communiqué annonça que les Belges avaient essuyé un revers à Itaga. Cependant, tout au long de la nuit du 14, les tirs d'artillerie retentirent. Davantage de troupes allemandes battirent en retraite mais les négociations de paix furent repoussées.

Pendant ce temps, dans la nuit du 13 au 14 septembre, les deux Pères Blancs demeurant au poste de mission d'Itaga furent témoin de la bataille menée au clair de lune.[70] Le supérieur alsacien Charles Grün (1873-1928) pensait être à l'abri lorsqu'une balle lui érafla le visage et vint s'aplatir contre un mur situé derrière lui. Malgré les cent cinquante obus qui éclatèrent dans l'enceinte de la mission, son poste ne fut pas atteint. Alors que les combats balayaient les collines d'Itaga en direction de la ville, Grün et son confrère italien, Alessandro Isola (1887-1958), se réfugièrent avec un groupe de chrétiens dans l'église. Au cours des vingt-quatre heures qu'ils passèrent dans ce lieu sacré, ils prièrent pour la délivrance et firent vœu auprès de Saint Antoine, leur saint patron, promettant de lui dédier une procession en son honneur. Comme l'église ne renfermait rien à manger ni à boire, ils imitèrent David, qui mangea les pains de proposition déposés dans le Saint des Saints, en buvant de

---

[67] *Rapports Annuels*, n° 12, 1916-1917, p.289.
[68] *Rapports Annuels*, n° 11, 1915, p.73 ; n° 12, p.221.
[69] AGMAfr Journal de la mission de Tabora, 3 juillet à 20 septembre 1916.
[70] *Rapports Annuels*, n° 12, 1916-1917, pp.247-248.

l'eau bénite.[71] Une fois les tirs atténués, Isola se rendit à Tabora alors que Grün restait derrière aux côtés des blessés.

Le 17 septembre, les troupes en retraite se ravitaillèrent à Tabora et, le jour suivant, les missionnaires virent enfin le dernier des Allemands. Le 19, Léonard et six Pères Blancs quittèrent la ville en trois groupes, chacun prenant une direction différente pour annoncer la reddition allemande aux Belges. Le même jour, les troupes victorieuses firent leur entrée solennelle, au son de la fanfare et sous les couleurs des drapeaux. Le défilé s'arrêta à l'extérieur du poste de mission où la nouvelle administration s'était établie. En raison de la mauvaise réputation de la Force publique et de sa prédilection pour le pillage, la bienvenue ne fut pas aussi chaleureuse qu'elle l'aurait été autrement. Toutefois, pour les missionnaires internés, ce jour fut celui de leur libération. La conquête de Tabora fut toutefois marquée par une triste note finale qui annonça la mort du médecin-catéchiste Augustine Mechire. Servant au sein d'une unité médicale allemande, il fut mortellement atteint d'une balle tirée par une patrouille belge en Ugunda, au sud de la ville.[72]

Contrairement au vicariat du Kivu, celui du Tanganyika ne vit pas son territoire scindé par des restrictions et ne comptait pas une aussi forte densité de population. Malgré tout, à bien des égards, son expérience de la guerre fut similaire : les visites alternées des troupes allemandes et alliées, la déportation des missionnaires et le pillage des postes de mission. Le Calvaire de Tanganyika fut toutefois davantage prolongé dans le temps, durant de la mi-1916 aux dernières semaines de la guerre. Le 24 mai 1916, le général Northey initia son invasion de la colonie allemande, assaillant les forts allemands à la frontière. Ils étaient solides et bien positionnés mais ils ne pouvaient représenter aucune résistance sérieuse pour les forces armées britanniques venues de Rhodésie du Nord (Zambie). Comme exposé auparavant, les colonnes de Northey étaient accompagnées de quatre Missionnaires d'Afrique, agissant en tant qu'aumôniers et qu'officiers chargés du transport. Deux d'entre eux, Joseph Mazé et Ernest Paradis, furent présents lors du siège de Mwembe, qui dura trois jours, et lors de la prise de Langenburg. Depuis Rungwe, Mazé put se rendre au poste de mission de Galula, celui situé le plus au sud-est du vicariat de Tanganyika. Dans ce poste, les pères étaient en grand besoin de tissu et de médicaments. Ces articles leurs furent acheminés depuis Langenburg. Mazé apprit à Galula que les Allemands étaient partout en fuite, abandonnés par leurs porteurs et les irréguliers, les *ruga-ruga*. En novembre, Ernest Paradis et Wilfrid Sarrazin prirent part à la bataille de Lupembe. Ils baptisèrent un grand nombre de soldats catéchumènes dans les tranchées et apportèrent la sainte communion aux chrétiens avant la bataille. Paradis décrivit son travail en ces termes : « parler de Dieu, remonter le moral et expliquer les ordres des officiers ». Au cours d'un armistice organisé par la Croix-Rouge à Lupembe, Paradis fut conduit les yeux bandés vers les positions allemandes afin d'administrer les derniers sacrements aux *Schütztruppen* mourants. Postés à Njombe, Paradis et Sarrazin célébrèrent la messe pour les hommes blancs et noirs des colonnes britanniques, confessant sept cents fidèles et distribuant un millier de communions. L'aide de camp de Northey s'avéra être de confession catholique et les invita à célébrer la messe dans ses appartements. Paradis commenta : « L'entente cordiale est vraiment chargée de sens ! »[73] Dans le vicariat du Tanganyika, les Allemands firent de grands préparatifs avant d'initier l'invasion. Dès octobre 1914, des membres du personnel français et neutres des missions de Karema, de Kirando et d'Utinta, situées

---

[71] 1 Sm. 21:2-7.
[72] *Rapports Annuels*, n° 11, 1915, p.102 ; *Petit Echo*, n° 48, 1917, p.292.
[73] *Petit Echo*, n° 42, 1917, pp.69-71 ; n° 43, 1917, pp.94-98.

en bord du lac, reçurent l'ordre de se rendre à Kigoma et à Tabora. Sous les ordres du commandant de Bismarckburg (Kasanga), ceux des autres postes de mission devaient faire l'objet d'un regroupement à l'intérieur des terres. Adolphe Lechaptois, le vicaire apostolique, se trouvait au poste intérieur d'Urirwa lorsque l'ordre fut donné. Il parvint ainsi à échapper à la déportation. Étant donné que la frontière méridionale était défendue par une seule compagnie allemande, il était évident qu'elle devrait battre an retraite lors de l'arrivée des Britanniques. Les missionnaires reçurent l'ordre de les précéder, alors que les Allemands évacuaient les postes de mission et détruisaient, sur leur passage, les troupeaux et les récoltes. Face à la « ruine complète de tous [ses] postes de mission », Lechaptois obtint un contre-ordre de la part du général Wahle avec l'appui de Monseigneur Léonard à Tabora. En fin de compte, il y eut, pendant trois mois, une occupation partielle par les forces britanniques et allemandes. La neutralité des missionnaires éveillait tantôt des soupçons dans un camp, tantôt dans l'autre. Dans quatre postes de mission, les bateaux furent détruits et les troupeaux furent volés. Le poste de Karema, le siège de l'évêque, perdit quatre cents bêtes et le meilleur bateau de toute la mission.[74]

Les hauts et les bas de la mission de Mwazye, l'un des postes implantés au plus près de la frontière sud, illustrent les pénibles épreuves que les missionnaires durent endurer. Au début du mois d'avril 1915, les soldats allemands émirent une proclamation menaçant de mort toute personne qui viendrait en aide aux Britanniques lorsqu'ils arriveraient. Le 13 avril, le poste de mission fut désigné pour l'établissement d'un hôpital de campagne. Le 24 avril, une patrouille allemande, poursuivie par une patrouille britannique, fit son apparition dans le village. Plus tard, les Allemands revinrent, annonçant qu'ils avaient repoussé l'ennemi. Les cadavres de soldats britanniques furent trouvés. Le jour suivant, un soldat allemand blessé fut amené pour être soigné. Deux jours plus tard, davantage d'Allemands blessés furent évacués sur l'hôpital de campagne. Le 28 et 29 avril, des colonnes allemandes successives campèrent à la mission et, tout au long du mois de mai, il y eut de multiples allées et venues de militaires allemands. Le 6 juin, les rumeurs laissèrent entendre que les Britanniques avançaient et un *ruga-ruga* allemand blessé fut conduit au poste pour y recevoir des soins. Le 5 septembre, les Allemands ordonnèrent aux missionnaires d'évacuer Mwazye. Le 7 septembre, Jean Trenchard (1878-1954), chargé de faire la ronde des postes éloignés, reçut un avertissement lui indiquant qu'il se trouvait derrière les lignes allemandes et qu'il lui était interdit de communiquer avec les ennemis de l'Allemagne. Le 9 septembre, les missionnaires français et belges reçurent l'ordre de rejoindre la mission de Rukwa, leur place étant prise par un Allemand et deux Néerlandais.[75] Le 3 novembre, le supérieur allemand Hamberger se trouvait dans un poste reculé situé du côté britannique.

En mai 1916, lorsque l'avancée britannique arriva enfin, les Allemands ordonnèrent l'évacuation complète de Mwazye. Cinq jours plus tard, l'ordre fut révoqué. Le 27 mai, les missionnaires quittèrent les lieux alors que huit cents soldats britanniques descendaient sur la mission et fouillaient les bâtisses à la recherche d'armements. Le 16 juin, Trenchard et le frère néerlandais, Lambert Swyste (1873-1940), y retournèrent. Deux jours plus tard, McCarthy, commandant de la compagnie britannique, et ses officiers vinrent pour le déjeuner dominical. Le mois de juillet fut marqué par davantage de conflits entre les patrouilles britanniques et allemandes. Un troupeau entier de vaches appartenant à la mission fut volé par les *ruga-ruga*

---

[74] *Petit Echo*, n° 37, 1916, p.296; *Rapports Annuels*, n° 12, 1916-1917, pp.189-191.
[75] Alois Hamberger, Adrien Teurlings et Lambert Swyste.

allemands. Le 12 septembre, un officier britannique et quatorze soldats furent cantonnés dans le poste de mission. Le 1er avril 1917, la mission fut à nouveau menacée par les Allemands, et plus précisément par la colonne de Wintgens. Les Britanniques ordonnèrent aux missionnaires d'évacuer Mwazye. Deux jours plus tard, l'ordre fut annulé.[76]

À la lumière de cet aperçu, il est facile de constater que Lechaptois était quelque peu irréaliste dans son désir de voir les missionnaires rester neutre dans de telles circonstances. Il était évident que les missionnaires auraient maille à partir avec l'une des deux armées ennemies. Ce fut le cas de François Haugomat (1876-1956) et de Marcel Maurice (1884-1934*). Haugomat et Maurice œuvraient au poste de mission de Kala, autre poste situé non loin de la frontière méridionale et sur les rives du lac Tanganyika, au nord du fort de Kasanga. En juillet 1916, quelques soldats allemands en fuite s'étaient rendus à Kala, menaçant Haugomat s'il refusait de leur venir en aide. Haugomat alla s'entretenir avec le commandant allemand pour demander que faire. Entre-temps, Maurice leur fournit des provisions. Des personnes de la mission firent répandre la rumeur selon laquelle deux Pères Blancs auraient été condamnés à mort, vraisemblablement pour avoir aidé des déserteurs. Craignant que les Allemands ne viennent à leur recherche, Haugomat s'enfuit sur Kate et Maurice vers Zimba. Des confrères missionnaires leur conseillèrent fortement de se rendre au fort de Namanyere afin de prouver leur innocence auprès des autorités allemandes. Cependant, le jour suivant, les Britanniques prirent le contrôle et émirent immédiatement des soupçons concernant leurs relations avec les Allemands. En guise de punition pour avoir abandonné leur mission et vraisemblablement pour les arracher du danger, Lechaptois demanda à Etienne Larue, du vicariat voisin de Bangweolo, de les conduire à la mission de Chilubula, en Rhodésie du Nord. Après cette épopée, il est peu surprenant de constater qu'ils ne voulurent jamais retourner dans le vicariat du Tanganyika.[77]

Le 23 juin 1916, un missionnaire œuvrant à Kate écrivit : « Nous sortons du plus terrible des cauchemars ». Il ajouta ensuite : « Mais le retour inattendu des Allemands apporta le mois le plus âpre de la guerre. »[78] Il faisait allusion à l'arrivée soudaine, en mars 1917, de Max Wintgens et de sa colonne. Les ravages et les destructions provoqués par Wintgens surpassèrent considérablement tout ce que le vicariat duTanganyika avait pu vivre au cours de l'année précédente.[79] Le 7 mars, un détachement allemand de deux mille quatre cents hommes arriva à la mission de Galula, située au sud-est du vicariat. Une patrouille allemande fit immédiatement transférer les missionnaires sur la mission de Mamba, où ils y furent rejoints plus tard par les missionnaires de Mkulwe, l'autre poste de mission implanté dans la plaine de Rukwa, et de Mwazye. Ils furent uniquement autorisés à emporter une tente, deux couvertes, un drap, une valise personnelle et trente roupies.

Pendant un mois, le poste Mwazye demeura sans personnel, sans toutefois subir de dommages. Galula et Mkulwe furent impitoyablement victimes de pillages. Lorsque le 25 avril les missionnaires retournèrent à Galula, seuls les murs du poste de mission restaient debout et les lieux étaient occupés par une colonne de ravitaillement

[76] Cette suite des faits se trouve dans AGMAfr Journal du poste de Mwazye 1910-1928.

[77] AGMAfr 122185-122186, Larue à Livinhac 7 octobre 1916, Haugomat à Livinhac 6 octobre 1916; Conseil général procès verbal, 1175, 8 janvier 1917 ; Journal du poste de Zimba 1909-1924, p.63, 15 juillet et 3 août 1916.

[78] *Petit Echo*, n° 37, 1916, pp. 295-296.

[79] Le récit se trouve dans AGMAfr Journal du poste de Galula, vol. 2, mai 1917 au 3 décembre 1919, et par Lechaptois dans *Rapports Annuels*, n° 12, 1916-1917, p.192.

britannique qui pourchassait Wintgens. Cinq cents têtes de bétail avaient été volées, tout comme l'ensemble des effets personnels des missionnaires. Même les vaches atteintes de peste bovine avaient été dérobées, ce qui risquait de propager la maladie dans l'ensemble du pays. Les livres, les journaux de bord des missions et les registres de la paroisse avaient tous étaient détruits. Suite à cette attaque, les missions de Zimba et de Mamba furent toutes deux évacuées pour un temps. Heureusement, les rivières en crue empêchèrent les Allemands de les atteindre. Leur colonne traversa Ukimbu, à l'est du lac Rukwa, et non à l'ouest du lac où les missions étaient implantées. À Tabora, les gens se mirent en émoi lorsqu'ils apprirent que le célèbre Wintgens faisait marche en direction de la ville. Le 24 avril, les nouvelles annoncèrent qu'il avait été fait prisonnier à Ugunda, au sud de la ville. Deux semaines plus tard, il fut signalé qu'il se trouvait dans un hôpital de Tabora et que sa colonne assiégeait le fort de Mkalama, situé au nord de Singida. Il fut même craint que la colonne n'attaquât la mission de Ndala, mais heureusement il n'en fut pas ainsi.[80] En fait, Naumann avait établi son campement à moins d'une demi-heure de marche du poste de mission de Turu. Les missionnaires furent soulagés lorsqu'il leva le camp après son attaque menée sur Singida et qu'il se dirigea vers le sud. « La Sainte Vierge entendit nos prières », commentèrent-ils avec gratitude.[81]

Chose étonnante, cet épisode ne marqua pas la fin des rudes épreuves pour la mission de Galula. Le 19 septembre 1918, les missionnaires de Galula apprirent que les Allemands se trouvaient une fois de plus dans les alentours. Il s'agissait de Lettow-Vorbeck qui était en route vers la Rhodésie du Nord pour mener à bien sa « ruse finale » à Kasama. Cette fois-ci, les missionnaires n'attendirent pas d'être expulsés et, le jour suivant, ils s'enfuirent sur Mkulwe avant l'arrivée des Allemands. En leur absence, la colonne allemande pilla à nouveau le poste de mission et s'empara de tout ce qu'il restait, soit bien peu de choses. Selon les estimations des missionnaires, la valeur totale des objets n'aurait pas dépassé les deux cents roupies.

Une fois la frontière de la Rhodésie du Nord traversée, Von Lettow occupa, du 4 au 7 septembre, la mission de Kayambi, située dans le vicariat apostolique de Bangweolo. Les Pères Blancs et les Sœurs Blanches (SMNDA) s'enfuirent dans la nuit, vivant comme des nomades dans les collines pendant huit jours à l'abri de huttes rudimentaires faites de branchages. Quelques habitants locaux les rejoignirent accompagnés de leurs troupeaux. À leur retour, la mission était dans un état triste à voir. Elle avait été totalement pillée. Toutes les étoffes avaient été volées, la récolte de blé tailladée, les fruits et les légumes dérobés du potager. La hauteur des pertes fut estimée à vingt mille francs. Les populations locales avaient également été victimes de vols. Dans ses mémoires, von Lettow décrivit les « magnifiques bâtisses spacieuses et imposantes » de la mission de Kayambi et comment il fut agacé par le fait que les missionnaires avaient trouvé nécessaire de prendre la fuite. « Les missionnaires avaient inutilement fui », écrivit-il. « Dans la maison des religieuses, une lettre rédigée par une bonne sœur catholique m'était destinée. Elle était née en Westphalie et, en tant que compatriote, elle en appelait à mon humilité. Elle se serait certainement épargné quelques désagréments si elle-même et les autres rattachés à la mission étaient demeurés tranquillement à leurs postes. »[82]

Le 10 novembre, von Lettow fit une descente sur la mission de Chilubula où les missionnaires avaient pris des précautions avant de s'enfuir. Les vaisseaux sacrés avaient été envoyés dans un poste avoisinant, le vin de messe avait été enterré et le sel,

---

[80] AGMAfr Journal du poste de Tabora, 24 avril 1917 et 6 juin 1917.

[81] *Rapports Annuels*, n° 13, 1917-1918, p.191.

[82] *Petit Echo*, n° 64, 1919, p.34; von Lettow Vorbeck, *op.cit.*, pp.312-313.

les étoffes et les ornements avaient été cachés. Malheureusement, ils furent contraints de laisser cent vingt sacs de sel derrière eux. Après avoir consumé le saint sacrement, les missionnaires montèrent leur campement à Lukulu et observèrent les mouvements des Allemands à l'aide d'une paire de jumelles. Les envahisseurs plantèrent le drapeau allemand et entrèrent dans les chambres des missionnaires. Après s'être davantage éloignés de Chilubula, les Pères Blancs et les sœurs finirent par retourner au poste de mission saccagé. Des soutanes de la sacristie avaient été déchirées et éparpillées dans la cour. La chapelle des sœurs avait été souillée. Les pertes étaient considérables et estimées à quarante mille francs. Il fallut trois jours pour remettre de l'ordre.[83]

À la station de Kapatu, les pères fuirent les Allemands le 14 novembre, après avoir caché les réserves de sel et de farine. Après le dîner, ils quittèrent les lieux avec leurs boîtes et leurs lits pour passer la nuit dans la brousse. Ils retournèrent au poste le jour suivant et firent vœu de surmonter l'entrée de l'église d'une belle statue de leur saint patron, Saint Léon, en signe de remerciement pour sa protection. Deux jours plus tard, le 17 novembre, un détachement allemand, sous les ordres d'un adjudant dénommé Guenin, fit son apparition peu après que les missionnaires avaient entonnés le *Te Deum* dans l'église pour célébrer la fin de la guerre. Ignorant qu'un armistice avait été signé en Europe, Guenin et ses quarante hommes faisaient route pour aller s'emparer des forts britanniques situés sur la frontière congolaise. Les missionnaires invitèrent Guenin dans leur salle à manger et le convièrent à lire des lettres et des télégrammes annonçant l'armistice. « Quel dommage que je ne l'aie pas su plus tôt », s'exclama l'Allemand. Après une nuit au poste de mission et le paiement de la farine et des étoffes qu'ils reçurent, un messager de von Lettow arriva pour les informer qu'ils devaient se rendre en vaincu à Abercorn. Les missionnaires rédigèrent un témoignage d'estime attestant de leur bonne conduite et Guenin fit don de cinquante roupies pour l'église.[84]

C'est ainsi que s'acheva l'implication directe des vicariats Pères Blancs dans la campagne est-africaine. La nature de cette campagne, et tout particulièrement les tactiques de la *Schütztruppe* dans sa phase finale, ainsi que le poids économique non négligeable des missions catholiques firent de ces dernières des cibles évidentes pour le ravitaillement.

La fin d'une ère

Le 20 juillet 1917, Adolphe Lechaptois avait signalé dans ses écrits que les plus grandes épreuves endurées dans le vicariat du Tanganyika étaient d'ordre moral. Deux mois plus tard, son vicariat dut faire face à sa plus grande souffrance morale, la mort subite de Lechaptois lui-même. Âgé de soixante-cinq ans, il ressentait déjà la fatigue accumulée au cours d'un quart de siècle en tant que troisième vicaire apostolique du Tanganyika. Lorsque les victoires alliées sur le lac Tanganyika permirent, le 21 juillet 1917, l'ordination sacerdotale du premier prêtre diocésain du Haut-Congo, Stefano Kaoze, ce fut Théophile Avon (1870-1953), son vicaire général, qui le représenta à Baudouinville, ville située sur la rive opposée du lac. Lechaptois s'était personnellement attaché à instruire à la foi catholique un ingénieur belge dénommé Mercenier. Il le connaissait depuis le début des hostilités. Le 25 novembre 1917, l'ingénieur alla pêcher sur les eaux du lac, à l'aide d'explosifs. Au cours de cette expédition, il se fit exploser, blessant gravement le capitaine du vaisseau. Les restes

---

[83] *Petit Echo*, n° 64, 1919, p.34-35 ; n° 65, pp.69-71.
[84] *Petit Echo*, n° 65, 1919, pp.66-68.

de Mercenier furent enveloppés dans une toile de jute et acheminés à Karema où, le 26 novembre, ils furent placés dans un cercueil et enterrés.

Le vicaire apprit la mort de son ami avec grande émotion et, peu après, il s'effondra lors d'un conseil hebdomadaire, vraisemblablement sous l'effet d'une attaque. Atteint de délire, il bredouillait sans cesse à propos du pauvre Mercenier. Ayant perdu connaissance et la faculté de parole, il fut oint dans la soirée. Le 27, il subit une deuxième attaque. Après l'application de sangsues derrière son oreille droite, son état de santé sembla s'améliorer le 28. Toutefois, le jour suivant, il rechuta dans le coma, assorti d'une forte fièvre. Dans la soirée du 30 novembre, il rendit son dernier soupir. Sa dépouille reposa dans l'état dans la cathédrale de Karema et, le 1er décembre, il fut enterré dans le chœur où il avait l'habitude de prier et de réciter le bréviaire. Le vicariat étant sous le contrôle de l'administration belge, la garnison belge lui rendit les honneurs militaires et Justin Malfeyt (1862-1924), député gouverneur-général, fit parvenir un télégramme.

La mort de Lechaptois fut profondément ressentie dans le vicariat et au sein de la Société des Missionnaires d'Afrique, dont il était l'un des membres les plus anciens et accomplis. Ses confrères et les diocésains ne le considéraient pas simplement comme un père, mais aussi comme un saint. Doté d'une grande piété, de douceur et de sensibilité, il demeurait toujours accessible et était grandement renommé pour ses sages conseils. Malgré son âge et sa santé fragile, il œuvra activement en tant que missionnaire jusqu'à la fin.[85] Après sa mort, Théophile Avon le remplaça en tant que pro-vicaire et administrateur de Tanganyika. Chargé d'une tâche difficile, il dut présider au cours de la reprise d'après-guerre. Cette affectation fut confirmée par la congrégation du *Propaganda Fide*.

Avon, qui était à la fleur de ses quarante-sept ans, avait servi le vicariat pendant presque aussi longtemps que son regretté évêque, principalement en tant que professeur auprès d'étudiants catéchistes et de jeunes séminaristes. Le 21 janvier 1919, Livinhac lui écrivit, le complimentant de sa « sagesse, sa piété et de son zèle » avec lesquels ils exerçaient ses fonctions d'administrateur.[86] Il était évident qu'Avon devait être favorablement considéré comme successeur de Lechaptois et, le 29 septembre 1919, le Conseil général fit parvenir un *terna* au *Propaganda Fide*, où Avon apparaissait en tête de liste. Les deux autres candidats étaient Joseph Birraux (1883-1947) et Albert Wyckaert (1881-1961).[87] Peu après, s'ébruita un certain laxisme quant à l'exercice de la discipline dans le vicariat. Plusieurs missionnaires avaient pris l'habitude de porter des « shorts anglais » au lieu de l'habit de Père Blanc, et encore pire, un missionnaire de Chala avait contracté un mariage coutumier avec une Africaine.[88] Avon, insuffisamment informé sur cette affaire, autorisa au contrevenant soi-disant repentant de retourner à Chala en tant que supérieur afin de « remédier à ce scandale ». Des prêtres venus à Alger pour une longue retraite avaient informé Livinhac de cette affaire et avaient témoigné sous serment. Apparemment, le coupable aurait continué à subvenir aux besoins de la dame en question et aurait annoncé qu'il bénéficiait d'une dispense du pape lui permettant de se marier. Naturellement, il ne put pas rester dans la Société et encore moins à son poste. Livinhac envoya un télégramme à cet effet. Avon sentit lui-même qu'il n'était plus *persona grata* dans le vicariat et seul un tiers des missionnaires souhaitait le voir devenir évêque. Sur ce, le Conseil général décida qu'Avon ne constituait pas un candidat épiscopal approprié et

---

[85] *Rapports Annuels*, n° 13, 1917-1918, pp.201-205 ; *Notices nécrologiques*, vo.3, pp.268-282.
[86] Notices nécrologiques, 1953, p.27.
[87] AGMAfr Conseil général procès verbal, 1288, 29 septembre.
[88] AGMAfr Conseil général, 1297, 9 décembre 1919 ; 1309-1313, 17-18 février 1920.

Livinhac envoya un courrier confidentiel à ce sujet à la congrégation du *Propaganda Fide*.[89]

Rapidement, cette tragédie tourna à la farce. En avril 1920, Joseph Birraux fut nommé en tant que nouveau vicaire apostolique et Livinhac fit parvenir un autre télégramme à Avon. Voici ce que disait le message envoyé : *Avon Kigoma Karema Birraux vicaire apostolique Livinhac*. Malheureusement, suite à une fâcheuse erreur commise dans le bureau des services télégraphiques, le message qu'Avon reçut omettait le nom de Birraux, donnant ainsi : *Avon Kigoma Karema vicaire apostolique Livinhac*. En dépit de ses appréhensions, Avon crut qu'il avait été créé évêque et il se mit immédiatement à faire des arrangements, informant les autorités belges et sa famille, redécorant la chapelle de l'évêque et annonçant sa consécration épiscopale pour le mois d'octobre.[90] Avant que la vérité n'éclate, il reçut les félicitations des autorités belges, de confrères Pères Blancs et même d'évêques environnants. Il écrivit également à Livinhac, exprimant l'espoir d'être un meilleur vicaire apostolique qu'il n'avait été pro-vicaire, signant selon la tradition épiscopale qui consistait à faire précéder son nom d'une croix.[91] Lorsque la méprise devint évidente, Avon annonça la vérité avec une simplicité et une humilité admirable, mais « l'incident du télégramme » fit à jamais partie des légendes des Pères Blancs.

Le Conseil général aida Avon à passer sous silence son embarras en le nommant supérieur régional chargé de l'ensemble du pays. Il fut toutefois remplacé un an plus tard et il alla « s'exiler » dans le vicariat d'Unyanyembe (Tabora). Il s'y éteignit plus de trente ans plus tard à l'âge de quatre-vingt-trois ans, après une chute dans les marches de l'autel survenue à Ndala en 1953.[92] En novembre 1920, Birraux arriva à Karema après une vacance de trois ans. L'année suivante, la Belgique céda à la Grande-Bretagne son territoire occupé, retenant les terres du Ruanda-Burundi. Birraux se réjouit à l'idée que les Pères Blancs ne devraient désormais plus avoir affaire à deux juridictions mais Birraux et ses confrères regrettaient l'administration compatissante des Belges pro-catholiques.[93]

Les chapitres restants de cet ouvrage ont principalement trait aux répercussions de la Première Guerre mondiale sur les Pères Blancs et sur le continent africain. Après la guerre, la première question à laquelle la Société dut apporter une réponse concernait la place des Allemands au sein de la Société des Missionnaires d'Afrique. Le prochain chapitre examine la question.

[89] Ibid., AGMAfr 8404, Burtin à Livinhac, 14 mars 1920.
[90] *Petit Echo*, n° 80, 1920, p.181; *Notices nécrologiques*, 1953, p.27.
[91] AGMAfr 104048, Avon à Livinhac 27 mai 1920 et 104097 « le telegramme fatidique ».
[92] L'auter a recueilli des informations sur lui à Tabora en 1977-1980.
[93] *Rapports Annuels*, n° 16, 1920-1921, p.106.

CHAPITRE VII

QUE FAIRE DES ALLEMANDS ?

L'humiliation de l'Allemagne

> *Regardez, mon enfant,*
> *l'homme nordique*
> *Et autant que possible*
> *soyez son identique.*[1]

De ces mots, Hilaire Belloc, écrivain et poète anglo-français, fit la satire de la théorie aryenne et d'autres hypothèses raciales, sur lesquelles les stéréotypes nationaux européens étaient fondés au début du XXᵉ siècle. Au cours des siècles précédents, les guerres dynastiques et coloniales étaient des conflits lointains menés par de petites armées de professionnels et de mercenaires. Il s'agissait de conflits qui n'impliquaient pas des nations toutes entières. Même les guerres napoléoniennes du début du XIXᵉ siècle entraînèrent la diabolisation de la personne de Bonaparte, plutôt que de la nation française dans son intégralité. Tout ceci changea avec la guerre franco-prussienne de 1871 qui fit figure d'« avant-goût de (la) guerre totale » qui devait faire rage entre 1914 et 1918.[2] L'annexion de l'Alsace-Lorraine ne se justifiait pas uniquement en de simples termes économiques, stratégiques ou même historiques. Sa justification finissait par être d'ordre idéologique, une conséquence des pulsions incitant à établir de grandes nations et à écraser ou paralyser les plus fragiles. Il s'agissait en effet d'une bataille existentielle, une guerre entre des concepts irréconciliables de gouvernement, de société et de progrès.[3] Suite à la guerre de 1871, l'Empire allemand vit le jour sous l'effet d'une fusion autoritaire et centriste de plus petits États. Face à cet empire se dressaient les nationalismes démocratiques émergeants du reste du continent européen.

En outre, leurs identités furent modelées par les attitudes hostiles qui précédèrent et accompagnèrent la Première Guerre mondiale. Des stéréotypes préjudiciables des nations ennemies furent encouragés par l'enrôlement universel et par la formation des divisions de volontaires des « Nouvelles armées ». La mobilisation et le recrutement eurent lieu dans un contexte d'hystérie nationale et de violente discrimination envers des ressortissants ennemis se cachant dans leur pays d'origine. Bien que la guerre n'ait pas directement impliqué les populations civiles, les innombrables victimes de guerre et le culte de l'homme mort au combat contribuèrent à l'émanation, à l'échelle nationale, d'un sentiment chargé d'émotion. Les gens devinrent partisans d'un « Darwinisme social », théorie selon laquelle la force constituait la seule loi viable

---

[1] Belloc, Hilaire, "Ladies and Gentlemen", p.15, dans *Cautionary Verses*, Londres, Duckworth, 1940.
[2] Ousby, *op.cit.*, pp.174-175.
[3] Strachan, *op.cit.*, 2001, p.1115.

entre les nations et seuls les pays les plus forts étaient à même de survivre.[4] L'objectif n'était pas simplement de vaincre l'ennemi, mais il était question de détruire son existence en tant que nation. Les apologistes allemands étaient persuadés que l'avenir de la culture européenne dépendait d'une victoire allemande. Les Alliés invoquaient quant à eux la défense de la civilisation.[5] Le militarisme s'opposait au libéralisme, la communauté à l'individualisme, l'ordre à l'anarchie et le socialisme étatique au capitalisme.[6]

Par conséquent, les belligérants envisageaient uniquement une victoire totale et punitive sur l'ennemi, un choc annihilateur.[7] L'ennemi devait être radicalement écrasé et toute allusion à un compromis ou à une réconciliation était bannie des esprits. Pour cette même raison, les efforts du pape Benoît XV pour rester neutre et mettre un terme à ce vain carnage furent mal interprétés. Les nations belligérantes rejetèrent son appel à la paix car elles disposaient de leurs propres principes moraux, dominés par des passions nationalistes et militaristes. Aux yeux de toutes les parties du conflit, Benoît XV se rangeait du côté ennemi et sa lutte courageuse pour la paix ne fut reconnue qu'à la fin de la guerre.[8]

Vers la mi-septembre 1918, la chance avait tourné le dos à l'Allemagne. Même si son armée n'était ni vaincue, ni brisée, ni cernée, il devint apparent que la victoire ne pourrait être célébrée. Les forces allemandes se retirèrent sur des lignes défensives situées sur le sol allemand, abandonnant la conquête de la France et de la Belgique. Entre-temps, l'effondrement de la Turquie, de la Bulgarie et de l'Autriche-Hongrie impliqua la dislocation de l'alliance des Empires centraux. Les Alliés de l'Entente occupèrent une partie du territoire allemand située sur la rive gauche du Rhin ainsi que des têtes-de-pont localisées jusqu'à quatre-vingts kilomètres au-delà du fleuve. Le 4 octobre, la demande officielle d'armistice fut formulée, ce qui déclencha une révolution sociale au sein de l'Allemagne. Au début du mois de novembre, le gouvernement allemand était disposé à accepter toutes les conditions afin d'endiguer la vague révolutionnaire. Même si l'armée et l'État restèrent intacts, le Kaiser fut contraint d'abdiquer. Les autorités supérieures imposèrent la démocratie, marquant la fin de l'Empire allemand.

Ainsi, l'Armistice devint la véritable défaite que ses dirigeants avaient cherché à éviter. Une paix allemande sans victoire se transforma en une victoire alliée sans paix. Les Allemands aspiraient à des conditions de paix inspirées des « quatorze points » du président Woodrow Wilson, lesquels prétendaient conserver des aspirations nationales légitimes et « bien définies ». Les Alliés souhaitaient, quant à eux, se venger et se protéger des futurs empiétements de l'Allemagne. Au cours des négociations de paix tenues à Paris, les participants furent conviés à constater par eux-mêmes les destructions infligées par l'envahisseur sur le front occidental, tout comme les gens seraient invités dans les années 1960 et 1970 à voir le mur de Berlin pour être témoin en personne des maux du communisme. L'Allemagne fut contrainte d'assumer la responsabilité toute entière de la guerre et, sous la pression d'un blocus ininterrompu et la menace d'une reprise des hostilités, les conditions les plus sévères possibles furent imposées.

---

[4] Ousby, *op.cit.*, p.191.

[5] Strachan, *op.cit.*, 2001, p.1122.

[6] *Ibid.*, p.1139.

[7] Taylor, *op.cit.*, p.238.

[8] Pollard, John F., *The Unknown Pope, Benedict XV (1914-1922) and the Pursuit of Peace*, Londres, Geoffrey Chapman, 1999, pp.87-93, 215; Holmes, J. Derek, "Benedict XV and the First World War", *The Papacy in the Modern World*, Londres, Burns et Oates, 1981, pp.1-31.

L'Armistice supplanta la victoire sur le champ de bataille. Les territoires envahis durent être évacués. L'Alsace-Lorraine devait être restaurée à la France. Toutes les colonies allemandes furent perdues. Les industries du fer, de l'acier et du charbon de la Sarre furent remises et la Rhénanie devait être sous occupation pendant quinze ans. De surcroît, le pays devait désarmer, le matériel militaire devait être cédé et la marine allemande devait être remise aux mains de la Grande-Bretagne. En fait, la flotte de la marine avait été sabordée avant toute possibilité de transfert. Par dessus tout, des réparations, s'élevant à hauteur de soixante milliards de marks, devaient être versées aux nations alliées. En Allemagne, les conditions de la paix suscitèrent stupéfaction et désarroi. Les pourparlers s'étaient traduits par une perte de treize pour cent de son territoire et de dix pour cent de sa population. Le montant des réparations était irréaliste. Le général Smuts qualifia le traité de « paix impossible ».[9]

Les Allemands n'acceptèrent pas le fait d'être vaincus. Ils estimaient que l'ultimatum imposé à leur encontre était pernicieux et injuste. Ils avaient la ferme intention de répudier ce traité plus tard. Le peuple allemand ayant l'impression d'avoir été trompé en 1919, le Traité de Versailles devint une cause directe de la Deuxième Guerre mondiale. Aucune réconciliation n'avait eu lieu et, aux yeux des Alliés, l'Allemagne constituait toujours une nation ennemie.

La vice-province allemande des Pères Blancs

Quatre des huit vicariats subsahariens confiés aux Missionnaires d'Afrique reposaient en Afrique orientale allemande, dont notamment le vicariat très peuplé de Kivu. Pour cette raison, la Société avait créé une vice-province allemande en 1905 qui se distinguait de l'unique province européenne. Un recrutement fut entrepris en Allemagne et des missionnaires germanophones, dont nombre étaient originaires d'Alsace-Lorraine ou des Pays-Bas, furent postés dans la région. La langue allemande et la politique coloniale allemande étaient enseignées à ceux qui étaient en formation. Bien que les Allemands n'aient représenté qu'une petite proportion des membres de la Société, la vice-province allemande comptait quatre maisons, toutes dédiées à la tenue de formations. Marienthal, au Luxembourg, fut acheté en 1890 et servait de centre de formation des frères ainsi que d'institut consacré aux études germaniques. Après la guerre, le centre accueillit un noviciat pour les clercs et les frères.[10] À Trèves, une bâtisse du diocèse était louée depuis 1903 et servait de grand séminaire de philosophie et de théologie. Pendant la guerre, ses effectifs chutèrent à quatre étudiants. Toutefois, dès 1919, il accueillit trente-deux séminaristes, dont huit en théologie.[11] Également en 1903, une école apostolique spécialement construite avait été ouverte à Haigerloch en Hohenzollern. En 1921, elle dénombrait cent vingt élèves.[12] Une autre école, située à Altkirch en Alsace, avait été acquise avant la guerre auprès des frères de La Salle. Malheureusement, elle fut grandement endommagée au cours du conflit.

En Afrique orientale allemande, les relations entre les Pères Blancs français et leurs confrères allemands ainsi qu'avec l'administration coloniale allemande avaient tout bonnement été très amicales pendant près d'une trentaine d'années. En fait, lorsque la guerre fut déclarée en août 1914, Henri Léonard, Père Blanc français originaire de la Lorraine et vicaire apostolique d'Unyanyembe, et Thomas Spreiter, bénédictin allemand de Ratisbonne et vicaire apostolique de Dar es Salaam, s'échangèrent des

---

[9] Macmillan, *op.cit.*, pp. 474-475.
[10] *Rapports Annuels*, n° 16, 1920-1921, p.144.
[11] *Rapports Annuels*, n° 16, 1920-1921, p.145.
[12] *Petit Echo*, n° 90, 1921, p.58.

lettres, dans lesquelles ils déploraient le fait que la guerre en Europe menaçait de les placer dans les deux camps adverses du conflit.[13] Toutefois, au vu du pillage des missions et de toutes les perturbations occasionnées par la campagne est-africaine, il aurait été surprenant si certains Pères Blancs français n'avaient pas adopté le langage des préjugés anti-allemands. « Les Boches sont à Usangu », écrivit en 1918 le français chargé de remplir le journal de bord de la mission de Galula, alors que Von Lettow et sa colonne s'approchaient pour venir mettre à sac la mission pour la deuxième fois.[14]

À Alger, le Conseil général de la Société commençait à émettre quelques réserves quant à la compatibilité des missionnaires français et allemands au sein de la Société. En août 1916, il fut estimé inopportun d'accepter un aspirant né de parents franco-allemands, mais Theodore Frey (1875-1954), l'Alsacien en charge de la vice-province, fut maintenu à ses fonctions le mois suivant.[15] En avril 1918, Joseph Le Clainche (1876-1920*), un missionnaire français, ne fut pas autorisé à quitter sa mission et la Société au motif que certains Pères Blancs avaient aidé les belligérants allemands en Afrique de l'Est. En dehors du fait que cette accusation restait sans preuve, il ne s'agissait pas d'une raison conforme aux canons de l'église qui pouvait justifier une dispense.[16] En avril 1919, il fut annoncé que la « Vice-province de Trèves » ne serait pas maintenue et que Frey se retirerait en Alsace, laissant Georg Steinhage (1876-1962) s'occuper des intérêts de la Société en Allemagne. Les enfants alsaciens de Haigerloch devaient être conduits par Eugene Daull (1876-1940) à Altkirch, maintenant en France, et les élèves allemands devaient être renvoyés chez eux après leur avoir expliqué que la formation de préparation aux missions ne pouvait être poursuivie.[17] La suppression de la vice-province empêcha également Frey d'être considéré comme membre *ex officio* du Chapitre général de 1920.[18]

Après la guerre, l'Afrique orientale allemande n'existait plus. Trois de ses vicariats Pères Blancs se situaient désormais sur des terres qui furent baptisées « Territoire de Tanganyika », lequel fut administré par la Grande-Bretagne dans le cadre d'un mandat de la Société des Nations. Le vicariat du Kivu appartenait au territoire sous mandat du Ruanda-Burundi et se trouvait sous administration belge. Le Conseil général de la Société conclut hâtivement que la vice-province allemande ne constituait plus une entité requise. Après l'internement puis le rapatriement des missionnaires allemands de l'ancienne colonie allemande, le Bureau colonial britannique émit un arrêté contrôlant l'admission de missionnaires étrangers en Afrique britannique. Pour l'heure, la (première) affectation de ressortissants allemands, à savoir « ceux qui étaient nés sur le sol de l'Empire allemand », ne fut pas autorisée. Le pessimisme caractéristique de Livinhac l'incita à craindre que cette exclusion ne soit illimitée dans le temps, d'où cette décision de supprimer la vice-province allemande.

Entre-temps, les confrères qui dépendaient de la vice-province luttèrent pour son maintien. L'un d'entre eux fut le Luxembourgeois Paul Betz (1880-1955) qui, peu après la signature de l'armistice en 1918, devint père-maître des frères à Marienthal.[19] Selon la tradition orale de la Société, les efforts qu'il mena auraient été

---

[13] Correspondance dans les archives diocésains de Tabora. Communication par Jean-Claude Ceillier, 26 juillet 2005.

[14] AGMAfr Journal du poste de Galula, vol. 2, 19 septembre 1916.

[15] AGMAfr Conseil général procès verbal 1157, 14 août 1916 ; 1162, 25 septembre 1916.

[16] AGMAfr Conseil général procès verbal, 1226, 29 avril 1918.

[17] AGMAfr Conseil général procès verbal 1261, 22 avril 1919.

[18] AGMAfr Conseil général procès verbal 1265, 9 mai, 1919.

[19] Il est devenu après maître des novices à Maison Carrée et supérieur de Carthage.

principalement à l'origine de la sauvegarde de la vice-province allemande.[20] Il se serait entretenu avec des Pères Blancs allemands pour recueillir et vérifier leurs points de vue. Toutefois, ces efforts ne firent l'objet d'aucune mention dans la notice nécrologique officielle consacrée à sa personne.[21]

Eugene Daull (1876-1940), supérieur à Haigerloch, réagit avec véhémence face à la décision prise par le Conseil général en avril 1919. Selon ses dires, il était « douloureusement surpris » de cette décision, tout particulièrement au vu de l'intérêt allemand continu accordé au travail de missionnaire. Cet intérêt soutenu était confirmé par le nombre croissant de vocations et le soutien financier qui était disponible. Sa foi en l'avenir de la vice-province allemande ne fut pas ébranlée et il exigea de connaître les motifs expliquant cette décision. « Les confrères allemands sont-ils de trop et doivent-ils se retirer ? », demanda-t-il. « Que sommes-nous censés dire aux parents de nos étudiants ? Sommes-nous censés rompre unilatéralement les relations avec nos bienfaiteurs ? J'estime ces mesures infondées. Si les supérieurs ont agi en raison d'une crainte légitime, puis-je me permettre d'intercéder en faveur des confrères et des projets en Allemagne ? Est-il sérieusement envisagé de rapatrier les religieux allemands ? Les Allemands doivent-ils être exclus à jamais de l'évangélisation du monde ? Que Dieu préserve l'humanité d'une telle folie ! Laissons-nous le temps tout d'abord d'observer les agissements des autres congrégations. Si les supérieurs majeurs décident de conserver les maisons allemandes et de poursuivre le recrutement, le père Frey doit demeurer à la tête des affaires. » Daull conclut en implorant un retrait progressif et non immédiat des missionnaires alsaciens œuvrant dans les maisons de formation allemandes et demanda leur remplacement par des Allemands par égard pour la continuité et la stabilité.[22]

Le 30 juin 1919, Frey se présenta en personne au Conseil général à Alger où il fit plusieurs remarques éloquentes.[23] Aucune congrégation missionnaire en Allemagne n'envisageait d'abandonner leur apostolat, en dépit du fait que l'Allemagne avait perdu ses colonies et que la Grande-Bretagne n'était pas disposée à admettre des missionnaires allemands sur ses territoires. Frey était persuadé que cette exclusion serait temporaire. D'autres congrégations, dont notamment des sociétés et des ordres internationaux, poursuivaient leurs programmes de recrutement, de formation et de promotion en Allemagne. Frey estimait qu'il était moralement inenvisageable de mettre fin au recrutement et à la formation des Pères Blancs dans le pays. Une telle mesure ferait une mauvaise impression sur les évêques, le clergé et les fidèles catholiques d'Allemagne. En outre, ajouta-t-il, les confrères allemands étaient profondément attachés à la Société et à leur vocation. Il demanda au Conseil de maintenir provisoirement la vice-province.

Toutefois, Livinhac refroidit le rapport optimiste de Frey, basant étonnamment ses arguments sur l'antipathie française. Les fondations en Allemagne, argumenta-t-il, avaient été établies dans le seul but de pérenniser les missions dans les colonies allemandes, créées suite aux pressions exercées par le gouvernement allemand qui exigeait l'envoi de ressortissants allemands dans ses colonies. Dans les circonstances actuelles, il était « absolument nécessaire de restreindre notre campagne de recrutement en Allemagne, si ce n'est de la supprimer. De surcroît, les sentiments

---

[20] AGMAfr 41024 John McNulty (1919-2004) à François Richard (1940-). McNulty a entendu ceci de Johannes Fuchs qui était alors un témoin oculaire.

[21] *Rapports Annuels*, Notices nécrologiques, 1954-1956, pp. 65-70.

[22] AGMAfr 41026, 17 avril 1919.

[23] AGMAfr Conseil général procès verbal, 1276, 30 juin 1919.

profonds qui sont nés en France de l'agression allemande et des horreurs de la guerre expliquent les raisons pour lesquelles il n'est plus possible de recevoir et de former des Français et des Allemands dans un noviciat commun et de les faire vivre en communauté au sein de mêmes missions. Une telle tentative juste après la guerre rendrait le recrutement difficile, voire impossible, en France. » Le Conseil général décida d'ouvrir un noviciat à part pour les candidats allemands qui, pendant la guerre, avaient déjà terminé leurs études théologiques à Trèves.[24]

Trois jours plus tard, le Conseil donna les ordres suivants : la « région » allemande devait être maintenue provisoirement, avec Theodore Frey à la tête de la région et Georg Steinhage en tant qu'assistant régional et délégué chargé des relations avec les autorités civiles et religieuses allemandes. Frey devait résider à Marienthal, où il ouvrirait un noviciat pour les clercs allemands. Pour l'heure, les communautés allemandes devaient voter au sein de la province d'Europe pour élire les délégués du Chapitre général de 1920.[25]

Au cours de l'année suivante, Georg Steinhage vint également appuyer les opinions de Daull. En conscience, il se sentit obligé de demander s'il était absolument certain que les Allemands ne seraient pas autorisés à entrer dans les pays missionnaires et si le recrutement de Missionnaires d'Afrique de nationalité allemande était vain. À ses yeux, l'espoir, selon lequel les Pères Blancs allemands seraient autorisés à poursuivre leurs actions, était bien fondé. Plus de trente millions de catholiques pratiquants en Allemagne ne pouvaient être interdits d'œuvrer pour la conversion des païens. Quelle âpre déception ne serait-ce que de mettre fin au recrutement et à la formation au moment même où les vocations étaient en recrudescence et où les sociétés missionnaires rouvraient les portes de leurs noviciats et de leurs centres de formation en Allemagne. Steinhage était convaincu que la décision était prématurée et que la situation restait incertaine pour le moment. Il termina son mémorandum en affirmant avec émotion que la mission de l'Église consistait en un travail catholique qui ne devait nullement être restreint par des frontières nationales. Il était, ajouta-t-il, du devoir des supérieurs de trouver un domaine au sein duquel les Pères Blancs allemands pourraient œuvrer.[26]

Peut-être encouragé par ce dernier appel, Livinhac rédigea un courrier extraordinaire au cardinal Van Rossum, le préfet néerlandais de la Congrégation du *Propaganda Fide* au Vatican. Il datait du 14 mars 1920.[27]

À S.E. le Cardinal Van Rossum

Maison Carrée le 14 mars 1920

Eminentissime Seigneur

Notre institut étant exclusivement destiné aux missions auprès des peuplades de l'Afrique, nos confrères de nationalité allemande vont se trouver dans l'impossibilité de répondre à leur vocation. Il semble en effet très probable, pour ne pas dire certain, que les maîtres des pays que nous évangélisons leur en interdiront l'entrée.

---

[24] AGMAfr Conseil général procès verbal 1277, 30 juin 1919.

[25] AGMAfr Conseil général procès verbal 1277, 3 juillet 1919.

[26] AGMAfr 41027, mémorandum de Georg Steinhage, 1920.

[27] AGMAfr 41027, Livinhac à Van Rossum 14 mars 1920.

Je prie donc humblement Votre Eminence de daigner les employer à la conversion des Nègres des Etats-Unis, œuvre qui, en dehors de l'Afrique, répond le mieux à leurs aspirations.

J'ai l'honneur de me dire, en baisant Votre Pourpre Sacrée, Eminentissime Seigneur,

De Votre Eminence Révérendissime
Le très humble et très obéissant fils et serviteur en N.S.

Léon Livinhac

Évêque de Pacando
Supérieur général.

La lettre ainsi que la réponse de Van Rossum furent présentées un mois plus tard, lors du XVᵉ Chapitre général de la Société tenu le 14 avril. Manifestement, le cardinal-préfet ne prit pas au sérieux les recommandations teintées de désespoir de Livinhac. La demande, confessa-t-il, l'avait fait sourire.[28] En raison du fait que des missionnaires allemands d'autres congrégations avaient reçu l'autorisation de demeurer en Afrique britannique, le cardinal préférait voir les Pères Blancs allemands rester à l'endroit où leur vocation les avait destinés.[29] À trente-six voix contre une, le Chapitre décida de poursuivre le travail de la Société en Allemagne.[30] Les capitulants valorisaient la ferme position des Missionnaires d'Afrique en Allemagne, les sacrifices des confrères et des étudiants ainsi que l'esprit de charité, de loyauté et de régularité qu'ils manifestaient. Tant que durerait l'interdiction de leur retour vers leurs missions, un autre domaine d'activités devait leur être trouvé, préférablement sur le sol africain. Les carences occasionnées par le rattachement de l'Alsace-Lorraine à la France devaient être palliées. Cependant, le caractère international de la Société, voulu par son fondateur, ne devait pas être sujet à des caprices émanant de changements politiques.

Au lieu de conserver une province européenne unique, le Chapitre décida d'ériger deux provinces, l'une française et l'autre belge. Dans ce contexte, une levée de mains unanime décida de créer également une province allemande, laissant le soin au Conseil général de concrétiser cette mesure en fonction des circonstances.[31] En septembre, le Conseil estima qu'il était encore trop prématuré pour demander à la Congrégation de *Propaganda Fide* d'approuver la création de la province allemande. Cette mesure était tributaire de l'acquisition d'un domaine d'activités missionnaires indépendant. Au mois de juillet de l'année suivante, le statut canonique de la province allemande fit toujours l'objet de discussions, mais il fut tout de même décidé de demander l'approbation de Rome.[32] Enfin, en 1936, la province allemande fut officiellement fondée, la première province canonique à être établie par la Société. Il

---

[28] AGMAfr 8408, Burtin à Livinhac, 13 avril 1920.

[29] AGMAfr, casier 358, *Chapitres généraux*, 15ième Chapitre Général de 1920, pp.330-333.

[30] Puisque le vote était secret nous ne savons pas qui a voté négativement. Ce fut peut être Livinhac lui même.

[31] AGMAfr, casier 358, *Chapitres généraux*, 15ième Chapitre Général de 1920, pp.330-333.

[32] AGMAfr Conseil general, procès verbal 1359, 20 septembre 1920 ; 1430, 5 juillet 1921. Les Pays Bas et la Grande Bretagne étaient attaché à la maison mère en Alger, mais la Suisse était attaché à la province de France.

lui fut confié les missions *sui juris* de Tukuyu, dans le Territoire de Tanganyika (Tanzanie), et de Lwangwa en Rhodésie du Nord (Zambie).[33]

En avril 1921, alors qu'il implorait « le Père céleste pour un terrain d'action *in tempore opportuno* », Theodore Frey rendit compte des progrès effectués en termes de recrutement et de formation en Allemagne.[34] Pour remplacer l'école d'Altkirch, désormais en France, une nouvelle école apostolique avait été fondée dans une bâtisse austère de Rietberg, en Rhénanie-Du-Nord-Westphalie. Frey fit état d'un effectif de cent vingt étudiants dans l'établissement d'Haigerloch et déjà de vingt-cinq à Rietberg. Le centre de Trèves comptait trente-et-un séminaristes, dont huit avaient terminé leur noviciat. Celui de Marienthal dénombrait quatorze frères novices et huit postulants. Indéniablement, les vocations ne manquaient dans l'Allemagne d'après-guerre. Toutefois, contrairement à la situation d'avant-guerre, le recrutement des frères se faisait plus difficile. Plusieurs raisons expliquaient cette tendance. Une pénurie de main d'œuvre résultant de la guerre avait donné de l'importance aux services des hommes valides et l'abrogation des lois anticléricales favorisa une rude concurrence entre les diverses institutions religieuses. En outre, il y eut également le charme de la vie dans un monde marqué par une prospérité d'après-guerre croissante.[35]

Là où Livinhac et le Conseil général avaient été hésitants, le Chapitre de 1920 soutenait impassiblement le caractère international de la Société et le droit des confrères allemands à disposer de leur propre province. Les membres du Chapitre n'amendèrent toutefois pas les dispositions déjà en place concernant la formation missionnaire séparée des candidats allemands. Cette mesure était un fait accompli, résultant du vécu de la guerre, et, comme nous l'avons vu, elle faisait déjà l'objet d'une politique spéciale. Il convient de noter que le fait de priver les Missionnaires d'Afrique de nationalité allemande d'une formation internationale, au sein d'une Société multinationale, les désavantagea pendant plusieurs années.

Départs de la Société entre 1915-1922

Depuis ses débuts en 1868, la Société avait enregistré des départs. En fait, au cours de ses quarante-six années d'existence avant 1914, lorsque la Société était relativement petite, cent quarante Pères Blancs l'avaient quittée, soit environ un peu plus de trois par an. Pendant la Première Guerre mondiale et son contrecoup immédiat, la Société connut une nette augmentation des départs.[36] Parmi ceux qui avait prêté le serment perpétuel, avant ou pendant l'année 1914, quarante-deux quittèrent la Société dans les huit années qui suivirent (période couverte dans cet ouvrage).[37] Ceci constitue un taux annuel s'élevant à plus de cinq. Au cours des vingt-sept années séparant 1922 de 1950, vingt-quatre autres de la même catégorie quittèrent la Société, soit moins d'une personne par an.[38] Il était remarquable de constater la loyauté des confrères allemands envers une société majoritairement française et dont la direction était également principalement française. Tout aussi remarquable fut le fait que, contrairement aux appréhensions d'après-guerre du Conseil général, les Français ne répugnaient pas l'idée de partager la vie

---

[33] Tukuyu est devenu préfecture et enfin diocèse de Mbeya. Lwangwa est devenu aussi une préfecture et ensuite le diocèse d'Abercorn (aujourd'hui Mbala).

[34] *Petit Echo*, n° 90, avril 1921, p.58.

[35] *Rapports Annuels*, n° 17, 1921-1922, p.92.

[36] Voir Appendice III.

[37] Les frères qui avaient fait profession temporaire pourraient quitter lors de l'expiration du serment.

[38] Ce chiffre exclut les departs de ceux qui ont fait le serment perpétuel après 1914.

communautaire avec des Allemands. Au su de l'auteur de cet ouvrage, seuls trois départs auraient été partiellement occasionnés par une incompatibilité entre les ressortissants français et allemands.[39]

Parmi les quarante-deux qui quittèrent la Société pendant ou immédiatement après la guerre, trois étaient originaires de nations non-belligérantes. Il s'agissait d'un prêtre néerlandais, d'un frère également néerlandais et d'un prêtre suisse. Parmi les autres, on comptait vingt-cinq prêtres et quatre frères français ; deux prêtres et quatre frères allemands ; trois prêtres belges et un prêtre luxembourgeois. Vingt-quatre d'entre eux étaient âgés de moins de quarante ans et avait servi au combat. Plusieurs dans la quarantaine avaient également été mobilisés en tant que réservistes. Parmi ceux qui quittèrent la Société, certains le firent suite à leur expulsion par les supérieurs pour écart de conduite. Cependant, la majorité d'entre eux furent libérés de leur serment missionnaire à leur propre demande et après autorisation de la Congrégation du *Propaganda Fide* au Vatican. Après leur départ, la grande majorité des prêtres fut incardinée dans un diocèse.

Chaque départ constitue une histoire unique en soi et certains d'entre eux ont déjà été contés au fil de ces pages. Il est extrêmement rare de constater qu'un départ fut principalement motivé par le vécu de la guerre d'un missionnaire, même si nombre de ceux qui quittèrent la Société avaient une brillante carrière militaire. Dans certains cas, le missionnaire était déjà connu pour son instabilité, ayant quitté puis rejoint la Société ou ayant refait la demande et ayant été rejeté. Célestin Paulhe (1888-1919*) fut de l'un de ceux qui avait un brillant passé militaire. Il avait été sérieusement blessé à la tête à Verdun et avait été décoré de la Légion d'honneur, de la Croix de guerre et de la Palme. Outre les séquelles de ses blessures, il semblerait que sa vie en tant qu'officier l'ait éloigné de la Société et l'ait amené à répugner la vie de missionnaire. Il rejoignit le diocèse de Nîmes.[40]

Gaston Duiquet (1888-1930*) et Charles Joyeux (1885-1936*) étaient également des héros de guerre mais leur départ de la Société eut lieu dans les années 1930 et ne fut aucunement lié à leur passé militaire. Duiquet avait été blessé à Verdun et reçut la Croix de guerre accompagnée de trois étoiles. Après la guerre, il reçut la permission de travailler au Maroc, au sein du vicariat apostolique de Rabat. Son incardination y ayant été refusée, il demanda à réintégrer la Société, mais il fut estimé qu'il s'était retrouvé trop longtemps en dehors de la communauté.[41] Joyeux fut probablement le Père Blanc le plus décoré de la Première Guerre mondiale. Il avait reçu la Légion d'honneur, la Croix de guerre et la Palme assortie de cinq étoiles. Il quitta la Société pour rejoindre l'archidiocèse de Paris, où il fut officiellement incardiné en 1938. Il mourut en 1953 alors qu'il exerçait les fonctions d'aumônier d'hôpital.[42]

En considérant le facteur âge, nombre de ces départs eurent un lien avec le phénomène de crise de la cinquante. Malgré tout, au vu du nombre en question, il convient d'ajouter que, quelle qu'ait été la raison motivant leur départ, ils quittèrent la Société sur une toile de fond dépeignant un vécu traumatique de la guerre. Cette expérience était vraisemblablement déstabilisante et avait peut-être contribué à mettre en évidence d'autres problèmes. Toutefois, il est impossible de généraliser en raison

---

[39] Il s'agit de Jean-Pierre Blass (1885-1916*), frère allemand ; Aloys Hamberger (1874-1921*), prêtre allemand et Joseph Le Clainche (1876-1920*), prêtre français. Le premier était exclu de la société, les autres sont partis à leur propre demande.

[40] Malet à Livinhac 20 août 1919, cité par Ivan Page, communication de 25 janvier 2005.

[41] Birraux à la *Propaganda Fide* (sans date) cité par Ivan Page, communication du 25 janvier 2005.

[42] Communication de Ivan Page, 25 janvier 2005.

du peu de connaissance disponible concernant les effets de la guerre sur les vocations missionnaires des soldats Pères Blancs.

Un espion Père Blanc ?

L'un des missionnaires d'Afrique qui quitta la Société durant la Première Guerre mondiale fut Joseph Marsigny, libéré de son serment le 30 juin 1915.[43] Issu d'une famille belge nantie de Namur, Marsigny était né à Ciney en 1880. Attiré par la vocation missionnaire, il étudia avec les Pères Blancs et entra au noviciat en 1902. Il aurait été un brillant étudiant qui ne faisait toutefois pas preuve de discernement. Ordonné prêtre en 1906, il fut posté au vicariat apostolique du Haut-Congo. En 1910, il fut exclu de ce vicariat pour mauvaise conduite. Il fut alors envoyé à la procure des Pères Blancs d'Anvers, d'où il demanda à quitter la Société. C'est ce qu'il fit en 1914, avant de recevoir l'autorisation officielle.

Ces déplacements au début de la guerre sont mystérieux à l'extrême. Grâce à la lecture d'une longue correspondance à son sujet datant de 1988, impliquant l'archiviste des Missionnaires d'Afrique de l'époque (René Lamey), il est possible de reconstituer des épisodes de sa vie. Marsigny devint tout d'abord un officier dans l'armée belge, au sein de laquelle il semblerait qu'il ait exercé des fonctions sacerdotales, sans toutefois devenir officiellement aumônier. Suite à l'occupation allemande de la Belgique, il déménagea aux Pays-Bas, nation qui resta neutre au cours du conflit. Il y occupa les fonctions de directeur d'école pour le restant de la guerre. Selon une tradition familiale, il travailla au service des renseignements alliés pendant ce temps, utilisant son poste de directeur comme couverture. Selon sa famille, sa technique d'espionnage, haute en couleur mais fort peu probable, aurait consisté à séduire la femme de l'ambassadeur allemand à La Haye.[44] La tradition familiale ne peut être confirmée et a probablement été inventée de toute pièce en guise d'excuse afin d'expliquer le départ de Marsigny des rangs de l'armée belge au moment de l'invasion allemande.

Après la guerre, il entra au monastère cistercien de Notre-Dame-du-Lac, situé dans la commune québécoise d'Oka (Canada). Il le fit en tant que « pénitent », sans toutefois prononcer les vœux de trappiste. Lorsqu'il avait quitté les Pères Blancs, il avait reçu l'autorisation de trouver un autre ordinaire ou institut, et il semblerait que les trappistes lui aient recommandé de rejoindre en 1925 le vicariat apostolique de Canton, en Chine. Marsigny fut impressionné par le témoignage héroïque du missionnaire lépreux d'origine belge, Saint Damien De Veuster (1840-1889) qui œuvrait à Molokai, Hawaii. Il proposa donc de prendre en charge la colonie de lépreux de Shek Lung, dans le Canton. Cette léproserie avait été fondée par Louis Lambert Conrardy, qui trouva la mort à Hong Kong en 1914. Marsigny vécut et travailla parmi ces lépreux en tant que prêtre séculier jusqu'à sa mort en 1940. En dépit de ses actions douteuses et répréhensibles du début de sa vie, il mourut en tant que héros missionnaire sur les traces du père Damien.

Sauvegarder les missions bénédictines allemandes

Les premiers évangélisateurs catholiques du territoire qui devint l'Afrique orientale allemande furent les Spiritains dans le nord-est (1863), suivis des Missionnaires d'Afrique qui allèrent dans la région des lacs à l'ouest (1878). Ces deux institutions

---

[43] Information biographique et correspondance sur Marsigny se trouve en AGMAfr, dossier personnel, casier 314.

[44] René a douté de ce détail et de toute l'histoire d'espionage. AGMAfr casier 314, Lamey à Promper 21 avril 1988 et 25 avril 1988.

étaient internationales mais comptaient toutefois une majorité de membres français et/ou alsaciens. Sous l'autorité allemande, toutes deux avaient introduit quelques missionnaires allemands dans la colonie. Après l'annexion allemande en 1885, une troisième congrégation commença à y travailler. Il s'agissait de la congrégation bénédictine de l'abbaye de Saint Ottilien, récemment fondée près de Munich en Bavière. Ses membres étaient quasiment tous de nationalité allemande. Ces bénédictins évangélisèrent le sud-est du pays, connu sous le nom de vicariat apostolique de Dar es Salaam. C'était un vaste territoire de plus de deux cent mille kilomètres carrés, s'étendant sur quelque six cents kilomètres de l'océan Indien à la vallée de Ruaha et au lac Nyassa (Malawi). En 1913, alors que Thomas Spreiter OSB était son vicaire apostolique, le vicariat avait été divisé et la préfecture apostolique de Lindi avait été formée. Dar es Salaam comptait onze postes de mission et Lindi en dénombrait six. Outre les villes de Dar es Salaam et de Lindi, le territoire bénédictin comprenait d'autres importants centres, tels qu'Iringa, Mahenge, Mtwara et Songea.

Après la campagne est-africaine, les missionnaires allemands furent menacés d'être internés et rapatriés par les Alliés. La politique adoptée était loin d'être cohérente et les Missionnaires d'Afrique s'en tirèrent à bon compte. Comme cela fut exposé dans le troisième chapitre, six frères allemands furent internés en Égypte ou en Inde et une poignée de prêtres fut transférée vers des missions Pères Blancs implantées dans des pays africains limitrophes. Les spiritains furent légèrement moins chanceux. Trois de leurs missionnaires furent contraints de se retirer du pays, ainsi que leurs deux évêques Emile-Auguste Allgeyer C.S.Sp., vicaire apostolique de Bagamoyo, et Aloys-Marie-Joseph Münsch C.S.Sp., vicaire apostolique de Kilimandjaro.[45] Toutefois, l'évêque Thomas Spreiter OSB et tous les bénédictins de Bavière furent internés au camp d'Ahmednagar, en Inde, depuis lequel ils furent rapatriés vers l'Allemagne. Par conséquent, leur vaste territoire missionnaire se retrouva sans personnel.[46] Henri Streicher, Père Blanc et vicaire apostolique d'Ouganda, consentit à dégager Joseph Laane (1861-1941) de ses obligations en vue d'organiser une opération de sauvetage.[47] Laane était un missionnaire compétent et remarquable d'origine néerlandaise. Au sein du vicariat d'Ouganda, il avait fondé plusieurs postes de mission, dont celui de Mahagi, situé de l'autre côté de la frontière congolaise dans la région du Nil occidental. Il parlait anglais et sa langue maternelle, en l'occurrence le néerlandais, s'avéra très utile pour la tenue de conversations avec le commandant en chef sud-africain, le général van Deventer qui, en règle générale, préférait converser en afrikaans.[48]

Face à sa mission en ruine et à un besoin désespéré en personnel, Spreiter s'adressa à l'évêque John Biermans des Missionnaires de Mill Hill qui était le vicaire apostolique du Haut-Nil (Ouganda oriental). Biermans fut invité à se rendre à Dar es Salaam dans l'espoir qu'il accepterait de prendre à charge tous les intérêts spirituels et matériels des missions bénédictines. Mais, il ne fut pas disposé à le faire. Sur les conseils de Biermans, Streicher autorisa Laane à demander la venue de prêtres depuis les vicariats voisins.

En juin 1917, Laane arriva à Dar es Salaam, vivant tout d'abord avec les bénédictins et leur évêque. Ils étaient rassemblés dans cette ville en attendant leur exil. En juillet, Spreiter lui conféra les fonctions d'administrateur apostolique provisoire pour une durée de cinq ans, en attendant l'approbation de la *Propaganda*

---

45 *Petit Echo*, n° 78, avril 1920, p.159.
46 *Petit Echo*, n° 43, avril 1917, p.116.
47 *Petit Echo*, n° 46, juillet 1917, p.185.
48 *Petit Echo*, n° 50, novembre 1917, p.185.

Fide. Les autorités militaires le nommèrent aumônier au rang de capitaine honoraire et Laane se retrouva parmi treize autres aumôniers militaires issus de diverses congrégations missionnaires et religieuses. Ces derniers, ainsi que quelques autres encore à l'intérieur des terres, furent les seuls prêtres catholiques servant une vaste région qui reposait entre l'océan Indien et les régions des lacs et qui constituait encore un champ de bataille.[49] Laane espérait pouvoir bénéficier des services de quelques-uns de ces aumôniers ainsi que d'autres recrues des vicariats Pères Blancs. Finalement, il fut rejoint à différents moments par un total de douze Missionnaires d'Afrique, par un Missionnaire Mill Hill, quelques Missionnaires de la Consolata et un bénédictin suisse allemand qui était parvenu à échapper à l'internement.[50]

Toutefois, il existait toujours le risque que les évêques retirent leurs missionnaires sans prévenir au préalable, particulièrement après la signature de l'armistice et la démobilisation. Laane se précipita pour écrire à Livinhac, lui demandant du soutien. Avec l'aval de l'autorité de la *Propaganda Fide*, Livinhac envoya des circulaires à tous ses vicaires apostoliques d'Afrique équatoriale, leur demandant non seulement de ne pas retirer les membres de leur personnel mais aussi de mettre davantage de prêtres à disposition pour servir les dix-sept mille chrétiens abandonnés par les bénédictins.[51]

Dans la ville même de Dar es Salaam, Laane se rendit dans des hôpitaux et des camps militaires. Il servit la petite communauté catholique goanaise, composée d'Européens et de « boys des terres intérieures » qui faisaient leurs dévotions dans la monumentale cathédrale construite par les bénédictins. L'évêque Mathurin Guillemé, vicaire apostolique de Nyassa, accepta la responsabilité de la préfecture de Lindi et, vers la fin de 1917, Camille de Chatouville (1871-1927) fut posté au sein de l'ancienne mission bénédictine de Kigonsera, où il put converser en swahili. Il fut laissé perplexe par les lettres « KMB » qu'il trouva gravées sur toutes les bâtisses érigées par les bénédictins. Il apprit plus tard qu'elles correspondaient aux noms traditionnels des trois rois mages, « Kasper, Melchior, Balthasar », vénérés à Cologne.[52] En 1918, il fut confié à Ambroise Fauconnier (1874-1940) la direction de Peramiho, le plus important des quatre postes qui subsistaient au sein de la préfecture.[53]

En 1919, Léon Huntziger (1884-1977) et Corneille Smoor (1872-1953) furent envoyés à Ndanda. Au début de la guerre, la mission dénombrait entre six et sept mille chrétiens, cent soixante-deux catéchistes et cent quarante-deux écoles. Cependant, la mission fut fortement frappée pendant la campagne. Les postes reculés avaient été pillés et l'église de Lukuledi avait été détruite par les bombardements allemands.[54] Quelque vingt mille hommes étaient désormais cantonnés ou hospitalisés dans des bâtiments appartenant à la mission. Les deux Pères Blancs commencèrent à remettre de l'ordre, parvenant à ramener à la vie six centres. Sept cents chrétiens furent retrouvés mais les catéchistes refusèrent de retourner travailler.[55]

Dans le vicariat de Dar es Salaam, René Claerhout fut envoyé en novembre 1918 à Kwiro, dans la ville de Mahenge, où il vécut seul dans l'ancien couvent des sœurs

---

[49] *Petit Echo*, n° 43, avril 1917, p.116.

[50] *Ibid.*; *Petit Echo*, n° 46, juillet 1917, p.185.

[51] Livinhac aux vicaires apostoliques 28 novembre 1919; circulaires imprimés 4, II b.

[52] *Petit Echo*, n° 52, janvier 1918, p.10. Même aujourd'hui ces trois lettres se trouvent au dessus des portes des maisons en Allemagne. Aux origines elles correspondaient à la phrase latine : *custodiat mansionem benedictam* – « que (Dieu) garde la maison bénite », Communication de Hans Shrenk M.Afr.

[53] *Petit Echo*, n° 57, juin 1918, p.128.

[54] À ne pas être confondu avec Lukuledi en Nyassaland (Malawi).

[55] *Petit Echo*, n° 69, juillet 1919, p.140.

bénédictines. Avant le départ des bénédictins, la mission de Kwiro comptait sept cents chrétiens ainsi que trois cents catéchistes. Mahenge avait été touché par la campagne de Von Lettow-Vorbeck, et sa population, les Pogoro, avait été fort mal traitée. À peine sept cents personnes assistaient désormais à la messe et un nombre encore plus réduit recevait les sacrements régulièrement. Claerhout s'occupait de six autres centres, dont celui d'Ifakara et une léproserie accueillant trois cents trente-deux malades.[56] Il parvint à réhabiliter sept écoles mais il déplorait le manque de catéchuménat sérieux au sein de cette mission. Au début de l'année suivante, il fut brièvement rejoint par Henri Pineau (1897-1981) et Louis Prouvoyeur (1886-1961). Après seules quatre petites semaines, ils furent rappelés à Dar es Salaam pour la démobilisation.[57] Toutefois, Pineau revint en 1920 avec Alphonse Boudewyn (1885-1955) pour s'occuper de Kwiro et Ifakara. Ils qualifièrent leur labeur de « travail écrasant ».[58]

Au début de 1919, François Haugomat (1876-1956) et Bernard Schmitt (1864-1925) furent envoyés à Tosamaganga, dans la région d'Iringa. L'ancienne mission bénédictine y ressemblait à un château médiéval. Les six ou sept cents chrétiens étaient éparpillés. Bon nombre d'entre eux n'étaient pas pratiquants ou étaient unis par les liens d'un mariage irrégulier. Beaucoup, si ce n'est la majorité, furent des enfants rachetés qui avaient été élevés dans des orphelinats puis établis, après s'être mariés, dans des foyers fortement subventionnés par la mission. Les Pères Blancs ne furent pas en mesure de redémarrer l'hôpital, la minoterie et l'artisanat de chaussures. Ils les laissèrent aux soins de la congrégation qui finirait par prendre la relève.[59] Hormis leurs visites régulières des postes reculés, il ne pouvait faire guère plus que de recevoir ceux qui venaient à eux et aider quelques « âmes naufragées ». Ils ne disposaient d'aucun fonds leur permettant d'employer des catéchistes ou d'ouvrir des écoles.[60]

En mai 1920, le cardinal Van Rossum, également préfet du *Propaganda Fide*, recommanda avec insistance aux Missionnaires d'Afrique d'accepter la responsabilité permanente de toutes les anciennes missions bénédictines. Le Conseil général examina la suggestion et proposa un compromis au cardinal. Les Pères Blancs seraient disposés à prendre Dar es Salaam, mais pas Lindi.[61] En mars 1921, ils apprirent que le *Propaganda Fide* envisageait de les remettre à la charge d'autres congrégations. Les capucins suisses devaient reprendre le vicariat apostolique de Dar es Salaam alors que la charge de la préfecture de Lindi devait être confiée à l'Abbaye d'Uznach, une fondation suisse de la congrégation bénédictine de Saint Ottilien. En 1922, la préfecture apostolique d'Iringa fut créée et confiée aux Missionnaires de la Consolata de Turin, lesquels œuvraient également en Afrique orientale britannique. En 1921, les pères et les sœurs capucins suisses embarquèrent à Naples à destination de l'Afrique de l'Est. Au cours de l'année suivante, Laane aida les bénédictins d'Uznach en chemin vers Lindi.[62]

Entre-temps, Laane, toujours aussi ingénieux, fonda une procure à Dar es Salaam et en devint le directeur. La bâtisse qu'il racheta à Karimjee Jivanjee avait été érigée par le sultan Saïd Majid de Zanzibar en 1877. Il s'agissait de l'un des plus anciens

---

[56] *Petit Echo*, n° 67, mai 1919, p.107.
[57] *Petit Echo*, n° 65, mars 1919, p.56.
[58] *Petit Echo*, n° 82, août 1910, p.218.
[59] *Petit Echo*, n° 68, juin 1919, p.116, Haugomat à Livinhac.
[60] *Petit Echo*, n° 75, janvier 1920, p.6.
[61] AGMAfr Conseil général, procès verbal, 1331, 31 mai 1920.
[62] *Petit Echo*, n° 89, mars 1921, p.43; n° 93, juillet 1921, p.116 ; n° 105. juillet 1922, p.108.

édifices de la ville. Il était commodément situé à proximité des bureaux de douane, de la poste et de la gare ferroviaire. Les autorités britanniques autorisèrent Laane à faire construire un balcon et une véranda qui surplombaient la rue. Cette bâtisse appartient toujours à la Société et est devenue le cœur de l'actuelle maison d'Atiman. La procure de Dar es Salaam servait six vicariats. En juin 1922, Laane partit pour l'Europe, laissant la procure aux mains de Felix Dufays (1877-1954). Après avoir servi pendant quelques années en tant que vicaire général de Streicher, une toute nouvelle tâche attendait le « sauveur des missions allemandes en Afrique de l'Est », à savoir la première fondation des Missionnaires d'Afrique à Londres en 1928. C'est donc à Westbrook House, Heston, que Laane ouvrit une procure pour la promotion de la Société et une maison de formation pour les missionnaires suivant des études dans diverses matières en Grande-Bretagne.[63]

Le « problème » allemand constitua le plus important défi d'après-guerre pour la Société des Missionnaires d'Afrique et son caractère international. Dans le cas des bénédictins, il menaça la survie même de la mission catholique dans des régions de l'ancienne Afrique orientale allemande. Les Pères Blancs parvinrent à solutionner le problème relativement bien dans leurs propres rangs, en dépit d'un manque temporaire de courage de la part des supérieurs. Ils aidèrent également à résoudre le dilemme des bénédictins, rendant le retrait des missionnaires allemands moins préjudiciable, si ce n'est plus bénéfique, qu'il ne l'aurait été autrement. Le chapitre suivant tente d'évaluer les autres conséquences immédiates de la Première Guerre mondiale sur l'Afrique et la Société des Missionnaires d'Afrique.

---

[63] Bouniol, Joseph, *The White Fathers and their Missions*, Londres, Sands, 1929, p.311.

CHAPITRE VIII

LES CONSÉQUENCES DE LA GUERRE

Les conséquences sociales et économiques

En septembre 1921, soit trois ans après la signature de l'armistice et presque cinq ans après l'occupation alliée de Tabora et de la région centrale de l'Afrique orientale allemande, Frédéric Salelles (1874-1956), un Missionnaire d'Afrique, remonta la ligne de chemin de fer centrale en direction de Kigoma en vue de prendre le bateau à vapeur à destination de la Rhodésie du Nord (Zambie). Selon ses dires, l'ancienne colonie allemande se trouvait dans une condition « misérable et inhabité». Depuis le train, quelques plantations pouvaient être aperçues mais celles-ci étaient envahies par la végétation sauvage. Il ne semblait y avoir aucune activité, ni commerce.[1] Sur l'ensemble du continent africain, et particulièrement en Afrique orientale, les premières années d'après-guerre furent marquées par de rudes épreuves. Le continent fut confronté à une pénurie de main d'œuvre et à une réduction des surfaces cultivées. Ce recul de la production agricole s'expliqua en partie par les pillages et les destructions perpétrés par les soldats et les porteurs. Toutefois, le dépeuplement général fut la cause majeure.[2] Non seulement il y eut les victimes de guerre, mais la famine et les maladies furent également à l'origine d'innombrables pertes humaines. De ces deux facteurs, les Missionnaires d'Afrique estimèrent que la famine fut plus meurtrière.

Durant la guerre, la famine fit rapidement son apparition des deux côtés du continent africain, en Côte-de-l'Or (Ghana) et en Rhodésie du Nord (Zambie).[3] Au sein du vicariat de Bangweolo (Rhodésie du Nord), les villages étaient désertés. Les survivants passaient leur temps dans la forêt à la recherche de denrées comestibles. Les gens étaient tels des « squelettes ambulants ». Au Burundi (vicariat de Kivu), des personnes affamées parvenaient à grand peine jusqu'au poste de mission, où elles trouvaient la mort sur le pas de la porte. Tous les sentiers et les routes étaient jonchés de corps sans vie. Les missions implantées au sud du vicariat de Tanganyika furent les plus touchées par les actions militaires et furent également frappées par la famine. Il était impossible de dénombrer les centaines de milliers de personnes qui trouvèrent la mort.[4] Pendant et après la guerre, la famine continua de sévir. En 1919, tous les postes de mission de l'énorme vicariat de Tabora signalèrent la survenue de famines et, entre

---

[1] *Petit Echo*, n° 95, septembre 1921, p.140.

[2] *Rapports Annuels*, n° 13, 1917-1918. p.300; *Petit Echo*, n° 28, 1916, p.7; voir aussi Iliffe, *op.cit.*, 1979, pp.273-317 ; Morrow, *op.cit.*, pp.309-312.

[3] *Petit Echo*, n° 22, mars 1915, p.28; n° 32, 1916, p.137.

[4] *Rapports Annuels*, n° 12, 1916-1917, p.87 ; n° 13, 1917-1918, p.227 ; *Petit Echo*, n° 55, avril 1918, p.84 ; n° 58, juillet 1918, p.156.

1921 et 1922, le Burundi fut à nouveau frappé par la faim.[5] Les missionnaires aidèrent du mieux qu'ils purent et le nombre de décès fut certainement moindre à proximité des postes de mission.

Les maladies constituèrent la deuxième cause de mortalité, infligeant presque autant de victimes que la famine. Outre la dysenterie, la méningite, la typhoïde et la variole, qui sévissaient en Afrique de l'Est, l'Ouganda fut sérieusement frappé par la peste bubonique au début de l'année 1916. Cette épidémie dura cinq longues années.[6] Des soldats ougandais de retour furent probablement les agents transmetteurs de cette maladie car, au début de la guerre, l'épidémie s'était déclarée parmi les troupes alliées à Karonga, Nyassaland (Malawi).[7] Toutefois, la pandémie de grippe espagnole fut bien plus meurtrière. Contrairement à la grippe classique qui a tendance à faire des victimes parmi les personnes âgées et les enfants en bas âge, la souche « espagnole » fut particulièrement meurtrière parmi les personnes à la fleur de l'âge. Elle était assortie d'une pneumonie mortelle qui déclenchait une hémorragie des poumons et suffoquait ses victimes. Le virus frappait à une vitesse fulgurante, tuant les malades en l'espace de quelques heures après l'apparition des premiers symptômes. La pandémie se propagea dans le monde entier. Selon les estimations, le bilan humain aurait pu s'élever de vingt à quarante millions de morts à l'échelle de la planète. En Afrique, seuls quelques villages y échappèrent.

Les Pères Blancs signalèrent la présence de cas de grippe espagnole dans tous les vicariats d'Afrique subsaharienne. En 1919 et en moins de dix jours, trois missionnaires succombèrent à cette maladie dans l'Unyanyembe et le Haut-Congo. Il s'agissait de Félix Maymard (1885-1919) à Mbulu, d'Alphonse Simon (1883-1919) à Ndala et de Léandre Germain (1882-1919) à Kirungu.[8] À Ségou (Soudan français), trois Pères Blancs furent affaiblis suite à la contraction de cette maladie mais ils parvinrent à survivre.[9] En 1919, sept cent personnes succombèrent à l'épidémie à Chilubula (Bangweolo).[10] En 1920, Monseigneur Auguste Huys signala que les estimations chiffraient le nombre de victimes à quelque dix mille morts dans le vicariat du Haut-Congo. L'année précédente, Philippe Déchaume (1879-1947) mentionna que la moitié de la population de la mission de Kate (vicariat de Tanganyika) était malade de la grippe espagnole.[11] En Rhodésie du Nord (Zambie), les gens furent immobilisés sous les ordres du gouvernement. Ils étaient contraints de rester dans leurs fermes et de ne pas retourner au village afin d'éviter la contagion. Selon Monseigneur Etienne Larue de Bangweolo, le silence enveloppa les postes de mission de son vicariat pendant trois mois.[12]

En février 1920, la majeure partie de l'Afrique orientale allemande, désormais sous mandat britannique, fut rebaptisée sous le nom de Territoire du Tanganyika et rattachée à la sphère politique et économique de la Grande-Bretagne. L'ancien *rupia* allemand n'avait plus de valeur mais l'inflation s'empara rapidement de la roupie britannique qui l'avait supplanté. En 1919, les prix quadruplèrent.[13] En Ouganda, la

---

[5] *Rapports Annuels,* n° 14, 1918-1919, p.229 ; n° 17, 1921-1911, p.563.

[6] *Petit Echo*, n° 39, décembre 1916, p.367; n° 40, janvier 1917, p.127; n° 90, avril 1921, p.63.

[7] *Petit Echo*, n° 44, mai 1917, p.127.

[8] *Petit Echo*, n° 65, mars 1919, p.49 donne Ndala comme lieu de mort de Germain. Le calendrier nécrologique M.Afr. donne Ushirombo.

[9] *Rapports Annuels*, n° 14, 1918-1919, p.500.

[10] *Petit Echo*, n° 70, août 1919, p.175.

[11] *Rapports Annuels*, n° 15, 1919-1920, p.146 ; *Petit Echo,* n° 67, mai 1919, p.80.

[12] *Rapports Annuels* n° 14, 1918-1919, p.458.

[13] *Petit Echo*, n° 65, mars 1919, p.49.

monnaie fut dévaluée de cinquante pour cent au cours de l'année suivante.[14] En Afrique orientale britannique (Kenya), le taux de change entre la livre sterling et la roupie était exorbitant.[15] Dans le vicariat du Tanganyika, Monseigneur Birraux se plaignit des différences observées en matière de valeur monétaire. En effet, seize *rupia* d'avant-guerre valaient désormais cinquante-cinq roupies d'après-guerre. Il se demanda si l'entreprise missionnaire serait en mesure de poursuivre ses actions dans ces conditions.[16] N'ayant pas d'argent pour payer les impôts ou acheter des vêtements, les populations locales adoptèrent à nouveau les tenues traditionnelles faites en peau de bêtes ou à base des fibres de l'arbre à coton ou d'écorce. Pour l'heure, les cultures commerciales ne généraient pas de profits. La pénurie de main d'œuvre rendait le recrutement de porteurs impossible. À mesure que les transports ferroviaires et routiers s'améliorèrent, le portage ainsi que les revenus qu'il générait disparurent. À la fin de la guerre, les missionnaires étaient en mesure de rejoindre Entebbe (Ouganda) depuis Londres, en passant par Port Saïd, le Caire et Khartoum. En empruntant le train, le bateau à vapeur et la route, le trajet leur prenait trente-cinq jours.[17]

Avant la perte du contrôle de la colonie est-africaine par l'Allemagne, ce territoire avait commencé à être rentable. Cependant, dans le Territoire du Tanganyika, les plantations, reprises par des entreprises britanniques ou des hommes d'affaires venus d'Inde, n'avaient jamais été aussi lucratives. L'exceptionnelle réussite de la Grande-Bretagne reposa sur le développement de cultures commerciales sur des terres cultivées par les Africains. Le Territoire du Tanganyika se spécialisa principalement dans les plantations de café dans des régions telles que le Kilimandjaro, Bukoba et les montagnes méridionales. Des zones de cultures commerciales similaires furent développées dans d'autres colonies britanniques. Les anciens combattants revenaient avec les liquidités, la confiance et le rang social nécessaires pour devenir des entrepreneurs. Petit à petit, des associations de producteurs se formèrent et l'équilibre de la société africaine se transforma.[18]

En 1920, l'Afrique orientale britannique fut rebaptisée sous le nom de Colonie et protectorat du Kenya. Après la guerre, le gouvernement britannique lança un programme d'implantation des soldats dans la colonie, offrant aux anciens combattants britanniques des terres à bas prix dans les régions montagneuses. Cette mesure fit accroître la population européenne, passant de trois mille en 1912 à quelque dix mille. Les colons blancs détenaient ainsi à eux seuls l'ensemble des terres arables des régions montagneuses, une situation qui vint compromettre le développement rural africain.

Les attitudes des Africains envers la guerre

Joseph Mazé (1883-1959), un officier chargé du transport au sein de l'armée britannique pendant la campagne est-africaine, connaissait bien le point de vue des Africains. Après la campagne, il rédigea un bref essai dans lequel il résuma les attitudes des Africains envers la guerre.[19] De prime abord, les Africains ne réalisèrent pas que la guerre était une réalité. Ils pensaient qu'il s'agissait d'un stratagème orchestré par les puissances coloniales qui souhaitaient mieux contrôler leurs

---

[14] *Petit Echo*, n° 99, janvier 1922, p.14.

[15] *Rapports Annuels*, n° 14, 1918-1919, p.107.

[16] *Rapports Annuels*, n° 17, 1921-1922, p.145.

[17] *Petit Echo*, n° 59, août 1918, p.180.

[18] Iliffe, *op.cit.*, 1979, pp.274-301.

[19] Mazé, Joseph, *La Guerre de Azungu,* mimeographed MS, AGMAfr 122215.

conquêtes africaines. Par la suite, il devint rapidement évident que les blancs se faisaient la guerre. Une telle chose était incompréhensible. « Pourquoi des blancs riches devraient-ils se battre ? », se demandaient les Africains. Ils n'avaient nullement besoin de piller la propriété des autres blancs ou d'en faire des esclaves. Au début, il était estimé qu'un terme serait vite mis aux combats. Puis, les gens commencèrent à penser que la guerre ne prendrait jamais fin. Pourquoi la guerre était-elle si féroce si les guerres tribales étaient rapidement conclues ? Les Africains acceptèrent les explications qu'ils reçurent des missionnaires et d'autres personnes mais ils n'essayèrent pas de les comprendre. Les observations de Mazé concordent avec celles d'autres Pères Blancs.

Au début, les Africains essayèrent de rester à l'écart de la guerre. Il s'agissait d'une affaire de blancs qui ne les concernait aucunement.[20] Puis, à mesure qu'ils furent impliqués dans le conflit, ils commercèrent à établir des comparaisons avec leurs propres guerres tribales. Même si l'esclavage ne motivait pas cette guerre, il était toutefois question d'une chasse à l'homme. Un missionnaire de Galula (vicariat de Tanganyika) souligna que le prestige des Européens et l'autorité morale des missionnaires avaient été affaiblis par la guerre. « La simplicité et la docilité [des Africains] n'étaient plus ce qu'elles étaient. »[21] Au cours de la dernière année de la guerre, un vieux chef Nyamwezi affirma à Monseigneur Léonard : « Jusqu'ici nous croyions que tous les blancs étaient des frères, membres d'une même race. Nous, autres Banyamwezi, nous nous battions également, mais jamais cela durait si longtemps ; au commencement des pluies chacun rentrait chez soi et l'on prenait la pioche pour cultiver. »[22]

Se battre avec et contre les Européens était chose nouvelle pour les Africains. Après avoir tué des hommes blancs, il leur était impossible de conserver le respect inconsidéré qu'ils manifestaient souvent envers eux avant la guerre. Aux yeux des Africains, la guerre était cruelle, inhumaine et futile. L'assurance toute nouvelle des anciens combattants fut inévitablement le terreau du nationalisme. En effet, en Afrique orientale tout comme en Afrique occidentale, la guerre fut souvent une première expérience nationale. Les notions d'autodétermination et de responsabilité coloniale existaient déjà sous forme embryonnaire.

En 1919, l'Association Kikuyu vit le jour au Kenya en vue de s'opposer à la désappropriation des terres et à d'autres abus perpétrés par les colons. Deux ans plus tard, Harry Thuku (1895-1970), un jeune télégraphiste de vingt-sept ans travaillant au sein du gouvernement, annonça la fondation d'une organisation plus militante qui rejetait totalement le contrôle exercé par les blancs. Il s'agissait de l'Association des jeunes Kikuyu, rebaptisée plus tard sous le nom d'Association est-africaine pour en élargir la portée. Le 14 mars 1922, Thuku fut arrêté et des milliers de personnes participèrent à une manifestation à Nairobi, exigeant sa libération. Des policiers armés ouvrirent le feu sur la foule, faisant au moins vingt-sept morts.[23] À Mombasa, les Pères Blancs estimèrent le nombre de manifestants à quatre mille et ne ménagèrent pas leurs efforts pour souligner que les catholiques n'avaient pas pris part à de telles protestations.[24] Thuku fut détenu pendant neuf ans au motif qu'il constituait un danger pour la paix et l'ordre établi.

---

[20] *Rapports Annuels*, n° 10, 1914 (1916), p.329.
[21] *Rapports Annuels*, n° 13, 1917-1918, p.228.
[22] *Rapports Annuels*, n° 14, 1918-1919, p.231.
[23] L'évaluation officielle était 27. L'évaluation officieuse, 150.
[24] *Rapports Annuels*, n° 17, 1921-1922, p.64. Le nom est orthographié « Suku ».

Avant sa mort en 1917, Monseigneur Lechaptois se lamentait de la désorientation morale résultant de la guerre. Il estimait que le conflit avait encouragé le recours à la violence et à la malhonnêteté parmi la population et que les Européens avaient perdu le respect dont ils jouissaient autrefois de la part des Africains.[25] Il écrivait au plus fort des malheurs qui frappaient son vicariat et sans être témoin des effets à long terme de la guerre. Toutefois, il était convaincu que les chrétiens étaient parvenus à conserver une bonne réputation au milieu de ce désordre et de ces destructions.

Aux yeux des Africains, l'orchestre militaire symbolisait la puissance européenne. Avant la guerre, des associations de danse *Beni* (signifiant « orchestre ») virent le jour principalement en Afrique orientale allemande. Cette danse était tel un pantomime ou une satire de l'autorité et de la structure sociale européennes, singeant les exercices militaires et les formations des orchestres.[26] Les responsables *Beni* étaient souvent affublés de titres allemands tels que *Kaiser* ou *Bismarck*. Au cours des dernières années de la guerre, cette danse fut introduite à Nairobi et continua à se propager en Afrique orientale et centrale. Sa pratique était principalement colportée par les anciens combattants. Les associations de danse *Beni* étaient bienfaisantes et les membres des divers groupes s'entraidaient. En dépit de leur extrême irrévérence, ces associations n'étaient pas politiquement subversives ou liées aux mouvements de protestation. Elles associaient une certaine nostalgie du passé à un nouveau contexte. Elles faisaient figure de réponse créative de la part des Africains face à la désorientation sociale d'après-guerre. Même si elles ne constituaient pas véritablement une forme de nationalisme embryonnaire, elles donnèrent à ses membres l'opportunité de vivre au sein d'une organisation complexe et d'envergure.

Les Britanniques tout comme les Belges s'opposaient à la pratique du *Beni* mais ils n'étaient pas en mesure de l'arrêter. Les Missionnaires d'Afrique en avaient également peur en raison de leurs présumées pratiques immorales. Théophile Avon (1870-1953), administrateur apostolique du vicariat de Tanganyika, signala en 1919 que la danse *Beni* était telle « une trainée de poudre » reliant le littoral au lac Tanganyika. Selon lui, il s'agissait « d'une association maléfique » qui préconisait le partage des femmes et pratiquait des danses lascives. Selon Avon, le refrain de la chanson phare des groupes *Beni* était « Le lion est seulement blessé », une référence symbolique au fait que grand nombre s'attendaient à ce que les Allemands reviennent. « Nous devons prêcher contre le *Beni* », ajouta-t-il.

L'apparition de personnages prophétiques africains, dotés d'un message millénariste émergeant de la situation de guerre, vint menacer plus directement le travail des missionnaires. Le plus important d'entre eux fut Malaki Musajjakawa (c.1875-1929) en Ouganda. Malaki, qui prétendait être « l'Apôtre de Dieu », était un instituteur anglican et un chef de gouvernement subalterne. Les anglicans ayant refusé à deux reprises de le baptiser, il fonda sa propre Église, connue sous le nom des Malakites ou de « la Société du Dieu Tout-Puissant ». Le mouvement vit le jour au début de la guerre et s'opposait tout particulièrement à la médecine occidentale. Malaki prêcha également en faveur du retour des pratiques polygames des patriarches bibliques et invita les gens à venir à lui pour être baptisés, sans la nécessité de préparation. Il raviva également le culte des divinités traditionnelles et promit un âge d'or au cours duquel les blancs seraient les serviteurs des noirs. Dans un premier temps, les anglicans s'opposèrent à Malaki mais, au vu des masses qu'il parvint à

[25] Pineau, Arthur, *Le Vicariat du Tanganyika Durant la Guerre 1914-1918*, MS sans date, AGMAfr P 169/20, Supplément p.9.

[26] Ranger, Terence Osborn, *Dance and Society in Eastern Africa 1890-1970 : The Beni Ngoma*, Londres, Heinemann Educational, 1975.

rassembler, ils devinrent progressivement plus partisans. À un moment, il fut rejoint par cent vingt mille nouvelles recrues. Sept mille huit cents catéchumènes catholiques le rejoignirent également et furent baptisés, persuadés par la facilité avec laquelle ils pouvaient recevoir un nom de baptême chrétien. Dès le début des années 1920, les Malakites revendiquaient l'existence de quatre-vingt-dix mille membres.[27]

Il semblerait que Malaki n'ait plus été personnellement impliqué dans les cérémonies de baptême à compter de 1916. En même temps, ses néophytes étaient rebaptisés par les anglicans.[28] En 1922, le mouvement connut un déclin rapide et les anciens Malakites représentèrent la moitié des postulants intégrant les catéchuménats catholiques en Ouganda.[29] Seules les personnes âgées, satisfaites de leur nouveau nom chrétien, lui restèrent fidèles. Les Malakites constituaient fondamentalement un groupe religieux mais leurs enseignements contenaient des germes de dissidence anticoloniale, tout particulièrement concernant la dispense de soins médicaux. Lorsque Malaki s'opposa à un programme gouvernemental de vaccination et disparut complètement en 1930, les Britanniques prohibèrent l'existence de cette Église. Malaki trouva la mort après avoir engagé une grève de la faim.[30]

Libération et démobilisation

Alors que l'armée allemande se retirait au cours des derniers mois de la guerre, les Pères Blancs en Belgique et dans le nord de la France étaient libérés dans une atmosphère d'euphorie générale. La communauté de l'école apostolique de Gits, près de Bruges dans les Flandres occidentales, souffrit probablement le plus de l'occupation militaire.[31] La première épreuve à laquelle ils furent confrontés fut traumatisante. Se tenant à la porte d'entrée, un officier allemand exigea cinq cents cigares sous la menace d'un revolver. Après avoir fouillé de fond en comble la maison, les missionnaires parvinrent à trouver quelques cigares qui avaient été offerts à Joseph Kindt (1872-1947). La demande suivante fut formulée par le capitaine-commandant d'une unité de l'aviation qui vint cantonner cent vingt soldats dans l'école. Les missionnaires furent autorisés à conserver une chambre chacun et à utiliser la chapelle et une salle de classe. Le dimanche 13 décembre, les pères célébrèrent la messe pour les soldats catholiques et furent invités à dîner dans le mess des officiers. Contre leur gré, une photographie fut prise à l'occasion. Contre toute attente, cette photographie aux côtés de l'ennemi devait leur porter chance.

Au mois de janvier, les Allemands devinrent de plus en plus exigeants. Sous la menace, ils réclamaient du vin, de la bière, des denrées alimentaires ainsi que d'autres produits qui souvent ne se trouvaient pas dans la maison. Puis, à la fin du mois, les Pères Blancs furent contraints de quitter Gits et de se rendre à Roulers où ils furent jetés en prison. Durant les interrogatoires qui s'ensuivirent, des sommes d'argent étaient exigées pour leur libération. Les missionnaires expliquèrent que l'argent dont ils disposaient était destiné au travail d'évangélisation de l'Afrique. De surcroît, une partie des fonds provenait de dons octroyés aux missions catholiques par le *Kaiser* en personne lors de son jubilé d'argent. Par la suite, les soldats changèrent de discours et exigèrent du vin et des liqueurs au lieu d'argent. Cinquante litres de vin de messe et

---

[27] *Rapports Annuels*, n° 10, 1914 (1916), p.185 ; n° 13, 1917-1918, p.95 ; *Petit Echo*, n° 25, septembre 1915, pp.89-90 ; n° 27, 1915, p.182.
[28] *Petit Echo*, n° 29, 1916, p.36.
[29] *Petit Echo*, n° 104, 1922, p.96.
[30] Voir article sur Malaki Musajjakawa par Norbert Brockman, *Dictionary of African Christian Biography* (<dacb.com>).
[31] *Rapports Annuels*, n° 14, 1918-1919, pp.65-82.

quarante litres de vin rouge de table constituaient tout ce que les Pères Blancs avaient en leur possession. Ces bouteilles n'intéressaient pas leurs geôliers. S'ensuivit une série d'accusations, principalement des commérages, calomniant l'Allemagne et diffusant de fausses informations. Le supérieur montra ensuite la fameuse photo du dîner et les officiers furent surpris de voir les missionnaires belges occuper une place d'honneur à la table allemande. Le jour suivant, ils furent libérés et autorisés à retourner à Gits.

En août, l'unité d'aviation quitta les lieux. Cependant, d'autres soldats vinrent démolir le mur d'enceinte de l'école afin d'utiliser les briques pour la construction de routes. En décembre 1917, la maison fut réquisitionnée et les missionnaires reçurent à nouveau l'ordre de partir. Avant leur départ, ils durent remettre leur troupeau de vaches et tous les articles en cuivre de la chapelle. Ils se rendirent au séminaire Père Blanc de Bouchout, près de Bruxelles. Tous les étudiants avaient été renvoyés chez eux et la nourriture y était peu abondante. Toutefois, les exilés de Gits parvinrent à y vivre jusqu'en janvier 1919. À leur retour, ils trouvèrent la maison et les terres dans un état lamentable. Toutes les portes et les fenêtres avaient été arrachées et les trois cents arbres fruitiers que comptait le verger avaient été abattus. La maison ne pouvait être occupée avant que la forte humidité ait disparu.

Au sanatorium d'Autreppe, près de la frontière française dans la province d'Hainaut, l'occupation militaire que les Pères Blancs vécurent fut légèrement moins pénible qu'à Gits.[32] En 1914, les missionnaires furent alarmés par la prise successive des villes belges. Contre leur gré, ils étaient les spectateurs des parades militaires et des chansons victorieuses allemandes. Après la première bataille de la Marne, la ligne de front se stabilisa mais il y eut une censure complète des informations. Progressivement, le régime des forces occupantes fut mis sur pied. Même s'ils eurent toujours à manger, les missionnaires menaient une lutte constante pour éviter les réquisitions. Les Allemands souhaitaient toutes sortes de denrées imaginables : pain, blé, vin, bière, lait, beurre, œufs, cuivre, matelas, oreillers, plumes, volailles, bois, chevaux, etc. La nourriture s'obtenait au marché noir et la viande était passée en contrebande aux confrères situés à Lille, de l'autre côté de la frontière. Elle était cachée dans une charrette de foin, évitant même l'inspection à un barrage routier allemand. Un Père Blanc néerlandais, Henri Raeskin (1873-1956), avait fait immatriculer la maison au nom d'une société civile aux Pays-Bas et avait reçu une attestation à cet effet de la part du consul néerlandais à Bruxelles. Initialement la maison avait été achetée par la Société néerlandaise de St Charles de Boxtel en 1905. En déclarant « Nous sommes neutres. Notre propriété est néerlandaise. », les Pères Blancs parvinrent à éviter ou à repousser les perquisitions dans la plupart des cas. La cloche de l'église ainsi que le portail métallique furent sauvegardés et les objets en cuivre furent prudemment cachés aux regards. La souffrance la plus pénible pour les missionnaires fut d'être privé de toute communication avec les supérieurs de la Société et avec leurs familles.

Dans les paroisses locales, les Pères remplacèrent les nombreux membres du clergé diocésains qui avaient été arrêtés. Puis, lorsque la ligne de front allemande recula sur Bruxelles au début du mois d'octobre 1918, les Pères Blancs d'Autreppe furent pris dans la retraite militaire et l'exode des civils du nord de la France. Pour la première fois, des officiers, des hommes et des chevaux furent cantonnés en ces lieux. Dans le village, l'église fut pillée et le Saint Sacrement sauvegardé par un garçon de quinze ans qui apporta le ciboire dans la maison. Deux prêtres diocésains réfugiés et un

---

[32] *Ibid.*, pp.83-92.

séminariste utilisèrent des habits de Père Blanc pour se dissimuler. La ligne de tir ne cessait de se rapprocher et deux bombes explosèrent dans le parc. Puis, la veille du jour où la cavalerie britannique annonçant l'armistice passa à moins de deux kilomètres, le lieutenant allemand, qui avait été un visiteur importun, fit ses adieux auprès des Pères Blancs en déclamant : « Vous êtes désormais avec les Britanniques. Au revoir. »

L'accueil réservé aux Britanniques fut euphorique. « Oh, cette rencontre ! Quelle émotion ! Nous rions, nous pleurons, nous bondissons de joie. Nous aurions étreint ces braves enfants de l'Albion s'ils n'avaient pas été à cheval. Nous leur indiquons la direction prise par les Allemands en fuite. 'Alright' (fut leur réponse)... Que Dieu bénisse cette ère nouvelle et qu'il pérennise cette paix mondiale...! »

À Anvers, l'occupation avait été moins menaçante. Les militaires n'avaient même pas insisté pour réquisitionner les objets de cuivre car il s'agissait d'une maison religieuse. La veille de l'armistice, les troupes allemandes se mutinèrent, formant leurs propres conseils avant leur départ. Quatre jours après la signature de l'armistice, les Pères Blancs prirent part au *Te Deum* dans la cathédrale d'Anvers.[33] L'occupation de Lille, où les Missionnaires d'Afrique dirigeaient une école apostolique, fut bien distincte.[34] Suite à leur défaite lors de la première bataille de la Marne, les Allemands, animés par la vengeance, firent une descente sur la ville au début du mois d'octobre 1914. Alors que le siège commençait à se faire ressentir et que les bombardements étaient imminents, Eugène Kaise, « frère Romuald » (1879-1949), qui avait été fait prisonnier, parvint à échapper aux mains de ses ravisseurs et alla rejoindre la communauté. Les premières troupes ennemies entrèrent dans la ville, faisant mille cinq cents prisonniers au passage. Bon nombre de soldats français parvinrent à s'enfuir grâce au port de vêtements civils. Le 13 octobre, les missionnaires virent soixante mille soldats allemands défiler dans les rues de la ville et chanter *Deutschland über alles*.

Avec des incendies qui faisaient rage dans la ville et la coupure de l'alimentation en eau, l'ennemi commença à prendre en otage des membres du clergé, de la municipalité et des classes nanties. Des prisonniers français furent envoyés en Allemagne et, parmi eux, se trouvait Joseph Bouniol (1884-1950). Les tentatives de prise de contact avec lui furent vaines. Toutefois, lorsque les officiers constatèrent les conditions spartiates dans lesquelles les missionnaires vivaient, ils n'obligèrent pas les Pères Blancs à fournir un cantonnement pour leurs troupes. Les prisonniers français étaient contraints de défiler devant les habitants de la ville, lesquels criaient « Vive la France ! » au mépris de l'occupant. Les avions alliés lancèrent des bombes sur les installations télégraphiques et dispersèrent des prospectus de propagande et des journaux au dessus de la ville. En 1916, il y eut de mystérieux incendies et explosions, détruisant un arsenal allemand, des maisons, des usines et l'hôtel de ville. Les églises furent réquisitionnées pour la tenue de rassemblements et de concerts. Les moteurs électriques, les cloches d'église et les tuyaux d'orgue furent retirés alors que des groupes de soldats fouillaient la ville à la recherche d'articles en cuivre. Les machines à écrire, les coffres-forts tout comme les matelas et les oreillers de libre étaient tous réquisitionnés.

Les Pères Blancs avaient reçu de leurs voisins de nombreux objets en cuivre, tels que des candélabres, de façon à ce qu'ils soient en sûreté. Le 14 novembre 1917, le supérieur fut sommé par des officiers et des soldats de paraître à la porte d'entrée à six

---

[33] *Ibid.*, pp.93-94.
[34] *Ibid.*, pp.38-57.

heures du matin et il reçut l'ordre de déclarer ces objets. Ils eurent pour toute réponse : « Rien à déclarer ». Une inspection s'ensuivit au cours de laquelle la boîte de calices fut longuement examinée mais, par chance, le placard contenant les candélabres n'attira pas autant l'attention. En janvier 1918, toutefois, toutes les installations électriques durent être remises car les fils contenaient du cuivre. Seule une lampe électrique fut autorisée à rester dans la maison. En février, les matelas furent réquisitionnés ainsi que l'unique cloche. Les missionnaires furent témoin lorsque la statue de Jeanne d'Arc érigée sur la place fut arrachée de son socle en vue d'être fondue pour en faire des munitions. Peu de temps après, ils reçurent une autre visite. Cette fois-ci, non seulement les articles en cuivre qui étaient restés inaperçus la fois précédente furent pris, mais la plaque et la sonnette de la porte ainsi que les poignées de porte furent enlevées.

Au mois de juillet, il devint vraiment apparent que la situation n'était pas favorable aux Allemands. À la mi-septembre et en préparation pour le départ prévu le 29, des camions furent alignés dans les rues et remplis de meubles et d'autres biens réquisitionnés. Les hommes âgés de quinze à soixante-cinq ans reçurent l'ordre d'accompagner les troupes qui battaient retraite. Alexandre Guérin (1864-1947) était sur le point d'être forcé à observer cet ordre mais il fut gracié à la dernière minute. Avant leur départ, les Allemands dynamitèrent le chemin de fer, les passerelles, les portes d'écluse et les installations télégraphiques. Ils mirent également le feu aux dépôts ferroviaires. Puis, dans la nuit du 16 au 17 octobre, ils disparurent. Le jour suivant, pas un allemand en vue ! À la place, un superbe défilé de troupes britanniques et françaises victorieuses eut lieu et Georges Clemenceau vint se joindre aux célébrations. Pendant toute la durée de l'occupation, la chapelle des Pères Blancs avait reçu de nombreuses visites et les Pères étaient parvenus à rester en contact avec une trentaine de leurs élèves.

Après la signature de l'armistice, Livinhac et le Conseil général ne perdirent pas de temps pour faire parvenir des instructions aux Missionnaires d'Afrique qui étaient en passe d'être démobilisés. Tous les conscrits qui avaient prêté le serment missionnaire durent se présenter à Maison Carrée, située à Alger, en vue d'entreprendre une période de réhabilitation physique et spirituelle. Cette dernière devait prendre la forme d'une retraite de huit ou trente jours. Les aspirants qui avaient été admis au noviciat furent également conviés à rejoindre Maison Carrée. Les étudiants de théologie devaient se rendre au scolasticat de Carthage, en Tunisie. Toutefois, ceux qui avaient été ordonnés prêtres avant d'achever leurs études de théologie devaient suivre une formation finale à Maison Carrée. Henri Gaudibert (1863-1929), l'un des deux Pères Blancs de nationalité britannique, devait également se mettre à la disposition de ceux qui nécessitaient de rafraîchir leurs notions d'anglais.[35]

De plus en plus de missionnaires démobilisés et d'anciens prisonniers de guerre se rassemblèrent autour de Livinhac à Alger. Quarante-sept d'entre eux firent la retraite de trente jours. Nombre furent ceux qui arrivèrent à temps pour adresser leurs meilleurs vœux de nouvel an au supérieur général et pour célébrer à ses côtés le jubilé d'or de la Société. Dans son discours du nouvel an, Paul Voillard salua Livinhac comme « inspirateur, régulateur et coordinateur de toutes [leurs] énergies…(qui) présidera longtemps encore au nouveau cycle de régénération africaine que ses fils, réconfortés par la retraite et les Grands Exercices, vont instaurer en rentrant dans leurs chères missions. » Livinhac déclara lui-même : « Nous devons aussi regarder

---

[35] Petit Echo, n° 62, décembre 1918, p.241 ; n° 63, janvier 1919, p.1 ; *Rapports Annuels*, n° 15, 1919-1920, p.7 ; n° 16, 1920-1921, p.6.

désormais l'Afrique comme notre vraie patrie et nous dévouer généreusement à son salut jusqu'à la mort. »[36] Ce rassemblement notoire d'après-guerre était, en fait, une nouvelle consécration de la Société des Missionnaires d'Afrique.

Les missionnaires démobilisés reçurent un accueil euphorique dans leurs vicariats africains. En dépit des effectifs réduits par le nombre de victimes et quelques nouvelles affectations dans d'autres régions, les missionnaires d'Ouganda restaient les plus nombreux. À la fin de novembre 1919, vingt-deux Pères Blancs originairement d'Ouganda, ainsi qu'un du Nyanza, arrivèrent à Mombasa.[37] La procure des Pères Blancs arborait des drapeaux britanniques et français. La chapelle et le réfectoire étaient ornés de décorations. Un courrier porteur de joie, rédigé par le vicaire apostolique d'Ouganda Henri Streicher, les attendait. Streicher y citait le livre de l'Apocalypse : « Aimés et vaillants confrères, je vous salue tous et chacun en particulier avec respect, fierté et amour ; car vous êtes ceux qui sont sortis de la grande épreuve et qui ont lavé leurs vêtements et les ont purifiés dans le sang de l'Agneau'. »[38] Le *Mombasa Times* titrait : « Les Pères Blancs de retour de leur service actif » et « De braves aumôniers reçoivent la Croix de guerre. »[39]

Les héros rejoignirent l'Ouganda en train et en bateau à vapeur. Sur le quai à Entebbe étaient venus les accueillir Monseigneur Streicher et son nouvel auxiliaire dénommé John Forbes (1864-1926), Daudi Chwa, le *Kabaka* de Buganda, et Stanislas Mugwanya, son ministre catholique, accompagnés de vingt confrères. À leur arrivée, la *Marseillaise* et *God Save the King* furent interprétés. À Rubaga, le *Te Deum* et le *Magnificat* furent entonnés dans l'église, suivis d'un dîner festif au poste de mission. Le menu se composait notamment des plats suivants : Rosbif de la Somme, Pommes de Terre Apostoliques, Légumes Alliés en Macédoine et Crème Maréchal Foch. Un gâteau aux couleurs militaires avait été préparé par les sœurs de Marie Réparatrice. Des toasts furent portés, des discours prononcés, des poèmes déclamés et des chants entonnés. Le dîner fut suivi d'une visite à la résidence du gouverneur où Sir Robert Coryndon, le gouverneur, admira une Croix de guerre et examina un drapeau blanc signé par des parlementaires allemands à l'occasion de l'armistice. Le dimanche suivant, Monseigneur Streicher pontifia, revêtu de la *cappa magna*, un privilège archiépiscopal qui lui avait été conféré par Benoît XV. Une réception fut également organisée par John Biermans, l'évêque Mill Hill, et Mugwanya.[40] Ce fut un véritable moment de bonheur et d'euphorie pour les Pères Blancs et l'Église catholique en Ouganda.

Un changement de relation avec les puissances coloniales

L' « Union sacrée » de l'Église et de l'État émanait de la déclaration de guerre de 1914. Désormais le patriotisme outrepassait l'anticléricalisme en France et dans les possessions françaises. En outre, l'animosité d'antan disparut à la fin de la guerre. Les relations entre la France et le Saint-Siège furent restaurées une semaine après la canonisation de l'héroïne nationale Jeanne d'Arc en 1920. Sa fête fut déclarée jour d'hommage national. En raison de la mobilisation du clergé, de nombreuses paroisses algériennes avaient été fermées pendant toute la durée des hostilités. Les Missionnaires d'Afrique continuèrent toutefois à œuvrer en Kabylie au sein de dix ou

---

[36] *Petit Echo*, n° 66, avril 1919, p.76-78.
[37] *Petit Echo*, n° 70, août 1919, p.161; n° 73, novembre 1919, pp.234-235.
[38] Apocalypse 7:14. La citation biblique est en latin.
[39] *Mombasa Times*, jeudi 4 septembre 1919, p.3.
[40] *Rapports Annuels*, n° 14, 1918-1919, pp.17*-21*.

onze postes de mission et avec les services d'une quarantaine de missionnaires. Après la démobilisation, onze prêtres et deux frères retournèrent dans la région. Les effectifs de Pères Blancs étaient élevés dans le pays car nombre d'entre eux avaient combattu aux côtés des Zouaves et de l'infanterie coloniale. Les missionnaires furent autorisés à nouveau à travailler dans les écoles et les hôpitaux, sous réserve de l'obtention des qualifications requises. Le 8 juin 1914, le gouvernement avait décrété la clôture de toutes les écoles missionnaires. Ce décret entra en vigueur dès le mois de juillet. Lorsque la guerre éclata en août, toutes les écoles furent autorisées à rouvrir inconditionnellement, au moins pendant la durée du conflit.[41] Les pensionnats et les ateliers gérés par les Sœurs Blanches (SMNDA) étaient tout particulièrement appréciés.[42]

Les missionnaires espéraient que les préjugés antichrétiens seraient moins prononcés parmi les musulmans suite à leur vécu de la guerre. En dépit de la disparition des ressentiments, des problèmes d'ordre juridique persistaient. L'état civil des chrétiens kabyles en particulier, selon la législation française ou musulmane, constituait une pomme de discorde.[43] Parallèlement, les idées d'Henri Marchal concernant le catéchuménat dans le contexte islamique commencèrent à être mises en œuvre.[44] Avant d'être élu au Conseil général de la Société en 1912, Henri Marchal (1875-1957) avait été supérieur régional de la Kabylie et de Ghardaïa. Après son service actif, il retourna en 1918 au Conseil général où il demeura jusqu'en 1947.[45] Occupant un poste d'influence pendant une longue période, il parvint à transformer radicalement les attitudes des Pères Blancs envers les musulmans et à promouvoir une meilleure compréhension de l'Islam. L'instauration de l'Institut des Belles Lettres Arabes (IBLA) à Tunis en 1927 constitua le premier fruit de ces efforts.

En 1919, Gustave Nouet (1878-1959) succéda à Henri Bardou (1877-1916*), qui avait quitté la Société deux ans plus tôt, en qualité de préfet apostolique de Ghardaïa (Sahara). L'état de la préfecture n'était pas au mieux. La majorité des prêtres avait été mobilisée et seuls deux postes de missions restaient ouverts (Ghardaïa et Ouargla). Le Bienheureux Charles de Foucauld, correspondant et mentor de Marchal, avait tragiquement été victime d'un assassinat perpétré le 1er décembre 1916 dans son ermitage de Tamanrasset par des membres d'une tribu de dissidents et pro-turcs.[46] L'héritier spirituel de Foucauld n'était autre que Marchal dont la nouvelle stratégie pastorale envers les musulmans fut rapidement adoptée par les communautés sahariennes. L'école de Ghardaïa étant dirigée par un Canadien français doté de diplômes d'enseignant, l'établissement fut autorisé à poursuivre ses activités en 1918.[47] Nouet rouvrit El Goléa, lieu où il réenterra la dépouille de Charles de Foucauld en 1929.[48]

Dans le vaste vicariat du Soudan français, les progrès avaient été freinés à la fois par la législation anticléricale et la tyrannie de la distance. Après le retour des conscrits et du vicaire apostolique, Alexis Lemaître en personne, l'Église se retrouva dans une position plus favorable. Une remarquable réaction contre l'anticléricalisme

---

[41] *Rapports Annuels*, n° 10, 1914 (1916), p.97.

[42] *Rapports Annuels*, n° 15, 1919-1920, p.96.

[43] *Rapports Annuels*, n° 13, 1917-1918, p.58.

[44] *Rapports Annuels*, n° 12, 1916-1917, p.48.

[45] *Rapports Annuels*, n° 14, 1918-1919, p.6 ; Shorter, Aylward, « Christian presence in a Muslim milieu : the Missionaries of Africa in the Maghreb and the Sahara », *IBMR*, vol.28, n° 4, octobre 2004, pp.159-164.

[46] Charles de Foucauld a été béatifié par Benoît XVI le 13 novembre 2005.

[47] *Rapports Annuels,* n° 13, 1917-1918, p.80.

[48] Rapports Annuels, 1958-1959, , pp.12-18. *Notices Nécrologiques*, pp.12-18.

se manifesta même.[49] À l'ouest, le vicariat recrutait de nouveaux adeptes parmi les Bambara et les peuples avoisinant au niveau des sources des fleuves Niger et Sénégal. À l'est, les activités des missionnaires se concentraient sur le Royaume des Mossi, où Lemaître parvint à fonder le nouveau poste de Manga. Entre-temps, le supérieur d'Ouagadougou, Joanny Thévenoud (1878-1949), avait instauré un centre très prometteur à Pabré. Près de deux cents hectares de terres y avaient été achetés et la mise en œuvre d'un programme de développement fut initiée. Les gens assistaient en grands nombres au catéchisme et sept cents personnes entrèrent au catéchuménat en 1921. Une paroisse fut établie et un centre de formation ainsi qu'un petit séminaire y ouvrirent leurs portes en 1925. Pabré devint rapidement un village et une paroisse à imiter, un véritable microcosme de l'évangélisation parmi les Mossi.[50]

Afin de déployer efficacement les efforts missionnaires, le vicariat devait être divisé. Cependant, le *Propaganda Fide* à Rome s'opposa à tout morcellement tant que la population chrétienne continuerait à ne dénombrer que quelque deux mille fidèles. Les années d'après guerre commencèrent à connaître une augmentation. De deux mille cinq cents fidèles en 1914, les chiffres passèrent à trois mille en 1918, puis à quatre mille cinq cents en 1922. D'ici cette année là, la requête avait davantage été justifiée par la décision prise en août 1919 par le gouvernement français qui souhaitait diviser la région en deux colonies, celle de la Haute-Volta (le Burkina Faso actuel) et celle du Haut-Sénégal-Niger (le Mali actuel). Ces colonies allaient respectivement avoir pour capitale Ouagadougou et Bamako.[51] Le moment propice à la division ecclésiastique se présenta de lui-même en 1920, avec la mutation d'Alexis Lemaître à Carthage en qualité de coadjuteur et d'archevêque titulaire de Cabasa.

En novembre 1920, le Conseil général des Pères Blancs demanda au *Propaganda Fide* l'autorisation de diviser le vicariat en trois.[52] Le vicariat du « Soudan oriental » correspondrait à la colonie française de la Haute-Volta et celui du « Soudan occidental » à la colonie française du Haut-Sénégal-Niger. Pour la mission de Navrongo, située dans la colonie britannique de la Côte-de-l'Or, la « préfecture apostolique de la Volta noire » fut suggérée. Les noms de Joanny Thévenoud, Emile Sauvant (1869-1939) et Joseph Dubernet (1875-1966) furent proposés aux postes de vicaires et de préfet apostoliques. En janvier 1921, Rome demanda à recevoir davantage d'informations concernant ce projet et le Conseil général changea d'avis concernant la préfecture de la Volta noire.[53] Finalement en juillet, Livinhac fut en mesure d'annoncer que Sauvant et Thévenoud avaient été nommés à la tête de deux nouveaux vicariats, devant être baptisés respectivement « Bamako » et « Ouagadougou ».[54] À l'époque de la division, Bamako comptait largement plus de deux mille chrétiens et Ouagadougou un peu plus de trois mille. Par rapport aux données statistiques de l'Afrique équatoriale, ces chiffres étaient extrêmement réduits mais le potentiel de croissance ne faisait de doute pour personne. Il va sans dire que les autorités britanniques n'étaient pas satisfaites à l'idée de voir Navrongo demeurer dans le vicariat d'Ouagadougou, une colonie française. Thévenoud suggéra de retirer

---

[49] *Rapports Annuels*, n° 16, 1920-1921, pp.228-229.

[50] *Rapports Annuels*, n° 16, 1920-1921, p.233 ; *Petit Echo*, n° 40, janvier 1917, p.8 ; n° 43, avril 1917, p.90 ; n° 87, janvier 1921, p.14 ; n° 88, février 1921, p.31 ; n° 90, avril 1921, p.70 ; Ilboudo, Jean, *La Christianisation du Moogo (1899-1949), la Contribution des Auxiliaires Indigènes*, en Ilboudo, Jean, sj, *Burkina 2000 – Une Eglise en Marche vers son Centenaire*, Ouagadougou, Presses Africaines, 1993, p.107. L'auteur visita le village, la paroisse et le séminaire de Pabré 17 février 2004.

[51] *Petit Echo*, n° 70, août 1919, p.175.

[52] AGMAfr Conseil Général, procès verbal, 1368, 29 novembre 1920.

[53] AGMAfr Conseil Général, procès verbal, 1374, 11 janvier 1921.

[54] *Petit Echo*, n° 93, juillet 1921, p.109.

totalement les Missionnaires d'Afrique de la Côte-de-l'Or et de convier une autre congrégation missionnaire pour reprendre la mission.[55] En dépit du fait que cette proposition reçut l'approbation du Conseil général, elle ne fut pas appliquée. En 1926, la préfecture apostolique de « Navrongo » vit le jour sous la direction du Canadien Oscar Morin (1878-1952). À la fin de 1921, les nouveaux vicaires apostoliques, Sauvant et Thévenoud, se rencontrèrent à Kati, près de Bamako, pour mettre sur pied les deux nouveaux vicariats et en définir les limites.[56]

Un décret gouvernemental français ratifié en 1922 fit craindre aux Pères Blancs la remise en vigueur de la loi relative aux associations de 1906 dont l'application avait été suspendue. Le décret stipulait que l'obtention d'un permis délivré par l'administration était requise pour ouvrir une école ou une église. De plus, le baptême des mineurs nécessitait une autorisation écrite de la part du chef de famille. L'ambigüité juridique de l'Église catholique dans les colonies françaises était fondamentalement à la source du problème. Sans reconnaissance juridique, l'Église était contrainte d'agir sous la couverture de différents sociétés ou syndicats. Après de longues négociations, la Société des Pères Blancs fut établie comme une entité morale régie par le gouvernement et en mesure d'administrer par elle-même le décret de 1922. Des débats similaires eurent lieu concernant la législation chrétienne, particulièrement sur la question du mariage. Lors de toutes ces discussions, les Pères Blancs firent appel au protocole des Traités de Versailles et de St Germain qui garantissaient la liberté de culte et des missions religieuses afin qu'elles continuent leur travail dans des territoires appartenant aux Alliés ou qui leur avaient été cédés.[57]

En Afrique équatoriale, la disparition de la colonie allemande et la création des mandats belges et britanniques eurent de profondes répercussions pour les Missionnaires d'Afrique. Ces altérations signifiaient, d'une part, que les relations avec le gouvernement belge étaient désormais plus étendues et, d'autre part, que la majeure partie des missions des Pères Blancs se trouvaient dorénavant dans une chaîne continue de territoires anglophones administrés par la Grande-Bretagne. Sur la frange orientale du continent, 1922 apparut à nouveau comme l'année de la réorganisation ecclésiastique. Les Royaumes du Ruanda et du Burundi avaient été cédés à la Belgique sous la forme du mandat de « Ruanda-Urundi ». L'ensemble de la région reposait dans le vicariat apostolique de Kivu. Le départ à la retraite de l'évêque pionnier Jean-Joseph Hirth (1854-1931) en 1921, qui se rendit à Kabgayi, marqua le début de la division du vicariat. Chaque royaume reçut une circonscription individuelle. Léon Classe (1874-1945) fut nommé vicaire apostolique du « Ruanda » et Julien Gorju (1868-1942) vicaire apostolique d'« Urundi ». Classe avait consacré toute sa vie missionnaire au Ruanda et y avait été le vicaire délégué d'Hirth lorsqu'il formait encore partie du vicariat du Nyanza du Sud. Gorju était un missionnaire en Ouganda et il fut consacré à Villa Maria par Monseigneur Streicher au cours des célébrations du jubilé épiscopal d'argent de ce dernier. Au moment de la division, la population chrétienne au Ruanda s'élevait à presque vingt-et-un mille fidèles. De son côté, le Burundi comptait quatorze mille cinq cents chrétiens.

Le remplacement de l'administration allemande par un gouvernement belge annonça la fin des missions protestantes allemandes au Ruanda et au Burundi. Par ailleurs, la Belgique révoqua la mesure d'interdiction instaurée par les allemands

---

[55] AGMAfr Conseil Général, procès verbal, 1485, 27 février 1922.

[56] *Petit Echo*, n° 98, décembre 1921, p.178.

[57] Benoist, *op.cit.*, pp.261-264; 276-281; Prost André, *Les Missions des Pères Blancs en Afrique Occidentale avant 1939* (ronéotypé) 1939, pp.120-123 ; communication de Gilles de Rasilly à Ouagadougou 24 février 2004.

concernant la fondation de missions catholiques dans les chefferies Tutsi. La disparition de ces obstacles favorisa indéniablement la croissance de la population catholique. Après le départ des Allemands, la survie de l'Église catholique aida à distinguer clairement les missionnaires des colonialistes.[58]

En 1922, le vicariat d'Ouganda d'Henri Streicher comptait cent quatre missionnaires et quatorze prêtres diocésains. Ses trente-trois postes de mission accueillaient près de deux cent mille chrétiens baptisés. Quatre de ses postes de mission étaient situés dans la région du Nil occidental du Congo belge. Streicher avait demandé à ce que ces quatre postes forment une nouvelle entité administrative. En attendant la décision du *Propaganda Fide* et en dépit de ses lourdes responsabilités en Ouganda, il accepta en janvier 1921 d'exercer les fonctions d'administrateur apostolique du vicariat de Stanley Falls (Kisangani) au Congo.[59] En 1922, il fut libéré de ce fardeau supplémentaire et la partie congolaise du vicariat d'Ouganda devint la préfecture apostolique du Lac Albert, avec le Belge Alphonse Matthysen (1890-1963) à sa tête en tant que préfet.[60] Par conséquent, au cours des années d'après-guerre, les Pères Blancs se retrouvèrent dans les colonies belges avec quatre vicariats ou préfecture, au lieu d'une seule entité.

Trois des vicariats Pères Blancs dans l'ancienne colonie allemande se trouvaient désormais dans le Territoire de Tanganyika sous mandat britannique. Dans le vicariat de Nyanza de Monseigneur Joseph Sweens, le nombre de chrétiens s'élevait à vingt-et-un mille. Après la guerre, Joseph Mazé constata « un réel intérêt général des populations, et même des chefs en personne, pour la mission catholique ». Dans un premier temps, le personnel des missions se trouva dans l'incapacité de suivre le rythme de l'augmentation en nombres. Il était également ravi de constater que, contrairement aux Allemands, les Britanniques fournissaient des emplois aux chrétiens tout comme aux musulmans.[61] Dans le vicariat d'Unyanyembe, Henri Léonard dénombrait quelque sept mille chrétiens. Joseph Birraux, nommé en 1920 à la tête du vicariat du Tanganyika, en avait environ vingt mille. Au sud, de l'autre côté de la frontière centrafricaine, se trouvait le vicariat du Bangweolo qui était sous la direction d'Etienne Larue. Il comptait environ trente mille néophytes. Enfin, le vicariat du Nyassa, dirigé par Mathurin Guillemé, disposait d'environ onze mille fidèles.

Pour l'heure, l'organisation du Territoire de Tanganyika, sous la direction de son premier gouverneur britannique Sir Horace Byatt, demeurait quelque peu rudimentaire. Byatt s'était contenté d'adapter le système d'administration allemand. Lorsque Sir Donald Cameron fut nommé gouverneur en 1925, une profonde réorganisation eut lieu. Conformément aux idéaux de « l'autorité indirecte », des autorités indigènes furent identifiées dans tous les secteurs et des pouvoirs leur furent concédés. Le fait que la Grande-Bretagne avait supplanté l'Allemagne en Afrique orientale continentale facilita les échanges de communication et la coopération entre les diverses colonies. Les grands séminaires, régis par les Pères Blancs, furent les premières institutions à en tirer profit. Monseigneur Birraux, ancien professeur de théologie et recteur d'un séminaire à Utinta, était depuis longtemps animé par la chère ambition d'instaurer un grand séminaire régional pour les vicariats d'Unyanyembe, du Tanganyika, du Bangweolo et du Nyassa. En 1919, ce projet reçut le soutien et l'encouragement de la publication *Maximum Illud*, l'encyclique missionnaire de

---

[58] Rabeyrin, *op.cit.*, pp.34-35.
[59] AGMAfr Conseil Général, procès verbal 1374, 11 janvier 1921.
[60] *Rapports Annuels*, n° 17, 1921-1922, p.353.
[61] Mazé, Joseph, « Vicariats de Mwanza et Bukoba », AGMAfr P 169/6, (1930 ?), p.70.

Benoît XV. Dans sa lettre, le pape invita explicitement à l'instauration de séminaires régionaux devant servir plusieurs diocèses.[62] En 1921, il fut décidé que le séminaire régional ouvrirait à l'automne à Utinta, sur les rives du lac du vicariat de Monseigneur Birraux.[63] Comme prévu, le séminaire ouvrit ses portes en novembre avec quatre étudiants du vicariat du Tanganyika et quatre de celui d'Unyanyembe.[64] En octobre 1922, lorsque les évêques des quatre vicariats se réunirent à Utinta, le séminaire comptait quinze étudiants. Les évêques décidèrent de transférer le séminaire à Kipalapala, près de Tabora. En 1923, Rome approuva cette proposition et la majorité des nouvelles bâtisses fut achevée l'année suivante. En février 1925, le grand séminaire de St Paul ouvrit ses portes à Kipalapala.[65] L'année 1921 fut également marquée par la création d'une région internationale des Pères Blancs, composée des vicariats du Tanganyika, Bangweolo et Nyassa.[66]

Enthousiasmé par l'exemple d'Utinta, le Conseil général des Missionnaires d'Afrique proposa d'unir le séminaire de Rubya, situé dans le vicariat du Nyanza dirigé par Monseigneur Sweens, et le séminaire de Katigondo, implanté dans le vicariat limitrophe d'Ouganda.[67] Cette fusion ne fut pas immédiate. En fait, en 1929, les étudiants de Rubya furent envoyés au séminaire de Kipalapala au lieu de celui de Katigondo. Peu après, ils furent transférés dans ce dernier mais, en janvier 1967, ils revinrent à Kipalapala.[68]

Après la guerre, Monseigneur Sweens entrait fréquemment en contact avec le vicariat d'Ouganda. Il se rendit notamment à Villa Maria en 1921 pour assister à la consécration épiscopale de Julien Gorju. Fidèle à sa réputation selon laquelle il attirait les accidents, il arriva à Sweens l'une de ses plus spectaculaires mésaventures au cours de son trajet. Alors qu'il lisait son bréviaire, l'âne qui le transportait s'écarta du chemin. Le vulnérable cavalier vint se heurter à des câbles qui soutenaient un poteau télégraphique et faillit perdre l'usage de son œil gauche. Le commentaire du résident britannique à Bukoba fut mémorable : « Monseigneur, c'est très dangereux de voyager à bourriquot ! »[69]

Selon certains dires, les puissances coloniales étaient « schizoïdes envers le christianisme ».[70] D'un côté, elles jouissaient de la supériorité morale qu'il concédait. D'un autre côté, elles avaient pour ambition de construire une société moderne progressive qui se comportait comme si Dieu n'existait pas. Après la guerre 1914-1918, les missions catholiques continuèrent de fournir des services sociaux dans les secteurs de la santé et de l'éducation, mais les missionnaires œuvraient très souvent en qualité de fonctionnaires rémunérés par l'État. Les missions ne bénéficiaient plus de l'indépendance qu'elles avaient connue aux prémices de la colonisation où les gouvernements les ignoraient ou les rejetaient. Seuls dans les séminaires l'Église disposait des pleins pouvoirs. Désormais, les missions commencèrent à se trouver

---

[62] *Maximum Illud*, 39.

[63] *Rapports Annuels*, n° 16, 1920-1921, p.105 ; AGMAfr Conseil Général, procès verbal, 1381, 25 janvier 1921.

[64] *Rapports Annuels*, n° 17, 1921-1922, pp.152-155.

[65] Malishi, Lukas, *Kipalapala Seminary 1925-1975*, Tabora TMP, 1975, pp.21-23.

[66] AGMAfr Conseil Général, procès verbal, 1471, 26 décembre 1921.

[67] AGMAfr Conseil Général, process verbal, 1460, 7 novembre 1921.

[68] Malishi, *op.cit.*, p.25. L'auteur a vu leur arrivée en 1967, et il était un membre du corps enseignant de Kipalapala de 1977-1980.

[69] *Petit Echo*, n° 109, novembre 1922, p.160.

[70] Sanneh, Lamin, *Whose Religion is Christianity? The Gospel Beyond the West*, Grand Rapids, Michigan, Eerdmans, 2003, p.19.

devancées par les institutions. Elles en vinrent même à contribuer en pratique, si ce n'est en théorie, à l'idéal d'un sécularisme partagé de tous.

La percée catholique

Selon un historien de l'Église africaine, les années 1920 furent celles de la « percée catholique ».[71] Après la Première Guerre mondiale, la « montée protestante » fut inversée et l'ensemble de la société africaine s'ouvrit davantage et plus aisément aux missions catholiques. Il est vrai que la guerre vint interrompre la communication et le recrutement des missionnaires, que la mobilisation ou le rapatriement permanent des missionnaires paralysa les vicariats catholiques et que les premières années après la signature de l'armistice furent marquées par de pénibles épreuves. Toutefois, il est tout aussi vrai qu'au cours des huit années dont traite ce livre (1914-1922), les bases avaient été jetées pour une considérable recrudescence du nombre de fidèles et de l'influence catholique.

Ces années furent également marquées par la consolidation des régimes coloniaux, maintenant que le « partage de l'Afrique » avait pris fin. À partir de cet instant, les puissances européennes furent les maîtres dans leurs propres colonies, sans craindre la rivalité politique extérieure, ni les révoltes indigènes ou la concurrence interne de l'Église. La croissance de l'Église est souvent associée à celle de l'administration coloniale et il ne fait aucun doute que le devenir des deux était lié. Toutefois, certains se questionnent, se demandant si le fait de devenir partie intégrante du projet colonial n'avait pas constitué à long terme un désavantage pour le christianisme.[72] Le colonialisme agissait fondamentalement comme une force sécularisatrice qui, dans les territoires français et britanniques, aida directement ou indirectement l'avancée de l'Islam tout en demeurant ambivalente envers l'Église. « La fin de l'ère coloniale freina l'expansion de l'Islam en Afrique mais l'opposé sembla se produire pour le christianisme. »[73] À mesure que l'indépendance politique se rapprochait, la subversion du colonialisme par la pensée chrétienne devint de plus en plus apparente. Après la décolonisation, une recrudescence chrétienne encore plus marquée eut lieu sur le continent sans que l'Église n'ait besoin d'être propulsée par les structures politiques coloniales. Par conséquent, pendant l'emprise du colonialisme, la position de la chrétienté catholique au sein du projet colonial était loin d'être toujours confortable.

Cela dit, ces années furent marquées par un alignement croissant de l'Église catholique sur les politiques éducatives des gouvernements coloniaux. Ce processus fut initié pendant la Première Guerre mondiale et poursuivi après la signature de l'armistice, soit bien avant la longue tournée de l'Afrique britannique effectuée par l'archevêque et visiteur apostolique Arthur Hinsley en 1928-1929.[74] Le discours de Hinsley, qui préconisait de favoriser l'éducation lors de la résolution de tout conflit l'opposant à l'évangélisation, stimula indéniablement cette tendance. Dès le début, les Missionnaires d'Afrique s'étaient rendus compte que l'ouverture d'écoles constituait un important moyen d'attirer les convertis, de renforcer leur résolution et d'assurer leur future formation de prêtre. En effet, tel était l'intérêt principal, si ce n'est l'unique, des missionnaires pour l'éducation. Après la guerre, les administrations

---

[71] Hastings, Adrian, *The Church in Africa*, Oxford, O.U.P., 1994, p.559.
[72] Sanneh, *op.cit.*, pp.18-19.
[73] *Ibid.*
[74] Oliver, Roland, *The Missionary Factor in East Africa*, Londres, Longmans 1952, pp.274-275 ; Hagerty, James, *Cardinal Hinsley, Priest and Patriot*, Oxford, Family Publications, 2008, pp.161-185.

françaises et britanniques souhaitèrent voir les missionnaires s'impliquer davantage dans ce secteur. Les régimes coloniaux nécessitaient des fonctionnaires et des professionnels qualifiés pour mettre en œuvre leurs politiques et gérer leurs institutions et structures. Ils sentirent également le besoin de transmettre aux Africains les principes intellectuels et technologiques de l'occident en vue de leur permettre de contribuer à la vie du monde moderne. En 1922, une commission de la Fondation Phelps-Stokes, une institution américaine inspirée de l'entreprise missionnaire et financée par des fonds privés, fit des recommandations au Bureau colonial britannique concernant l'éducation en Afrique occidentale et méridionale. Deux ans plus tard, une seconde commission de la Fondation se rendit en Afrique orientale, laquelle fut rapidement suivie de la commission gouvernementale britannique chargée de l'Afrique orientale et dirigée par William George Arthur Ormsby-Gore.[75] Cette vague d'études menée dans le domaine de l'éducation permit notamment de souligner la nécessité d'établir des partenariats entre les gouvernements coloniaux et les missions. Aux yeux des dirigeants politiques, l'éducation était un idéal en soi qui devait, dans la mesure du possible, être détaché des objectifs du prosélytisme religieux.[76]

Les missionnaires catholiques s'étaient déjà engagés dans l'enseignement secondaire, mais cette entreprise n'était pas dénuée d'intérêts. Pour eux, la possession de tels établissements scolaires représentait une garantie pour leur avenir et un moyen de s'emparer de la « crème de la jeune génération ».[77] Une forte rivalité interconfessionnelle entrait également en jeu. Ce fut tout particulièrement le cas en Ouganda où l'enseignement secondaire catholique vit le jour en premier.

Les Missionnaires d'Afrique avaient essayé pendant longtemps d'influencer les enfants des classes dirigeantes traditionnelles par le biais « d'écoles pour les fils de chefs ». Ce fut le cas de l'école de la cour de Nyanza au Ruanda, où le roi et cinquante enfants apprirent à lire et à écrire en swahili.[78] À Mwanza, sur la rive méridionale du lac Victoria, les Pères Blancs acceptèrent la responsabilité d'une « école gouvernementale pour les princes » mise sur pied par les Allemands. Il s'agissait d'un pensionnat accueillant des élèves du primaire, pour lesquels le gouvernement couvrait les frais et la mission fournissait les vêtements et le logement. L'école fut connue sous le nom de *St Leo's School* (« l'École de St Léon »). Aloys Meyer (1873-1965) en fut nommé directeur principal. L'assiduité en classe n'était pas la meilleure. L'année scolaire 1920-1921 débuta avec cent dix-huit élèves mais trente-quatre renoncèrent au cours de l'année.[79] L'établissement survécut à l'occupation britannique de Mwanza en 1916, aux troubles de la campagne est-africaine et au changement de régime.

Le petit séminaire de Pabré (vicariat d'Ouagadougou), ouvert en 1925 par Thévenoud, était une école secondaire tout comme l'étaient les petits séminaires implantés depuis des années de l'autre côté du continent. Le premier établissement scolaire séculaire à ce niveau, ouvert par les Pères Blancs, était l'école *St Mary* située à Rubaga. La formation des jeunes africains aux postes administratifs avait déjà fait l'objet de discussions au sein du Chapitre général de 1906. À cette fin, le Conseil

---

[75] Oliver, *op.cit.*, pp.264-266, 270-271 ; Tourigny, *op.cit.*, pp.92, 120, 126-127.

[76] Benoist, *op.cit.*, p.257 ; Heremans, Roger, *L'Education dans les Missions des Pères Blancs en Afrique Centrale 1879-1914*, Bruxelles, Editions Nauwelaerts, 1983, pp.3, 396-420.

[77] Oliver, *op.cit.*, p.276.

[78] Croegaert, Luc, *Les Pères Blancs au Rwanda – Jalons et Balises,* manuscrit inédit, sans date, AGMAfr casier 341, p.131.

[79] *Rapports Annuels*, n° 12, 1916-1917, p.285 ; n° 16, 1920-1921, p.455.

général avait invité Monseigneur Streicher à fonder une école secondaire à Rubaga.[80] Célestin Dupupet (1876-1949), le premier Père Blanc français en Ouganda à parler couramment anglais, fut nommé directeur.[81] Des frais scolaires étant redevables, le problème était de savoir comment attirer les pauvres talentueux. Malgré le fait que Streicher ne souhaitait se trouver sous les obligations du gouvernement, une demande de subvention fut formulée et accordée. Dès 1910, Streicher était fier de disposer à *St Mary* d'un impressionnant personnel enseignant et d'un effectif de cent trente-huit élèves. L'école protestante de Budo, écrivit-il, « ne détient plus le monopole ». [82]

Les vicaires apostoliques étaient de plus en plus convaincus qu'il était nécessaire de se centrer sur l'éducation afin de protéger le devenir de l'Église et de faire face à la menace que constituaient les écoles protestantes fructueuses déjà établies.[83] En 1913, il était évident que l'établissement de Rubaga était trop petit pour permettre l'expansion de l'école. Ainsi, le Conseil général approuva son transfert sur un site près d'Entebbe, à proximité du petit séminaire de Kisubi.[84] L'éclatement de la guerre obligea toutefois à repousser ce transfert.

Pendant la guerre, l'école *St Mary* s'imposa. En 1915, des diplômés de *St Mary* devinrent des interprètes au sein des KAR.[85] En 1917, trois diplômés furent nommés au poste d'interprète auprès des troupes britanniques et d'autres se portèrent volontaires pour contribuer dans d'autres fonctions à l'effort de guerre. Au total, cent cinq servirent en tant qu'auxiliaires médicaux, que sous-officiers et qu'adjudants. Cinq trouvèrent la mort, deux furent décorés et deux furent cités à l'ordre du jour. « Une excellente réponse face à l'exceptionnel établissement d'enseignement secondaire protestant de Budo », commenta Balthazar Drost (1874-1959), auteur du rapport.[86] *St Mary* devint principalement une école de secrétariat et, lors d'une visite en 1917, Frans Van Volsem (1893-1968) y vit « même des machines à écrire ».[87] La télégraphie et la médecine furent ajoutées au programme scolaire pendant et après la guerre.

En janvier 1920, cent cinquante élèves et quatre professeurs se trouvaient sous la direction du Canadien Edouard Michaud (1884-1945). En 1922, sur deux cent soixante-dix anciens élèves, cent soixante-dix étaient employés par le gouvernement. Parmi eux, trente-cinq étaient des chefs locaux et vingt étaient des chefs provinciaux ou régionaux. Vingt anciens élèves travaillaient dans le service télégraphique du gouvernement. *St Mary* éveillait somme toute l'admiration du gouvernement et de la communauté d'origine européenne.[88] En 1926, les Frères canadiens de l'Instruction chrétienne finirent par rouvrir les portes de *St Mary* à Kisubi. Depuis, cet établissement scolaire est l'un des plus prestigieux d'Ouganda, un véritable modèle pour l'enseignement secondaire dans tous les vicariats des Pères Blancs.

La Première Guerre mondiale fut marquée par l'ordination des premiers prêtres diocésains d'origine africaine. Les deux premiers furent ordonnés en Ouganda en 1913. En 1917, quatre entrèrent dans les ordres à Rubya pour rejoindre le vicariat de Nyanza et trois furent ordonnés à Kabgayi en vue de servir le vicariat de Kivu. Au cours de la même année, Stefano Kaoze fut ordonné à Baudouinville et devint le

---

[80] AGMAfr Conseil Général, procès verbal 729, 9 juillet 1906.

[81] AGMAfr Conseil Général, procès verbal 1023, 23 juin 1913 ; 1051-1054, 12 janvier 1914.

[82] *Rapports Annuels*, n° 6, 1910-1911, p.172.

[83] *Rapports Annuels*, n° 15, 1919-1920, pp.359, 407.

[84] AGMAfr Conseil Général, procès verbal 1023, 23 juin 1913.

[85] *Rapports Annuels*, n° 11, 1915, p.243.

[86] *Petit Echo*, n° 54, mars 1918, p.58 ; *Rapports Annuels*, n° 17, 1921-1922, pp.364-366.

[87] *Petit Echo*, n° 46, juillet 1917, pp.192-193.

[88] *Rapports Annuels*, n° 17, 1921-1922, p.356.

premier prêtre africain du Haut-Congo. En 1922, la fin de la période couverte dans cet ouvrage, l'Afrique équatoriale comptait trente-et-un prêtres diocésains d'origine africaine.[89] Partout, un réel engouement pour la prêtrise se manifesta et les séminaires regorgeaient de candidats. Le petit séminaire d'Ouganda, implanté à Bukalasa, et celui du Ruanda, situé à Kabgayi, comptaient une centaine d'étudiants en 1921. Les effectifs du grand séminaire de Katigondo, en Ouganda, s'élevaient annuellement à plus d'une quarantaine d'étudiants.[90] « Si je trouvais la mort un millier de fois et étais réincarné un millier de fois, je souhaiterais la prêtrise un millier de fois », s'exclama un séminariste ruandais.[91]

La Première Guerre mondiale permit à de nombreux africains de prendre l'initiative dans l'Église. Comme Richard Gray le souligna, ceci fut rendu possible par le « retrait bénéfique des missionnaires » en raison de la mobilisation ou du rapatriement.[92] Les catéchistes furent livrés à eux-mêmes, gérant tout seul les postes reculés et enseignant dans des lieux où nul missionnaire ne s'était rendu. L'accent mis sur l'éducation les aida à nourrir leur ambition de devenir professeur.[93] Les Pères Blancs avaient été peu enthousiastes pour confier aux nouveaux prêtres africains des devoirs pastoraux et les avaient souvent limités au travail des petits séminaires. Une pénurie de personnel, en raison de la guerre, les obligea à les assigner dans des paroisses. Au cours de la dernière année de la guerre, Victor Womeraka et John Muswabuzi, premier et troisième prêtres d'Ouganda, furent envoyés dans la paroisse de Narozari. Cette affection fut couronnée d'un véritable succès et le rapport qu'ils élaborèrent à la fin de leur première année fut extrêmement encourageant. En fait, leur accomplissement rappelait la mission des soixante-douze disciples qui revinrent dans la joie, disant « même les démons nous sont soumis ».[94] Au cours de douze principales tournées, ils s'étaient rendus, village par village, dans l'ensemble de la paroisse. Le nombre de baptêmes s'était accru et le catéchuménat avait connu une croissance remarquable.[95]

L'ordination des premiers prêtres africains dans le vicariat de Nyanza encouragea la survenue de conversions en masse que Monseigneur Sweens décrivit comme une « résurrection » pour le diocèse.[96] Lorsque l'un d'entre eux fut nommé vicaire au sein de la paroisse de Kagondo, un missionnaire confessa : « Il comprend davantage et est mieux compris que nous ne le sommes. »[97] Même Stefano Kaoze, ordonné en 1917 au Haut-Congo et exerçant simplement en tant que professeur au petit séminaire de Lusaka jusqu'en 1928, fut autorisé à mener un travail pastoral dans la paroisse locale et fut nommé curé en 1924.[98]

Le plus éloquent symbole visuel de la « percée catholique » fut peut-être incarné par la construction de la cathédrale Rubaga à Kampala, en Ouganda. Dès 1910, les premiers préparatifs avaient été mis en œuvre avec la fabrication et la cuisson des briques. Ces dernières étaient transportées par des chrétiens depuis des fours à briques

---

[89] 14 en Ouganda; 8 en Nyanza; 5 au Rwanda et 4 en Haut Congo.

[90] *Rapports Annuels*, n° 17, 1921-1922, p.528; *Petit Echo*, n° 97, novembre 1921, p.165.

[91] *Rapports Annuels*, n° 17, 1921-1922, p. 529.

[92] Gray, Richard, « Christianity », Roberts, A.D., *The Cambridge History of Africa, 1907-1940*, nol.7, Cambridge University Press, 1970, ch. 3, pp.175-176.

[93] Nolan, Francis Patrick, « Christianity in Unyamwezi, 1878-1928 », dissertation doctorale de Cambridge 1977, pp. 314-316.

[94] Luc 10:17.

[95] *Rapports Annuels*, n° 17, 1921-1922, pp.466-467.

[96] *Petit Echo*, n° 52, janvier 1918, p.4.

[97] *Petit Echo*, n° 94, août 1921, p.126.

[98] Kimpinde, Amando Dominique *et al*, *Stefano Kaoze, prêtre d'hier et d'aujourd'hui*, Kinshasa, Editions St. Paul Afrique, 1982, pp.135-138.

locaux jusqu'au chantier situé les hauteurs de la colline de Rubaga. En 1913, plus de six cent mille briques avaient été acheminées sur le site.[99] La construction fut interrompue par la guerre mais la collecte de fonds se poursuivit. En avril 1917, un groupe de chefs catholiques s'engagea à verser le tiers de leurs revenus pour financer le projet. Le montant total s'éleva à 900 livres sterling.[100] En août, ce fut le tour des fidèles catholiques qui s'engagèrent également à fournir la même proportion de leurs revenus. En janvier 1918, Monseigneur Henri Streicher posa la première pierre et la bâtisse commença à s'ériger rapidement.[101] Il y eut même des rumeurs prématurées qui laissèrent entendre que Livinhac se rendrait en personne à la consécration de la cathédrale.

John Forbes (1864-1926) fut étroitement impliqué à Rubaga, avec sa prestigieuse école *St Mary* et son projet de construction d'une cathédrale. Le 19 mai 1918, il fut consacré évêque coadjuteur d'Ouganda par son vicaire apostolique, Henri Streicher. La cérémonie eut lieu dans la vieille église et eut l'honneur de compter la présence du *Kabaka* de Buganda et d'autres membres de la famille royale, du gouverneur britannique et de membres de l'administration, de huit chefs catholiques et de chorales des séminaires et des écoles. Les co-consécrateurs furent John Neville, l'archevêque spiritain de Zanzibar, Monseigneur John Biermans, le vicaire apostolique Mill Hill du Haut-Nil et Monseigneur Joseph Sweens de Nyanza. La cérémonie s'acheva au son de l'hymne national britannique et un déjeuner fut ensuite servi à l'*Imperial Hotel.*[102]

Au cours des années qui suivirent, la construction de la cathédrale se poursuivit doucement. Toutefois, les prévisions indiquaient que la toiture ne pourrait être terminée avant 1922. Entre-temps, Forbes alla mobiliser des fonds lors d'un voyage en Europe et au Canada. À Rome, il s'entretint avec Benoît XV qui octroya un don de vingt-cinq mille lires pour financer la construction de la cathédrale et s'engagea à verser davantage au besoin.[103] Au Canada, Forbes parvint à recueillir cent treize mille dollars.[104] Entre 1921 et 1922, les menuisiers, les artisans des métaux et les sculpteurs travaillèrent sur le mobilier, les finitions et les statues de la cathédrale au sein de l'école technique de St Joseph à Kisubi. Même si la voûte était toujours en construction et des fonds devaient encore être levés, la cathédrale inachevée était déjà présentée comme une œuvre d'art sans égal.[105] Conçue par Joseph van Griesven, « frère Cyprien » (1872-1938), elle avait été décrite comme étant une « bâtisse de briques rouges en claire voie de style roman, dotée de tours jumelles [et] en mesure d'accueillir cinq mille personnes ».[106] Le 31 octobre 1925, la cathédrale du Sacré-Cœur de Jésus et de Marie, à Rubaga, fut enfin consacrée par Monseigneur Streicher, en présence du *Kabaka* Daudi Chwa et de milliers de chrétiens venus des quatre coins de l'Ouganda.[107] Hélas, Monseigneur Forbes ne put en être témoin. En juin, il avait

---

[99] Tourigny, Yves, *So Abundant a Harvest, The Catholic Church in Uganda 1879-1979*, Londres, Darton, Longman et Todd, 1979, p.89.

[100] Tourigny, *op.cit.*, p.97; *Petit Echo*, n° 43, avril 1917, p.86.

[101] *Petit Echo*, n° 52, janvier 1918, p.4; n° 54, mars 1918, p.57.

[102]   *Rapports Annuels*, n° 13, 1917-1918, pp.88-93; Pelletier, Raynald, *Monseigneur Jean Forbes (1864-1926), coadjuteur vicaire apostolique d'Ouganda, premier père blanc canadien*, Missionnaires d'Afrique-Série Historique, n° 2, Rome 2003, p.52.

[103] *Petit Echo*, n° 98, décembre 1921, p.173.

[104] Pelletier, *op.cit.*, p.63.

[105] *Rapports Annuels*, n° 16, 1920-1921, p.321; *Petit Echo*, n° 102, avril 1922, p.65.

[106] Tourigny, *op.cit.*, p.114.

[107] Tourigny, *op.cit.*, p.115.

été rapatrié en France en raison d'une maladie cardiaque et il s'éteignit le 13 mars 1926 à Billère, dans les Pyrénées.[108]

Le dernier chapitre de cet ouvrage poursuit la narration de l'histoire de la Société des Missionnaires d'Afrique au cours des dernières années de son premier supérieur général, Léon Livinhac.

---

[108] Pelletier, *op.cit.*, pp.71-73.

CHAPITRE IX

ÉVÊQUE DE TOUTE LA SOCIÉTÉ

Livinhac et la Société 1919-1922

Paul Voillard, le premier assistant de Livinhac, avait toujours des mots à faire partager. À l'occasion du jubilé d'argent épiscopal du supérieur général en 1909, Voillard l'avait salué comme « l'évêque de toute la Société, le supérieur de tous nos évêques, prêtres et frères. L'évêque de toutes nos missions. »[1] Lorsque Livinhac s'éteignit en 1922, il était l'un des seize évêques Pères Blancs. Onze d'entre eux étaient des vicaires apostoliques en fonction en Afrique subsaharienne et deux étaient des évêques auxiliaires en activité.[2] Deux vicaires apostoliques étaient également à la retraite.[3] De surcroît, Alexis Lemaître venait de devenir archevêque de Carthage. Par ailleurs, la Société comptait deux préfets apostoliques qui n'étaient pas strictement des évêques.[4] Livinhac fut le premier Missionnaire d'Afrique à être ordonné évêque et le premier religieux de ce rang dans les terres d'Afrique équatoriale. Lorsqu'il fut nommé supérieur général de la Société en 1890 et qu'il quitta l'Ouganda pour rejoindre l'Afrique du Nord, il refusa catégoriquement de devenir l'archevêque coadjuteur de Lavigerie à Carthage. À ses yeux, sa nouvelle fonction n'était pas compatible avec celle d'un évêque diocésain.

Contrairement à Lavigerie, qui cumulait son rôle de directeur de sa société missionnaire naissante aux doubles fonctions d'archevêque d'Alger et de Carthage, Livinhac souhaitait se concentrer sur son rôle de leader de la Société, en passe de connaître une expansion spectaculaire. Livinhac était véritablement un personnage pragmatique. Fort de son expérience en Ouganda et malgré son désir ardent de retourner en Afrique équatoriale, il était conscient que la gestion de la Société exigeait son attention pleine et entière. La Société elle-même devait constituer son diocèse. Voillard avait raison. Livinhac *était* « l'évêque de toute la Société ».

D'origine française, Léon Livinhac était né en 1846 dans le Massif central.[5] Orphelin à la santé fragile, il se révéla être malgré tout un bon étudiant et un

---

[1] *Jubilé Episcopal de sa Grandeur. Mgr. Léon Livinhac*, Maison Carrée, Alger 1909, AGMAfr Dossier Miscellanea, Maison Carrée, 6, p.533.

[2] Les vicaires apostoliques étaient: Sauvant (Bamako), Thévenoud (Ouagadougou), Streicher (Ouganda), Roelens (Haut Congo), Sweens (Nyanza), Léonard (Tabora), Birraux (Tanganyika), Classe (Ruanda), Gorju (Urundi), Larue (Bangueolo), Guillemé (Nyassa). Les auxiliaires étaient Huys (Haut Congo) et Forbes (Ouganda).

[3] Joseph Dupont (Nyassa) en retraite à Thibar, Tunisia et Jean-Joseph Hirth (Kivu) en retraite à Kabgayi, Ruanda.

[4] Nouet (Ghardaia) et Matthysen (Lac Albert). Oscar Morin est devenu Préfet Apostolique de Navrongo (Côte de l'Or/Ghana) après la mort de Livinhac.

[5] Une biographie plus détaillée se trouve au chapitre 1 de *Cross and Flag in Africa, Catholic Missionaries and the Colonial Scramble. The White Fathers 1892-1914*, New York, Orbis Books, 2006.

travailleur. Terminant ses études de théologie au séminaire diocésain de Rodez, il demanda à rejoindre les Missionnaires d'Afrique en qualité de diacre en 1873. Après six mois de noviciat à Alger, il fut ordonné prêtre par Lavigerie et commença à enseigner la théologie au scolasticat. Livinhac découvrit la missiologie auprès de Lavigerie. Plus tard, il put apprécier son importance et ses aspects pratiques en Ouganda. Toutefois, ce fut son père-maître, François Terrasse S.J., qui lui enseigna la spiritualité, celle de Saint Ignace de Loyola. Lavigerie et Terrasse constituèrent les deux grandes influences de sa vie missionnaire. Comme il avait coutume de dire, Lavigerie était son « père » et Terrasse sa « mère ».

Après une courte période consacrée à la levée de fonds en France et au travail pastoral en Kabylie (Algérie), il retourna au scolasticat. Puis, en 1878, moins de cinq ans après avoir intégré la Société, il fut désigné comme l'un des membres de la première caravane en Afrique équatoriale et supérieur de la mission de Nyanza. Sept ans plus tard, il en devint vicaire apostolique. En tant qu'évêque, il continua de partager les vicissitudes (persécution, expulsion et rétablissement) de la mission d'Ouganda. Nommé supérieur général de la Société, il retourna en Afrique du Nord et, après la mort de Lavigerie, il en devint la tête sans nulle équivoque.

Sa toute première tâche consista à sauver la mission ougandaise, menacée après l'annexion maladroite du pays par Lugard au nom de la Grande-Bretagne. Les Pères Blancs étant menacés d'être expulsés au motif qu'ils auraient agi en qualité d'agents du colonialisme français, il se rendit en Grande-Bretagne en 1894 pour s'entretenir avec le secrétaire colonial britannique, Lord Rosebery. Acceptant les conseils de John Ross-of-Bladensburg, son principal partisan en Grande-Bretagne, il invita les missionnaires Mill Hill à se charger de la région sensible des sources du Nil. Il envoya sa proposition au *Propaganda Fide* qui la fit entrer en vigueur immédiatement.

Une crise plus insidieuse et d'une portée considérable fut occasionnée par la législation anticléricale adoptée par le gouvernement français. Elle menaçait l'existence même de la Société. Doté d'une tâche délicate, Livinhac dut traiter avec les hommes politiques en France et à Alger, s'adapter aux conséquences pratiques des nouvelles lois, mettre sur pied des plans d'urgence et préparer ses missionnaires à la pire éventualité. À cette occasion, la Société s'en tira à bon compte et l'anticléricalisme fut relégué aux oubliettes lorsque la guerre éclata en 1914.

Ensuite, la grande entreprise de Livinhac fut d'envoyer une expédition remonter le fleuve Sénégal pour rejoindre les terres intérieures de l'Afrique occidentale française. Auparavant, plusieurs tentatives de traversée du Sahara, menées du temps de Lavigerie, s'étaient soldées par des échecs. En 1894, la caravane d'Augustin Hacquard ouvrit le vaste territoire du Soudan français à l'évangélisation. La promotion des vocations au Canada constitua une réussite supplémentaire de Livinhac au cours de l'exercice de ses fonctions de supérieur général. Selon Livinhac, la présence de membres canadiens au sein de la Société contribuait à la sauvegarde de son caractère international et permettait d'attirer les bonnes grâces des autorités britanniques. En 1910, il se rendit outre-Atlantique en vue de rendre visite à la maison des Pères Blancs implantée à Québec et de renforcer sa politique.

Enfin, Livinhac œuvra pour obtenir un statut juridique pour la Société. Les Constitutions furent approuvées en 1908 et le Directoire en 1914. En dépit du fait que Rome imposa une observance quasi-religieuse sur les Missionnaires d'Afrique, la Société resta destinée aux prêtres séculiers et aux auxiliaires laïcs, sans vœux religieux, ceci en vue de respecter les principes d'origine établis par Lavigerie.

Livinhac était « l'évêque de la Société ». Au titre de ses fonctions, un évêque est administrateur, enseignant, père spirituel et unificateur au sein de son diocèse.

Livinhac remplit toutes ces fonctions au bénéfice de la Société des Missionnaires d'Afrique. L'aspect administratif, dans son cas, prit principalement la forme de correspondances et de prises de décision au sein du Conseil général de la Société. Non seulement devait-il se charger des courriers officiels avec la *Propaganda Fide*, le procureur de Rome, les vicaires apostoliques et les supérieurs régionaux, mais aussi devait-il s'occuper de la correspondance requise de chaque Missionnaire d'Afrique comme stipulé dans les Constitutions.[6] Même en ne rédigeant par an qu'une seule lettre par confrère, une correspondance au sein d'une société dénombrant plus de huit cent membres représentait un lourd fardeau. Jusqu'en 1916, Livinhac répondit lui-même à tous les courriers qui lui étaient adressés, avec l'aide administrative de Louis Burlaton (1865-1932) et de Lucien Duchêne (1857-1934). Comme exposé auparavant dans cet ouvrage, sa mauvaise santé vint s'immiscer. En outre, Burlaton et Duchêne furent temporairement assignés en d'autres lieux en raison de la guerre.[7] Par conséquent, Livinhac se vit contraint de partager la rédaction de ces lettres avec ses assistants Paul Voillard et Joseph Malet (1872-1950).

Le Conseil général de la Société se réunissait approximativement toutes les semaines. Livinhac présida toutes les réunions et ne cessa que cinq mois avant sa mort. Le 14 juin 1922 constitua la dernière fois où il fut présent. Ensuite, il fut fait mention de son absence inévitable.[8] Livinhac apposait sa propre marque au cours de toutes les réunions auxquelles il assistait. Parfois, son opinion personnelle figurait dans son intégralité dans les comptes-rendus. Le Conseil général se chargeait de résoudre des questions plus ou moins importantes relatives aux moments les plus remarquables tout comme aux plus triviaux. Il s'occupait de l'ouverture et de la fermeture des maisons de formation et des procures en Europe ou ailleurs. Il se chargeait des rapports, des demandes financières et des problèmes de discipline des évêques et des responsables régionaux. Il élaborait des propositions concernant la division des vicariats et la nomination des vicaires apostoliques. Le Conseil s'intéressait particulièrement à la Kabylie et aux communautés d'Afrique du Nord qui dépendaient de la maison mère à Alger. Ses activités régulières consistaient également à nommer et à appeler au serment missionnaire et aux ordres majeurs ainsi qu'à gérer les fautes passibles de mesures disciplinaires commises par des missionnaires. Alors que Lavigerie ne disposait que d'une bonne connaissance de l'Afrique du Nord, Livinhac avait une expérience personnelle à la fois en Afrique du Nord et en Afrique équatoriale. Ce vécu était extrêmement utile pour le travail quotidien du Conseil général qui devait diriger la Société. Toutefois, Livinhac ne fut pas en mesure de se rendre à nouveau dans ses missions subsahariennes. Après avoir pris la succession de Lavigerie, son projet visant à s'y rendre fut contrarié par la décision du *Propaganda Fide*. En 1902, une autre suggestion de voyage reçut l'approbation de Rome mais Livinhac dut y renoncer en raison de la législation anticléricale française.

Le Conseil général examinait minutieusement toutes les nouvelles inventions et tendances vers la modernité. Au cours de ces années-là, la bicyclette fut introduite dans les régions missionnaires. Le Conseil ne questionna pas l'enthousiasme de l'évêque Henri Léonard qui salua la bicyclette comme étant « l'instrument spécialement donné par la providence pour le salut des Banyamwezi [car elle] supprime les distances et permet aux missionnaires de réaliser le miracle de la

---

[6] Société des Missionnaires d'Afrique (Pères Blancs), *Directoire des Constitutions*, Maison Carrée, Alger 1914, 105.

[7] *Petit Echo*, n° 30, 1916, p.65.

[8] *Absent empeché*.

bilocation. »[9] Léonard estimait que l'introduction de la bicyclette et de la motocyclette avait permis de faciliter et d'intensifier l'octroi des sacrements aux malades.[10] Le Conseil ne se révéla aucunement réticent quant à l'usage de la bicyclette et approuva même l'achat de douze d'entre elles par le prieuré de Bishop's Waltham en 1914.[11] Toutefois, il fit preuve d'un moindre enthousiasme concernant la motocyclette et il refusa à la même communauté le droit d'en acquérir une au cours de l'année suivante. Le Conseil avança qu'une approbation pourrait inciter d'autres communautés à en vouloir.[12] Malgré tout, en 1916, Jean-Marie Stéphant (1876-1938) reçut l'autorisation d'acheter une motocyclette d'occasion.[13] En 1915, la communauté agricole de Thibar fut autorisée à utiliser une voiture « uniquement en cas d'extrême urgence ». Une demande de camion fut rejetée l'année suivante en raison de son coût, des risques d'accident et de sa faible utilité.[14]

Livinhac fut un remarquable élément unificateur pour la Société. Non seulement était-il personnellement connu de tous ceux qui avaient reçu leur formation en Afrique du Nord, mais il était en communication avec eux, comme précédemment exposé, par le biais d'une correspondance personnelle. Ses enseignements et ses conseils spirituels étaient toutefois principalement transmis au travers de ses circulaires qu'il adressait à l'ensemble de la Société. Ces courriers étaient hautement appréciés. Au cours des quatre années de vie qu'il lui restait après la guerre, il rédigea quatorze autres circulaires. La première d'entre elles fut la longue lettre qu'il écrivit à l'occasion de la célébration du jubilé d'or de la Société en 1919.[15] Il lui fallut cinq mois pour en rédiger sa version définitive. Au sein de ces lignes, il retraçait toute l'histoire des Pères Blancs, commençant par l'arrivée de Lavigerie à Alger en 1867. Il se concentrait spécialement sur la mission d'Ouganda et le rôle qu'il y joua. Il n'eut pas peur de mentionner la surprise des spiritains lors de l'arrivée inattendue des Pères Blancs dans les terres intérieures du continent africain. Le plan spiritain envisageant de relier les deux littoraux du continent prenait trop de temps et se trouvait devancé par les protestants. Selon lui, les habitants de l'intérieur des terres se réléverent être plus réceptifs à l'Évangile que ceux résidant sur la côte. Puis, il y eut l'histoire du Haut-Congo et de la lutte contre les marchants d'esclaves dirigée par Joubert.

Ceci constituait les souvenirs d'un remarquable pionnier missionnaire qui s'achevèrent avec le récit émouvant de la mort de Lavigerie et de l'héritage qu'il laissa à la Société qu'il avait fondée. Selon Livinhac, le succès de cette entreprise était dû à l'impulsion et à l'intercession de Lavigerie. Puis, en tant que chef de file privilégié des enseignements du fondateur, Livinhac résuma ce succès en cinq points : sanctification personnelle, prière, charité, stratégie catéchétique et maîtrise des langues. La poursuite du succès des Missionnaires d'Afrique dépendait du maintien de l'esprit du fondateur et de la plus grande intégration des enseignements de Lavigerie. Cette circulaire constituait une remarquable rétrospective de la vie de Livinhac et l'expression de ses plus profondes convictions en tant que missionnaire.

Dans un discours prononcé le jour de sa fête patronale l'année suivante, Livinhac fit à nouveau référence au passé. La première caravane envoyée en Afrique équatoriale, qu'il avait dirigée en 1878, était sans nul doute une entreprise

---

[9] *Rapports Annuels*, n° 11, 1915, p.250.

[10] *Rapports Annuels*, n° 17, 1921, p.353.

[11] AGMAfr Conseil Général, procès verbal 1059, 16 mars 1914.

[12] AGMAfr Conseil Général,, procès verbal 1098, 19 avril 1915.

[13] AGMAfr Conseil Général, procès verbal 1146, 15 mai 1916.

[14] AGMAfr Conseil Général, procès verbal, 1121, 11 octobre 1915 ; 1171, 11 décembre 1916.

[15] Livinhac, Léon, *Lettres Circulaires*, 1912-1922, Maison Carrée, Alger, n° 121, 2 juillet 1919,

« audacieuse ». Selon lui, elle avait été justifiée par le fait que les régions entre les océans Indien et Atlantique comptaient désormais un millier de missionnaires catholiques.[16] Le pape Benoît XV, qui reçut une copie de la circulaire rédigée à l'occasion du jubilé, fut si impressionné par son contenu qu'il fit parvenir à Livinhac un courrier manuscrit en réponse à cette « lettre édifiante ».[17] Le cardinal Van Rossum, préfet de la *Propaganda Fide*, lui écrivit également et ces deux courriers furent présentés par Livinhac dans des circulaires ultérieures.[18] En novembre 1919, Benoît XV publia sa première encyclique missionnaire *Maximum Illud*. La formation du clergé indigène et la renonciation au nationalisme constituaient les idées maîtresses de sa lettre. Livinhac présenta l'encyclique dans sa première circulaire de 1920.[19] Il mit l'accent sur deux éléments : le fait que les missionnaires ne travaillaient pas pour leur pays d'origine et la nécessité de coopérer entre les vicariats et les différentes congrégations missionnaires. Il rédigea d'autres circulaires portant sur les martyrs d'Ouganda (expliqué ci-dessous), les décisions prises au cours du Chapitre général de 1920 (également présenté ci-après), la dévotion à St Joseph, la crise économique de l'époque et son importance pour la pauvreté apostolique et, enfin, la modification des Constitutions à la lumière du chapitre de 1920 et du nouveau code de droit canon.[20]

Ses dernières circulaires reflétèrent souvent ses préoccupations pour la spiritualité de ses missionnaires. À chaque fois que Livinhac s'adressait en public, il exhortait son auditoire à la sainteté personnelle en l'invitant à être fidèle à la règle et à ses devoirs vocationnels.[21] Livinhac et le Conseil général insistèrent pour que les méthodes de Saint Ignace de Loyola soient utilisées au noviciat et au scolasticat.[22] Livinhac appuyait fermement la retraite annuelle de huit jours et celle de trente jours effectuée après quelques années d'expérience en tant que missionnaire. Lorsque Monseigneur Streicher, œuvrant en Ouganda, créa des difficultés pour envoyer à Alger des missionnaires âgés devant faire leur retraite de trente jours, le Conseil général établit une procédure pour réglementer de telles invitations, impliquant un accord mutuel entre le vicaire apostolique, le supérieur régional et Maison Carrée.[23]

L'annonce par Benoît XV de la nomination de Saint Ignace de Loyola comme saint patron de tous les exercices spirituels dans l'Église fut douce à entendre pour Livinhac. Il consacra son antépénultième circulaire à ce sujet, même s'il devait dicter son message à un scribe.[24] « La fin de mon pèlerinage approche », déclara-t-il, avant de rappeler à ses lecteurs que le fondateur avait nommé les jésuites comme les premiers guides spirituels de la Société et avant de souligner que « Saint Ignace devait constituer une source d'inspiration pour toutes nos retraites. » Une fois de plus, il se tourna vers la règle comme principal moyen vers la sanctification et les exercices spirituels qu'elle stipulait. En février 1922, Livinhac mentionna à nouveau les recommandations de Lavigerie portant sur l'humilité, la mortification, la pauvreté et

---

[16] *Petit Echo*, n° 78, avril 1920, p.155.

[17] *Rapports Annuels*, n° 15, 1919-1920, p.36.

[18] Livinhac, *Lettres Circulaires*, n° 123, 1 novembre 1919 ; n° 124, 8 décembre 1919.

[19] Livinhac, *Lettres Circulaires*, n° 125, 6 janvier 1920.

[20] Livinhac, *Lettres Circulaires*, n° 126, 6 mars 1920; n° 127, 13 mai 1920 ; n° 129, 2 février 1921 ; n° 130, 26 mai 1921 ; n° 131, 31 mai 1921.

[21] Les devoirs de la vie religieuse et missionnaire.

[22] AGMAfr Conseil Général, procès verbal, 1126, 27 novembre 1915.

[23] AGMAfr Conseil Général, procès verbal, 1383, 7 février 1921.

[24] Livinhac, *Lettres Circulaires*, n° 132, 3 juin 1922.

la chasteté.[25] Sa dernière circulaire constitua uniquement un bref message de salutations, en raison (il le disait) de son état de fatigue.[26]

À la fin de la guerre, la Société comptait huit cent soixante trois membres. Lorsque Livinhac s'éteignit quatre ans plus tard, les chiffres dépassaient les neuf cents. En 1925, les effectifs atteignaient un nombre à quatre chiffres. Après le ralentissement inévitable des années de guerre, les chiffres de la Société commencèrent à remonter. Le recrutement augmenta lentement. Les visiteurs commercèrent à nouveau à assaillir Maison Carrée et les ateliers d'imprimerie à produire des livres dans les langues vernaculaires africaines. Seuls quatre ouvrages de la sorte furent publiés pendant les années de guerre. Entre 1918 et 1922, vingt-cinq furent imprimés, un prélude des impressionnantes listes produites à partir du milieu des années 1920.[27]

Livinhac était toujours ravi de correspondre avec les séminaristes africains et les nouveaux prêtres du continent. Victor Womeraka lui avait écrit depuis l'Ouganda à l'époque de son ordination en 1913. En septembre 1917, il reçut une lettre de l'un des ordinands ruandais, Baltasar Gafuku.[28] Les nouveaux prêtres le considéraient comme leur grand-père spirituel. Livinhac était également enchanté d'accueillir des visiteurs africains à Alger. À peine deux mois avant la déclaration de la guerre, il reçut quelques personnalités Baganda, le ministre catholique Stanislas Mugwanya, son fils, un chef supérieur et un prince royal.[29] En 1919, immédiatement après la fin de la guerre, il reçut davantage de visiteurs africains : deux tirailleurs sénégalais catholiques et le premier prêtre africain du Congo, Stefano Kaoze.[30] Ces derniers furent suivis en 1920 de deux jeunes fils de Mogho Naba, le roi des Mossi.[31]

Le chapitre général de 1920

La survenue de la guerre avait empêché la tenue d'un chapitre général de la Société. Le dernier avait eu lieu en 1912 et le chapitre devant se tenir en 1918 dut être repoussé. En 1919, Livinhac s'empressa d'annoncer la tenue de l'assemblée qui devait s'ouvrir le 15 avril 1920.[32] Pour la Société, la situation à la veille du chapitre était encourageante. Les effectifs avaient enregistré un recul pendant les deux années après 1917, en raison des décès et des départs, mais, pour la première fois depuis la guerre, les chiffres étaient à nouveau en hausse.[33] En Europe, au Canada et en Afrique du Nord, la Société comptait vingt-cinq maisons. La France à elle seule en dénombrait sept. La Belgique et l'Allemagne en comptaient quatre chacune. En 1920, le nombre d'étudiants était prometteur.[34] Le nouveau séminaire français de Kerlois accueillait quarante-trois étudiants en philosophie, celui de Trèves en recevait vingt, celui de Bouchout en comptait seize et celui de Boxtel en avait quinze. En dépit de la perte de dix à quinze aspirants qui firent don de leur vie durant la guerre, le noviciat de Maison Carrée comptait soixante-dix-sept novices clercs et dix-neuf novices frères. L'année suivante, le noviciat intégra des Canadiens, dont l'un était déjà prêtre, portant le total des membres canadiens de la Société à plus d'une quarantaine. En 1921, treize

---

[25] Livinhac, *Lettres Circulaires*, n° 133, 2 février 1922.

[26] Livinhac, *Lettres Circulaires*, n° 134, 8 mai 1922.

[27] Société des Pères Blancs, *Publications en Langues Africaines*, Maison Carrée, Alger, 1928.

[28] *Petit Echo*, n° 52, janvier 1918, p.7.

[29] *Petit Echo*, n° 15, mars 1914, pp. 9-10.

[30] *Rapports Annuels*, n° 15, 1919-1920, pp.9-10.

[31] *Petit Echo*, n° 78, avril 1920, p.154.

[32] Livinhac, *Lettres Circulaires*, n° 120, 12 mai 1919.

[33] 863 en 1920. En 1918 il y avait un recul de 10 et en 1919 de 42. Casier, Jacques, « Développement de la Société », manuscrit dans AGMAfr Secrétariat Général, *Rapports statistiques*.

[34] Les chiffres donnés ici se trouvent dans les numéros de *Petit Echo* 1919-1920.

novices clercs et neuf novices frères fréquentaient l'institution de Marienthal. En théologie, Carthage accueillait vingt-huit étudiants, dont seuls quatre ne furent pas des anciens combattants démobilisés, et Trèves en recevait huit. Une dizaine d'écoles apostoliques accueillaient des élèves en nombres croissants, l'une d'entre elle étant celle du prieuré de Bishop's Waltham qui était désormais autorisé à recruter de jeunes britanniques.[35]

Sur les trente-huit capitulants élus ou officiels que comptait le chapitre, seuls deux ne furent pas en mesure d'assister à l'assemblée.[36] Six vicaires apostoliques et un préfet apostolique furent présents. Livinhac, ses quatre assistants et ses neufs supérieurs régionaux formèrent un conseil rassemblant vingt-et-un représentants officiels. Quinze délégués élus firent l'honneur de leur présence. Avant l'ouverture du chapitre, Livinhac avait une fois de plus donné sa démission à la *Propaganda Fide*. Comme à l'accoutumé, elle fut rejetée. Les assistants élus par le chapitre furent Paul Voillard (1860-1946), Pierre Michel (1855-1926), Antoine Constantin (1874-1950) et Henri Marchal (1875-1957). Dans l'éventualité du décès de Livinhac avant la tenue du prochain Chapitre général prévu en 1926, il fut décidé que Voillard dirigerait la Société en qualité de vicaire général.

Outre le devenir de la vice-province allemande, sujet déjà traité dans le septième chapitre de cet ouvrage, les délibérations de l'assemblée portèrent sur la fondation de nouvelles provinces, sur l'adaptation des constitutions de la Société au nouveau code de droit canonique et, enfin, sur les relations entre les Pères Blancs et les prêtres diocésains africains. La France et la Belgique devaient devenir des provinces indépendantes et la Suisse devait rejoindre la France. Comme cela a déjà été présenté, la province allemande devait être fondée dès que possible. Un travail concernant l'éventuelle création d'une province néerlandaise devait également être entrepris. Entre-temps, les Pays-Bas et la Grande-Bretagne devraient dépendre de la maison mère, tout comme le Canada, les maisons d'Afrique du Nord et les procures implantées à Rome et en Afrique.

Lors des discussions portant sur les prêtres diocésains d'origine africaine, les vicaires apostoliques qui les avaient ordonnés eurent une influence considérable. Au vu de son opinion négative à l'égard de la psychologie africaine, Monseigneur Victor Roelens du Haut-Congo argumenta de manière prévisible en faveur de la séparation des deux communautés. Henri Streicher d'Ouganda tenait beaucoup à ce qu'un fossé ne se creuse pas entre le clergé européen et africain. Joseph Sweens de Nyanza souligna quant à lui à quel point il était essentiel que les évêques connaissent leurs séminaristes. Livinhac et Voillard implorèrent tous deux pour que les Pères Blancs tiennent la formation du clergé local à cœur. À cet égard, les missionnaires devaient accepter de faire des sacrifices, au point même de renoncer à l'usage de leur langue maternelle. Les prêtres africains ne devaient pas être placés aux côtés de missionnaires qui n'étaient pas accueillants. Une discussion de grande envergure eut lieu concernant les avantages apportés par les communautés intégrées, par l'affectation de prêtres africains dans des postes reculés ou autorisés à œuvrer au sein d'un poste de mission à eux. Ce débat était essentiellement théorique car des prêtres africains vivaient déjà au sein d'une communauté intégrée, comme ce fut le cas de Stefano Kaoze à Lusaka (Haut-Congo), ou géraient leurs propres missions, comme le faisaient Womeraka et Muswabuzi en Ouganda. Le chapitre adhéra également au plaidoyer de Benoît XV préconisant l'ouverture de séminaires régionaux ou

---

[35] *Rapports Annuels*, n° 14, 1918-1919, pp.59-61.
[36] Ce récit se base sur les actes du chapitre en *Chapitres Généraux*, AGMAfr Casier 358, 15e Chapitre Général de 1920, pp.310-371.

intervicariaux, particulièrement dans les colonies britanniques. Concernant les religieuses, le chapitre fit mention, à l'exception du cas de l'Ouganda, de nombreuses déceptions et de quelques espoirs. Rome préconisait avant tout les associations pieuses plutôt que les congrégations religieuses.

Concernant les Constitutions, le chapitre tenait à ce que les pratiques traditionnelles de l'apostolat et de la vie communautaire soient maintenues autant que possible, ceci en dépit de la nature des modifications requises par le nouveau Code. Les supérieurs furent toutefois exhortés de faire preuve de davantage de vigueur pour imposer leur autorité. Sur une note plus légère, une tenue pour les missionnaires cyclistes devait être définie. Le chapitre suggéra une courte soutane (*gandourah*) kaki! Après avoir voté les amendements aux Constitutions, le Chapitre général prit fin, après deux semaines, le 27 avril. Quinze jours après sa clôture, Livinhac communiqua ces décisions aux membres de la Société au travers d'une circulaire. L'accent fut mis sur les prêtres africains et les Constitutions. Le problème allemand, un sujet très sensible, ne fit l'objet d'aucune mention.[37] Au cours de l'année suivante, une autre circulaire fit part des réactions de la *Propaganda Fide*.[38]

Le quinzième chapitre général fut le dernier où Livinhac fit l'honneur de sa présence. Il avait assisté à tous les chapitres antérieurs, à l'exception des quatre tenus au cours de ses absences en Afrique de l'Est entre 1878 et 1889.[39] L'importance du Chapitre de 1920 repose sur son approche positive envers les problèmes d'après-guerre, l'introduction de multiples provinces et son approbation des enseignements de Benoît XV présentés dans son encyclique intitulé *Maximum Illud*. Ce fut le seul chapitre général de la Société à être tenu au cours de son pontificat mais l'influence exercée par Benoît XV fut malgré tout importante et durable.

Benoît XV et les martyrs d'Ouganda

Benoît XV était pratiquement inconnu des catholiques avant que Joseph Ratzinger, qui devint pape en 2005, n'évoque sa mémoire en adoptant le même nom. Benoît XV fut le « pape inconnu », « le pape oublié », « le pape le plus invisible » du XXᵉ siècle. Seul à présent sa stature en tant que protagoniste actif pour la paix est appréciée à sa juste valeur. Seulement aujourd'hui apparaît-il clairement qu'il aida à jeter les bases qui rendirent possible la forte présence de l'Église en Afrique.[40] Giacomo Della Chiesa était né avant terme le 21 novembre 1854. Il était de petite taille, frêle et boitait. Au cours de son enfance, il ne put jouer. Il était peu séduisant avec son teint cireux et ses dents proéminentes. En réalité, c'était un homme au nez, à la bouche, aux yeux et aux épaules tordus.[41] De plus, il n'avait pas une bonne oreille. En bref, il pâtissait de ce que l'on appellerait aujourd'hui « un problème d'image ». Pour ce qui est de ses capacités mentales, c'était un homme à l'esprit vif et méticuleux. Il était astucieux et adepte inconditionné du travail effectué dans la discrétion. À la *Curia*, où il fut surnommé *piccoletto*, il acquit la réputation d'une éminence grise discrète.

---

[37] Livinhac, *Lettres Circulaires*, n° 127, 13 mai 1920.

[38] Livinhac, *Lettres Circulaires*, n° 131, 31 mai 1921.

[39] Livinhac n'a pas assisté aux chapitres de 1878, 1880, 1883, et 1886. Il assista à celui de 1885 comme évêque nouvellement ordonné et à la deuxième session du chapitre de 1889 en sa qualité de supérieur général récemment nommé. Voir Ceillier, Jean-Claude, *De Chapitre en Chapitre : Les Premiers Chapitres Généraux de la Société des Missionnaires d'Afrique 1874-1900*, Missionnaires d'Afrique – Série historique n° 1, Rome, 2002.

[40] Ce récit de la vie et du pontificat de Benoît XV se fonde sur Pollard, *op.cit.*, et Holmes, *op.cit.*

[41] Pollard, *op.cit.*, 16.

À l'âge de vingt-sept ans, il rencontra Mariano Rampolla del Tindaro, le nonce en Espagne, qui apprécia immédiatement ses talents. Rampolla l'engagea en tant que secrétaire à Madrid et revint à Rome en sa compagnie lorsqu'il fut nommé secrétaire d'État par Léon XIII en 1887. En tant que *minutante* de Rampolla, Della Chiesa apprit à connaître l'Église. Il découvrit également les missions et particulièrement la Société des Missionnaires d'Afrique, dont le fondateur n'était autre que Lavigerie, un ami de Rampolla. À la mort de Lavigerie, Rampolla devint lui-même le cardinal protecteur de la Société. En 1901, Della Chiesa devint sous-secrétaire d'État. Deux ans plus tard, St Pie X devint pape et Rampolla fut disgracié, étant nommé archiprêtre de Saint-Pierre par son successeur en tant que secrétaire d'État, Rafael Merry del Val. À peine quatre ans plus tard, Della Chiesa fut également mis de côté et consacré archevêque de Bologne.

L'archidiocèse de Bologne était normalement assorti du chapeau de cardinal mais il fut suspecté que Della Chiesa, en tant qu'associé de Rampolla, était un sympathisant moderniste. Ce ne fut pas avant la mort de Rampolla en 1913 que Merry del Val considéra approprié de faire suite aux exigences de Bologne et autorisa Pie X à faire de son archevêque un cardinal. Della Chiesa fut accablé par la mort de Rampolla mais il n'eut pas le temps de le pleurer. Dans moins de quatre mois, à la fin du mois d'août 1914, le nouveau cardinal devait être élu successeur de St Pie X. Le choix de Della Chiesa de la part des cardinaux était probablement davantage lié à la controverse antimoderniste qu'aux inquiétudes relatives à la guerre. Ils souhaitaient nommer un membre du clergé modéré, fort d'une expérience curiale et pastorale, et doté d'une réputation de modéré concernant le modernisme. La paix constituait la devise de Saint Benoît. Le choix du nom distançait le nouveau pape des politiques du pontificat antérieur et laissait entendre que le processus de paix serait sa préoccupation majeure.

L'élection en temps de guerre de Benoît ne fut en rien synonyme de magnificence. Même la plus petite des trois soutanes blanches confectionnées pour le nouveau pape fut trop grande pour lui. Son couronnement eut lieu en toute simplicité dans la chapelle Sixtine et il accorda sa première bénédiction pontificale dans une *loggia* intérieure à une congrégation réunie dans la basilique Saint-Pierre. Il semblerait que Benoît XV aurait découvert dans les archives de son prédécesseur un document qui l'aurait dénoncé au motif d'être un moderniste.[42] Quoi qu'il en soit, il démantela discrètement l'appareil antimoderniste et réinstaura la liberté du débat théologique. Son premier encyclique appela à l'harmonie et à la fin de la chasse aux sorcières. Néanmoins, deux jours après son inauguration il exhorta également les nations belligérantes à mettre un terme au conflit armé, croyant sincèrement que la paix constituait la plus éminente des doctrines de Jésus Christ. « Tout comme la vérité », il a été dit, Benoît XV en personne « fut l'une des premières victimes de la guerre ».[43]

Il a déjà été fait mention de ses tentatives visant à mettre fin à la guerre et à atténuer ses horreurs, des tentatives qui furent presque universellement incomprises. Dans ses messages de Noël de 1915 et 1916, il déclara que le monde était devenu « un hôpital et un ossuaire » et que la guerre représentait le « suicide de l'Europe civilisée ».[44] Ses appels ne furent pas entendus et ses initiatives en faveur de la paix provoquèrent mépris et abus. L'origine du problème reposait partiellement sur le fait que la souveraineté du Vatican n'était pas encore reconnue. En outre, alors que l'Allemagne et l'Autriche avaient accès au Saint-Siège, la France, la Grande-Bretagne et la majorité des nations européennes ne disposaient d'aucune représentation diplomatique

---

[42] Pollard, *op.cit.*, p.44.
[43] Holmes se sert du mot « victimes » plutôt que « pertes ».
[44] Holmes, *op.cit.*, p.3.

régulière. Après la guerre, Benoît XV fut critique à l'égard du Traité de Versailles et de l'humiliation de l'Allemagne. Avant tout, il s'efforça de persuader les nations belligérantes d'oublier leurs anciennes hostilités.

Les Missionnaires d'Afrique étaient de ceux qui connaissaient Benoît XV et qui accueillirent favorablement son élection. Louis Burtin (1853-1942), leur procureur de longue date à Rome, connaissait Della Chiesa depuis plus de vingt-cinq ans et jouissait de son amitié proche.[45] Il était également raconté au sein de sa famille qu'il avait été contacté par le gouvernement français anticlérical de l'époque en vue de fournir des informations sur le Vatican et qu'il avait eu la témérité d'en faire part au pape.[46] À maintes reprises, Benoît XV exprima son admiration envers la Société, distinguant les Pères Blancs lors d'audiences afin de leur accorder un message spécial ou une bénédiction. Il octroya également de généreux dons aux projets de la Société et à la lutte contre la famine en Afrique. Après la guerre, l'avenir incertain des missions dans les anciennes colonies allemandes convainquit Benoît XV des dangers que présentaient le nationalisme et l'impérialisme européens pour le travail missionnaire catholique. Les missions étaient trop souvent devenues les « colonies » religieuses d'instituts ou de provinces missionnaires nationalistes. Pour utiliser l'expression inventée par Celso Constantini à la *Propaganda Fide*, un certain « féodalisme territorial » risquait de s'implanter.[47] Cette situation expliqua le désir ardent de Benoît XV de préparer l'avenir postcolonial des missions en formant un clergé indigène et en mettant l'accent sur la nécessité de coopérer entre vicariats et congrégations missionnaires. Ces points constituaient les thèmes majeurs du *Maximum Illud*, un texte considéré comme étant le document pontifical « le plus important et le plus significatif » avant l'*Evangelii Nuntiandi* de Paul VI en 1976.[48] Cette situation expliqua également sa fondation du collège éthiopien en 1919 dans la Cité du Vatican ainsi que sa prédilection pour les sociétés missionnaires internationales, telle que celle des Pères Blancs.

C'est dans ce contexte que la béatification des martyrs d'Ouganda par le pape Benoît XV doit être examinée. Dès le pontificat de Léon XIII, un intérêt avait été suscité en vue de défendre la cause de vingt-deux jeunes hommes catholiques, dont la majorité était des serviteurs ou des officiels de la cour royale de Buganda, qui moururent au nom de leur foi en 1885-1886.[49] Dès 1887, des mesures en faveur de leur éventuelle béatification avaient été entreprises avec le recueil de témoignages oraux et écrits. La cause avait été officiellement introduite à Rome en 1912. Ensuite, le processus de validation se poursuivit au cours de séances tenues à Villa Maria pendant la guerre jusqu'en 1916.[50] Au cours de cette année-là, Michele Franco (1874-1955), le recteur italien du séminaire de Katigondo, emporta les précieux documents à Rome. Les Actes du processus apostoliques avaient été placés dans une boîte scellée à l'aide du sceau de Monseigneur Henri Streicher. Afin de prouver que le contenu n'avait pas été altéré, il était essentiel que le sceau reste intact pour la remise des

[45] *Rapports Annuels*, n° 10, 1914 (1916), pp.30-39.

[46] Correspondance avec Joseph Portier M.Afr., cousin éloigné de Burtin : Portier à l'auteur 17 novembre et 1 décembre 2005. Selon la tradition de la famille, le pape a reçu la suggestion avec bon humeur, disant : « Si vous n'étiez pas le Père Louis Burtin, je vous aurais expulsé de mon bureau tout de suite, sans hésitation. » Il n'y a pas mention de la suggestion dans la correspondance de Livinhac. Etant très correcte, il l'aurait certainement soulevé, s'il l'avait pris au sérieux.

[47] Holmes, *op.cit.*, p.23.

[48] Pollard, *op.cit.*, p.204.

[49] Faupel, J.F., African Holocaust. *The Story of the Uganda Martyrs*, Nairobi, St. Paul's Publications Africa, 4e édition, 1984. Ceci est le meilleur récit des martyres.

[50] AGMAfr Y15, Béatification, *Acta* 1 & 2.

documents à la Congrégation des rites. Avant de monter à bord d'un navire en partance pour Naples, Franco prit la précaution d'obtenir une déclaration légale concernant le contenu de la boîte auprès du consul italien à Mombasa. Malgré cette précaution, les douaniers italiens souhaitèrent ouvrir la boîte à son arrivée sur le sol italien. Franco dut faire preuve de persuasion pour éviter que la boîte ne soit ouverte.[51]

En même temps que la cause des martyrs d'Ouganda, celle d'un martyr algérien, le Vénérable Geronimo, fut également introduite à Rome. Un seul procureur et *ponent* fut désigné pour les deux causes. En principe, les deux procédures devaient être séparées mais il y eut en pratique de nombreux chevauchements. Il est également inévitablement soupçonné que la cause de Geronimo fut défavorisée à long terme par une comparaison défavorable avec celle des Ougandais. Il convient donc de présenter en premier lieu l'histoire de Geronimo.[52]

Les informations consultées concernant Geronimo sont essentiellement extraites de l'ouvrage de Diego de Haëdo intitulé *Topographie et histoire d'Alger*.[53] De Haëdo était un moine d'origine espagnole, l'abbé de Fromesta, dont le livre fut publié quelque soixante-dix ans après la mort de Geronimo. De Haëdo avait recueilli le récit des souffrances des prisonniers chrétiens détenus à Alger, dont notamment l'histoire d'un enfant de quatre ans capturé par les Espagnols lors d'une incursion dans le village d'une tribu locale vers 1536. Le petit garçon fut acheminé à Oran, où le vicaire général Juan Caro l'éleva selon les principes de l'éducation chrétienne et le baptisa Geronimo. Durant la peste de 1542, le garçon s'enfuit et rentra parmi les siens. Toutefois, lorsqu'il eut la vingtaine, il revint à Oran en 1559 et fut à nouveau reçu par Caro. Il se remit à pratiquer sa foi chrétienne. S'étant marié à une chrétienne arabe, il rejoignit un groupe armé qui fit la razzia dans un village du littoral. À cette occasion, il fut à nouveau capturé et vendu comme esclave, cette fois-ci dans la ville d'Alger. Il y fut contraint de choisir entre renoncer à sa foi chrétienne ou être enterré vivant. Geronimo opta pour la mort. Le 18 septembre 1569, il fut jeté vivant dans l'un des immenses coffrages servant à la fabrication des blocs de pisé utilisés pour la construction du fort des Vingt-Quatre-Heures. Le bloc fut ensuite placé dans l'une des murailles du fort mais Michaël de Navarre, un maître-maçon chrétien, se rappela de sa position.

En dépit des controverses concernant la paternité littéraire de Haëdo et des contestations relatives aux détails de son histoire par des apologistes musulmans, une découverte faite lors de la démolition du fort par les Français en 1853 vint confirmer ses dires. Au cours de la démolition, un bloc s'ouvrit en deux, révélant des ossements humains. De surcroît, un plâtre de la cavité laissée par le corps décomposé prouva l'agonie d'un homme qui avait été ligoté et était mort étouffé. Les restes furent présumés comme étant ceux de Geronimo.[54] Antoine Pavy, le prédécesseur de Lavigerie en tant qu'évêque d'Alger, obtint un rescrit de la part de Pie IX déclarant Geronimo « Vénérable ». Ses ossements furent enchâssés dans la cathédrale d'Alger en 1854. Lorsque Lavigerie devint archevêque d'Alger après la mort de Pavy, il reprit l'affaire avec enthousiasme. Les Missionnaires d'Afrique, Société dont il est le

---

[51] *Rapports Annuels*, n° 11, 1915, pp.31, 61.

[52] Ce récit se base sur Moorman, Théodore, *Histoire des Origines de la Société*, (dactylographié), Monteviot House, Jedburgh, Ecosse, sans date ; Zwemer, Samuel, *The Law of Apostasy in Islam*, Londres, Marshall Brothers, 1924 ; des références *passim* dans Petit Echo et Rapports Annuels.

[53] Diego de Haëdo, *Topographia e Historia General de Argel*, 1632.

[54] Burlaton, Louis, Le *Vénérable Géronimo – Martyr du Fort XXIV Heures à Alger*, Pères Blancs, Maison Carrée, 1931, résume les arguments en faveur de l'identification, pp.79-92.

fondateur, fut même brièvement baptisée « la Société des Missionnaires du Vénérable Geronimo » en 1869, faisant respectueusement référence à leur apostolat musulman.[55] Parallèlement, la procédure de béatification fut initiée à Rome. Toutefois, le dossier semblerait avoir été égaré durant les troubles occasionnés par la prise de Rome en 1870. Le processus se trouva interrompu pendant une quarantaine d'années.

Le 12 juin 1912, la cause de Geronimo fut réintroduite à Rome au même moment que celle des martyrs d'Ouganda. En 1913, le plâtre de son corps (exposé par la suite au musée d'Alger) fut présenté dans le parloir du noviciat des Pères Blancs de Maison Carrée. Au cours de l'année suivante, une jeune fille kabyle d'Ouadhias aurait été guérie par son intercession.[56] Une réunion préliminaire de la Congrégation des rites tenue en 1915 exigea une réfutation complète des objections musulmanes. Lors d'une autre réunion en mars 1917, certains des consulteurs furent encore confrontés à quelques difficultés de dernière minute concernant l'apologétique musulmane.[57] À la fin de 1918, une congrégation « néo-préparatoire » fut tenue pour débattre des doutes entourant la cause de Geronimo. Louis Burlaton (1865-1932), un partisan enthousiaste de la cause, avait fourni davantage de preuves et Burtin fit envoyer un télégramme optimiste à l'archevêque d'Alger : *Congrégation favorable*.[58] La congrégation demanda une grâce extraordinaire ou un miracle apporté par l'intercession du Vénérable Geronimo et il fut décidé de présenter la guérison de l'évêque maltais de Sfax (Tunisie), Monseigneur Polomeni. Burlaton devait produire une dernière preuve du martyre et l'authentification des reliques.[59]

Malheureusement, l'optimisme de Burtin ne fut pas justifié. Une congrégation générale sur le martyre, les signes et les miracles du Vénérable Geronimo se tint le 2 décembre 1919 en présence de Benoît XV. Les consulteurs ne furent pas satisfaits des faveurs célestes citées et le pape demanda en personne à ce que la béatification de Geronimo soit repoussée jusqu'à ce qu'un miracle indubitable ait été le fruit du vénérable martyr. « Que nos confrères s'unissent à nous pour que nous puissions en obtenir un des cieux », fut le vœu pieux, et désormais désespéré, de Burtin.[60] Enseveli par l'avalanche d'enthousiasme qui balaya la Société et l'Église africaine pendant et après 1920, ce souhait ne fut pas exaucé et aucune mention ultérieure ne fut faite de Geronimo dans les registres des Missionnaires d'Afrique.

À l'inverse, la procédure de béatification des martyrs d'Ouganda fut couronnée de succès. Le 3 juillet 1917, la validité de la procédure reçut l'aval de la Congrégation des rites réunie au Vatican. Le 8 juillet 1919, la congrégation préparatoire pour la béatification eut lieu.[61] Les « signes miraculeux » cités dans les documents avaient principalement trait aux conversions en masse au christianisme survenues en Ouganda après les martyres. Le 10 février 1920, une congrégation générale fut tenue en présence de Benoît XV. La béatification fut unanimement approuvée et le postulateur fut convié par le pape afin de formuler une demande officielle lors d'une séance solennelle le 29 février. Une fois effectué, le décret fut promulgué. La béatification devait avoir lieu le 6 juin et Benoît XV demanda à ce que les préparatifs soient initiés

---

[55] Moorman, *op.cit*, pp.18-19.

[56] *Petit Echo*, n° 6, avril 1913, p.60; n° 13, janvier 1914, p.5 ; Zwemer, *op.cit.*, p.89.

[57] *Rapports Annuels*, n° 11, 1915, pp.22-23; *Petit Echo*, n° 44, mai 1917, p.118.

[58] *Petit Echo*, n° 60, septembre octobre 1918, p.201; n° 62, décembre 1918, p.247.

[59] *Rapports Annuels*, n° 14, 1918-1919, p.30 ; *Petit Echo*, n° 60, septembre octobre 1918, p.201 ; n° 74, décembre 1919, p.261.

[60] *Rapports Annuels*, n° 15, 1919, p.37; *Petit Echo*, n° 65, mars 1919, p.51 ; n° 74, décembre 1919, p.261 ; Burlaton, *op.cit.*, p.75, continua à lancer l'appel pour miracles en 1931.

[61] *Rapports Annuels*, n° 14, 1918-1919, p.30; *Petit Echo*, n° 47, août 1917, p.215 ; n° 65, mars 1919, p.51.

sans plus tarder. Normalement, deux autres décrets étaient requis mais le pape rejeta toute démarche administrative supplémentaire en prononçant cette célèbre affirmation : « La cause des martyrs d'Ouganda est la mienne. » Rien ne devait venir freiner les avancées effectuées. Lorsque Monseigneur Mathurin Guillemé du vicariat de Nyassa se rendit à Rome en décembre, Benoît XV lui confia : « Je souhaitais les béatifier moi-même cette année afin de montrer au monde catholique que la race noire, tout comme la race blanche, peut être élevée par la grâce divine au rang de bienheureux ».[62]

Burtin disposait de trois mois pour les préparatifs.[63] L'artiste Luigi Bartolini fut engagé pour peindre les martyrs à la « gloire » de Bernini. Le professeur Ballerini peignit les bannières des portes en bronze et de la *Loggia*. Un livre sur la vie des martyrs fut publié en sept mille exemplaires. Vingt mille images saintes furent produites dans trois formats différents en vue d'être distribuées à la basilique Saint-Pierre et aux congrégations du Vatican. Hormis Monseigneur l'archevêque Leynaud d'Alger et Monseigneur Roelens du Haut-Congo, qui furent accueillis dans des chambres des couvents avoisinants, tous les invités Pères Blancs, y compris les évêques, devaient être logés à la procure de Via degli Artisti, à raison de deux à trois personnes par chambres.

Livinhac avait ardemment souhaité être présent mais son état de santé ne lui permit pas de se rendre à Rome. Ainsi, il fut représenté par Ludovic Girault (1853-1941), le seul autre missionnaire ayant participé à la première caravane vers l'Ouganda à encore être en vie. Il avait lui-même baptisé trois des martyrs.[64] Arthur Prentice (1872-1964) accompagna deux confesseurs ougandais de la foi, désormais dans leur quarantaine : Joseph Nsingirisa ou Mbubi, qui avait été emprisonné aux côtés des martyrs, et Denis Kamyuka qui, à la dernière minute, avait échappé aux flammes de Namugongo. Ils furent accompagnés de trois SMNDA (Sœurs Blanches) et d'un groupe congolais qui comptait notamment la présence de Stefano Kaoze. Le jeudi 3 juin, Benoît XV s'entretint avec Streicher et les deux Ougandais. Ces derniers furent faits Chevaliers commandeurs de l'ordre de Saint-Grégoire. Le pape révéla également qu'il avait lui même été guéri de ses rhumatismes au bras droit suite à l'intercession des martyrs.

La béatification fut précédée d'un *triduum* organisé par la *Propaganda Fide* dans l'église de Sant' Andrea delle Frate. À cette occasion, un éloge panégyrique des martyrs fut prononcé chaque jour, suivi du salut du Saint Sacrement. Le dimanche 6 juin, la béatification eut lieu. Le matin, le décret fut lu dans la basilique Saint-Pierre en présence de cinq vicaires apostoliques Pères Blancs, de l'archevêque d'Alger, du patriarche melkite grec, d'Henry Hanlon (premier évêque Mill Hill d'Ouganda) et du supérieur général de la Société des Missions Africaines (SMA). Un *Te Deum* solennel fut entonné et la messe fut célébrée par le cardinal Merry del Val (désormais, avec justice immanente, successeur de Rampolla en tant qu'archiprêtre de Saint-Pierre).[65]

La cérémonie papale était prévue à dix-sept heures trente et la basilique était déjà pleine à seize heures. Parmi les invités figuraient les ambassadeurs de France et de Grande-Bretagne. Benoît XV entra revêtu d'une *mozetta* rouge. Il était accompagné

---

[62] *Petit Echo*, n° 86, décembre 1920, p.272.
[63] Sources pour la cérémonie de béatification et les évènements connexes sont : *L'Osservatore Romano*, 7 juin 1920, 8 juin 1920 ; *La Croix*, n° 11331, mardi 2 mars 1920 (le décret) ; *Rapports Annuels,* n° 15, 1919-1920, pp.36-46 ; *Missions d'Afrique des Pères Blancs*, 1920, pp.201-211, (article de Julien Gorju) ; Tourigny, *op.cit.*, pp. 103-104 ; et des références innombrables dans *Petit Echo*.
[64] Matia Mulumba, Luc Banabakintu et Pontiano Ngondwe.
[65] Il était aussi secrétaire du Saint Office.

de dix-neuf cardinaux et de trente évêques. Un bouquet du carmel de Rome fut offert par Louis Burtin, le postulateur de la cause, et les deux confesseurs ougandais présentèrent la biographie des martyrs et un reliquaire du Bienheureux Charles Lwanga, que le pape embrassa. Henri Streicher adressa une action de grâce au pape qui vint conclure la simple cérémonie. À la sortie de la basilique, les deux Ougandais furent assaillis de tous les côtés par les évêques, les prélats et les fidèles, désireux de les étreindre, de les toucher ou de baiser le dos de leur main. Tout au long de la semaine suivante, une procession de cardinaux, de prélats et de religieux se rendit à Via degli Artisti afin de rencontrer les deux confesseurs. L'université grégorienne et le séminaire romain leur réservèrent également un accueil chaleureux.

Lors d'une audience papale ultérieure, Monseigneur Roelens introduisit Stefano Kaoze auprès du pape qui déclara l'avoir remarqué près de l'autel lors de la cérémonie de béatification. Burtin présenta au pape des images des martyrs. En les voyant, Benoît XV s'exclama : « Voilà au moins de vraies figures noires ! J'avais cru remarquer dans le tableau exposé à Saint Pierre, le jour de la Béatification, que le peintre les avait faites presque blanches. »[66]

Pierre Roche (1861-1943) conduisit les deux Ougandais à Naples où ils visitèrent le grand séminaire et préparèrent leur retour à destination de Mombasa. Honorés par le pape et fêtés par le clergé catholique tout comme les laïcs, les deux confesseurs ne furent toutefois pas autorisés à dormir en couchettes à bord du navire britannique dont les politiques racistes n'admettaient pas les passagers noirs. Au final, une compagnie italienne les accepta dans la dernière des classes.[67] Le contraste entre une Église intégrante et un système colonial discriminatoire n'aurait aucunement pu être plus marqué.

En Ouganda, un pèlerinage à Namugongo, le principal lieu des martyres, eut lieu le jour de la béatification. Tout comme à Rome, un *triduum* fut organisé et un *Te Deum* fut entonné à Rubaga. Cet exemple fut reproduit dans de nombreux diocèses et vicariats. Même la cathédrale d'Alger, la dernière demeure de Geronimo qui avait été éclipsé par ses frères de l'équateur, fut la scène d'un joyeux *Te Deum*. En mai 1921, la fête des martyrs fut proclamée pour le 3 juin.[68] Dans l'ensemble, l'impact de la béatification sur les chrétiens d'Ouganda et d'Afrique fut saisissant. Elle marqua le début d'une sensibilisation spirituelle accrue et d'une meilleure appréciation des vertus que les martyrs avaient défendues : foi, pureté et amour indulgent. Dans sa circulaire consacrée aux martyrs, Livinhac présenta cette béatification comme le renouveau de l'ensemble de la Société.[69] Elle présenta certainement et clairement aux Missionnaires d'Afrique l'ultime objectif de leur entreprise évangélique. Dans une plus grande perspective, la béatification coïncida avec la recrudescence imminente de l'Église catholique en Afrique, tout comme la canonisation de ces mêmes martyrs par Paul VI en 1964 coïncida avec une croissance encore plus rapide du catholicisme après l'indépendance politique.

Le 22 janvier 1922, Benoît XV s'éteignit à l'âge relativement jeune de soixante-sept ans. Son pontificat n'avait duré que sept ans et cinq mois. Ses dernières paroles furent les suivantes : « J'offre ma pauvre vie à Dieu pour la paix dans le monde. » L'éditeur du bulletin des Pères Blancs, le *Petit Echo*, résuma le sentiment de ses confrères. « Notre petite Société en particulier n'oubliera jamais les marques d'estime

---

[66] *Rapports Annuels*, n° 16, 1920-1921, p.13.
[67] *Rapports Annuels*, n° 15, 1919-1920, pp.90-91.
[68] *Petit Echo*, n° 98, mai 1921, p.73.
[69] Livinhac, *Lettres Circulaires*, n° 126, 6 mars 1920.

et de paternelle affection dont elle a été honorée par Benoît XV. »[70] Achille Ratti, le pape nouvellement élu qui prit le nom de Pie XI, avait été préparé par Benoît XV en personne de façon à ce qu'il prenne sa relève. Toutes les politiques de Benoît XV, tout particulièrement en matière de travail missionnaire, furent poursuivies par Pie XI. En 1888, il avait rencontré Louis Burtin, lorsque celui-ci accompagna Lavigerie à Milan au cours de la campagne de lutte contre l'esclavage. Après son élection, il confia à Burtin à quel point il avait été ému par le tableau des martyrs ougandais qui était accroché au mur de la procure de Via degli Artisti.[71] Mais Pie XI ne fut pas Benoît XV et les Missionnaires d'Afrique ne jouirent plus jamais de l'estime papale dont ils bénéficièrent durant le pontificat de Della Chiesa.

L'archevêque d'Oxyrhynque

Ceux qui rencontraient Léon Livinhac ressortaient avec deux impressions fondamentales : sa gentillesse universelle et son exceptionnelle sainteté.[72] Après la Première Guerre mondiale, son rôle de leader au sein des Missionnaires d'Afrique fut à son plus haut. Il ne faisait pas simplement figure de héros distant de la première caravane vers l'Afrique équatoriale, mais c'était un personnage chaleureux et profondément soucieux du bien-être spirituel et matériel des missionnaires à sa charge. Tout le monde pensait bien le connaître. Mathurin Guillemé transmit la pensée de nombre d'entre eux lorsqu'il écrivit à Voillard après avoir reçu la nouvelle du décès de Livinhac. Les Pères Blancs, affirma-t-il, s'étaient tellement accoutumés à sa présence, au cours des trente années de son supériorat, qu'ils pensaient qu'il serait pour toujours à leurs côtés. Il était difficile d'imaginer la Société sans lui.[73]

La célèbre gentillesse de Livinhac ne faisait pas simplement partie de sa nature. Il la cultivait grâce à une introspection personnelle. Naturellement, il avait une propension à l'impatience, voire à l'irascibilité, mais il parvenait à réprimer rapidement de tels sentiments, particulièrement lorsqu'il était interrompu par un visiteur inattendu. Toute visite était reçue de la manière la plus aimable qui soit et s'en allait ravie de la considération dont Livinhac avait fait preuve. Il était en mesure de s'adapter à tout public. Son vécu de l'Afrique du Nord et de l'Afrique équatoriale ainsi que du travail de formation lui faisait partager des éléments communs avec chacun des membres de la Société. Au cours des récréations, il manifestait son intérêt pour les conversations de tous. Il était totalement à l'aise en compagnie des novices et des scolastiques. Il ne manquait pas de se souvenir des jours de fête des confrères de la communauté et il prêtait une attention toute particulière aux malades du sanatorium, leur rendant visite une à deux fois par semaine. La politique ou l'actualité mondiale ne le captivaient aucunement. Pour lui, c'était la bonté dans toute sa simplicité qui l'animait.

En lien avec cette bonté, Livinhac faisait preuve d'une humilité caractéristique. Il parlait si souvent de sa personne d'une manière si méprisante que ses interlocuteurs ressortaient avec l'impression qu'il avait une mauvaise opinion de lui-même. Ce ne fut pas véritablement le cas. Même s'il ne doutait guère de ses opinions ni des décisions qu'il devait prendre, il était absolument convaincu qu'il n'était pas la personne la mieux à même de remplir ses fonctions. Cette conviction renforçait

---

[70] *Petit Echo*, n° 100, février 1922, pp.21, 24-25.

[71] *Petit Echo*, n° 102, avril 1922, p.58; *Rapports Annuels*, n° 17, 1921-1922, p.25.

[72] Ce portrait se base sur les commentaires et lettres de condoléance reçues après sa mort - imprimées dans *Rapports Annuels*, n° 18, 1922-1923, pp.6-29 et *Petit Echo*, n° 111, 8 décembre 1922, pp.177-188.

[73] AGMAfr 106-4; 106500. Guillemé à Voillard, 14 novembre 1922; 106501, Guillemé à Voillard, 26 décembre 1922.

d'autant plus sa certitude selon laquelle Dieu guidait les affaires de la Société. Il refusait toute reconnaissance et cherchait à se libérer des responsabilités qu'il ne se sentait pas apte à assumer. Il croyait également que la grâce de Dieu était concédée à ceux qui obéissaient à leurs supérieurs et étaient fidèles à leurs « devoirs vocationnels ».

Lors d'un hommage rendu après sa mort, un prêcheur déclara : « Un jour, il sera un 'Saint' ». Il convient de noter que bon nombre le dénommaient déjà ainsi de son vivant.[74] Aux yeux d'Alexandre Le Roy, le supérieur général des spiritains, Livinhac était le personnage le plus digne d'un saint qu'il n'ait jamais rencontré. De son côté, la prieure du carmel de Rome décrivait sa venue dans son convent comme « la visite d'un saint ».[75] Antoon Stootman, « Frère Boniface » d'origine néerlandaise (1869-1968), qui s'éteignit peu avant son centième anniversaire et qui avait vécu aux côtés de Livinhac au cours de ses débuts à Maison Carrée et à la fin de sa vie, avait toujours été convaincu qu'il s'était trouvé en présence d'un saint.[76] Dans la tradition de la Société, Lavigerie était connu comme le « vénéré Fondateur » mais son successeur fut toujours « le saint Monseigneur Livinhac ».[77] Des guérisons miraculeuses, qu'il refusait de reconnaître, lui furent même attribuées de son vivant.[78]

Philip O'Flaherty, un missionnaire anglican, le rencontra en Ouganda et écrivit à son propos : « Livinhac, je l'admire. Ensemble, nous avons fait de longues promenades, échangeant de profondes pensées sur Dieu, ces merveilleuses pensées qui ravivent l'esprit. Ô que l'esprit a besoin d'être rafraîchi dans ces contrées arides. La compagnie de l'un et de l'autre est un plaisir partagé. »[79]

En quoi Livinhac était-il un saint ? Outre sa bonté, il ne fait aucun doute que Livinhac faisait preuve d'une fidélité inconditionnelle envers la règle qui constituait le moyen indispensable vers la sanctification. Celle-ci était liée à la vie intérieure, aux exercices spirituels et aux pratiques admises de piété. Ces notions furent mentionnées à maintes reprises dans ses exhortations orales et écrites adressées à ses confrères. De plus, ce furent ces mêmes principes qui dictèrent sa propre vie. Victor Lardeux, « frère Félicien » (1890-1960) qui fut l'un des infirmiers qui le soigna à Maison Carrée au cours de sa dernière maladie, put donner un exemple saisissant de sa fidélité envers la règle. Le frère parlait doucement avec Joseph Petibou (1881-1942), son confrère infirmier, à l'extérieur de la chambre, lorsque Livinhac se leva de son lit de malade, ouvrit la porte et déclara : « On ne doit pas parler ainsi dans les couloirs. Allez dans votre pièce pour dire ce que vous avez à dire. »[80]

L'ascétisme de Livinhac ne fut pas extrême mais fit partie intégrante de son obédience à la règle. Il dormait sur un modeste lit de camp, peut-être un rappel de sa vie spartiate de missionnaire en Ouganda. Par ailleurs, il se levait sans exception à quatre heures du matin. Lors de leur arrivée dans la chapelle, les membres de la

---

[74] AGMAfr *Dossier Miscellanea*, Maison Carrée 6, Prosper Repeticci, *Oraison Funèbre de Sa Grandeur Monseigneur Livinhac*, Alger 1923, p.569.

[75] *Petit Echo*, n° 111, décembre 1922, p.179 ; *Rapports Annuels*, n° 18, 1922-1923, p.29.

[76] Le Frère Boniface était soigné au noviciat de s'Heerenberg et l'auteur y reçut ses informations sur Livinhac en 1957-1958. Boniface avait été à Maison Carrée en 1897-1902, 1905 et 1921-1922.

[77] Voir AGMAfr Chapitres Généraux, p.454, *Discours d'Ouverture* de Mgr. Durrieu : « *le saint Mgr. Livinhac, le Vénéré Père Voillard et le si regretté Mgr. Birraux.* »

[78] *Foyer Chrétien*, n° 8, novembre 1922, p.122 ; AGMAfr contient deux récits détaillés de guérisons attribuées à Livinhac après sa mort : Frère Désiré (1923) et Frère Hélie (1924), Livinhac, 3, 1.

[79] Taylor, John Vernon, *The Growth of the Church in Buganda. An Attempt at Understanding*, Londres, SCM Press 1958, p.59, citant Philip O'Flaherty 25 décembre 1881, dans *The Church Missionary Intelligencer*, 1882p.95.

[80] AGMAfr Livinhac 2, *Testaments*.

communauté le trouvaient déjà en train d'effectuer un temps de prière silencieux devant le Saint Sacrement. Il abhorrait les luxes superflus, ce qui justifia fondamentalement son intolérance pour le tabac. Il explosa de colère lorsqu'il apprit qu'un missionnaire avait commandé, auprès d'une usine en Europe, des cigares pour un montant total s'élevant à des milliers de francs. Selon lui, il s'agissait « d'une faute grave et scandaleuse en matière de dépenses qui pouvait scandaliser les bienfaiteurs. »[81] Vers la fin de sa vie, il devint de plus en plus sensible aux transgressions de la règle et ceci explique certaines de ses déclarations qui semblent excentriques de nos jours. Pendant la guerre, les missionnaires servant sur le front s'habituèrent à avoir les cheveux plus longs et à ne porter ni barbe ni moustache. Livinhac exigea le respect immédiat de la règle qui stipulait que les missionnaires devaient adopter une coupe rase et porter une longue barbe. Le rasoir, déclara-t-il, « (est un) instrument qui ne devrait pas même figurer dans le trousseau d'un missionnaire ».[82] Au cours de sa dernière année de vie, il se trouva mêlé à une controverse concernant la pratique eucharistique. La règle stipulait que les retraitants devaient s'abstenir de recevoir la communion pendant les trois premiers jours de la retraite annuelle mais, pour certains missionnaires, cette pratique semblait contredire celle de la communion fréquente introduite par le pape St Pie X. Livinhac insista sur cette abstention et ne put être convaincu du contraire qu'après l'intervention du *Propaganda Fide* en faveur des innovateurs.[83]

Livinhac éprouvait un grand respect pour les rubriques de la messe et l'office divin. Il récitait quotidiennement le bréviaire, l'angélus et le chapelet, et ceci presque jusqu'au jour de sa mort. Lors de sa dernière maladie, il reçut la faculté de Rome de remplacer le bréviaire par le chapelet mais il insista pour que ceux qui le soignaient continuent de lui réciter l'office divin. Lorsque son état de santé le lui permettait, il se rendait au cimetière chaque dimanche afin de prier pour des confrères décédés. Il disait le bénédicité pour chaque aliment ou boisson qu'il consommait. Même lors de son ultime accès de délire, il ne manqua pas de bénir les médicaments qui lui étaient administrés. Avant tout, Livinhac était fidèle à la méditation et aux exercices spirituels ignaciens. Sur son lit de mort, le *Suscipe* de Saint Ignace de Loyola fut l'une de ses prières de prédilection.[84]

En 1921, les quatre assistants généraux de la Société décidèrent que l'heure était venue de demander au pape d'octroyer le titre d'archevêque à Livinhac. En juin 1920, Alexis Lemaître avait déjà été créé archevêque coadjuteur de Carthage avec droit de succession. Fut-il estimé juste que, si Livinhac devait demeurer « l'évêque de toute la Société » et supérieur de tous ses évêques, il devait également bénéficier du statut archiépiscopal ? Ou s'agissait-il simplement du désir d'honorer l'homme qui entamait sa trentième année en tant que supérieur général ? Voillard, qui succéda à Livinhac, devait diriger la Société pendant quatorze ans sans devenir évêque, et encore moins archevêque.[85] Quelle qu'en soit la raison, le complot fut ourdi à l'insu de Livinhac afin de lui présenter un fait accompli. S'il l'avait su, il aurait catégoriquement refusé l'honneur. Louis Burtin formula la demande au nom du Conseil général, ceci en dépit des violents troubles perpétrés par les fascistes de Mussolini qui agitaient les rues de Rome. En chemin vers le Vatican, les fascistes le firent descendre du tram dans lequel il se trouvait et, par conséquent, il dut terminer le trajet à pied. Assailli

[81] *Petit Echo*, n° 90, avril 1921, p.53.
[82] *Petit Echo*, n° 87, janvier 1921, p.1
[83] *Petit Echo*, n° 95, septembre 1921, p.133; n° 99, janvier 1922, p.1.
[84] AGMAfr Livinhac, 2, *Testaments*.
[85] Voillard fut suivi de deux évêques : Birraux et Durrieu.

sous une pluie de balles, Burtin fut contraint de se mettre à l'abri jusqu'à l'arrivée des forces policières. Miraculeusement, il en sortit indemne mais d'autres à ses côtés furent blessés. Après cette dramatique mésaventure, la requête fut déposée et reçut une réponse positive.[86]

Le 27 juillet 1921, un télégramme, envoyé par Burtin et annonçant la nouvelle, arriva à Alger. Livinhac la reçut sans enthousiasme, fixant Voillard et ses chers conspirateurs d'un regard accusateur.[87] Le titre fut officiellement attribué lors du consistoire secret du 21 novembre. Jusqu'alors, le titre épiscopal de Livinhac avait été évêque de Pacando.[88] Il était désormais l'archevêque titulaire d'Oxyrhynque, une désignation abandonnée par John MacIntyre lors de sa consécration en tant qu'archevêque de Birmingham en Angleterre.[89] Le curieux et peu élégant nom d'*Oxyrhynque* se référait à une ville égyptienne située sur les rives du Nil, à l'extrémité du désert occidental. À l'époque des pharaons, cette ville était devenue le centre du culte du poisson au « nez effilé », l'*Oxyrhynque* ou perche du Nil, qui apparaissait dans un mythe fâcheux concernant le dieu Osiris.[90] La ville d'Oxyrhynque (désormais Al-Bahnasa or El-Behnesa) était devenue un important centre chrétien et un siège métropolite. Selon les dires, la ville comptait plus de monastères que de résidences privées. En outre, une légende racontait que la Sainte famille s'y était rendue durant la fuite vers l'Égypte. En 1896 et 1907, des fouilles archéologiques furent effectuées sur le site et des fragments de papyrus du Nouveau Testament, datant du IIIe siècle, y furent découverts.

Un dîner fut organisé au noviciat afin de célébrer la nouvelle distinction honorifique de Livinhac. Voillard dut donner quelques explications. Il remua ciel et terre dans un discours plein d'esprit auquel Livinhac même ne pouvait s'opposer.[91] Ce n'était pas la faute du Conseil général, déclara Voillard. Il s'agissait d'un complot orchestré au paradis par les martyrs ougandais qui souhaitaient voir leur grand-père *Vinyaki* partager leur honneur en recevant un autre rang de glands sur son chapeau épiscopal.[92] Les martyrs avaient demandé à la *Namasole* (la Reine mère) Marie de les soutenir et Benoît XV eut une vision où ils apparurent en tant qu'ambassadeurs. Par conséquent, le pape avait décidé de changer le titre de Livinhac, passant du distant Pacando (en Turquie) à un lieu situé sur la rivière qui prenait sa source dans le lac Nyanza, dans lequel les martyrs furent baptisés. Voillard parvint à impliquer Lavigerie dans l'histoire ainsi que les premiers missionnaires et les regrettés vicaires apostoliques. Le récit se concluait avec l'approbation de Jésus en personne ! Sans grande conviction, Voillard ajouta que si son histoire était une exagération, il était certainement vrai que cette récompense en l'honneur du labeur de Livinhac n'aurait pu être rendue possible sans l'intercession des Martyrs et le désir de la Sainte Vierge.

Dans sa réponse, Livinhac fit contre mauvaise fortune bon cœur. Les honneurs ne lui étaient pas destinés. « Que suis-je ? Un vieil homme, un inconnu. C'est à notre Société que cet honneur est adressé. Notre Société est créée archevêque, non moi ! » « Pacando était suffisant », confia-t-il plus tard aux novices lors de la fête de

---

[86] *Rapports Annuels*, n° 17, 1921-1922, pp.23-24.

[87] *Rapports Annuels*, n° 17, 1921-1922, p.6; *Petit Echo*, n° 99, janvier 1922, p.1.

[88] Pacando ou Pacanden était une ville en Cilice dans La Turquie moderne.

[89] AGMAfr 002 13B10, *Bulle de Promotion*, 21 novembre 1921.

[90] Voir articles de l'Internet à ce sujet. On disait que le poisson a mangé le phallus d'Osiris après le démembrement de son cadavre par son fils Seth.

[91] Petit Echo, n° 99, janvier 1922, pp.3-8 ou se trouvent les textes complets du discours et de la réponse.

[92] Le chapeau héraldique d'un évêque a six glands. Celui d'un archévêque en a dix.

l'Immaculée Conception.[93] Voillard se félicita du succès de son stratagème. « J'ai trouvé les moyens, écrivit-il, de démontrer à tout le monde que cet honneur du Saint-Siège était légitime. Je l'ai fait durant le dessert de façon à ce que Monseigneur semble l'accepter de son plein gré. Pendant la soirée, il sembla heureux de sa journée et tout le monde partagea son bonheur. Que Dieu soit loué ! »[94] Cet épisode fut l'ultime mise à l'épreuve de l'humilité et de l'obédience de Livinhac. Toutefois, Monseigneur Livinhac continua d'avoir des soupçons et d'éprouver quelques légers ressentiments lorsqu'il écrivit à Burtin en janvier « Le coupable, c'est peut-être vous ».[95] Cependant, l'incident fut éclipsé par le décès de Benoît XV et l'élection de son successeur.

Les derniers jours

Livinhac était un homme grand et il continua à bien se porter. Toutefois, sa santé se fit de plus en plus fragile et ses accès de fatigue se prolongèrent et devinrent plus fréquents. Il parlait souvent de son âge avancé et de sa mort prochaine. « Je suis atteint d'une maladie qui s'appelle soixante-quinze ans », plaisanta-t-il en 1921.[96] Lors de la célébration du nouvel an en 1922, il fit à nouveau mention de son grand âge, qui lui concédait le droit de citer les paroles de Saint Paul : *cupio dissolvi*, « j'ai le désir de m'en aller et d'être avec Christ ».[97] En avril, il entama sa cinquantième année en Afrique et en juin la soixante-dix-septième de sa vie. Ses confrères attendaient avec impatience la célébration de son jubilé d'or de prêtrise en 1923 mais Livinhac ne s'intéressait, quant à lui, qu'à la grâce d'une bonne mort. Il réduisit son nombre d'heures travaillées et consacra davantage de temps à la prière devant le Saint Sacrement. En mai, il fut atteint d'un autre accès de fatigue mais, vers la mi-juillet, il était à nouveau de retour dans la chapelle et au dîner avec la communauté.[98] Au mois d'août, il était trop faible pour célébrer la messe, même dans son oratoire privé. Il demeura plus ou moins confiné dans sa chambre. Un autel fut installé dans son bureau de façon à ce que Girault puisse y célébrer la messe et lui donner la communion. Quand questionné sur son état de santé, il répondait : « Je ne souffre point mais je sens que je m'en vais vers mon éternité…il s'est produit en moi une sorte d'effondrement de l'esprit comme du corps. »[99]

À la fin du mois d'octobre, Livinhac s'alita pour ne jamais se relever.[100] Sa fatigue chronique se trouvait désormais aggravée, entre autres, par des troubles intestinaux. Un médecin venait lui rendre visite régulièrement et lui prescrivait des injections mais elles ne procuraient nul soulagement et le patient demanda l'arrêt du traitement. Chaque jour, un infirmier lui lisait des passages de l'Ancien et du Nouveau Testaments en latin et en français et, à l'heure prévue pour la lecture spirituelle, il lui lisait un extrait tiré d'un ouvrage d'un auteur spirituel. Le 4 novembre, Joseph Mercui

[93] *Rapports Annuels*, n° 17, 1921-1922, p.14.

[94] AGMAfr 002 14B10, Voillard à Burtin (?), 20 janvier 1922.

[95] AGMAfr 006152, Livinhac à Burtin, 20 janvier, 1922.

[96] *Rapports Annuels*, n° 17, 1921-1922, p.6.

[97] *Ibid.* p.14 ; Phil. 1 :23.

[98] *Petit Echo*, n° 110, décembre 1922, p.166.

[99] *Ibid.*, p.168.

[100] Un récit assez long de la mort de Livinhac et de ses funérailles se trouve dans *Petit Echo*, n° 110, 1 décembre 1922. Le numéro qui suit est dédié aux lettres de condoléance. D'autres notes et hommages se trouvent dans *Rapports Annuels*, n° 18, 1922-1923, pp. 6-29 et *Missions d'Afrique*, n° 294, décembre 1922, pp.353-362. Des notes par les frères infirmiers Félicien et Chanel (Jan Willebrands 1890-1952) se trouvent, avec coupures des journaux et dispositions testamentaires, en AGMAfr Livinhac, 2, *Testaments*. Le récit donné ici se base sur tout ceux-ci.

(1854-1947) s'était attelé à cette tâche mais Livinhac lui demanda d'arrêter. « Ma pauvre tête ne peut supporter davantage. Je suis incapable de suivre. » À compter du dimanche 5 novembre, il lui fut impossible d'avaler des aliments solides et ne se nourrit plus que de quelques gorgées de lait et de soupe de légumes. Dans l'après-midi, Voillard l'oignit en présence de confrères représentant les diverses communautés de Maison Carrée. Livinhac était conscient et put prononcer les réponses à voix haute. Après, il bénit les personnes présentes et l'ensemble de la Société d'une affection manifeste. Monseigneur l'archevêque Leynaud d'Alger lui rendit visite durant la soirée et Livinhac lui confia : « Je suis sur le départ ! Conformément à la volonté de Dieu, quand il veut et où il veut. »

Il finit par commencer à perdre le sens du temps et à penser que c'était toujours le soir. Il récitait l'angélus et ses prières de prédilection avec les infirmiers. « Je n'ai rien fait », s'exclama-t-il un jour. « Et pourtant, j'assume une grande responsabilité. Toutefois, je m'abandonne à la miséricorde infinie de Dieu. » Puis, le mercredi, il reçut le viatique après la prière matinale et demanda à l'infirmier de l'aider à faire son action de grâce, terminant uniquement après s'être assuré que le temps requis était écoulé. Il ne tarissait pas d'éloges ni de gratitude. « Que Dieu est bon ! Il vient me rendre visite dans ma pauvre chambre. » Par la suite, il reçut un télégramme de Burtin faisant mention de la bénédiction du pape. « Quelle bonté de la part du Saint-Père que d'avoir une pensée pour moi ! », fut ce qu'il répondit. À maintes reprises, il remercia les infirmiers qui s'occupaient de lui : « Merci, cher Père, merci ! Dieu vous bénira dans ce monde et le prochain…Que le bon Dieu vous récompense pour tout ce que vous faites pour un vieil homme si difficile et désagréable. »

À mesure que son délire s'intensifiait, il ne cessait de parler : « Je ne peux rien faire de plus. Ô mon Dieu, ayez pitié de moi » ou « Que c'est froid ». Une oraison jaculatoire qu'il aimait à répéter était sa propre devise épiscopale en honneur à Notre Dame pour qui il avait toujours eu une tendre dévotion : *Totus tuus sum ego, Maria* (« Je suis tout à vous, Marie »). Le soir du vendredi 10 novembre, il tomba dans un état de demi-conscience et l'agonie s'empara de son être pendant toute une longue journée. En dépit du fait qu'il ne réagissait pas à ce qui lui était dit, il ne cessa de répéter : « Jésus, Marie, Joseph ». Le samedi 11 novembre, la communauté se rassembla dans sa chambre après la prière du soir. La messe fut célébrée une dernière fois. La respiration de l'homme mourant était libre et régulière mais la mort était manifestement proche. À vingt heures quarante-cinq, il exhala son dernier soupir. Voillard lui donna l'absolution et lui ferma les yeux. Puis, Voillard et les autres présents vinrent baiser la main de Livinhac.

Pendant toute la journée du dimanche, le 12 novembre, son corps fut exposé solennellement dans la chapelle du noviciat des frères, où les novices le veillèrent et baisèrent les « pieds vénérables qui…(cheminèrent) sur la route meurtrière des caravanes ».[101] Le lundi 13 novembre, les funérailles furent célébrées par Monseigneur Durand d'Oran dans la chapelle de la maison mère. Monseigneur l'archevêque Leynaud fit appel à certains souvenirs, dont notamment ceux relatifs à la consécration épiscopale de Livinhac par le cardinal Lavigerie, cérémonie à laquelle il avait lui-même assisté. Les novices eurent ensuite l'honneur de porter le cercueil jusqu'au cimetière où il fut déposé dans une tombe tapissée de briques. Lors de la célébration du requiem commémoratif un mois plus tard, un saisissant éloge panégyrique fut prononcé par Prosper Repeticci, curé de Maison Carrée.[102] Son thème

---

[101] *Rapports Annuels*, n° 18, 1922-1923, p.16.
[102] Repeticci, Prosper, *Oraison Funèbre de Sa Grandeur Monseigneur Livinhac, 16 décembre 1922*, Alger 1923, AGMAfr *Dossier Miscellanea*, Maison Carrée 6, pp.567-582.

majeur porta sur le fait que l'œuvre du cardinal Lavigerie, aussi énergique et inspirée qu'elle ait pu être, nécessitait la prudence et la sainteté de Monseigneur l'archevêque Livinhac pour la mettre à profit. Le génie ne suffisait pas. En fin de compte, seule la gentillesse avait le pouvoir de rendre son œuvre féconde.[103]

Livinhac avait rédigé son testament en décembre 1914.[104] La moitié des deux mille francs qu'il avait laissée derrière lui fut léguée aux Missionnaires d'Afrique pour renflouer leur compte général et pour financer la célébration de messes. Le reste fut divisé en petits legs destinés à des membres de sa famille et à sa paroisse de naissance. À l'exception de son calice et de son insigne épiscopal, tous ses biens (à savoir une montre, un réveil et quelques livres) furent légués à trois petits-neveux. Enfin, huit volumes rédigés par des auteurs spirituels furent remis à Voillard. Son testament fut homologué en janvier 1923. Il s'agissait du testament d'un pauvre missionnaire africain.

Le cimetière de Maison Carrée ne devait pas constituer la dernière demeure de Livinhac. En avril 1970, le bureau d'urbanisme de la ville d'Alger ordonna le retrait du cimetière en vue d'y construire une portion d'autoroute. Les restes de Livinhac furent exhumés et enfermés dans une urne. Celle-ci fut transportée par fourgon mortuaire à la basilique de Notre Dame d'Afrique, où elle fut déposée dans un caveau situé sous la chapelle de Saint Augustin.[105] En 1975, Monseigneur l'archevêque (puis cardinal) Emmanuel Nsubuga de Kampala se rendit à Alger pour prendre possession des restes. Il avait l'intention de les enterrer dans le nouveau sanctuaire des martyrs construit à Namugongo, en Ouganda, aux côtés des autres « ancêtres de la foi » qui avaient également participé aux premières caravanes à destination de l'Ouganda en 1878-1879.[106] Le 14 avril, le caveau fut ouvert en présence de Monseigneur l'archevêque Nsubuga et de Monseigneur Jaquier, auxiliaire d'Alger. Le soir même l'urne fut acheminée par avion à Kampala.[107] Le 3 juin 1975, le sanctuaire de Namugongo fut consacré par un légat pontifical spécialement désigné, Sergio Cardinal Pignedoli. L'urne de Léon Livinhac fut transportée en procession vers le sanctuaire, suivant la tradition africaine qui consistait à le porter en l'air sur la tête du porteur et parmi les joyeuses acclamations d'une énorme foule. Parmi la procession d'évêques et de membres du clergé figuraient Monseigneur Victor Womeraka Mukasa, le premier prêtre de l'Afrique équatoriale. Ce fut un retour historique au pays pour « Grand-père *Vinyaki* ».[108]

---

[103] *Ibid.*
[104] AGMAfr Livinhac, 2, *Testaments.*
[105] *Petit Echo*, n° 614, 1970, pp.489-490.
[106] Cette intention n'est pas encore réalisée.
[107] *Petit Echo*, n° 661, 1975, pp.386-388.
[108] L'auteur assista à la cérémonie.

ÉPILOGUE

Au début de cet ouvrage, une question fut posée concernant l'impact de la Grande Guerre sur la Société des Missionnaires d'Afrique et sur l'Église catholique en Afrique, dans la mesure où celle-ci était remise à la charge de la Société. Il ne fait aucun doute qu'à court terme les conséquences de la guerre furent dévastatrices. Les tueries et les destructions, ainsi que les pertes humaines engendrées par la famine et les maladies, furent accablantes. La guerre et ses conséquences entraînèrent une désorientation sociale et économique. Des vies furent perdues. Des vocations missionnaires furent abandonnées. Des biens matériels furent détruits. La communauté chrétienne connut un déclin ou les chiffres stagnèrent temporairement. Les Africains eurent raison de souligner la cruauté et la futilité de la guerre. Il s'agissait véritablement d'une « grande tempête » qui ruina des vies et anéantit des relations. En particulier, la guerre envenima les affaires internationales en Europe pendant la plus grande partie du XXe siècle, résultant en une seconde guerre mondiale et en la guerre froide qui s'ensuivit. Il semble tout à fait légitime de se demander si la magnanimité et la bravoure manifestées sur le champ de bataille à travers le sacrifice héroïque de jeunes hommes, blancs comme noirs, valurent la peine. Ces sacrifices furent probablement injustifiés, mais le désordre et les troubles constituèrent-ils les seules conséquences du conflit ? Il semblerait que tel ne fut pas le cas. Au cours des huit années (1914-1922) couvertes dans cette rétrospective, le bilan fit peut-être l'objet de doutes mais, à la fin de cette période, la situation commença à se stabiliser et, à long terme, les perspectives d'avenir semblèrent prometteuses.

En premier lieu, la guerre fut accompagnée d'un changement des relations et de nouvelles perspectives. Le fait que les missionnaires et les chrétiens africains s'étaient rapprochés et se comprenaient mieux constituait probablement, aux yeux des Pères Blancs, la conséquence la plus positive et considérable du conflit. Grâce au vécu de la guerre, une meilleure compréhension mutuelle avait été rendue possible. Les amitiés forgées dans l'adversité sont des plus fortes et les deux parties avaient désormais une meilleure compréhension des aspirations de chacun. Pour les Pères Blancs, comme l'avait affirmé Livinhac, l'Afrique était dorénavant une « patrie » dans un sens bien réel, transcendant et relativisant leurs nationalités d'origine. Une sensibilisation missionnaire se manifesta face au nationalisme africain embryonnaire. La graine d'une éventuelle coopération politique au milieu du XXe siècle avait été semée. Les africains, de leurs côtés, étaient plus sûrs des intentions des missionnaires qu'ils ne l'avaient été avant la guerre. Ils avaient partagé l'expérience de la guerre avec eux et leur gentillesse ne faisait nul doute. Désormais, ils comprenaient mieux leurs positions par rapport aux missionnaires et les raisons pour lesquelles ces derniers étaient venus sur le continent africain.

Le colonialisme fut un dérivé des nationalismes européens rivaux qui avaient engendré la guerre. Toutefois, le conflit entraîna le développement de relations nouvelles entre les Missionnaires d'Afrique et les puissances coloniales. Les nations alliées (Belgique, Grande-Bretagne et France) furent les principales bénéficiaires de la guerre. Leurs colonies s'en trouvèrent renforcées et élargies. Le plus souvent, ces nations étaient reconnaissantes envers les missionnaires pour leur loyauté et leur coopération dans la lutte contre l'Allemagne. Pour les Français, l'anticléricalisme fut effectivement relégué au passé. Les puissances européennes offraient désormais une perspective de partenariat concernant le projet colonial, particulièrement dans le domaine de l'éducation. Les Pères Blancs, entre autres, furent ravis de saisir cette opportunité. Toutefois, la guerre avait terni la réputation du colonialisme. Pour ceux qui y réfléchissaient profondément, son avenir à long terme était loin d'être assuré. Tout en coopérant au sein du système colonial, de nombreux Missionnaires d'Afrique cherchèrent également à se distancer de l'inégalité, de l'assujettissement et de l'exploitation que le colonialisme promouvait. Ils craignaient son sécularisme intrinsèque et son soutien pragmatique concédé à l'Islam. Ils s'opposaient à son acceptation des traditions culturelles injustes, particulièrement celles concernant le mariage et le statut des femmes. Ils rejetaient la discrimination raciale, à la fois implicite et explique, tout comme les travaux forcés. Ils purent également se permettre d'ignorer les frontières coloniales au plus grand bénéfice de leur propre réorganisation régionale et de l'introduction d'un système de séminaires inter-vicariaux.

La Première Guerre mondiale avait menacé le caractère international de la Société. Il était sans cesse question de compromis entre les obligations nationalistes des puissances coloniales et la géographie du recrutement de la Société, bien loin des exigences d'un catholicisme pragmatique qui favorisait les communautés locales rassemblant des membres de diverses nationalités. L'antagonisme d'après-guerre entre les Français et les Allemands constitua une sérieuse menace mais, heureusement, le bon sens prévalut. Principalement grâce à la présence des Canadiens francophones, le caractère international de la Société se trouva renforcé sur le long terme.

L'influence de deux personnages exceptionnels se révéla indispensable à la reprise d'après-guerre de la Société des Missionnaires d'Afrique. Il s'agit de Léon Livinhac et de Giacomo Della Chiesa (Benoît XV). Contrairement à Charles Lavigerie, le fondateur de la Société, Livinhac n'était pas un stratégiste missionnaire au sens strict du terme. Toutefois, il respecta obstinément les principes missionnaires que Lavigerie lui avait enseignés. Son supériorat, qui dura trente ans (1892-1922), représenta un lien ininterrompu avec le fondateur et les origines de la Société. Livinhac vécut dans l'ombre de Lavigerie, pour ainsi dire, et son long règne conféra continuité et stabilité pour la gestion de la Société. En outre, Paul Voillard qui, à son tour vécut dans l'ombre de Livinhac, poursuivit la tradition après la mort de ce dernier pendant quatorze ans. Livinhac mit en pratique les idées de Lavigerie et accomplit la mise en œuvre de l'organisation des Missionnaires d'Afrique que le fondateur avait laissée inachevée.[1] Sa personne représentait également le missionnaire exemplaire qui avait personnellement vécu tel un membre ordinaire de la Société.[2] Pendant et après la guerre, les qualités de dirigeant de Livinhac atteignirent de nouveaux sommets. Aux yeux de la majorité des Pères Blancs, il était identifié à la Société même et à ses débuts, à la fois en Afrique du Nord et en Afrique équatoriale. Son rôle de leader était affaire quotidienne et pragmatique, exercé à travers ses prises de décision et ses correspondances. Livinhac faisait également figure de véritable guide spirituel qui répondit aux souffrances de ses confrères dans les tranchées et qui encouragea sa

---

[1] Burlaton, Louis, *Le role providential de Mgr. Livinhac dans notre Société* , (dactylographié), AGMAfr, 4, III.
[2] *Ibid.*

sublimation dans leur vie intérieure. La sainteté personnelle de Livinhac renforçait tous ses propos, oraux comme écrits, concernant la sainteté missionnaire.

Benoît XV se concentra plus globalement sur l'évangélisation missionnaire. Il était indubitablement un stratégiste missionnaire, opérant au plus haut niveau possible. Il tirait ses conclusions d'une longue association avec la Société des Missionnaires d'Afrique et tout ce qu'elle représentait. Benoît XV éternisa les implications des politiques des Pères Blancs. Anticipant déjà la fin du colonialisme, il préconisa fortement la formation d'un clergé indigène. Les Missionnaires d'Afrique s'y étaient déjà engagés et Benoît XV apporta personnellement tout son soutien en son pouvoir à cette entreprise. Il appréciait également le caractère international de la Société des Pères Blancs et accordait moins d'importance aux divisions nationalistes qui avaient engendré la Première Guerre mondiale. Les territoires des missions, dans lesquels de nombreuses nationalités s'entrecroisaient, constituaient le lieu idéal pour le développement d'un catholicisme qui transcendait toutes les nationalités.

Les priorités de Benoît XV furent confirmées par l'ordination de prêtres africains qui eurent lieu pendant et après la guerre dans les vicariats Pères Blancs d'Ouganda, du Territoire de Tanganyika, du Ruanda et du Congo, ainsi que par leur initiation au travail pastoral. Son respect envers les Africains atteignit son paroxysme lors de la béatification des martyrs ougandais. Leur cause avait été promue par les Missionnaires d'Afrique pratiquement dès le moment de leur mort et particulièrement par Livinhac qui avait recueilli les premiers témoignages en Ouganda en 1890 et qui avait personnellement préparé les documents de la procédure à Alger. Benoît XV avait, quant à lui, fait de leur cause la sienne. La béatification du 6 juin 1920 fut le plus bel hommage que l'Église pouvait rendre au peuple africain et à la sincérité de sa foi. Ce fut également un magnifique compliment adressé à Livinhac et à la Société dont il était à la tête.

La guerre de 1914-1918 engendra une renaissance spirituelle des Missionnaires d'Afrique et jeta également les bases propices à la forte progression de la religion catholique des années 1920 et 1930. En dépit de toutes ses horreurs, des souvenirs effroyables qu'elle évoque et de tous les désastres qui suivirent son passage, la Première Guerre mondiale stimula, en définitive, l'essor quantitatif et qualitatif de la chrétienté africaine dans les territoires missionnaires des Pères Blancs.

APPENDICE I

Les Morts de la Guerre 1914-1918

Introduction

Ceci est une liste des Missionnaires d'Afrique qui, ayant prononcé leur serment missionnaire ou étant toujours dans la formation, sont morts en raison de la guerre. Elle inclut ceux qui ont été tués sur le champ de bataille, et ceux qui sont morts ailleurs des suites directes des hostilités : des blessures infligées, des infections ou des conditions éprouvées au service actif, ou comme internés ou sous l'occupation ennemie. La grippe espagnole mortelle était répandue parmi des soldats la dernière année de la guerre et sa diffusion a été associée aux mouvements des troupes et à la basse résistance des soldats à la pandémie. On dit que presque un demi-million de soldats allemands a succombé à la maladie à sa première manifestation. En Macédoine, la malaria, faisait dix victimes parmi les alliés pour chaque soldat blessé ou tué à l'ennemi, et la base alliée à Salonique s'est appelée un « vaste hôpital ». Les aides soignants, comme plusieurs des pères blancs, ont été exposés à de telles infections par leur travail d'hôpital.

L'état d'une jeune victime d'apoplexie (n° 46) a pu avoir été un désordre de cerveau attribuable à une commotion cérébrale ou tension post-traumatique à la suite d'éclatements d'obus. Quelques autres missionnaires au service actif, qui a néanmoins survécu, semblent avoir souffert d'un désordre ou tension post-traumatique semblable.

Cette liste inclut quarante-six Français, neuf Allemands et cinq Belges. Parmi eux il y a quatorze pères, onze frères, onze scolastiques (dont un diacre), quatorze novices (dont un novice-prêtre) et dix aspirants. Sans doute le nombre d'aspirants doit être plus grand parce qu'il n'y avait pas normalement des notices nécrologiques pour aspirants. On a calculé qu'entre dix et quinze aspirants sont morts des suites directes des hostilités.[1] Le total de 60 individus donné dans cette liste est donc modeste. La liste inclut aussi le nom du Père Eloi Falguières (n° 22). Bien qu'il n'est pas mort au service actif, il a souffert les effets à long terme de l'empoisonnement de gaz de phosgène et mourut en raison de la condition six ans après la guerre, le 28 septembre 1924. Dans quatre cas, Joseph Buatois (n° 9), Georges Maeyaert (n° 35), Léon Pignide (n° 46), et Antoine Toulemonde (n° 55) il n'est pas évident dans quel mesure les conditions de guerre ont occasionné leur mort. Pourtant les noms sont dans la liste faute d'évidence au contraire.

Parmi trente-sept Français tués à l'ennemi trente-cinq ont été trouvés sur la base de données officielles du ministère de la défense français.[2] Ceci donne un facsimile de la

---

[1] *Petit Echo* n° 72, octobre 1919, p.203.

fiche officielle dans chaque cas. Il y a des anomalies du nom, de l'âge et des dates de naissance/mort dans beaucoup des fiches. Il y a également des effacements et des corrections fréquents. Dans l'ensemble, la liste donnée ici reproduit les noms et les dates trouvés dans les archives, les publications, les notices nécrologiques et les calendriers des Missionnaires d'Afrique. Quelques variantes dans les actes officiels sont notées.

Les Morts

1. **Apitz**, Gustave (Ludger), frère allemand âgé 20 ans. Né à Cologne 1895. Mobilisé en 1914. Mort à l'hôpital à Châtel (Rhône), 28 août 1915.

2. **Béraud**, Jean-Baptiste, (Baptiste-François-Joseph), scolastique français âgé 24 ans. Né à St. Privat d'Allier (Haute Loire) dans le diocèse de Le Puy 26 septembre 1891. Caporal du Premier Régiment de Marche d'Afrique.[3] "Courageux et dévoué". Tué aux Dardanelles le 21 juin 1915, dans un acte courageux de mener l'assaut sur des fossés récemment occupés. Il a reçu une balle dans l'œil droite qui le tua sur place. Enterré la même nuit. Au moment de la mobilisation il devait être ordonné prêtre.

3. **Berthoumieux**, Gabriel, (Jean-Gabriel-François-Joseph), scolastique français âgé 22 ans. Né à Antoire (Lot), diocèse de Cahors, le 6 octobre 1893. Caporal du Premier Régiment de Marche d'Afrique.[4] Mort des blessures par balle le 17 novembre 1915 à la gare de Strumitza en Serbie. "Un saint". Il a reçu une balle dans l'estomac pendant une patrouille de reconnaissance le 16 novembre. Il demanda à ses confrères de ne pas risquer leur vie en le ramenant du front. Le Père Jean-Baptiste Blin (1887-1977) lui donna les derniers sacrements et il mourut au poste de secours à la gare de très bonne heure le 17 novembre. Il fut enterré au cimetière de Strumitza. Le Père Arsène Sabau (1887-1974) visita son tombeau plus tard le même mois.

4. **Boissay**, Alphonse, Pascal (Martial), novice frère français âgé 23 ans. Né à Orléans le 19 mars 1891. Soldat Première Classe au Premier Régiment de Zouaves (Troupe Montée). Tué à l'ennemi aux écuries du Pas de Calais (Arras) le 24 octobre 1914.[5] Il refusa d'être transporté au poste de secours, disant "Je suis blessé mortellement. Je sens que je vais mourir. Je veux rester seul et me préparer à paraître devant Dieu." Il avait décliné la Médaille Militaire.

5. **Boyer**, Adrien, (Adrien-François-Germain), novice clerc français, âgé 20 ans. Né à S. Christophe-Vallon (Aveyron), diocèse de Rodez le 5 septembre 1895. Soldat deuxième classe au quatrième Régiment de Zouaves. Il est mort à l'hôpital militaire de Nice le 16 juin 1915 des suites des blessures reçues au front des Dardanelles.[6]

---

[2] *Ministre de la Défense, Secrétariat général pour l'administration* (SGA), *Mémoire des Hommes. Les morts pour la France de la guerre 1914-1918.* Les seuls noms qui manquent sont Daniel Jouve (n° 30) et Pierre Le Cléach (n° 31).
[3] *Notices Nécrologiques, Rapports Annuels*, no.10, p.14* précise "4ième Zouaves".
[4] *Notices Nécrologiques, Rapports Annuels*, no.10, p.7* précise "4ième Zouaves".
[5] SGA donne 23 octobre .
[6] SGA donne 15 juin.

6. **Brauchle**, Gustave (Albert), frère allemand âgé 25 ans. Né à Furamoos (Rottenburg) 1889. il servit comme valet d'écurie d'une troupe montée allemande. Tué à Ypres, Belgique, le 5 décembre 1914.

7. **Bros**, Jean, Paulin, Marius, aspirant français en philosophie á Binson âgé 25 ans. Né à S. Bauzile (Lozère) le 23 novembre 1893. Sergent au 142ᵉ Régiment d'Infanterie. Disparu à la Somme (Moreuil) 4 avril 1918.[7]

8. **Brossier**, Léon, (Marie), père français âgé 36 ans. Né à Cholet (Maine et Loire), diocèse d'Angers, le 21 juin 1882. Missionnaire en Uganda. Sergent brancardier au 116ᵉ Régiment de Chasseurs à Pied. Combattu à Verdun, pour la reprise de Douaumont. Tué le 18 septembre 1918, dans les Vosges, par un shrapnel.[8] Il avait reçu la Croix de Guerre et fut cité á l'ordre du jour quatre fois. Le 13 novembre 1916 il a écrit: "Je reviens sain et sauf de Verdun la deuxième fois, grâce á Dieu. Que de fois mon cœur n'a-t-il pas lancé un appel à la Bienheureuse Mère des cieux et à nos chers saints du Buganda?"

9. **Buatois**, Joseph, père français âgé 31 ans. Né à Ratte (Saône et Loire), diocèse d'Autun le 5 mars 1884. Il a fait serment en 1909 et fut ordonné prêtre l'année suivante, nommé d'abord à Jérusalem et ensuite économe à Thibar, Tunisie. Mobilisé comme aide-soignant en 1914, il soignait les soldats malades à la prison militaire de Teboursouk, Tunisie. Il travaillait avec une équipe de soldats à construire des routes quand il a eu un grave malaise le 30 mai 1915, et mourut après six jours d'une malaria cérébrale le 5 juin 1915 à l'hôpital de Teboursouk. Il était le premier prêtre de la Société à mourir à Thibar.[9]

10. **Cadet**, Léon, père français âgé 37 ans.[10] Né à Steenbecque (Nord), diocèse de Cambrai, le 14 juillet 1878. Missionnaire en Ouganda. Brancardier au 290ᵉ Régiment d'Infanterie. Tué à Verdun par un coup d'obus sur la cave (Colline 304) où il s'abritait le 27 avril 27th. L'explosion a enlevé un pied, a cassé l'autre jambe dans deux endroits et l'a blessé dans la poitrine. Il a vécu pendant trois heures. Il était enterré au cimetière de l'église de Jubecourt (Meuse). On a écrit qu'il possédait « une bonté inlassable ». Dans sa dernière lettre du 24 avril 1916, il a écrit: « Nos épreuves acceptées par nous sont le chemin qui mène à la future gloire et une récompense éternelle… si Dieu souhaite me garder pour l'Ouganda, il le fera. Ceux qu'il garde sont soignés. S'il souhaite m'appeler plus rapidement à son côté, je ne serai pas moins heureux. » Son nom est gravé sur le panneau de devant du maître-autel à la chapelle de l'Ossuaire de Douaumont.

11. **Capelle**, Clovis-Hubert-Joseph scolastique français âgé 29 ans. Né à Cléty (Pas-de-Calais), diocèse d'Arras, le 1 novembre 1888. Sous-lieutenant au Premier Régiment d'Infanterie d'Afrique.[11] Blessé au bras aux Dardanelles, il continuait à s'occuper de ses soldats. Il est mort le 17 avril 1917 à Dihovo, Serbie, en suppliant ses soldats de le laisser et de se sauver. Il a été tué par une balle dans la tête pendant qu'il jetait des grenades à l'ennemi (Bulgare) afin de donner couverture à ses troupes.

[7] SGA donne « tué á l'ennemi » 6 août .

[8] SGA 19 septembre.

[9] AGMAfr. *Notices Nécrologiques*, vol. 3, 1909-1921, pp.199-100 et dossier personnel.

[10] SGA donne trois autres prénoms presqu'illisibles, peut être "Ange-Henri-Paul".

[11] *Notices Nécrologiques, Rapports Annuels*, n°. 11, 1915-1916, p.61* précise "4ᵢᵉᵐᵉ Zouaves".

Il recevait la Croix de Guerre, la médaille en Argent pour courage et la Légion d'Honneur. Le 28 mai 1916 il avait assisté aux funérailles de Régis Delabre en Macédoine.

12. **Carmoi**, Léon-Auguste-Marie, novice clerc français âgé 29 ans. Né à Breteil (Ille et Vilaine), diocèse de Rennes, le 5 septembre 1890. Sergent au 3ième Régiment de Zouaves. Tué á Crouy sur l'Aisne, dans la bataille de la Somme, près de Soissons, le 30 septembre 1914.

13. **Chiron**, Henri-Léon-Benjamin, novice-clerc français âgé 26 ans. Né à Landes Genusson (Vendée), diocèse de Luçon, le 15 décembre 15th. Adjudant du 7ième Régiment de Zouaves. Il est mort le 10 février 1915 à l'hôpital de Poitiers de la typhoïde contractée dans les fossés.

14. **Clavel**, Joseph, père français âgé 31 ans. Né à Duingt (Haute Savoie), diocèse d'Annecy, le 9 mai 1888. Il a fait son serment missionnaire en 1914 et était diacre en train de compléter ses études au scolasticat quand il fut mobilisé au début de la guerre. Il servit dans un Régiment Zouave et fut transféré ensuite á l'hôpital militaire de Teboursouk, Tunisie. En 1915 il fut ordonné prêtre à Alger avec quatre autres diacres-soldats. Il a participé à la bataille de la Somme, mais fut réformé pour raisons de santé. Il est mort à l'hôpital de Versailles de l'influenza Espagnole le 1 août 1919. Il était le 23ième scolastique de Carthage à mourir des suites des hostilités. Son frère, Auguste Clavel (1895-1979), était un ancien combattant de la campagne de Macédoine et un héros de la guerre civile en Russie, ou il fut prisonnier des Bolcheviks en 1919.

15. **Courant**, Alfred, Ambroise, père français âgé 38 ans. Né à Quimper (Finistère) le 20 janvier 1880. Missionnaire en Rhodésie du Nord (Zambie), mobilisé en France ou il était en congé en 1914. Soldat deuxième classe à la 15e Section Médicale. Il a contracté broncho-pneumonie au front de Serbie et mourut dans un hôpital de campagne à Veles (Serbie) le 2 novembre 1918. Il était enterré au cimetière français de Veles.

16. **Courmont**, Jean-Pierre, père français, âgé 33 ans. Né à Beaumetz-les-Cambrai (Pas-de-Calais), diocèse d'Arras, le 2 mai 1883. Il était missionnaire en Ouganda. Soldat deuxième classe, brancardier, à la Première Section Médicale. Tué à Harvillers dans la bataille de la Somme le 29 juillet 1916, quand la tranchée dans laquelle il s'abritait pendant un bombardement lourd s'est effondrée sur lui et sur une quarantaine de ses camarades les enterrant vivants. Le Père Joseph Ménard (1880-1967) a trouvé son tombeau dans le cimetière d'un village voisin et a érigé une croix.

17. **De Boninge**, Lode (Louis), novice clerc belge âgé 22 ans. Né à Wekelgem, Anvers, diocèse de Malines-Bruxelles, en 1896. Brancardier de l'armée Belge. Tué par un obus en Flandres, en allant soigner des malades le 7 mai 1918. Il est mort sur place. Sa statue orne le monument flamand d'Yser à Dixmude. Il était enterré au cimetière militaire de Duinhoek (De Panne). En 1921 ses restes furent transférés au cimetière civil de Wekelgem. En 1936 la permission fut accordé de les transférer à la crypte du monument Yser à Dixmude.

18. **De Langhe**, Auguste, Henri (Liévin), frère belge, âgé 26 ans. Né à Wortegem, Diocèse de Gent en 1890. Brancardier à la 65e Division Belge. Tué par une explosion d'obus près de Ramscapelle en Flandres le 24 août 1917. Il était seulement depuis quelques heures dans les fossés quand un morceau de shrapnel perça son cœur.

19. **Declerck**, Jean-Jules-Joseph, aspirant français en philosophie à Binson âgé 21 ans. Né á Roubaix (Nord), diocèse de Cambrai, le 21 octobre 1894. Soldat deuxième classe, 2e Régiment de Marche d'Afrique (Zouaves). Il servit aux Dardanelles, ou il était blessé pendant un assaut. Il est mort sur le bateau qui le transporté de Mudros à Bizerte en juillet 1915.[12]

20. **Delabre**, Régis, Hippolyte, scolastique français âgé 27 ans. Né à St. Thout (Haute Loire), diocèse du Puy, le 12 février 1889. Il devait être ordonné prêtre à Carthage quand il fut mobilisé. Il était sergent au Premier Régiment de Marche d'Afrique (Zouaves) en Macédoine. Le soir du 27 mai 1916 il s'abritait avec un adjudant dans un fossé à Doiray au front de la Serbie sous une pluie d'obus. Le fossé a reçu un coup direct. L'obus l'a décapité et a enlevé son bras droit. Le Père Joseph Delmer a identifié le cadavre a minuit et a présidé les funérailles de bonne heure le lendemain, assisté par Les Pères Sabau, Blin et Farrussenq et les étudiants Capelle, Verdouck, Huguet et Clavel (Auguste). Une croix a été érigée avec l'inscription « Mort pour la France ». Delmer avait passé la soirée de la journée précédente avec lui et lui avait apporté la Communion le matin du jour de sa mort. Delabre était toujours joyeux et fidèle à son devoir. Dans sa dernière lettre, écrite le 17 avril 1916, il a déploré les deux années d'études qu'il avait perdues mais s'abandonnait á la Providence. Dieu « m'aime et il est meilleur juge que moi sur tout ce qui peut faire du bien ou du mal à ma personne…j'accepte d'avance ce qui peut m'arriver. » Une dernière pensée trouvée dans ses papiers dit : « Dès lors mon baromètre est toujours au beau fixe…Tout est accepté d'avance».[13]

21. **Delarse**, Ernest, scolastique français âgé 35 ans. Né à Lurcy-Levis (l'Allier), diocèse de Moulins, le 21 avril 1881. Adjudant chef dans un régiment de Tirailleurs, il a été blessé à Arras en juin 1915, et a participé à la bataille de Verdun l'année suivante. Trois jours avant sa mort il a écrit : "C'est notre tour pour entrer dans la fournaise. Je fais le sacrifice de ma vie avec générosité selon la sainte volonté de Dieu…si je tombe c'est les saints noms de Jésus, Marie et de la Société qui seront trouvés sur mes lèvres à mon dernier souffle, avec le seul regret que je ne suis pas encore prêtre ou Père Blanc". La veille de sa mort il a écrit au Père Voillard : "Quant à moi je suis entièrement soumis à la volonté de Dieu. Je sais que le moindre éclat d'obus ou une seule balle ne peut pas me toucher sans la permission de Dieu…ce soir nous revenons au même endroit, un des plus dangereux au front à l'heure actuelle. Si je reste là je vous assure mon père que ma dernière pensée sera de notre chère société que j'ai voulu entrer, et de nos supérieurs vénérables. Veuillez présenter mes bons souhaits respectueux à Monseigneur le Supérieur Général et demandez-lui de me bénir." Il a disparu à Esnes (Meuse) le 19 mai 1916. Aucune trace de lui n'a été jamais trouvée.

---

[12] Ceci est l'exposé dans *Notices Nécrologiques, Rapports Annuels*, no. 10, 1914-1915, p.8*. SGA fait un exposé différent et donne une date différente, *viz.* "Disparu", 21 juin 1915.
[13] *Petit Echo*, n° 34, 1916, pp.222-223.

22. **Falguières**, Jean-Marie-Joseph-Eloi, père français âgé 37 ans. Né à Bozouls (Aveyron), diocèse de Rodez en 1887. Après son ordination il enseignait à Bishop's Waltham. Il a été mobilisé en 1914 et fut caporal brancardier dans la 22ᵉ Division Médicale. Il a participé aux conflits à Malmaison en 1917 et à la Somme en 1918. Il est devenu prisonnier à Chemin des Dames et a souffert un emprisonnement dur. Il fut libéré en novembre 1918 et démobilisé l'an suivant. Bien qu'il fut nommé encore à Bishop's Waltham et après à Saint Laurent d'Olt, il souffrait toujours des effets du gaz de phosgène. Après sept années de souffrance il est mort d'asphyxie à Pau le 28 septembre 1924.

23. **Gaillard**, Pierre, aspirant français à St. Maurice âgé 20 ans. Né à Iffendie (Ille et Vilaine), diocèse de Rennes, le 10 novembre 1897. Il était soldat deuxième classe au 2ᵉ Régiment d'Infanterie Coloniale, et a combattu à Verdun, ou sa jambe gauche a été brisée par un obus le 8 octobre 1917. Il est mort à l'hôpital à Roanne (Rhône-Alpes) le 20 octobre 1917.

24. **Gomé**, Lucien (Barnabé), novice frère français, âgé 29 ans. Né au diocèse de Chalons en 1889. A la fin de son service au 3ᵉ Régiment de Zouave, il s'engagea dans le 18ᵉ Régiment de l'Artillerie à la fin de 1915, et a travaillé dans une usine de munitions. Il est mort de la grippe espagnole le 7 octobre 1918 à l'hôpital de Castelsarrasin (Carcassone). Le soin médical avait été laissé trop en retard.

25. **Grison**, Joseph, Jean-Baptiste, diacre français âgé 26 ans. Né à Baisieux (Nord), diocèse de Lille, le 11 avril 1889. Il était sergent au 4ᵉ Régiment Zouave. Sa cuisse fut brisée par un obus près du fleuve Yser à Ypres le 30 avril 1915. Il a reçu l'absolution du Père Charles Joyeux (1885-1936*) en attendant son amputation mais il est mort de ses blessures à l'hôpital à Dunkerque le même jour. Il devait être promu un adjudant.

26. **Guibert**, Henri-Louis-Marie, novice clerc français âgé 30 ans. Né à La Planche (Loire Inférieure), Diocèse de Nantes, le 25 mai 1888. Il était Sergent Brancardier au 9ⁱᵉᵐᵉ Régiment Zouave. Il a participé aux premiers combats de Verdun et a été tué à Landifay dans l'offensif de l'Aisne le 30 octobre 1918 par un éclat d'obus qui a pénétré le cœur. Il était en train de faire une reconnaissance en avant pour un poste de secours. Enterré à Landifay. Il avait reçu la *Croix de Guerre*.

27. **Guillou**, Adrien, novice clerc français âgé 28 ans. Né à Ste-Lumine-de-Coutais (Loire Inférieure), Diocèse de Nantes, le 27 novembre 1889. Il était Sous Lieutenant au 1ⁱᵉʳ Régiment Mixte de Zouaves/Tirailleurs, et il a été tué à Beaulne et Chivy sur l'Aisne, (Chemin des Dames) le 11 mai 1917. Une version dit qu'il a été tué par une balle de mitrailleuse dans la tête quand il sortait de la tranchée. Une version plus fiable de l'aumônier-brancardier (Albert Claverie) qui l'a transporté du front, dit qu'il a été tué par une grenade. Il a été enterré à Vendresse. Avant de partir pour le front il avait demandé la bénédiction de Livinhac et a dit qu'il n'avait pas d'autre ambition que de se dévouer entièrement aux missions africaines.

28. **Huguet**, Pierre-Marie, scolastique français âgé 27 ans. Né à Herbignac (Loire Inférieure), Diocèse de Nantes, le 1 septembre 1889. Caporal du 1ⁱᵉʳ Régiment de Marche d'Afrique. Blessé aux Dardanelles, il est allé en Macédoine après sa guérison. Il a été blessé de nouveau dans un combat avec les Bulgares à la gare d'Elvrina le 20

septembre 1916. Le lendemain il est mort suite de ses blessures, après avoir reçu l'onction aux mains du Père Farrusenq (1889-1953). Dans sa dernière lettre il avait écrit: "Je me soumets entièrement à la volonté de Dieu. Quoi qu'il arrive j'ai déjà dit mon *Fiat*." Paul Verdouck (1889-1932) a écrit de lui: « Il est mort un saint. Maintenant il est avec Dieu et la Bienheureuse Vierge Marie. Il est mort pour la France, l'Eglise, la Société et les chers scolastiques. Il était mon camarade de classe à Binson, au noviciat et à Carthage et mon camarade d'armes. »

29. **Jory**, Alban-Félix, aspirant français âgé 20 ans. Né à Lanuéjols (Gard), Diocèse de Nîmes, le 21 juin 1898. Soldat 2ième Classe au 156ième Régiment d'Infanterie Il était tué à l'ennemi le 28 mai 1918 à Braine dans la Bataille de l'Aisne (Chemin des Dames). Il a écrit le 27 mai qu'il allait au front. Rien plus n'a été entendu de lui.

30. **Jouve**, Louis (Daniel), novice frère français âgé 23 ans. Né à St. Julien du Tournel (Lozère) Diocèse de Mende en 1892. Il servit au 2ième Régiment de Zouaves et a été blessé à Quennevières en 1915. Après un mois à l'hôpital il rejoignit son régiment pour l'offensive de Champagne au mois d'août. Il a écrit une dernière lettre à son maître de novices pendant un bombardement le 3 septembre. L'assaut a commencé deux jours plus tard et il est mort le 27 septembre 1915.[14]

31. **Le Cléac'h**, Pierre, scolastique français âgé 25. Né à Quimper (Finistère) en 1889. Il devait être ordonné quand il a été mobilisé en 1914. Adjudant aux Zouaves, il a disparu en Champagne le 5 octobre 5th 1914.[15]

32. **Le Devédec**, Louis, père français âgé 34 ans. Né à Kerfourn (Morbihan), Diocèse de Vannes en 1882. Missionnaire en Ouganda. A l'armée il était aide-soignant, et après quelques mois infirmier à Neufchâteau, il a été envoyé en Grèce ou il est mort de typhoïde le 7 octobre 1916. Après son ordination en 1907 il a brièvement contemplé devenir Bénédictin, mais ceci n'a pas été réalisé.

33. **Lhomme**, Pierre-Marie, père français âgé 30 ans. Né à Médréac (Ille et Vilaine), Diocèse de Rennes, le 21 octobre 1886. Après son ordination en 1912, il enseignait à l'école apostolique de St. Laurent d'Olt. Mobilisé, il était soldat brancardier au 206ème Régiment d'infanterie. Il a été tué par le feu de mitrailleuse dans l'offensive anglo-française à Ypres, dans le secteur Cerny de la route de Bourg et Comin, le 31 juillet 1917. Il recevait la *Croix de Guerre* en raison de son courage exceptionnel. Deux de ses dictons : "La volonté de Dieu est plus importante que de tels honneurs." "En face de la mort il est difficile d'être mauvais."

34. **Loiseau**, Joseph (Pierre), frère français âgé 37 ans. Né à Frossay (Loire Atlantique), Diocèse de Nantes, en 1881. Il était caporal au 4e Régiment de Zouaves, et aux Dardanelles il a été cité à l'ordre du jour en raison d'avoir tenu une tranchée ennemie capturée. Il est mort à l'hôpital militaire de Tunis le 26 novembre 1918 d'un double abcès au cou.

35. **Maeyaert**, Georges, père belge âgé 32 ans. Né à Wijngene St. Amand (diocèse de Bruges) le 16 avril 1884. Après son ordination en 1911 et études doctorales à Rome,

---

[14] Il n'y a pas de fiche SGA.
[15] Il n'y a pas de fiche SGA.

il est devenu professeur à Bouchout le 1 octobre 1913. Quand la guerre a éclatée il fut transféré à Anvers ou il est tombé malade. Il est mort à Anvers alors occupé par les Allemands le 13 février 1917. Une note signée par G. de Vulders (probablement un médecin), trouvée dans son dossier personnel, mentionne une maladie (non spécifiée) "avec des blessures affreuses qui ne sont que le commencement", une maladie dans laquelle "des complications peuvent se produire à tout moment". Jusqu'à deux ou trois mois avant sa mort "il n'a pas manqué du nécessaire". Il n'y a pas d'indice comment l'occupation militaire d'Anvers a pu avoir des conséquences pour sa condition.[16]

36. **Malavieille**, Albert, novice clerc français, âgé 24 ans. Né à Arzenc de Randon (Lozère), diocèse de Mende, le 4 septembre 1892. Il était soldat deuxième classe au 9e Régiment de Zouaves en Flandres. Après avoir été blessé (un shrapnel dans les fesses) en juillet 1915, il a été envoyé à Verdun l'année suivante et il a été tué aux combats autour de Douaumont le 5 mars 1916, la tête frappée par une grenade. La fiche officielle note qu'il a « disparu ».[17] Son nom est inscrit sur le panneau de devant le maître-autel de la chapelle de l'Ossuaire de Douaumont à Verdun. "Il avait l'âme d'un saint."

37. **Margot-Duclos** (parfois Duclot), Marie-Joseph, novice prêtre français âgé 35 ans.[18] Né à Villarobert près de Gap (Hautes Alpes), diocèse de Gap, le 22 août 1881. Ordonné prêtre diocésain en 1904. Après d'autres études et travail pastoral à la paroisse de la cathédrale de son diocèse, il est entré au noviciat des Missionnaires d'Afrique en 1914, et fut mobilisé immédiatement comme infirmier aumônier et puis comme soldat brancardier au 200e Régiment de l'Infanterie. Après la dispersion de son régiment il était nommé aumônier à l'ouvrage de Froide Terre à Verdun. Le 23 juin 1916 il est allé soigner un officier blessé mais a reçu le feu de mitrailleuse qui a pénétré le cœur et les reins. La balle qui a percé son cœur a traversé une pyxide ayant le saint sacrement qu'il portait. Il était enterré à la cour de l'ouvrage et son tombeau a était vénéré par le Général Charles Mangin. Une plaque commémore tous ceux qui étaient enterré là.[19]

38. **Mechau**, Arthur (Fulgence), frère allemand âgé 41 ans. Né à Meissen en 1874. Le 21 avril 1916 des soldats de l'armée coloniale Allemande ont fait escale à la mission de Mibirisi, Rwanda. Ils ont été surpris par l'armée envahissant el Congo Belge. Il y avait un échange de feu autour de la mission pendant lequel Frère Fulgence a été blessé mortellement. L'armée Allemande s'est retirée. Le frère a perdu connaissance et il est mort le soir du même jour. Le journal de la mission et d'autres sources des Pères Blancs sont très discrets et il semble que le Frère Fulgence a été tué par le feu de l'armée Congolaise.

39. **Meyronin**, Louis-Félix, aspirant français en philosophie à Binson, âgé 20 ans. Né à Malzieu-Ville (Lozère), Diocèse de Mende, le 24 novembre 1895. Il était soldat deuxième classe au 2e Régiment d'Infanterie Colonial. Il a vu l'action avec une

---

[16] AGMAfr. Dossier personnelle.
[17] Cf. fiche SGA.
[18] « Duclot » se trouve dans les deux archives MAfr et SGA.
[19] Pourtant les individus ne sont pas nommés et les tombeaux ne sont pas marqués. L'auteur a visité Froide Terre le 7 juin 2005.

compagnie de mitrailleuse en Champagne, où il a été cité à l'ordre du jour. Il fut blessé par une balle à l'estomac et mourut à l'hôpital de campagne de Souain le 27 septembre 1915. Il a été enterré au cimetière de Suipes.

40. **Moussié**, Joseph-Benjamin-Marie-Barthélémy, scolastique français âgé 26 ans. Né à Toulouse, le 29 mars 1889, il a fait ses études en philosophie au grand séminaire de Toulouse et est entré au noviciat des Pères Blancs en 1912 après deux années de service militaire. Il a été mobilisé à Carthage en 1914 et servit comme soldat deuxième classe au 9ᵉ Régiment de Zouaves. Il a été littéralement mis en morceaux par une bombe au Pas de Calais au front d'Arras le 25 janvier 1915. Il n'est resté de lui rien de reconnaissable.[20] Son lieutenant a dit que sa mort était « horrible » et qu'on n'a trouvé qu'un petit morceau.[21]

41. **Müller**, Nicolaus (Ubald), frère allemand, âgé 30 ans. Né à Trèves en 1885. Il a fait son premier serment en 1911. Bien qu'il aie espéré l'éviter, il fut mobilisé en 1914. Il est mort à Lens (Pas de Calais) France le 9 mai 1915. « Un homme d'une piété profonde et d'un esprit de foi. ».

42. **Nalbach**, Jakob, (Othon), frère allemand, âgé 24 ans. Né à Trèves n 1891. Il a fait son premier serment en 1910. Il a été mobilisé en 1914 et a été tué à Loos le 31 mars 1915.

43. **Nilges**, Jacob, novice clerc allemand, âgé 28 ans. Né à Trèves en 1887. Il a été interné comme étranger ennemi au Fort l'Empereur, Alger. Pendant son emprisonnement il a contracté la tuberculose et il est mort à l'hôpital de Mustapha, Alger le 29 août 1916. « Un de nos meilleurs séminaristes. »

44. **Pecheberty** (parfois Pechberty), Georges-Louis-Joseph-Charles, aspirant français, âgé 21 ans. Né à Alger le 24 août 1894. Soldat deuxième classe au 2ᵉ Régiment de Zouaves. Il a été blessé la veille d'un assaut Français à Choisy-au-Bac (Aisne) et il est mort le même jour, le 7 juin 1915.

45. **Pignide**, Joseph, Laurent, aspirant français, âgé 23 ans. Né à St. Chely d'Apcher (Lozère), Diocèse de Mende, le 18 décembre 1895. Caporal au 9ᵉ Régiment de Zouaves aux Dardanelles, alors en Champagne-Ardennes, ou il a été tué le 30 septembre 1918 à Romain (Marne), dans l'attaque de Courlandon, près de Fismes.

46. **Pignide**, Léon, aspirant français, frère cadet de Joseph. Il a fait son service actif en France. En congé de l'armée il a eu une attaque d'apoplexie quand il nageait dans le fleuve de La Truyère, près de St. Laurent d'Olt le 20 juillet 1917. La circonstance d'une apoplexie dans un jeune homme d'environ 20 ans a pu être produite par un désordre du cerveau causé par la tension post-traumatique.[22]

47. **Potier**, Jean-Jacques-Ernest, scolastique français âgé 30 ans. Né à La Charité (Nièvre), diocèse de Nevers, le 3 juin 1888. Sergent au 4ᵉ Régiment de Zouaves. En

---

[20] SGA donne comme date de sa mort le 24 mars 1915 March 24ᵗʰ.
[21] AGMAfr. Dossier personnel, lettre sans date du Lieut. Ferré au P. Malet (1915?).
[22] Il n'y a pas de dossier personnel en AGMAfr. Son âge précis n'est pas connu. Mais son frère ainé avait 23 ans quand il a été tué.

1917 il a participé à la bataille de Verdun, ou il a été blessé après « dix minutes d'un bombardement affreux, inimaginable » en transportant un camarade blessé sous le feu et ayant « vécu des moments qui appartiennent ni à la vie ni à la mort », L'année suivante il a été tué par une balle dans le front pendant un assaut qu'il a mené "brillamment" à Orvillers (Oise) au front de Champagne, Jeudi Saint le 28 mars 1918. "Un de nos meilleurs scolastiques."

48. **Renaudier**, François-Marie, père français âgé 27 ans. Né à Rennes en 1890. Il a été ordonné le 27 juin 1914 et a été mobilisé en novembre. Il était infirmier-aumônier dans plusieurs paroisses Françaises et Suisses avant qu'il ne soit envoyé à Salonique en mars 1916. Il a souffert des fièvres récurrentes et a été réformé en France ou il est mort dans un hôpital à Rennes le 18 octobre 1917. Il a offert sa vie pour ses confrères et pour les non-Chrétiens de l'Afrique. Il a été enterré au cimetière paroissial (Toussaint) de Rennes.

49. **Robert**, Jean-Baptiste, père français âgé 29 ans. Né à Montbel (Lozère), diocèse de Mende, le 15 mai 1887. Il a été un des nouveaux prêtres de 1914, mobilisé comme aide-soignant. Il fut soldat deuxième classe au 4e Régiment mixte de Zouaves et Tirailleurs. Il a participé à la bataille de Verdun et était toujours au front de la fin 1914 jusqu'à sa mort en 1916. Il a reçu la Croix de Guerre et était renommé pour son courage. Il a été blessé mortellement à Douaumont le 26 octobre 1916 et est mort le lendemain dans l'hôpital de campagne 6/4. Il correspondait fréquemment avec la maison-mère et a laissé des descriptions saisissantes des scènes de bataille.

50. **Saclier**, Pierre, père français âgé 41 ans. Né à Poisson (Saône-et-Loire), diocèse d'Autun en 1876. Missionnaire en Ouganda, il a été mobilisé en novembre 1914 comme aide-soignant. Nommé à l'hôpital militaire de Dijon. Pendant ses six mois à l'hôpital 4,350 soldats blessés ont été soignés. Il a administré les derniers sacrements aux 220 mourants. Brisé de fatigue il est allé récupérer chez sa famille à Paray-le-Monial en mai 1915. Après plus d'une année de repos il est revenu à Dijon en décembre 1916, mais il s'est écroulé six mois plus tard et il est mort à l'hôpital le 31 mai 1917.

51. **Schmid**, Anton (Théotime), frère allemand, âgé 26 ans. Né à Regensburg en 1888. Il a fait son premier serment en 1910 et plus tard a fait une année de service militaire. Il a été mobilisé de nouveau en 1914 et a été tué presqu'immédiatement à Mulhouse le 7 août. « Ce jeune homme est pour nous une perfection ».

52. **Schröder**, Werner, (Thierry), frère allemand âgé 21 ans. Né à Trèves en 1894. Il a fait son premier serment en 1913 et a été mobilisé quand la guerre est éclatée l'année suivante. Il a été tué à Faye-en-Haye, Lorraine, le 7 avril 1915. "Joyeux mais un peu timide."

53. **Souton**, Marius-Joseph-Louis, aspirant français. Né à Malzieu-Ville (Lozère), diocèse de Mende, le 11 janvier 1893. Il avait complété ses études de philosophie à Binson quand il fut mobilisé en 1914. Soldat du 416e Régiment d'Infanterie, il a été blessé par une explosion d'obus à Mont Kemmel en Flandres le 29 avril 1918. Il est

mort après une longue agonie dans un hôpital de campagne à Abeele. Son nom est inscrit sur le monument français à Mont Kemmel.[23]

54. **Sylvestre**, Adrien-Julien-Jean-Marie (Alexis), frère français, âgé 30 ans. Né à Guenrouët (Loire Inférieure), diocèse de Nantes, le 9 mai 1887. Après son serment missionnaire en 1906 il a été nommé à Ste. Anne, Jérusalem. Soldat deuxième classe au 4e Régiment de Zouaves, il a été blessé au bras gauche et à la cuisse gauche à la Somme en 1916 et est resté immobilisé dans un fossé. Il attribuait sa survie à l'intercession de Thérèse de Lisieux (pas encore canonisée) dont il avait visité le sanctuaire après une opération douloureuse. "Je suis content", il a écrit, "que Dieu m'a demandé de verser un peu de mon sang pour la France et pour notre Société". "…s'il demande ma vie je serai heureux de la donner." Il est disparu dans les lignes Allemands à Boulogne-la-Grasse, à l'ouest de Lassigny, Jeudi Saint, le 15 avril 1918.[24] On l'a vu priant son chapelet après avoir été blessé mortellement, mais le poste de secours ou on était en train de le soigner a été pris par l'ennemi.

55. **Toulemonde**, Antoine, novice clerc français, âgé 21 ans. Né à Tourcoing (Nord) le 23 janvier 1893, il a étudié la philosophie au grand séminaire de Cambrai et est entré au noviciat des Pères Blancs en 1913. Il était parmi les 15 novices Français mobilisés en août 1914. Il a servi au 1[ier] Régiment de Zouaves. Il est mort après à peine un mois à l'hôpital d'Orléansville (Elaçnam) Algérie, le 4 octobre 1914 d'une maladie courte mais mortelle. La cause de sa mort a été une "fièvre pernicieuse" causée par la fatigue extrême. Ses parents, dont deux autres fils ont été tué à l'ennemi, n'ont appris la mort d'Antoine qu'en septembre 1918.[25]

56. **Valléau**, Pierre-Jean-Marie novice clerc français âgé 23 ans. Né à Péaule (Morbihan), diocèse de Vannes, le 8 août 1892. Caporal au 4e Régiment de Zouaves. Cité à l'ordre du jour, il est disparu à Lizerne (Flandres) aux rives de l'Yser le 30 avril 1915.[26] Ses restes avec ses lettres et disc d'identité ont été découverts l'an suivant en creusant une tranchée. Il a été enterré sous une petite croix parmi les trous d'obus. Frère Victor Vuylsteke (1892-1962), alors soldat à l'armée Belge a vu le tombeau et a ajouté les mots *Père Blanc* à l'inscription.

57. **Valette**, François-Léon, novice clerc français âgé 27 ans. Né à Ségur (Aveyron). Diocèse de Rodez, le 31 décembre 1888. Caporal au 1[ier] Régiment d'Infanterie de Tirailleurs. Il est disparu à Langemark, au fleuve Yser en Flandres le 30 avril 1915.[27]

58. **Van Der Wegen**, Frans, aspirant belge. Il a étudié la philosophie à Bouchout et Anvers, et il été mobilisé dans l'armée belge comme brancardier. Il a écrit à Livinhac en juillet 1918 du camp Belge à Auvours ou il était en convalescence, demandant permission de passer un congé chez les Lazaristes à Preston en Angleterre. Livinhac était d'accord et a envoyé des mots encourageants en août. Moins d'un mois après son

---

[23] Vraisemblablement il est enterré au cimetière de Mont Kemmel.

[24] SGA dit qu'il est mort à Orvillers (Oise) le 10 mars 1918.

[25] AGMAfr. Dossier personnel: Antoine père au "Supérieur", le 19 septembre 1918.

[26] SGA donne le 25 avril comme date de sa mort .

[27] SGA donne le 22 avril 1915 comme date de sa disparition.

retour il a été tué en France le 29 septembre 1918 par une balle qui a pénétré le crâne. Ses derniers mots étaient : "Mon Dieu je t'aime avec tout mon cœur !"[28]

59. **Vanlaere**, Emile, scolastique belge, âgé 26 ans. Né à Dottignies, Flandres Occidentale, le 22 janvier 1892. Il a complété la philosophie à Bouchout et a demandé d'entrer le noviciat en juillet 1913. Il a servi comme brancardier à l'armée belge et fut tué par un obus, en revenant d'une patrouille entre les lignes prés de Nieuport sur l'Yser le 9 avril 1918. Il a été trouvé parmi les blessés et les mourants la jambe gauche et le bras gauche brisés. On l'avait transporté au poste central de Nieuport ou il a reçu une transfusion de sang. Il est mort après avoir souffert pendant cinq ou six heures en présence de plusieurs confrères qui lui ont administré les derniers rites. Il leur a dit "C'est pour Jésus et les pauvres âmes". He est mort en répétant les noms de Jésus et Marie.[29]

60. **Weissgerber**, Joseph (Oscar), frère allemand âgé 27 ans. Né à Trèves en 1890. Il a fait son premier serment le 1 novembre 1911. Il est mort en France le 31 mars 1918. On a averti la maison-mère via la Suisse.

---

[28] On connait très peu de lui. La correspondance avec Livinhac se trouve dans son dossier personnel AGMAfr.
[29] Ces détails et une correspondance avec Malet se trouvent en AGMAfr. Dossier pesonnel.

APPENDICE II

La Première Guerre Mondiale – Les Blessés

Introduction

Voici une liste de vingt-neuf Missionnaires d'Afrique blessés ou mutilés en raison de service actif pendant la première guerre mondiale. Il y en eut beaucoup d'autres. En effet, même au début de la guerre la maison-mère a reçu des nouvelles de douze confrères blessés. Cette liste donne une idée au lecteur de la nature et variété des blessures et de la souffrance occasionnée. Plusieurs de ces hommes étaient blessés deux ou même trois fois.

Les Blessés

1. **Châles**, Louis (1891-1969). Il a eu la hanche fracturée par des éclats d'obus dont le dernier morceau fut enlevé après plusieurs années. Il a souffert inflammation et abcès. Pendant toute sa vie il a eu une jambe raide qui a rendu la marche et le repos difficiles.

2. **Chevalier**, Armand (1882–1953). Blessé sérieusement au front de Champagne en 1915. Il a eu trois opérations douloureuses par la suite.

3. **Cormerais** Camille (1894-1979). En avril 1917 il a reçu des balles de mitrailleuse dans son bras droit et son épaule. En conséquence il lui manquait une partie de l'humérus. L'articulation normale était impossible. Il dût porter un appareil jusqu'à la fin de sa vie et ne pouvait pas lever son bras. Il souffrait aussi des maux de tête jusqu'à la fin de sa vie.

4. **Cormerais**, Jean-Baptiste (1890-1941). Il fut blessé dans la cuisse au front de Serbie et par la suite a souffert pendant trente ans.

5. **Darot**, Léon (1890-1958). Au front de Serbie, un morceau de son oreille droite a été enlevé par une balle ou par un éclat d'obus (il ne pourrait pas dire lequel). Plus tard il a reçu un coup de sabre sur son casque. Ceci affecta la colonne vertébrale et a écrasé des nerfs dorsaux. A la fin de sa vie il était paralysé.

6. **Delmer**, Joseph (1891-1969). Blessé trois fois dans la cuisse aux Dardanelles en 1915, et blessé encore une fois à Macédoine en 1916.

7. **De Maeght**, Joseph, (1894-1963). Blessé dans l'épaule gauche et jambe droite.

8. **Duiquet**, Gaston (1888–1930*). A Verdun en 1916, il a reçu deux éclats d'obus dans le côté droit, et a subi une opération double dans un hôpital de campagne. La blessure a pris plus longtemps à guérir que prévu, et il fut affecté finalement à Dahomey (Benin) où il a été nommé responsable des recrues du Congo Brazzaville.

9. **Falguières**, Jean-Marie-Joseph-Eloi (1887-1924). Il a souffert les effets à long terme de l'empoisonnement de gaz de phosgène qui ont détruit la région respiratoire. Il est mort en raison de la condition six ans après la guerre.

10. **Farussenq**, Etienne (1889-1953). Il a été blessé en 1915 aux Dardanelles.

11. **Gallerand**, Pierre (1887-1976). Il a été blessé dans le bras à Verdun en 1916, alors sérieusement blessé encore dans la dernière offensive allemande de 1918, recevant les éclats d'obus dans la poitrine, le coude droit et la hanche. Il a eu des opérations douloureuses dans divers hôpitaux français.

12. **Henry**, André, aspirant Français á Bishop's Waltham (entre 1912-1915*). Il a été blessé en France par le shrapnel qui a traversé la hanche, logé dans l'estomac et perforé ses intestins. Il a eu une opération sérieuse et par la suite s'est retiré à sa maison familiale à Alger. Il n'a pas continué sa formation.

13. **Jaureguy**, Martin (1886-1965). Il a été blessé à Chemin-des-Dames en 1917 par un éclat d'obus qui a pénétré son côté droit. Il a été opéré à un hôpital à Dunkerque. En 1918 sur la Somme, il a été blessé encore près de Beauvais. Une balle a traversé sa mâchoire supérieure et inférieure. Il a été traité dans plusieurs hôpitaux et a eu une opération douloureuse sans anesthésie pour remettre sa mâchoire inférieure. La blessure a causé une difficulté à parler dans tout le reste de sa vie.

14. **Joyeux**, Charles (1885-1936*). Il a été blessé à l'Aisne par un shrapnel qui a traversé sa ceinture et vêtements et pénétré la région de rein.

15. **Laroche**, Emile (1890-1979). Une balle de mitrailleuse a fracturé son fémur droit et a divisé quelques nerfs. L'opération à Rouen a raccourci sa jambe de six centimètres et la blessure a causé une atrophie généralisée de la jambe. Son apostolat a été profondément marqué par la blessure et la maladie qui en a résulté.

16. **Lautour**, Joseph (1875-1943). A Verdun en 1916, une explosion d'obus a provoqué l'effondrement d'un fossé de communication et l'a enterré vivant. Il est parvenu à sortir, mais sa vue et son audition ont été altérées. Pour cette raison, il a été écrasé par une voiture militaire allemande en France occupée en 1943, et mort d'une fracture du crâne.

17. **Lebouc**, Léon, Frère Euthyme, (1879-1919*). Il a été mobilisé en 1915. La même année il était blessé aux Dardanelles dans le cou, la tête et l'œil. L'œil a été heureusement sauvé. Il a quitté la société en 1919.

18. **Le Doaré**, Xavier (1887-1938). Il a été blessé en Serbie par une balle dans son épaule gauche. L'articulation de son bras était difficile après et il y avait une tendance vers la paralysie.

19. **Marcant**, René (1882-1961). Son épaule a été brisée par un obus à Arras. Après un séjour à l'hôpital à Paris, il a été réformé en 1916.

21. **Pagès**, Jules (1887-1984). Il a été blessé dans l'offensive allemande finale de 1918.

22. **Paulhe**, Céléstin (1888-1919*). En 1916 à Verdun il a reçu deux éclats d'obus dans le visage et la mâchoire, manquant heureusement son œil gauche. L'un a écrasé sa mâchoire gauche inférieure. L'autre s'est logi derrière sa cavité d'œil. Ils ont été extraits sans davantage de complication.

23. **Quéinnic**, Hervé (1896-1946), aspirant á Bishop's Waltham. Il a été blessé dans le bras et la tête par une bombe d'un avion de guerre ennemi à Fleury en juin 1916. Plus tard, il a eu une trépanation.

24. **Rollin**, Joseph, Frère Maxime (1881-1961). Au Maroc en 1916, il a reçu la balle d'un tireur isolé dans le dos. Vraisemblablement en raison de son sac à dos, la balle n'a pas pénétré son corps et la blessure n'était heureusement pas plus qu'une brûlure.

25. **Sabau** (Sabeau), Arsène (1887-1974). En septembre 1916, il a été sérieusement blessé en Macédoine, en allant aider un soldat blessé sous le feu de mitrailleuse. Un obus a explosé prés de lui et il a reçu des éclats dans le bras, la jambe et le dos. En raison du traitement retardé, le bras est devenu gangreneux et a dû être amputé dans un hôpital à Salonique. Les autres blessures ont pris un bon moment pour guérir. Pendant le reste de sa vie il était connu pour l'usage d'un tricycle comme moyen de circulation.

26. **Valex**, Pierre (1888-1972). Il a été blessé aux Dardanelles en 1915 et a dû être évacué à Bizerte. À Salonique, il a souffert de la malaria persistante, de l'ictère et de la bronchite. Ceci a causé une histoire des palpitations, du vertige, de la peine á respirer et des crampes durant toute sa vie.

27. **Van Reeth**, Ludovic (1913-1960). Il a combattu en France, et fut enterré par une explosion d'obus ainsi que deux compagnons qui sont morts en conséquence. Il a souffert d'une blessure dans l'avant-bras droit et a été hospitalisé á Cobourg.

28. **Verdouck**, Paul (1889-1932). Il a été blessé par un shrapnel dans la cuisse aux Dardanelles en 1915 et évacué par navire-hôpital. Il a été blessé encore en Serbie dans une escarmouche avec les Bulgares en 1917, cette fois dans le bras. Après un retard prolongé il a été évacué de nouveau à la France pour sa convalescence

29. **Viel**, François, Frère Camille (1884-1955). En 1917 à Verdun, il a été blessé dans la cuisse gauche par un gros éclat d'obus.

APPENDICE III

Départs de la Société pendant, ou après

La Première Guerre Mondiale – 1915-1922

Introduction

Voici une liste des 42 Missionnaires d'Afrique qui ont fait leur serment perpétuel pendant, ou après, 1914 et qui ont quitté la Société pendant ou après la première guerre mondiale, entre 1915-1922. Parmi les nations combattantes il y a 25 Pères Français et 4 Frères Français, 2 Pères Allemands et 4 Frères Allemands, 3 Pères Belges et 1 Père Luxembourgeois. Parmi les non-combattants il y a 1 Père Néerlandais, 1 Frère Néerlandais et un Père Suisse. Il y avait une prédominance de Français dans la Société á cette époque. En 1914 Français, Belges et Allemands étaient astreints au service militaire, et plusieurs dans cette liste ont joué un rôle important en campagne. Quelques-uns qui ont joué un rôle aussi important on quitté la Société beaucoup plus tard.

Les causes possibles de ces nombreux départs sans précédent sont discutées au Chapitre 7. Il convient de noter que 42 missionnaires avant 1914 ont quitté pendant les huit années 1915-1922. (23 autres, entrés avant la guerre, ont quitté pendant les 27 années 1923-1950.) Des individus ont quitté pour des raisons différentes, rarement liées directement ou indirectement á la guerre. Néanmoins la première guerre mondiale était l'arrière fonds de tous ces départs.

Départs de la Société 1915-1922 – Nom, Date du Départ, Age

1. **Bardou**, Henri, Père Français (ancien PA Ghardaia), 30 juin 1916, âge 39.

2. **Bertin**, Joseph, Père Français, 12 mars 1921, âge 41.

3. **Blass**, Jean-Pierre, Frère Allemand, 2 mars 1916, âge 31.

4. **Bodin**, Louis, Père Français, 1 mai 1919, âge 52.

5. **Brutel**, Emile, Père Français, 1 avril 1919, âge 45.

6. **Chayriguès**, Casimir, Père Français, 1 mars 1919, âge 47.

7. **Chevrat**, Claude, Père Français, 5 janvier 1921, âge 35.

8. **Chuzeville**, Jean-Pierre, Père Français, 30 juin 1919, âge 40.

9. **Delévaux**, Léon, Père Français, 15 juillet 1919, âge 39.

10. **Dumahut**, Victor, Père Français, 1 mars 1919, âge 43.

11. **Folliot**, Albert, Père Français, 1 août 1920, aged 37.

12. **Galand**, Désiré, Père Belge, 17 octobre 1922, âge 49.

13. **Gaudillière**, Désiré, Père Français, 30 juin 1918, âge 36.

14. **Glass, Louis**, Père Français, 1 juin 1919, âge 33.

15. **Hamberger**, Aloys, Père Allemand, 1 août 1921, âge 47.

16. **Hugonnet**, Alexandre, Père Français, 30 juin 1921, âge 42.

17. **Itsweire**, Paul, Frère Français, 1 décembre 1919, âge 35.

18. **Kutscher**, Valentin, Frère Allemand, 13 octobre 1919, âge 31.

19. **Le Clainche**, Joseph, Père Français, 30 juin 1920, âge 44.

20. **Lebouc**, Léon, Frère Français, 10 novembre 1919, âge 40.

21. **Lepelletier,** Ludovic, Père Français, 1 septembre 1923, âge 61.

22. **Marc**, Louis, Père Français, 30 juin 1919, âge 37.

23. **Marsigny**, Joseph, Père Belge, 30 juin 1915, âge 35.

24. **Meyer**, Joseph, Frère Français, 19 janvier 1920, âge 36.

25. **Moh**r, Philippe, Frère Allemand, 30 juin 1919, âge 35.

26. **Molitor**, Henri, Père Luxembourgeois, 16 décembre 1916, âge 45.

27. **Op den Kamp**, Jan, Frère Néerlandais, 1 décembre 1915, âge 26.

28. **Palz**, Jacques, Père Allemand, 31 octobre, 1919, âge 32.

29. **Paulhe**, Célestin, Père Français, 1 septembre 1919, âge 31.

30. **Perrot**, Alphonse, Père Français, 30 juin 1918, âge 44.

31. **Portet**, Martin, Père Français, 1 mai 1919, âge 42.

32. **Rebours**, Pierre, Père Français, 30 juin 1920, âge 41.

33. **Thézé**, Auguste, Père Français, 1 janvier 1920, âge 30.

34. **Toulet**, Jean-Baptiste, Père Français, 1 juin 1920, âge 40.

35. **Tritsche**r, Eugène, Père Français, 30 juin 1919, âge 33.

36. **Van der Stay**, Lambert, Père Néerlandais, 30 juin 1919, âge 31.

37. **Van Geen**, Hubert, Père Belge, 30 juin 1922, âge 33.

38. **Vanhoove**, Maurice, Père Français, 1 juillet 1919, âge 31.

39. **Verger**, Louis, Père Français, 30 juin 1919, âge 35.

40. **Wahl**, Anton, Frère Français, 1 octobre 1919, âge 34.

41. **Wahle**, Wilhelm, Frère Allemand, 1 janvier 1920, âge 48.

42. **Zarn**, Antoine, Père Suisse, 11 septembre 1916, âge 38.

APPENDICE IV

GLOSSAIRE

Angelus, (latin): prière répétée trios fois par jour rappelant l'Incarnation".

Askari, (swahili): soldat.

Aspirant, candidat pour formation missionnaire.

Beni, (swahili): genre de danse, cf. anglais: *band.*

Bismarck, (homme d'état allemand), officier de la danse *Beni*.

Boches, allemands (péjoratif).

Burnous, (arabe): cape blanche des Missionnaires d'Afrique.

Cappa Magna, (latin): cape et longue traîne de l'évêque.

Carrier (anglais), porteur militaire.

Catéchumène, candidat au baptême.

Catéchumènat, candidature au baptême; résidence des catéchumènes.

Chéchia, (arabe) : fez ou tarbouche rouge.

Chemin des Dames, champ de bataille dans l'offensive Nivelle.

Chicote, fouet fabriqué de la peau d'hippopotame utilisé au Congo.

Chiwaya, (chichewa): mitrailleuse.

Credo, (latin): crédo, symbole de foi

Cupio dissolvi, (latin): "Je veux être dissout" (Phil.1:23).

Deutschland über alles, (allemand): "Allemagne sur tous", (hymne national allemand).

Echos Binsonnais, Bulletin du séminaire de Binson.

Entente cordiale, pacte anglo-français.

Études, revue de théologie.

Ex voto, (latin): plaque (ou don) commémorative.

Force Publique, armée congolaise

Gandourah, (arabe) : la robe blanche adoptée par les Missionnaires d'Afrique.

Gloria, (latin): Gloire á Dieu au plus haut des cieux.

In tempore opportuno, (latin): en temps opportun.

Jihad, (arabe): guerre sainte.

Kabaka, (luganda): roi de Buganda.

Kaiser, (allemand) : officier de la danse *Beni* (empereur allemand).

Kyrie, (grec): Seigneur, prends pitié.

Landstürm, (allemand): réserviste combattant.

Landswehr, (allemand) : réserviste défensif.

Loggia, (italian): balcon.

Luganda, langue des Baganda (peuple Ganda).

Magisterium, (latin): autorité enseignante de l'église.

Marabout, (arabe) : saint homme musulman.

Maximum Illud, (latin): la grande et sainte mission (encyclique de Benoît XV).

Melchite, catholique grec de langue arabe.

Minutante, (italian): sécrétaire

Mozetta, (italian): cape en soie rouge.

Namasole, (luganda) : reine mère.

Nataka Mungu, (swahili): je veux Dieu (baptême).

Néophyte, converti/baptisé.

Ngoma, (swahili): tambour, danse.

Novice, candidat en l'année spirituelle.

Novitiat: maison/communauté des novices.

Nyau, (chichewa): société (ou danse) secrète.

Petit Communiqué, petit bulletin édité par Livinhac pendant la guerre.

Petit Echo, bulletin interne des Missionnaires d'Afrique.

Piccoletto, (italian): petit bonhomme.

Poilu, soldat français.

Ponent, (latin): auteur originaire de la proposition.

Postulat: communauté de postulants.

Postulant: candidat pour formation comme frère missionnaire.

Préfecture apostolique, première juridiction ecclésiastique préparant à la formation d'un diocèse.

Procure: bureau de quête, expédition et administration.

Profession: serment missionnaire, serment perpétuel.

Propaganda Fide, (latin) : promotion de la foi, secrétariat au Vatican pour les missions.

Razzia, incursion armée, surtout pour prendre des esclaves.

Régional: supérieur d'une région missionnaire.

Ruga-ruga, (swahili): soldat(s) irrégulier(s), mercenaire(s).

Rupia, (swahili): roupie.

Sakalani, (swahili) : surnom donné á Tom von Prince (signifiant un guerrier en exultation désinvolte).

Scholastique: étudiant de théologie.

Scholasticat: séminaire de théologie.

Schütztruppe, (allemand): force défensive, armée coloniale allemande.

Schütztruppen, (allemand): soldats de l'armée coloniale allemande.

Sepoy, (hindustani): soldat indien.

Sui juris, (latin): de son propre chef.

Suscipe, (latin): prends, reçois. (Prière de S. Ignace Loyola).

Te Deum, (latin): nous te louons, (hymne pour rendre grâces).

Tenga-tenga, (chichewa): *carrier*, porteur militaire.

Terna, (latin): trois; les trois noms soumis á Rome comme candidats pour devenir

évêque.

Tirailleurs Sénégalais: régiment colonial de l'Afrique Occidentale Française..

Totus tuus sum ego Maria, (latin): je suis tout á fait le tien Marie (devise de Livinhac).

Triduum, (latin): trois jours, (célébration).

Union sacrée, solidarité nationale pendant la guerre de 1914-1918.

Vicaire Apostolique, évéque d'un diocèse missionnaire.

Vicariat, diocèse missionnaire.

Zouave: régiment colonial de l'Algérie (ou Afrique du Nord).

APPENDICE V

ABRÉVIATIONS

ADC   *aide de camp.*

AGMAfr.   *Archivio Generale dei Missionari d'Africa,* Rome.

ANZAC   Australian and New Zealand Army Corps.

CSSp.   Congrégation de l'Esprit Saint, Spiritains.

DACB   *Dictionary of African Christian Biography.*

IBMR   *International Bulletin of Missionary Research.*

IMC   Missionnaires de la Consolata.

KAR   King's African Rifles.

KMB/CMB   Kasper, Melchior, Balthasar, *Custodiat Mansionem Benedictam.*

M.Afr.   Société des Missionnaires d'Afrique, cf. PB.

Mgr.   Monsignor, *Monseigneur.*

MHM   Missionnaires de Mill Hill.

SMNDA   Soeurs Missionnaires de Notre Dame d'Afrique, Sœurs Blanches

NCO   Non-Commissioned Officer (anglais) : sous-officier.

OFM Cap.   Capucins Franciscains.

OSB   Ordre de Saint Benoît, Bénédictins.

PB   Pères Blancs, cf. M.Afr.

SGA   *Société Generale pour l'Administration.*

SMA   Societas Missionum Africae (latin) : Société des Missions
                Africaines.

APPENDICE VI

BIBLIOGRAPHIE CHOISIE

Abbott, Peter et Raffaele Ruggeri, *Armies in East Africa 1914-1918*, Oxford, Osprey 2002.

Anderson, Ross, C., *The Battle of Tanga*, Stroud, Tempus, 2002

Anderson, Ross, C., *The Forgotten Front: The East African Campaign*, Stroud, Tempus, 2004.

Andries Debeir: *Omdat zijn hart zo ruim was…, Lode De Boninge (1896-1918), Een Levensverhaal*, Maarkedal, Ceres, 1979, (*Par ce que son cœur était si grand…Lode De Boninge (1896-1918), Le Sacrifice d'une Vie*).

Benoist, Joseph Roger de, *Eglise et Pouvoir Colonial au Soudan Français*, Paris, Karthala, 1987.

Bouniol, Joseph, *The White Fathers and Their Missions*, Londres, Sands, 1929.

Burgman, Hans, *The Way the Catholic Church Started in Western Kenya*, Londres, Mission Book Service, 1990.

Burlaton, Louis. *Le Vénérable Géronimo, le Martyr du Fort des XXIV Heures à Alger*, Pères Blancs, Alger, Maison Carrée, 1931.

Ceillier, Jean-Claude, *De Chapitre en Chapitre, Les premiers Chapitres Généraux de la Société des Missionnaires d'Afrique Pilgrimage from Chapter to Chapter,* 1874-1900, Missionnaires d'Afrique – Série historique, n° 1, Rome, 2002.

Ceillier, Jean-Claude, *Histoire des Missionnaires d'Afrique (Pères Blancs). De la Fondation par Mgr Lavigerie à la mort du fondateur (1868-1892), Paris, Karthala, 2008.

Clifford, Hugh, *The Gold Coast Regiment In The East Africa Campaign*, Londres, John Murray, 1920.

Croegaert, Luc, *Les Pères Blancs au Rwanda – Jalons et Balises*, AGMAfr. manuscrit inédit, n.d.

Daye, Pierre, *Avec les Vainqueurs de Tabora, Notes d'un Colonial Belge en Afrique Orientale Allemande*, Paris, Perrin, 1918.

Duff, Hector, *African Small Chop*, Londres, Hodder and Stoughton, 1932.

237

Ewans, Martin, *European Atrocity, African Catastrophe – Leopold II, the Congo Free State and its Aftermath*, Londres, Routledge Curzon, 2002.

Faupel, J.F., *African Holocaust, The Story of the Uganda Martyrs*, Nairobi, St. Paul's Publications Africa, 4ième édition, 1984.

Finn, Peter, *History of the Priory Bishop's Waltham*, Winchester, Hedera Books, 2002.

Foden, Giles, *Mimi and Toutou Go Forth: The Bizarre Battle of Lake Tanganyika*, Londres, Penguin Books, 2005.

Fox, Douglas, "The 1918 Spanish Influenza Pandemic", *Science*, vol.293, septembre 2001, pp. 1,842.

Gardner, Brian, *German East – The Story of the First World War in East Africa*, Londres, Cassell, 1963.

Gray, Richard, "Christianity", dans A.D.Roberts (ed.) *The Cambridge History of Africa 1907-1940*, Vol.7, 1986, Chap.3, p.175.

Hagerty, James, *Cardinal Hinsley, Priest and Patriot*, Oxford, Family Publications, 2008.

Hastings, Adrian, *The Church in Africa*, Oxford, Clarendon Press, 1994.

Heremans, Roger, *L'Education dans les Missions des Pères Blancs en Afrique Centrale 1879-1914*, Bruxelles, Editions Nauwelaerts, 1983.

Hetherwick, Alexander, *Robert Hellier Napier in Nyasaland – Being His Letters to his Home Circle*, Edimbourg et Londres, William Blackwood et Fils, 1925.

Hinfelaar, Hugo, *History of the Catholic Church in Zambia*, Lusaka, Zambie, Bookworld Publishers.

Hochschild, Adam, *King Leopold's Ghost*, Londres, Pan Macmillan, 2002.

Hodges, GWT, *The Carrier Corps*, Greenwood Press Inc., Connecticut, 1986.

Hodges, Geoffrey, "Military Labour in East Africa and its Impact on Kenya", dans Page, Melvin.E. (ed.), *Africa and the First World War*, Londres, Macmillan, 1987.

Holmes, J. Derek, "Benedict XV and the First World War", *The Papacy in the Modern World*, Londres, Burns and Oates, 1981.

Holt, Tonie and Valmai, *The Western Front – North, Battlefield Guide*, Pen and Sword Military, Barnsley, 2004.

Hordern, Charles, *Military Operations, East Africa*, Vol. I, Londres, Battery Press, 1941.

Ignatius, Loyola, *The Spiritual Exercises*, Londres, Burns Oates et Washbourne, 1952.

Ilboudo, Jean, *"La Christianisation du Moogo (1899-1949), la Contribution des 'Auxiliaire Indigenes'"*, dans Ilboudo, Jean S.J. (ed.), Burkina 20000 – *Une Eglise en Marche vers son Centenaire*, Ouagadougou, Presses Africaines, 1993.

Iliffe, John, *Tanganyika under German Rule*, Cambridge University Press, 1969.

Iliffe, John, *A Modern History of Tanganyika*, Cambridge University Press, 1979.

Iliffe, John, *Honour in African History*, Cambridge University Press, 2005.

Kabeya, John B., *Adriano Atiman, Katekista na Mganga*, Tabora, Tanganyika Mission Press et Arusha, Eastern Africa Publications, 1977.

Keegan, John, *The Face of Battle*, Londres, Jonathan Cape 1976 (Pimlico 1991).

Keegan, John, *The First World War*, Londres, Hutchinson (Pimlico), 1998 (1999).

Kimpinde, Amando Dominique *et al.*, *Stefano Kaoze, prêtre d'hier et d'aujourd'hui*, Kinshasa, Editions St. Paul Afrique, 1982.

Ki-Zerbo, Joseph, *Alfred Diban, Premier Chrétien de Haute Volta*, Paris, Cerf, 1983.

Lawrence, T. E., *Seven Pillars of Wisdom*, "Oxford Text" de 1922, Fordingbridge, Hants, J. et N. Wilson, 2004.

Lettow Vorbeck, Paul, Von, *My Reminiscences of East Africa*, Londres, Hart et Blackett, 1920.

Linden, Ian avec Linden, Jane, "John Chilembwe and the New Jerusalem", *Journal of African History*, vol.xii, no. 4, 1971.

Linden, Ian avec Linden, Jane, *Catholic Peasants and Chewa Resistance in Nyasaland 1889-1939*, Berkeley et Los Angeles, University of California Press, 1974.

Livinhac, Mgr. Léon, *Lettres Circulaires*, Alger, Maison Carrée, 1912-1922.

Lunn, Joe Harris, "Kande Kamara Speaks: an Oral History of the West African Experience in France 1914-1918", dans Page, Melvin.E. (ed.), *Africa and the First World War*, Londres, Macmillan, 1987.

Lunn, Joe Harris, *Memoirs of the Maelstrom: A Senegalese Oral History of the First World War*, Oxford, James Currey, 1999, p.146.

Macmillan, Margaret, *The Peacemakers*, Londres, John Murray, 2001.

Malishi, Lukas, *Kipalapala Seminary 1925-1975*, Tabora, TMP, 1975.

Marben, Rolf, (tr. Claud W. Sykes), *Zeppelin Adventures*, Londres, John Hamilton, 1932.

Matthews, James K., "Reluctant Allies: Nigerian Responses to Military Recruitment 1914-1915", dans Page, Melvin E. (ed.), *Africa and the First World War*, Londres Macmillan 1987.

Max, Arthur, *Forgotten Voices of the Great War*, Londres, Ebury Press, 2002.

Meinertzhagen, Richard, *Army Diary 1899-1926*, Edimbourg et Londres, Oliver & Boyd, 1960.

Miller, Charles, *Battle for the Bundu - The First World War in East Africa*, Londres Macdonald, 1974.

Mohlamme, J.S., "Soldiers Without Reward", The South African Military History Society, *Military History Journal*, vol.10, no.1, *scribe@samilitaryhistory.org*.

Moorman, Theodore, *Histoire des Origines de la Société*, volume dactylographié, Monteviot House, Jedburgh, Ecosse, sans date.

Morrow Jr., John H., *The Great War – An Imperial History*, Londres, Routledge, 2004.

Moyse-Bartlett, H, *The King's African Rifles, A Study in the Military History of East and Central Africa 1890-1945*, Aldershot, Gale et Polden, 1956.

Nolan, Francis, Patrick, *Christianity in Unyamwezi 1878-1928*, Cambridge. dissertation doctorale, 1977.

Oliver, Roland, *The Missionary Factor in East Africa*, Londres, Longmans 1952.

Ousby, Ian, *The Road to Verdun*, Londres, Jonathan Cape (Pimlico), 2002 (2003).

Page, Ivan "Alexis Lemaître, Général de Brigade, Missionnaire d'Afrique, Archevêque de Carthage", dactylographié, sans date (contribution inédit à un dictionnaire des généraux Français de la première guerre mondiale).

Page Malcolm, *A History of the King's African Rifles and the East African Forces*, Londres, Leo Cooper, 1998.

Page, Melvin E., *The Chiwaya War – Malawians and the First World War*, Boulder Colorado, Westview Press, 2000

Paice, Edward, *Lost Lion of Empire. The Life of Cape-to-Cairo Grogan*. Londres, Harper-Collins, 2001.

Paice, Edward, *Tip and Run. The Untold Tragedy of the Great War in Africa*, Londres Weidenfeld et Nicholson, 2006.

Parsons, Timothy, *The African Rank and File, Social Implications of Colonial Military Service in the King's African Rifles*, 1902-1964, Londres, Heinemann, 1999.

Pelletier, Raynald, *Bishop John Forbes (1864-1926), Coadjutor Vicar Apostolic of Uganda, The First Canadian White Father*, Missionnaires d'Afrique – Série historique, n° 2, Rome, 2003.

Pichard, Gabriel, *Dii Alfred-Simon Diban Ki-Zerbo: Témoin de Dieu...Fondateur de l'Église*, Bobo Dioulasso, Imprimérie Savane, 1997.

Pineau, Arthur, *Le Vicariat du Tanganyika Durant la Guerre 1914-1918*, MS, sans date. AGMAfr. P 169/20.

Pinguilly, Yves, *Verdun 1916, Un Tirailleur en Enfer*, Paris, Nathan, 2003.

Pollard, John F., *The Unknown Pope, Benedict XV (1914-1922) and the Pursuit of Peace*, Londres, Geoffrey Chapman, 1999.

Prost, André, *Les Missions des Pères Blancs en Afrique Occidentale avant 1939*, (manuscrit polycopié) 1939.

Rabeyrin, Claudius, *Les Missionnaires du Burundi Durant la Guerre des Gentilshommes en Afrique Orientale 1914-1918*, M.Afr. Langéac, 1978.

Ranger, Terence Osborn, *Dance and Society in Eastern Africa 1890-1970: The Beni Ngoma*, Londres, Heinemann Educational, 1975.

Repeticci, Prosper, *Oraison Funèbre de Sa Grandeur Monseigneur Livinhac, 16 Décembre 1922*, Alger 1923.

Sanneh, Lamin, *Whose Religion is Christianity ? The Gospel beyond the West*, Grand Rapids, Michigan, Eerdmans, 2003.

Saul, Mahir et Royer, Patrick, *West African Challenge to Empire. Culture and History in the Volta-Bani Anticolonial War*. Athens (U.S.A.), Ohio University Press, 2001.

Shepperson, George and Price, Thomas, *Independent African, John Chilembwe and the Origins, Setting and Significance of the Nyasaland Native Uprising of 1915*, Edinburgh, University Press, 1958.

Shorter, Aylward, "Christian presence in a Muslim Milieu: The Missionaries of Africa in the Maghreb and the Sahara", *IBMR*, vol. 28, no.4, October 2004.

Shorter, Aylward, *Chiefship in Western Tanzania. A Political History of the Kimbu.* Oxford, Clarendon, 1972.

Shorter, Aylward, *Les Pères Blancs et le déferlement colonial. Histoire des Missionnaires d'Afrique* (1892-1914), Paris, Karthala, 2010.

Simkins Peter, Jukes Geoffrey and Hickey Michael, *The First World War*, Oxford, Osprey, 2003

Société des Missionnaires d'Afrique *(Pères Blancs), Directoire des Constitutions*, Alger, Maison Carrée, 1914.

Société des Pères Blancs, *Publications en Langues Africaines*, Alger, Maison Carrée, 1928.

Strachan, Hew, *The First World War*, vol.1, *To Arms*, Oxford, OUP, 2001.

Strachan, Hew, *The First World War*, Londres, Simon et Schuster, 2003.

Strachan, Hew, *The First World War in Africa*, Oxford, OUP, 2004.

Taylor, A.J.P., *The First World War*, Londres, Hamish Hamilton, 1963.

Taylor, John Vernon, *The Growth of the Church in Buganda. An Attempt at Understanding,* Londres, SCM Press, 1958.

T.E. Lawrence Society, *Journal of the T.E. Lawrence Society*, vol. ix, no.1, Autumn 1999, "French Soldiers in the Arab Revolt".

Tourigny, Yves, *So Abundant a Harvest, The Catholic Church in Uganda 1879-1979*, Londres, Darton, Longman et Todd, 1979.

Zwemer, Samuel, *The Law of Apostasy in Islam,* Londres, Marshall Brothers, 1924.

Table des matières